Classroom in a Book

Adobe Premiere Pro

Markt+Technik Verlag

Die Deutsche Bibliothek verzeichnet diese Publikation in der Deutschen Nationalbibliografie; detaillierte bibliografische Daten sind im Internet über *http://dnb.ddb.de* abrufbar.

Die Informationen in diesem Produkt werden ohne Rücksicht auf einen eventuellen Patentschutz veröffentlicht. Warennamen werden ohne Gewährleistung der freien Verwendbarkeit benutzt. Bei der Zusammenstellung von Texten und Abbildungen wurde mit größter Sorgfalt vorgegangen. Trotzdem können Fehler nicht vollständig ausgeschlossen werden.
Verlag, Herausgeber und Autoren können für fehlerhafte Angaben und deren Folgen weder eine juristische Verantwortung noch irgendeine Haftung übernehmen.
Für Verbesserungsvorschläge und Hinweise auf Fehler sind Verlag und Herausgeber dankbar.

Autorisierte Übersetzung der amerikanischen Originalausgabe:
»Adobe Premiere Pro – Classroom in a Book«
Alle Rechte vorbehalten, auch die der fotomechanischen Wiedergabe und der Speicherung in elektronischen Medien. Die gewerbliche Nutzung der in diesem Produkt gezeigten Modelle und Arbeiten ist nicht zulässig.
Fast alle Hard- und Softwarebezeichnungen in diesem Buch sind gleichzeitig auch eingetragene Warenzeichen oder sollten als solche betrachtet werden.
Authorized translation from the English language edition, entitled ADOBE® Premiere® Pro CLASSROOM IN A BOOK® by Adobe Systems Incorporated, published by Peachpit Press, Berkeley, CA, Copyright © 2004.
All rights reserved. No part of this book may be reproduced or transmitted in any form or by any means, electronic or mechanical, including photocopying, recording or by any information storage retrieval system, without permission from Pearson Education, Inc.
GERMAN language edition published by PEARSON EDUCATION DEUTSCHLAND, Copyright © 2004.

Umwelthinweis:
Dieses Buch wurde auf chlorfrei gebleichtem Papier gedruckt.

10 9 8 7 6 5 4 3 2 1
06   05   04

ISBN 3-8272-6663-7

© 2004 by Markt+Technik Verlag,
ein Imprint der Pearson Education Deutschland GmbH
Martin-Kollar-Str. 10-12, 81829 München/Germany
Alle Rechte vorbehalten
Einbandgestaltung: Adobe Press
Lektorat: Cornelia Karl, ckarl@pearson.de
Herstellung: Philipp Burkart, pburkart@pearson.de
Übersetzung und Satz: Maik-Felix Gomm, Güby
Druck: Kösel Druck, Kempten (www.koeselbuch.de)
Dieses Buch wurde mit Adobe FrameMaker,
Adobe Photoshop und Adobe Illustrator auf dem Macintosh erstellt.
Printed in Germany

Inhalt

Einführung 13

Über Classroom in a Book 14
Voraussetzungen 15
Installieren von Adobe Premiere Pro 15
Adobe Premiere Pro starten 16
Die Classroom in a Book-Dateien kopieren 17
Die standardmäßigen Voreinstellungen
wiederherstellen 19
Zusätzliche Quellen 21
Adobe-Zertifizierung 21

Digitale Videobearbeitung 23

Adobe Premiere in der Videoproduktion 24
Videozeit messen 25
Frame-Größe und Auflösung messen 32
Video-Komprimierung 37
Videoaufnahme 45
Transparenz und Überblendung 58
Audio in einem Video verwenden 59
Das fertige Video produzieren 62
Fragen 63
Antworten 63

Eine Tour durch Adobe Premiere Pro 67

Ein neues Projekt einrichten 68
Clips importieren 69
Den Trailer abspielen 71
Rohschnitt 71
Vorschau im Monitorfenster 74
Clips zuschneiden 75

Einfügung und Überlagerung 77
In- und Out-Points in der Originalansicht setzen 79
Spezialeffekte 80
Titel erstellen 89
Audio 92
Ausgabe 94

Lektion 1   **Der Arbeitsbereich** 99

Der Arbeitsbereich in Premiere Pro 100
Mit dem Projektfenster arbeiten 106
Clips und Bilddateien importieren 108
Mit dem Monitorfenster arbeiten 114
Mit dem Schnittfenster arbeiten 118
Zu einem bestimmten Frame im Schnittfenster
und in der Programmansicht navigieren 125
Kennzeichnungen verwenden 127
Mit Paletten arbeiten 128
Tastaturbefehle anpassen 133
Fragen 135
Antworten 135

Lektion 2   **Grundlegende Bearbeitungstechniken** 139

Vorbereitungen 140
Den fertigen Film ansehen 141
In Echtzeit bearbeiten 141
Clips zum Schnittfenster hinzufügen 143
Eine Sequenz entwickeln und »Automatisch in Sequenz
umwandeln« verwenden 144
Den Befehl »Automatisch in Sequenz
umwandeln« verwenden 147
Mehrere Sequenzen 148
Vorschau des Rohschnitts 149
Den Rohschnitt verfeinern 151
Clips mit Hilfe der Originalansicht vortrimmen 158
Feineinstellungen im Schnittfenster 163
Das Schnittfenster als Film exportieren 171

	Eigene Übungen 173
	Fragen 173
	Antworten 173
Lektion 3	**Überblendungen** 177
	Vorbereitungen 178
	Überblendungen 180
	Die Effekte-Palette 181
	Eine Überblendung einfügen 186
	Vorschau der Überblendung 189
	Einen Clip vortrimmen und eine Überblendung hinzufügen 191
	Eine Überblendung mit Hilfe der Effekte-Palette hinzufügen 194
	Attribute von Überblendungen ändern 195
	Mehrfache Überblendungen hinzufügen 200
	Überblendungen als Spezialeffekte 202
	Den Film exportieren 207
	Eigene Übungen 208
	Fragen 209
	Antworten 209
Lektion 4	**Farbe und Transparenz** 213
	Vorbereitungen 214
	Farbmanagement und Farbkorrektur 216
	Vorteile der Keyframe-Techniken 230
	Transparenz 231
	Ein geteiltes Bild (Split Screen) erzeugen 232
	Den Transparenz-Key Blue Screen zuweisen 234
	Den Transparenz-Key Chroma zuweisen 237
	Den Spurmaske-Key zuweisen 240
	Den Film exportieren 243
	Eigene Übungen 244
	Fragen 244
	Antworten 245

Lektion 5	**Bewegungspfade** 249	
	Vorbereitungen 250	
	Animationen in Premiere Pro erzeugen 251	
	Eine bewegte Maske erstellen 263	
	Den Film exportieren 268	
	Eigene Übungen 269	
	Fragen 269	
	Antworten 269	
Lektion 6	**Spezialeffekte: Die Effektsteuerung** 273	
	Vorbereitungen 274	
	Den fertigen Film ansehen 274	
	Warum Effekte?.. 275	
	Der Arbeitsbereich »Effekte« 276	
	Effekte aus anderen Adobe-Programmen verwenden 278	
	Effekte zuweisen 278	
	Effekte in der richtigen Reihenfolge zuweisen 281	
	Effekte, Keyframes und Einstellungen kopieren 285	
	Effekte zeitabhängig ändern 287	
	Die Effekte Skalieren, Drehen und Wellen verwenden 294	
	Audio-Effekte zuweisen 301	
	Den Film exportieren 305	
	Eigene Übungen 306	
	Fragen 307	
	Antworten 307	
Lektion 7	**Adobe After Effects, Photoshop und Illustrator mit Premiere Pro** 311	
	Vorbereitungen 312	
	Den fertigen Film ansehen 313	
	Effekte aus anderen Adobe-Programmen 314	
	After Effects und Photoshop »innerhalb« von Premiere Pro 315	
	Den Film exportieren 334	
	Eigene Übungen mit Photoshop und Illustrator in Premiere Pro 335	

	Fragen 336	
	Antworten 336	

Lektion 8	**Grundlagen der Multipunkt-Bearbeitung** 339	
	Vorbereitungen 340	
	Den fertigen Film ansehen 341	
	Das zusammengesetzte Projekt ansehen 341	
	Dreipunkt- und Vierpunktbearbeitung 342	
	Clips verbinden und Verbindung von Clips aufheben 348	
	Eine Lücke mit dem Befehl »Löschen und Lücke schließen« entfernen 358	
	Den Film exportieren 360	
	Eigene Übungen 361	
	Fragen 362	
	Antworten 362	

Lektion 9	**Fortgeschrittene Techniken I:** **Einzel-Frame-Technik** 367	
	Vorbereitungen 368	
	Den fertigen Film ansehen 369	
	Das zusammengestellte Projekt betrachten 369	
	Die Funktionen Extrahieren und Herausnehmen 370	
	Frames mit der Extrahieren-Schaltfläche entfernen 371	
	Frames mit der Herausnehmen-Schaltfläche entfernen ... 374	
	Feinbearbeitung 377	
	Das Zuschneidefenster 391	
	Drei abschließende Edits hinzufügen 396	
	Den Film exportieren 400	
	Fragen 402	
	Antworten 402	

Lektion 10	**Fortgeschrittene Techniken II:** **Verschachtelte Sequenzen** 405	
	Vorbereitungen 406	
	Den fertigen Film ansehen 407	

Mit mehreren Sequenzen arbeiten 407
Sequenzen verschachteln 408
Clip-Kopien 410
Verschachtelte Sequenzen 411
Verschachtelte Sequenzen erzeugen 412
Die verschachtelte Sequenz aufbereiten und verfeinern ... 424
Den Film exportieren 434
Eigene Übungen 436
Fragen 436
Antworten 436

Lektion 11

Titel, Vor- und Nachspann 441

Titel und der Title Designer 442
Den fertigen Film betrachten 443
Mit der vorhandenen Projektdatei arbeiten 444
Einen einfachen Titel erstellen 450
Mit dem Ellipse-Werkzeug arbeiten 472
Eine Textur-Füllung abbilden 475
Rollende und kriechende Titel 479
Titel in einem Premiere-Projekt verwenden 485
Titel zum Schnittfenster hinzufügen 487
Andere Programme zum Erstellen von Titeln verwenden .. 490
Den Film exportieren 492
Eigene Übungen 493
Fragen 494
Antworten 494

Lektion 12

Audio 499

Vorbereitungen 500
Der Audio-Arbeitsbereich 502
Automatisierungsoptionen im Audiomixerfenster 508
Audioeffekte erzeugen und angleichen 515
Clips mit Hilfe von Marken synchronisieren 517
Den Film mit Audioeffekten und Musik fertig stellen 524
Mehrere Audioeffekte in einem Clip 527

	Mit 5.1-Audiodateien arbeiten	532
	Den Film als 5.1-Audiodatei exportieren	540
	Eigene Übungen	543
	Fragen	543
	Antworten	544
Lektion 13	**Ausgabe**	547
	Ausgabe	548
	Mit den Übungen in dieser Lektion fortfahren	549
	CD-ROM	552
	Der Befehl »Auf DVD ausgeben«	557
	VCD/SVCD	559
Lektion 14	**DVDs erstellen mit Adobe Encore DVD**	563
	Das fertige Encore DVD-Projekt ansehen	564
	Marken in Premiere Pro erzeugen	565
	Eine MPEG2-Datei aus Premiere Pro exportieren	568
	Eine MPEG2-Datei mit Marken importieren	569
	Die Thumbnail-Schaltflächen für die Kapitelmarken verknüpfen	572
	Das Projekt in der Vorschau betrachten	575
	Eine AVI-Datei aus Premiere Pro exportieren	576
	Den Befehl »Edit Original« in Encore DVD verwenden	577
	Das Werkzeug »Löschen und Lücke schließen« verwenden	578
	Die AVI-Datei in Encore DVD aktualisieren	580
	Verknüpfungen und Verhalten erzeugen	581
	Das Projekt in der Vorschau ansehen	583
	Die DVD brennen	584
	Index	585

Einführung

Adobe® Premiere® Pro ist das revolutionäre Anwendungsprogramm für die nichtlineare Videobearbeitung. Leistungsstarke Werkzeuge für die Echtzeitbearbeitung von Video und Audio ermöglichen Ihnen die präzise Kontrolle des nahezu vollständigen Produktionsablaufs. Durch die optimale Nutzung und Ausrichtung auf die hohe Leistungsfähigkeit von Microsoft® Windows® XP ermöglicht Adobe Premiere Pro eine Stärke und Präzision, dank derer Sie Video besser und effizienter produzieren können.

Ob Sie Digital-Video (DV) auf Ihrem Laptop bearbeiten oder mit einem professionellen, Hardware-basierenden Echtzeit-Schnittsystem und mehreren Ebenen voll unkomprimiertem analogen Rohmaterial arbeiten, Adobe Premiere Pro ermöglicht Ihnen einen einfachen und schnellen Produktionsablauf. Nutzen Sie die fortschrittliche neue Echtzeit-Bearbeitung, die Ihnen mit erstaunlicher Geschwindigkeit sofortige Ergebnisse zeigt. Produzieren Sie professionelles Audio auf Audiosample-Ebene, mit VST-Filtern, Ebenen-basierten Effekten sowie 5.1-Surround-Sound. Und entdecken Sie den Adobe Title Designer, um Ihre Produktion mit anspruchsvollen Titeln aufzuwerten.

Die skalierbare Bearbeitungsplattform in Premiere Pro ermöglicht eine enge Verzahnung mit anderen Videoprogrammen und Hardware-Schnittstellen wie OHCI, ASIO, AAF und VST.

Die integrierte DV-Unterstützung bietet Plug&Play für unterschiedlichste Camcorder und andere neue Geräte. Sollte Ihr Computer über keinen DV-Eingang verfügen oder wenn Sie analoges Material importieren müssen, unterstützt Premiere Pro eine große Anzahl spezieller Schnittkarten. Durch die Arbeit unter Windows XP können Sie unter Premiere Pro jederzeit auf die aktuellsten Systemerweiterungen zugreifen.

Adobe Premiere Pro fügt sich nahtlos in die Adobe-Produktreihe ein und arbeitet perfekt mit anderen Adobe-Programmen zusammen, einschließlich Adobe Photoshop®, After Effects®, Illustrator®, Audition® und GoLive®. Modifizieren Sie mit dem Befehl »Original bearbeiten« Originaldateien von Photoshop, After Effects und anderen Programmen. Importieren Sie Logos, Vektorgrafiken und technische Zeichnungen als native Illustrator-Dateien. Oder exportieren Sie Streaming-Mediadateien mit Kapitelmarkierungen und URL-Verknüpfungen, die sich unmittelbar in GoLive importieren oder für DVD Encore®-Dateien verwenden lassen. Ist Ihre Produktion fertig gestellt, bietet Adobe Premiere Pro zahlreiche Exportoptionen – beispielsweise Web, Videoband, DV, DVD, CD, VCD und viele mehr.

Gleichgültig, ob Sie professionell Video bearbeiten oder dies zukünftig tun möchten, Sie werden die Vielseitigkeit und Flexibilität, die einfache Anwendung und Leistungsfähigkeit von Adobe Premiere Pro genießen.

Über *Classroom in a Book*

*Adobe Premiere Pro Classroom in a Book** gehört zu den offiziellen Trainingsbüchern für Adobe-Grafik- und Satzprogramme und wurde von Experten im Hause Adobe Systems entwickelt. Die Lektionen sind so angelegt, dass Sie Ihren Lernrhythmus selbst bestimmen können. Wenn Sie mit Adobe Premiere Pro noch nicht vertraut sind, lernen Sie alle wichtigen Grundlagen und Möglichkeiten kennen, die Sie für die Arbeit mit dem Programm benötigen. Arbeiten Sie bereits mit Adobe Premiere, finden Sie in *Adobe Premiere Pro Classroom in a Book* viele wichtige weiter gehende Techniken und Tipps für die aktuelle Version von Adobe Premiere Pro.

Obwohl in jeder Lektion Schritt-für-Schritt-Anweisungen für das Erstellen eines bestimmten Projektes gegeben werden, gibt es viele Möglichkeiten für eigene Entdeckungen und Experimente. Sie können das Buch von Anfang bis Ende durcharbeiten oder sich nur die Lektionen vornehmen, für die Sie sich interessieren.

Als Anfänger oder grundsätzlich mit dem Programm vertrauter Anwender sind Sie am besten beraten, wenn Sie die Lektionen nacheinander durcharbeiten. Dennoch sind die Lektionen so aufgebaut, dass sie auch allein für sich stehen, um einen schnellen Einblick in ein bestimmtes Thema zu geben.

Für das vorliegende Buch wurde der sechseinhalb Minuten lange Kurzfilm *Books & Beans* entwickelt – als Endergebnis der einzelnen Übungen in diesem Buch. Diesen Film werden Sie in der letzten Lektion über Ton und Ausgabe aus den einzelnen »Lektions-Schnipseln« zusammenstellen.

Voraussetzungen

Bevor Sie mit *Adobe Premiere Pro Classroom in a Book* beginnen, sollten Sie mit Ihrem Rechner und seinem Betriebssystem vertraut sein. Sie sollten wissen, wie mit der Maus und den standardmäßigen Befehlen umgegangen wird. Ihnen sollte außerdem bekannt sein, wie man Dateien öffnet, speichert und schließt. Um diese Techniken noch einmal aufzufrischen, können Sie die Dokumentation oder das Online-Handbuch lesen, das mit Ihrem Computer ausgeliefert wurde. Es ist hilfreich, aber keine Voraussetzung, wenn Sie bereits Erfahrungen mit Adobe Premiere, Adobe Illustrator, Adobe Photoshop, Adobe After Effects, Adobe DVD Encore und Adobe Audition haben.

Installieren von Adobe Premiere Pro

Bevor Sie *Adobe Premiere Pro Classroom in a Book* einsetzen, achten Sie darauf, dass Ihr System richtig konfiguriert ist und dass Sie die erforderliche Hard- und Software installiert haben. Sie müssen das Programm Adobe Premiere Pro gesondert erwerben. Hinweise auf die Systemvoraussetzungen sowie Anweisungen für die Installation der Software finden Sie in der Datei *Installationsanleitung.wri* auf der Programm-CD-ROM.

Sie müssen das Programm von der Adobe Premiere Pro-CD auf Ihre Festplatte installieren. Befolgen Sie dabei die Bildschirmanweisungen und halten Sie die Seriennummer bereit.

Da die Programm-CD umfangreiches Videomaterial enthält, wurde sie als DVD-ROM erstellt. Sie benötigen daher ein DVD-Laufwerk, um Adobe Premiere Pro und bestimmte Beispieldateien auf Ihrer Festplatte zu installieren.

Medienwerkzeuge in der XP-Umgebung

Das Betriebssystem Windows XP enthält bereits diverse Medienwerkzeuge, die Sie für die Wiedergabe von Bildern und Tönen in Ihren Projekten benötigen. Informieren Sie sich im Web über die aktuellen Updates, um die Produktion und die Bearbeitung Ihrer Videos möglichst präzise und zeitsparend durchführen zu können.

Für die Tonwiedergabe benötigen Sie eine Soundkarte nebst Lautsprechern. Hier sollten Sie für eine gute Wiedergabequalität externe Lautsprecher an Ihren Computer anschließen.

Mit Adobe Premiere Pro erstellen Sie Ebenen-basierte verschachtelte Sequenzen, verwenden komplette Zeitleisten-Inhalte wie einen einzelnen Clip und produzieren 5.1-Sound zur Surround-Wiedergabe über mehrere Lautsprecher.

Weitere Installationsanweisungen finden Sie im *Adobe Premiere Pro Handbuch*.

Adobe Premiere Pro starten

Sie starten Premiere Pro genau wie jede andere Software-Anwendung.

1   Starten Sie das Programm wie folgt:

2   Wählen Sie **Start: Programme: Adobe: Premiere Pro: Adobe Premiere Pro**.

Sie erfahren in der folgenden Lektion mehr über die in Premiere Pro verfügbaren Arbeitsbereiche.

3   Wählen Sie im Dialogfeld »Neues Projekt« die Option »DV – NTSC: Standard 48 kHz« und klicken Sie auf OK.

Dadurch spielen Sie mit früheren Premiere-Versionen gespeicherte Clips gleichmäßig ab.

Hinweis: Sie arbeiten in den Lektionen in diesem Buch mit dieser (nach der US-Norm NTSC) Voreinstellung oder einer von der Lektion vorgegebenen anderen Einstellung. Für Ihre eigenen Arbeiten verwenden Sie normalerweise eine der europäischen PAL-Norm entsprechende Voreinstellung, die mit Ihrer Aufnahmekarte geliefert wurde, oder eine entsprechende in Premiere Pro vorhandene Voreinstellung.

💡 *Adobe Premiere Pro lässt sich ganz einfach anpassen. Falls Sie beim Arbeiten mit Ihren eigenen Projekten keine passende Voreinstellung finden können, wählen Sie die Voreinstellung, die am ehesten Ihrer Bearbeitungsumgebung entspricht, klicken dann auf »Benutzerdefinierte Einstellungen«, legen Ihre Projekteinstellungen fest und klicken anschließend auf »Vorgabe speichern«. Im Dialogfeld »Projekteinstellungen speichern« geben Sie einen Namen für diese Projekteinstellungen* (und eventuell eine Beschreibung) ein und klicken auf OK. Premiere speichert diese neuen Einstellungen als Voreinstellungen-Datei und stellt sie dann in der Liste der verfügbaren Voreinstellungen im Dialogfenster »Neues Projekt (Vorgaben laden)« zur Verfügung. Weitere Informationen finden Sie unter »Projekteinstellungen festlegen« im Adobe Premiere Pro Handbuch.

4   Wenn Sie auf OK geklickt haben, wird das Adobe Premiere Pro-Programmfenster aufgerufen. Dort sehen Sie den Arbeitsbereich im Modus »Bearbeitung« mit seinen drei Hauptfenstern (Projektfenster, Monitorfenster und Schnittfenster) und den Standardpaletten. Falls erforderlich, können Sie die Fenster und Paletten neu anordnen, damit sie sich nicht überlappen, indem Sie **Fenster: Arbeitsbereich: Bearbeitung** wählen. Premiere passt dann die Fenster und Paletten dieses Arbeitsbereichs automatisch an.

Die *Classroom in a Book*-Dateien kopieren

Die Buch-DVD *Adobe Premiere Pro* enthält Ordner mit allen elektronischen Dateien für die Lektionen dieses Buches. Jede Lektion besitzt einen eigenen Ordner, den Sie auf Ihre Festplatte kopieren müssen, um Zugriff auf die Dateien zu erhalten. Der Ordnername setzt sich aus der Lektionsnummer gefolgt von der englischen Lektionsbezeichnung *Lesson* zusammen, z. B. *10Lesson* für den Ordner der Lektion 10. Die englische Bezeichnung ist notwendig, um die Projektverknüpfungen der zugehörigen Dateien zu erhalten.

Digital Video ist eine speicherintensive Technologie. Wird das Beispiel-Rohmaterial (Footage) mit voller Framegröße und mit Millionen von Farben gespeichert, benötigen Sie eine erhebliche Festplattenkapazität. Um Speicherplatz zu sparen, können Sie die Ordner für jede Lektion erst bei Bedarf einrichten und anschließend wieder entfernen. Löschen Sie dabei jedoch nicht das Verzeichnis *Source Files* (Quelldateien).

Um die *Classroom in a Book*-Dateien zu installieren:

1   Legen Sie die Buch-DVD *Adobe Premiere Pro* in Ihr DVD-ROM-Laufwerk ein.

2   Legen Sie einen Ordner mit dem Namen **PrPro_CIB** auf Ihrer Festplatte an.

Einführung

3. Kopieren Sie die gewünschten Lektionen auf Ihre Festplatte:

   - Um alle Lektionen zu kopieren, ziehen Sie den Ordner *Lessons* von der DVD in den Ordner *PrPro_CIB* auf Ihrer Festplatte.
   - Um eine einzelne Lektion zu kopieren, ziehen Sie den entsprechenden Lektionsordner von der DVD in den Ordner *PrPro_CIB*.

4. Entsperren Sie die kopierten Dateien:

   - Wenn Sie alle Lektionsdateien auf Ihre Festplatte kopiert haben, doppelklicken Sie auf die Datei *unlock.bat* im Ordner *PrPro_CIB/Lessons*.
   - Wenn Sie eine einzelne Datei kopiert haben, ziehen Sie die Datei *unlock.bat* aus dem Lektionen-Ordner *Lessons* der DVD in den Ordner *PrPro_CIB*. Doppelklicken Sie dann auf die Datei *unlock.bat* im Ordner *PrPro_CIB*.

Hinweis: *Während der Arbeit in den einzelnen Lektionen überschreiben Sie die Ausgangs- bzw. Startdateien. Um die ursprünglichen Dateien wiederherzustellen, kopieren Sie einfach die entsprechenden Lektionsordner von der Buch-DVD in den Ordner* PrPro_CIB *auf Ihrer Festplatte.*

Lektionsdateien auf alternative Laufwerke kopieren:

Falls Sie ein anderes Laufwerk als C: benutzen, fordert Premiere Pro Sie in den Lektionen 10 bis 12 und in Lektion 14 mit einem Dialogfeld zur Suche der Dateien in den Ordnern *01Lesson* bis *09Lesson* und *13Lesson* auf, die mit den Projektdateien in diesen vier Lektionen verknüpft sind. (Diese Lektionsprojekte mussten auf der Buch-DVD aus Speicherplatzgründen mit Verknüpfungen angelegt werden.)

Die folgende Übersicht zeigt Ihnen, in welchen Ordnern sich die einzelnen Dateien befinden:

Dateiname	*Ordner*
Opening.avi	04Lesson
Cup.avi	10Lesson
Geet1.avi	09Lesson

Admire1.avi	07Lesson
Order1.avi	08Lesson
Gaze1.avi	03Lesson
Doorslam.wav	09Lesson
Sigh.avi	03Lesson
Black frame.psd	11Lesson
Presents.prtl	11Lesson
Dooropen.avi	08Lesson
Dooropen.wav	08Lesson
Clip01.avi	14Lesson/Premiere Source
Trailer.wmv	PrPro_CIB/Movies

Die standardmäßigen Voreinstellungen wiederherstellen

Adobe Premiere Pro bietet *standardmäßige* Voreinstellungen. Wie viele andere Programme auch speichert Premiere Pro außerdem die am häufigsten verwendeten Einstellungen in einer *Voreinstellungen-Datei*. In jeder Lektion in diesem Buch wird darauf hingewiesen, ob benutzerdefinierte Arbeitsumgebungen eingestellt oder wiederhergestellt werden müssen, um die verfügbaren Optionen in Premiere Pro auf Ihre *Arbeitsumgebung* zu setzen. Auch in Ihren eigenen Projekten kann das Wiederherstellen der benutzerdefinierten Arbeitsumgebungen gelegentlich hilfreich sein.

Hinweis: Durch Löschen der Voreinstellungen-Datei setzt Premiere auch Ihre Anordnung der Fenster und Paletten zurück.

Um schnell die Premiere Pro-Voreinstellungendatei zu finden

1 Wählen Sie **Start: Suchen: Dateien und Ordner** und suchen Sie nach **Adobe Premiere Pro Prefs**. Speichern Sie die Suche (**Datei: Suche speichern**).

2 Erstellen Sie eine Verknüpfung zum Ordner mit der Voreinstellungen-Datei. Suchen und wählen Sie den Ordner *7.0* innerhalb des Ordners *System*. Wählen Sie in der Titelleiste den Befehl **Datei: Verknüpfung erstellen**. Bestimmen Sie, dass die Verknüpfung auf dem Desktop erstellt wird. Sobald

Sie auf die Verknüpfung doppelklicken, öffnet sich der Ordner *Preferences*, über den Sie dann schnell auf die Datei *Adobe Premiere Pro Preferences* zugreifen können.

3   Doppelklicken Sie immer dann auf die gespeicherte Suchdatei, wenn Sie die Order *Preferences* öffnen wollen.

Um die standardmäßigen Voreinstellungen für Premiere Pro wiederherzustellen:

1   Beenden Sie Premiere Pro, falls Sie das Programm gestartet haben.

2   Löschen Sie die Datei *Adobe Premiere Pro Prefs* im Verzeichnis *<Windows Systemlaufwerk>: \Dokumente und Einstellungen\<Benutzername>\ Anwendungsdaten\Adobe\Premiere Pro\7.0*. Bei dem Laufwerk *<Windows Systemlaufwerk>:* handelt es sich normalerweise um das Laufwerk C: und *<Benutzername>* steht für den aktuell eingeloggten Benutzer.

Hinweis: Der Ordner Anwendungsdaten *ist normalerweise versteckt. Sie greifen auf diesen Ordner zu, indem Sie im Browser* **Extras: Ordneroptionen: Ansicht** *wählen und dann die unter* Versteckte Dateien und Ordner *die Option »Alle Dateien und Ordner anzeigen« wählen.*

Um die aktuellen Premiere Pro-Voreinstellungen zu speichern:

1   Beenden Sie Adobe Premiere Pro.

2   Wählen Sie die Datei *Adobe Premiere Pro Prefs* im Verzeichnis *<Windows Systemlaufwerk>: \Dokumente und Einstellungen\<Benutzername>\ Anwendungsdaten\Adobe\Premiere Pro\7.0*.

Hinweis: Benutzen Sie den Suchen-Befehl, um diese Datei zu finden.

3   Ziehen Sie eine Verknüpfung dieser Datei auf Ihren Desktop oder in einen anderen Ordner, um während der Arbeit schnell auf die Voreinstellungendatei zugreifen zu können.

Um die gespeicherten Einstellungen nach Abschluss der Lektionen wiederherzustellen:

1 Beenden Sie Premiere Pro.

2 Ziehen Sie die Voreinstellungen-Datei vom Desktop zurück in den Ordner mit der Datei *Adobe Premiere Pro Prefs*.

3 Bestätigen Sie im Dialogfeld, dass Sie die vorhandene Datei ersetzen wollen.

Zusätzliche Quellen

Adobe Premiere Pro Classroom in a Book kann und soll nicht die Dokumentation ersetzen, die zusammen mit dem Programm ausgeliefert wird. In diesem Buch werden nur die in den Lektionen verwendeten Befehle erklärt. Ausführliche Informationen über das Programm finden Sie in folgenden Quellen:

- Das *Adobe Premiere Pro Handbuch*, das zum Lieferumfang von Adobe Premiere Pro gehört und die vollständige Beschreibung aller Programmfunktionen umfasst.
- Die *Online-Hilfe* als Online-Version des Handbuchs, auf die Sie in der Premiere Pro-Menüleiste mit dem Befehl **Hilfe: Inhalt** zugreifen können.
- Die *Adobe Website* (*www.adobe.com*), die Sie im World Wide Web mit dem Befehl **Hilfe: Adobe im Internet** besuchen können, falls Sie über eine Verbindung zum Internet verfügen.

Adobe-Zertifizierung

Das Adobe-Trainings- und Zertifizierungsprogramm bietet Anwendern und Schulungszentren die Möglichkeit, ihre Professionalität im Umgang mit dem Programm darzustellen und sich als *Adobe Certified Experts (ACE)* oder *Adobe Certified Training Providers (ACTP)* zu qualifizieren. Informationen über dieses Zertifizierungsprogramm finden Sie auf der Website *http://partners.adobe.com*.

Ihre Meinung interessiert uns: Schreiben Sie uns an mfgomm@mut.de, *wenn Sie Lob oder Kritik zu diesem Buch loswerden möchten.*
Wir haben ein offenes Ohr für Ihre Fragen! Bitte haben Sie Verständnis, wenn die Beantwortung Ihrer Mail aufgrund der eingegangenen Nachrichten einige Tage dauern kann.

Digitale Videobearbeitung

Bei der Videobearbeitung arrangieren Sie Ihre Video-Clips so, dass sie eine überzeugende Story erzählen. Dabei kann es sich z.B. um eine fiktive Fernsehserie oder eine aktuelle Berichterstattung handeln – Ihre Möglichkeiten sind unbegrenzt. Nur wenn Sie sich vorher intensiv mit dem Thema auseinander setzen, können Sie unnötigen Zeitaufwand während der Bearbeitung Ihrer Videos vermeiden.

Digitale Videobearbeitung

Diese Lektion beschäftigt sich mit der Rolle von Adobe Premiere Pro in der Videoproduktion und bringt Ihnen die folgenden Schlüsselthemen näher:

- Videozeit messen
- Frame-Größe und Auflösung messen
- Video-Komprimierung
- Videos aufnehmen
- Überblendungen und Transparenz
- Ton in einem Video
- Das endgültige Video erstellen

Adobe Premiere in der Videoproduktion

Die Produktion eines Videos läuft im Allgemeinen in drei Phasen ab:

Pre-Production umfasst das Schreiben eines Scripts, die Visualisierung einzelner Szenen in einem Storyboard und die Ausarbeitung eines Produktionsplans für die Aufnahme dieser Szenen.

Produktion beinhaltet die Aufnahme, also das Filmen der Szenen selbst.

Post-Production beinhaltet das Bearbeiten der jeweils besten Szenen für das endgültige Videoprogramm, d.h. ein eventuelles Korrigieren und Optimieren von Video und Audio. Diese Bearbeitung umfasst auch einen ersten *Rohschnitt*, über den Sie eine allgemeine Vorstellung von den Möglichkeiten des vorliegenden Materials erhalten. Im weiteren Verlauf der Videobearbeitung werden Sie Ihr Werk immer mehr verfeinern – bis Sie die Entscheidung treffen, dass jetzt die Endversion des Werks vorliegt. An diesem Punkt müssen Sie den *Feinschnitt* ausführen. Premiere wurde bewusst für das effiziente Bearbeiten, Korrigieren und Optimieren von Clips entwickelt, wodurch das Programm zu einem wertvollen Werkzeug in der Post-Production wird.

Sie lernen im weiteren Verlauf dieser Lektion die grundlegenden Funktionen von Premiere kennen, die für die Videoproduktion und andere Aufgaben bei der Post-Production benötigt werden. Die in diesem Abschnitt behandelten Grundlagen und die entsprechenden Möglichkeiten von Premiere werden ausführlich im *Adobe Premiere Pro Handbuch* erläutert.

Sollten Sie bei Ihrer Videoproduktion mit externen Unternehmen zusammenarbeiten, beispielsweise in der Post-Production, stimmen Sie sich mit ihnen vor Produktionsbeginn entsprechend ab. Nur so können Sie die richtigen Einstellungen für die verschiedenen Stadien eines Projekts herausfinden und Zeit raubende sowie kostspielige Fehler vermeiden. Wenn Sie z.B. ein Video für einen Fernsehsender erstellen wollen, sollten Sie bereits vorher wissen, ob das Video im NTSC-Standard (National Television Standards Committee, vorwiegend in Nordamerika und Japan verwendet), im PAL-Standard (Phase Alternate Line, vorwiegend in Europa, Asien und Südafrika verwendet) oder im SECAM-Standard (Séquéntial Couleur Avec Mémoire, vorwiegend in Frankreich, Nordafrika und im Mittleren Osten verwendet) gesendet werden soll.

Videozeit messen

Normalerweise empfinden wir Zeit als eine kontinuierliche Abfolge von Ereignissen. Videoprogramme benötigen dagegen eine präzise Synchronisation, weshalb sie auch die Zeit mit präzisen Zahlen messen müssen. Uns geläufige Zeiteinteilungen – Stunden, Minuten und Sekunden – sind für die Videobearbeitung nicht genau genug, da schon eine einzige Sekunde verschiedene Ereignisse enthalten kann. In diesem Abschnitt erfahren Sie, wie Premiere Pro und Videoprofis mit Hilfe von Standardmethoden, die die Zeit nicht nur in Sekunden, sondern Frame (Einzelbild) für Frame zählen, die Zeit so messen, dass die innerhalb einer Sekunde abgespielten Frames erfasst werden.

Zusammenhang zwischen Timebase und Frame-Rate

Mit der *Timebase* legen Sie fest, wie die Zeiteinheiten in Ihrem Projekt berechnet werden sollen. Beispielsweise bedeutet eine Timebase mit dem Wert 30, dass jede Sekunde in 30 Zeiteinheiten unterteilt wird. Der exakte Zeitpunkt für eine Bearbeitung ist abhängig von der festgelegten Timebase, da eine Bearbeitung nur am

Digitale Videobearbeitung

jeweiligen Zeitabschnitt vorgenommen werden kann. Das Arbeiten mit verschiedenen Timebase-Einstellungen bewirkt, dass sich die Zeitabschnitte bzw. Sekundenunterteilungen an unterschiedlichen Positionen befinden.

Die Zeitaufteilung in einem Original-Clip wird durch die *Frame-Rate des Original-Clips* festgelegt. Wenn beispielsweise der Original-Clip mit einer Videokamera mit 25 Frames pro Sekunde aufgenommen wurde, zeichnet die Kamera die jeweilige Szene jede 1/25 Sekunde (also mit 25 Bildern oder 50 Halbbildern) auf. Das, was sich zwischen diesen 1/25-Sekunden-Intervallen abspielt, wird nicht aufgezeichnet. Eine niedrigere Frame-Rate (beispielsweise 15 fps) würde daher auch eine niedrigere, eine höhere Frame-Rate (z.B. 30 fps) eine höhere Zeitauflösung bewirken.

Sie können festlegen, wie oft Premiere Frames aus Ihrem Projekt generiert, indem Sie die *Projekt-Frame-Rate* definieren. Beispielsweise bedeutet eine Frame-Rate von 25 Frames pro Sekunde, dass Premiere für jede Sekunde Ihres Projekts 25 Frames (Einzelbilder) erzeugt.

Für eine ruckelfreie, flüssige Wiedergabe sollten Timebase, Frame-Rate des Original-Clips und Projekt-Frame-Rate identisch sein.

Zu bearbeitende Video-Art	Frames pro Sekunde
Film (Kino)	24 fps
PAL- und SECAM-Video	25 fps
NTSC-Video	29,97 fps
Web bzw. CD-ROM	15 fps
Andere Video-Arten, z.B. Non-Drop-Frame-Bearbeitung, 3D-Animation	30 fps

Hinweis: NTSC wurde ursprünglich für Schwarzweißvideos mit 30 fps entwickelt, dann aber in der Mitte des 20. Jahrhunderts für Farbvideos so modifiziert, dass sich die Standard-NTSC-Frame-Rate in 29,97 fps änderte.

Manchmal stimmen die Zeitsysteme jedoch nicht überein. Das ist der Fall, wenn Sie z.B. ein Video mit 15 fps zur Weitergabe auf einer CD-ROM erstellen müssten und sich dieses Video aus Filmmaterial (aufgenommen mit 24 fps) und Video-

Clips (aufgenommen mit 30 fps) zusammensetzt. Wenn einer dieser Werte nicht mit dem anderen übereinstimmt, müssen durch entsprechende Berechnungen einige Frames wiederholt oder entfernt werden; die Auswirkungen dieses Effekts können, je nach Differenz zwischen Timebase und Frame-Rate in einem Projekt, störend oder kaum wahrnehmbar sein.

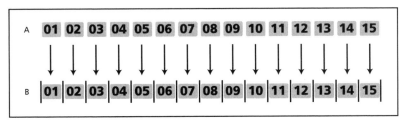

A. 30-fps-Video-Clip (1/2 Sekunde) B. Timebase 30 für eine Videoproduktion
Unproblematisch, da Original-Frame-Rate und Timebase identisch sind.

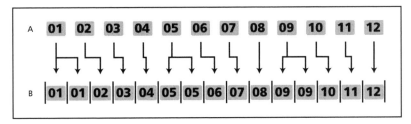

A. 24-fps-Kinofilm-Clip (1/2 Sekunde) B. Timebase 30 für eine Videoproduktion
Für eine Sekunde Wiedergabe von 24-fps-Frames mit einer Timebase 30 müssen die Frames 1, 5 und 9 des 24-fps-Kinofilm-Clips wiederholt werden.

💡 *Sie sollten Ihre Clips immer mit der Frame-Rate aufnehmen, mit der später exportiert werden soll. Sollen die Original-Clips z.B. mit 30 fps exportiert werden, nehmen Sie die Clips mit 30 fps statt 24 fps auf. Falls das nicht möglich ist (DV kann beispielsweise nur mit 29,97 fps aufnehmen), sollten Sie mit einer Frame-Rate exportieren, die ein Vielfaches Ihrer Timebase ist bzw. sich glatt teilen lässt. Beträgt also Ihre Aufnahme-Frame-Rate und Ihre Timebase 30 fps (genauer 29,97), sollten Sie mit 30, 15 oder 10 fps exportieren, um ein »ruckelndes« Abspielen zu vermeiden.*

Wenn die Zeiteinheiten nicht übereinstimmen, ist die Timebase der wichtigste Wert, den Sie auf das besonders kritische Medium innerhalb Ihrer Produktion abstimmen müssen. Wollen Sie beispielsweise von einem Kinofilm einen Trailer für die Ausstrahlung durch eine Fernsehstation produzieren, wäre der Film das wichtigste Medium für das Projekt. Sie müssen also eine Timebase von 24 fps wählen.

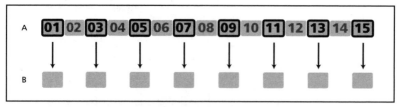

A. Timebase 30 (1/2 Sekunde) **B.** Endgültige Frame-Rate 15 für einen Web-Film
Wenn die Timebase ein Vielfaches der Frame-Rate ist, werden die Timebase-Frames gleichmäßig verteilt.

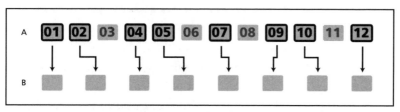

A. Timebase 24 für einen Kinofilm (1/2 Sekunde) **B.** Endgültige Frame-Rate 15 für einen Web-Film. Die Timebase ist kein Vielfaches der Frame-Rate, weshalb die Frames unregelmäßig verteilt werden. Eine endgültige Frame-Rate von 12 fps würde die Frames gleichmäßig verteilen.

Denken Sie immer daran: Sie erhalten nur vorhersehbare Resultate, wenn Timebase und Frame-Rate sich zumindest glatt teilen lassen; die besten Ergebnisse erhalten Sie, wenn beide identisch sind.

💡 *Weitere Informationen finden Sie (in englischer Sprache) auf der Adobe-Website (www.adobe.com). Suchen Sie auch nach anderen Quellen.*

Zeit mit dem Timecode zählen

Durch den *Timecode* wird festgelegt, wie die Frames gezählt werden und wie die Zeit während eines Projekts angezeigt und angegeben wird. Der Timecode ändert niemals die Timebase oder die Frame-Rate eines Clips oder Projekts, es wird lediglich die Art der Frame-Nummerierung geändert.

Sie geben einen Stil für den Timecode auf der Grundlage der für Ihr Projekt wichtigsten Medien an. Bei der Videobearbeitung für das Fernsehen werden die Frames beispielsweise anders gezählt als bei der Bearbeitung eines Films. Premiere zeigt die Zeit standardmäßig nach dem SMPTE-Standard (Society of Motion Picture and Television Engineers) an: Stunden, Minuten, Sekunden und Frames. Beispielsweise bedeutet die Anzeige 00:06:51:15, dass ein Clip die Länge von 6 Minuten, 51 Sekunden und 15 Frames hat. Sie können jederzeit zu einem anderen Zeitanzeigesystem wechseln, wie z.B. zu Feet und Frames eines 16-mm- oder 35-mm-Films. Professionelle Videorekorder und Camcorder können den Timecode direkt auf das Videoband schreiben und von diesem auch wieder auslesen, wodurch Sie Audio, Video, Bearbeitungen bzw. Offline-Bearbeitungen synchronisieren können (siehe »DV aufnehmen« auf Seite 46).

Wenn Sie an einem Video mit einer 29,97-fps-Timebase für den NTSC-Standard arbeiten, führt der minimale Unterschied zwischen der 29,97-fps-Frame-Rate und der 30-fps-Frame-Nummerierung (Timecode) zu einem Unterschied zwischen der angegebenen und der tatsächlichen Dauer des Programms. Dieser Unterschied ist anfänglich zwar nur gering, wird aber mit zunehmender Programmdauer immer größer und führt zu Schwierigkeiten, wenn ein Programm mit einer bestimmten exakten Dauer aufgenommen werden soll. Der *Drop-Frame-Timecode* ist ein SMPTE-Standardformat, mit dem durch die Behebung dieses Fehlers bei einem 29,97-fps-Video die zeitliche Genauigkeit der NTSC-Zeit beibehalten wird. In der Zeitanzeige der gesamten Software gibt Premiere den Drop-Frame-Timecode mit einem Semikolon an, in den Zeitanzeigen des Non-Drop-Frame-Timecodes steht ein Doppelpunkt zwischen den Zahlen.

Premiere zeigt den Drop-Frame-Timecode mit einem Semikolon (links) und den Non-Drop-Frame-Timecode mit einem Doppelpunkt (rechts) an.

Wenn Sie den Drop-Frame-Timecode das erste Mal verwenden, nummeriert Premiere die ersten beiden Frames jeder Minute neu (mit Ausnahme jeder zehnten Minute). Der Frame nach 59:29 heißt beispielsweise 1:00:02. Es gehen keine

Frames verloren, da der Drop-Frame-Timecode nur die Frame-Nummern und nicht die eigentlichen Frames auslässt.

Ein Bild auf dem Fernsehgerät oder einem Computermonitor setzt sich aus horizontalen Zeilen zusammen. Diese Zeilen lassen sich unterschiedlich anzeigen. Die Anzeige der meisten PCs basiert auf dem *Zeilenfolgeverfahren* (ohne Zeilensprung), wobei alle Zeilen in einem Frame in einem Abtastdurchgang von oben bis unten angezeigt werden, bevor der nächste Frame folgt. Videoprogramme mit NTSC-, PAL- und SECAM-Standard basieren auf dem *Zeilensprungverfahren*. Jeder Frame besteht aus zwei *Halbbildern*, die nach zwei Abtastdurchgängen angezeigt werden. Die einzelnen Frames setzen sich jeweils aus jeder zweiten Zeile des Frames zusammen. Ein Fernsehgerät zeigt zuerst das erste Halbbild an, das aus allen geraden Zeilen des gesamten Bildschirms besteht. Danach wird das zweite Halbbild angezeigt, das die vom ersten Halbbild hinterlassenen Lücken in jeder ungeraden Zeile schließt. Ein NTSC-Video-Frame, der ungefähr jede 1/30 Sekunde angezeigt wird, wird aus zwei Halbbildern erzeugt, die ungefähr jede 1/60 Sekunde angezeigt werden. PAL- und SECAM-Video-Frames werden jede 1/25 Sekunde angezeigt und bestehen aus zwei Halbbildern, die jeweils jede 1/50 Sekunde angezeigt werden. Das Halbbild, das die oberste Abtastzeile eines Frames enthält, wird als *oberes Halbbild* und das andere Halbbild als *unteres Halbbild* bezeichnet. Stellen Sie beim Abspielen oder Exportieren in Videos mit aus Halbbildern erzeugten Frames sicher, dass die Reihenfolge der Halbbilder, die Sie angeben, zum jeweiligen Empfangssystem passt. Die Bewegungen könnten sonst abgehackt und Umrisse von Objekten in dem Frame ausgefranst erscheinen.

Hinweis: *Für analoges Video muss die Reihenfolge der Halbbilder der Reihenfolge der Halbbilder der Aufnahmekarte entsprechen (die in den Voreinstellungen festgelegt werden sollte). Bei DV wird in der Reihenfolge der Halbbilder immer zuerst das untere Halbbild gezeigt. Achten Sie darauf, immer zuerst die korrekten Voreinstellungen auszuwählen; dadurch legt Premiere die Reihenfolge der Halbbilder richtig fest.*

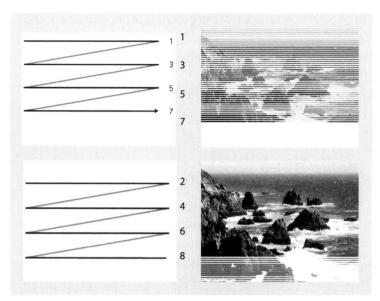

Bei einem Video mit aus zwei Halbbildern erzeugten Frames (Zeilensprungverfahren) wird ein Frame durch zwei abwechselnde Abtast-Durchgänge beschrieben: einem Durchgang durch die geraden und einem durch die ungeraden Zeilen.

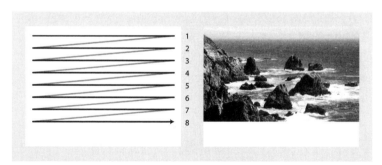

Ein durch Zeilenfolgeverfahren erzeugtes Video beschreibt einen Frame durch einen Durchgang fortlaufend eingelesener Zeilen.

Wenn Sie einen Frame in einem Video-Clip im Zeilensprungverfahren verlangsamen oder anhalten (»einfrieren«) wollen, sollten Sie dem Flimmern und Stocken der Bilder vorbeugen, indem Sie die Halbbilder zu vollständigen Frames zusammenfügen (*Deinterlace*). Wenn Sie im umgekehrten Fall im Zeilenfolgeverfahren eingelesene Original-Clips (wie beispielsweise Kinofilme oder Computer-Animationen) in einem Videoprogramm verwenden, das für Halbbild-Medien wie das Fernsehen vorgesehen ist, können Sie durch einen als *Rendern von Halbbildern* bekannten Vorgang Frames in Halbbilder aufteilen, so dass Bewegung und Effekte einwandfrei aus Halbbildern erzeugt werden.

[?] *Weitere Informationen finden Sie unter »Verarbeitung von Video-Halbbildern« im* Adobe Premiere Pro Handbuch *und auf der Adobe Website* (www.adobe.com).

Frame-Größe und Auflösung messen

Bei der digitalen Videobearbeitung auf einem Computer sind mehrere Eigenschaften der *Frame-Größe* wichtig: die Pixel (Bildpunkte), das Frame-Seitenverhältnis, die Auflösung des Clips, die Frame-Größe des Projekts und die Bit-Tiefe. Ein *Pixel* (Kunstwort aus *Pic*ture und *El*ement) ist die kleinste Einheit, die für die Erstellung eines Bildes verwendet werden kann; alles, was kleiner ist, kann auf einem Bildschirm nicht mehr genau angezeigt werden.

Seitenverhältnis

Das *Seitenverhältnis* eines Frames gibt das Verhältnis der Breite zur Höhe bei den Frame-Maßen eines Bildes an. Das Frame-Seitenverhältnis eines normalen PAL-Videos beträgt beispielsweise 4:3, während DVD, HDTV, Kinofilme und das aktuelle TV-Breitwandformat über ein längeres Seitenverhältnis von 16:9 verfügen.

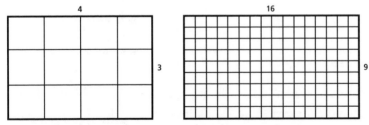

Ein Frame mit einem Seitenverhältnis von 4:3 (links) und ein Frame mit einem breiteren Seitenverhältnis von 16:9 (rechts)

Einige Videoformate geben zwar dasselbe Seitenverhältnis wieder, verwenden aber ein anderes Seitenverhältnis für die Pixel, aus denen sich der Frame zusammensetzt. Wenn Sie ein Video mit *nichtquadratischen Pixeln* (z.B. Pixel, die höher als breit bzw. breiter als hoch sind) auf einem System mit quadratischen Pixeln anzeigen wollen, erscheinen Formen und Bewegung in die Länge/Höhe gezogen; Kreise werden dann beispielsweise zu Ellipsen.

Ein Frame mit einem Seitenverhältnis von 4:3 und quadratischen Pixeln (links), ein Seitenverhältnis von 4:3 mit höheren horizontalen Pixeln (Mitte) und der mittlere Frame mit einer quadratischen Pixelanzeige (rechts)

Nichtquadratische Pixel

Premiere Pro unterstützt zahlreiche nichtquadratische Pixel-Seitenverhältnisse, einschließlich des DV-Breitbild-(Kino-)Pixel-Seitenverhältnisses von 16:9 und das anamorphe Pixel-Seitenverhältnis von 2:1.

Beim Betrachten einer Vorschau im nichtquadratischen Pixel-Seitenverhältnis auf Ihrem Computer-Bildschirm stellt Premiere ein korrigiertes Seitenverhältnis auf dem Monitor dar, damit das Bild nicht verzerrt wird. Bewegungs- und Transparenzeinstellungen sowie die geometrischen Effekte verwenden allerdings das korrekte Seitenverhältnis, so dass nach der Bearbeitung bzw. dem Rendern Ihres Videos keine Verzerrungen auftreten.

Frame-Größe

In Premiere Pro geben Sie eine *Frame-Größe* für die Videowiedergabe im Schnittfenster und gegebenenfalls für den Export eines Videos in eine Datei an. Die Frame-Größe wird durch die horizontalen und vertikalen Maße eines Frames in Pixeln ausgedrückt, beispielsweise 640 x 480 Pixel. Bei der digitalen Videobearbeitung wird die Frame-Größe auch als *Auflösung* bezeichnet.

Im Allgemeinen liefert eine höhere Auflösung mehr Bilddetails, allerdings nehmen auch die Anforderungen an den Arbeitsspeicher (RAM) und den Prozessor zu. Mit der Erhöhung der Maße eines Frames erhöht sich auch die Pixelanzahl, die Premiere für jeden Frame verarbeiten und speichern muss. Deshalb ist es wichtig zu wissen, welche Auflösung für das fertige Videoformat benötigt wird. Ein NTSC-Frame mit einer Auflösung von 720 x 480 Pixel (Standard-DV) enthält beispielsweise 345.600 Pixel, während ein Bild mit einer Auflösung von 720 x 576 Pixel (PAL) aus 414.720 Pixeln zusammengesetzt ist. Wenn Sie eine zu geringe Auflösung festlegen, sieht das Bild grobkörnig und pixelig aus; eine zu hohe Auflösung dagegen benötigt nur unnötig viel Speicher. Achten Sie darauf, beim Ändern der Frame-Größe die proportionalen Maße des ursprünglichen Clips beizubehalten.

💡 *Falls Sie mit höheren Auflösungen arbeiten wollen und/oder sich Gedanken über die Rechenleistungen Ihres Prozessors machen, können Sie eine oder mehrere Scratch Disks für zusätzliches RAM und Festplattenspeicher einrichten. Weitere Informationen finden Sie unter »Einrichten der Premiere Scratch Disks« im Adobe Premiere Pro Handbuch.*

Overscan und geschützte Bereiche

Die Frame-Größe kann zu Missverständnissen führen, wenn Sie ein Video für das Fernsehen aufbereiten. Viele Fernsehgeräte sind nicht korrekt zentriert, das heißt, das Bild erscheint leicht verschoben (*Overscan*). Ohne Overscan-Zugabe würde dann ein entsprechender schwarzer Bereich am Rand erscheinen. Dieser Overscan-Bereich ist nicht auf allen Fernsehgeräten gleich groß, so dass es sich empfiehlt, Titel innerhalb des Bereichs der *geschützten Titel* und wichtige Aktionen innerhalb des Bereichs der *geschützten Aktionen* anzuordnen.

Der Bereich geschützter Aktionen ist etwa 10% kleiner und der Bereich geschützter Titel etwa 20% kleiner als die gegenwärtige Frame-Größe. Sie können das vollständige Anzeigen der entscheidenden Elemente Ihres Videos sicherstellen, indem Sie darauf achten, dass alle wichtigen Aktionen und Titel sowie wichtige grafische Elemente innerhalb dieser Bereiche erscheinen. Gleichzeitig vermeiden Sie dadurch das Verzerren von Titeln und Bildern an den Rändern mancher Fernsehbildschirme. Overscan können Sie am besten vermeiden, indem Sie geschützte Bereiche verwenden, wichtige Aktionen und Titel innerhalb dieser Bereiche platzieren und Ihr Video auf einem Fernsehbildschirm testen.

Geschützte Bereiche lassen sich im Monitorfenster der Originalansicht, Programmansicht oder beiden Ansichten betrachten.

Geschützte Bereiche in der Programmansicht: **A.** *Bereich geschützter Titel* **B.** *Bereich geschützter Aktionen*

Geschützte Zonen zeigt der Adobe Title Designer durch weiße Rechtecke an.

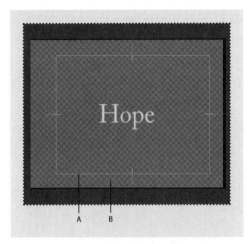

A. *Bereiche geschützter Titel* **B.** *Bereiche geschützter Aktionen*

Weitere Informationen über das Einrichten von geschützten Bereichen im Monitor- und Titelfenster finden Sie in Lektion 11, »Mit dem Adobe Title Designer arbeiten«.

Bit-Tiefe

Ein *Bit* ist die kleinste Einheit der Informationsspeicherung eines Computers. Je mehr Bits verwendet werden, um etwas zu beschreiben, desto detaillierter kann die Beschreibung sein. Die *Bit-Tiefe* gibt die Anzahl der Bits an, die zur Speicherung von Informationen in einem einzelnen Pixel verwendet werden. Je höher die Bit-Tiefe, desto mehr Farben kann ein Bild enthalten, was eine exaktere Reproduktion der Farben und eine höhere Bildqualität ermöglicht. Beispielsweise kann ein Bild, das mit 8 Bit pro Pixel (8-Bit-Farben) gespeichert wird, 256 Farben darstellen, während ein mit 24-Bit-Farben gespeichertes Bild über 16,7 Millionen Farben darstellen kann.

Adobe Premiere Pro funktioniert mit Videos beliebiger Bit-Tiefe, konvertiert die Clips jedoch intern in das vom Fernsehen verwendete YUV-Farbformat. Das YUV-Format speichert qualitativ hochwertiges Video mit nur 16 Bit pro Pixel. (Das RGB-Farbformat benötigt 24 Bit pro Pixel.) Das Ergebnis ist eine schnellere Verarbeitung bei höherer Qualität.

Der YUV-Farbraum wurde Anfang der fünfziger Jahre eingeführt mit dem Ziel, das Farbfernsehen mit den Schwarzweiß-Fernsehern kompatibel zu machen und die Signal-Bandbreite möglichst gering zu halten. Im YUV-System werden die drei RGB-Farbkomponenten mathematisch in ein Luminanz-Signal (Schwarz und Weiß) plus zwei Farbsignale konvertiert. Durch die Art der Konvertierung wird die Datenmenge für das Gesamtsignal erheblich verringert, ohne dass die Qualität darunter leidet.

So erhalten Sie eine optimale RGB-Bildqualität:

- RGB-Original-Clips und Standbilder sollten Sie mit 24-Bit-Farben speichern (Sie können aber auch Clips mit einer geringeren Bit-Tiefe verwenden).
- Wenn der Clip eine Alpha-Kanal-Maske enthält, speichern Sie ihn mit 32 Bit pro Pixel (auch 24 Bit bei einem 8-Bit-Alpha-Kanal oder *Millionen von Farben* genannt). QuickTime-Filme können beispielsweise je nach verwendetem Format bis zu 24-Bit-Farben mit einem 8-Bit-Alpha-Kanal enthalten.

Innerhalb des Programms verarbeitet Premiere Pro immer mit 24 Bit pro Pixel, unabhängig von der Original-Tiefe des jeweiligen Clips (16 Bit für YUV plus einem 8-Bit-Alpha-Kanal). Damit wird die Bildqualität auch dann beibehalten, wenn Sie Effekte anwenden oder Clips überlagern.

Wenn Sie Videomaterial für den NTSC-Standard aufbereiten, sollten Sie berücksichtigen, dass der NTSC-Farbumfang limitiert ist, obwohl 16-Bit-YUV und 24-Bit-RGB den vollen Farbumfang bereitstellen. NTSC ist nicht in der Lage, gesättigte Farben und fein abgestufte Farbverläufe exakt wiederzugeben. Am besten vermeiden Sie Probleme mit NTSC-Farbe, wenn Sie während der Videobearbeitung die Farben auf einem optimal auf NTSC kalibrierten Monitor prüfen.

Weitere Informationen finden Sie auf der Adobe Website (www.adobe.com).

Video-Komprimierung

Die Arbeit mit digitalen Videos umfasst das Speichern, Verlagern und Berechnen von Datenmengen, die im Vergleich zu anderen Arten von Computerdaten extrem groß sind. Die Datenrate und Dateigröße eines unkomprimierten digitalen Videos kann viele PCs und Festplatten überfordern. Mit der *Komprimierung* können Sie die Datenrate eines digitalen Videos so verringern, dass sie von Ihrem Computersystem bewältigt werden kann.

Bei der Erstellung Ihres Videoprogramms in Premiere sind die Einstellungen für die Komprimierung bei der Aufnahme der Original-Videos, der Vorschau der Bearbeitungen sowie dem Abspielen und dem Export des Schnittfensters von entscheidender Bedeutung. In vielen Fällen müssen Sie je nach Situation verschiedene Einstellungen angeben:

- Komprimieren Sie das Original-Video bei der Aufnahme, das heißt, wenn es auf Ihrem Computer gespeichert wird. Dabei sollte die Datenrate nur so weit verringert werden, dass die Qualität optimal erhalten bleibt und dennoch eine reibungslose Wiedergabe auf dem Computer, auf dem die Datei bearbeitet wird, gewährleistet ist.

- Sie sollten auch die Video-Ausgabe Ihres Rechners komprimieren. Beim Abspielen des Schnittfensters zur Aufnahme auf ein Videoband bleibt die Qualität am besten erhalten, wenn Sie dieselben Komprimierungseinstellungen wie bei der Originalaufnahme verwenden oder auf eine Komprimierung verzichten bzw. eine verlustfreie Komprimierungsmethode einsetzen. Arbeiten Sie dabei nur mit der Datenrate, die der »auf Band zurückspielende« Computer problemlos bewältigen kann – das gilt für Ihren als auch für einen eventuell anderen Ausgabe-Computer. Wenn Sie einen Video-Clip erstellen, der im Streaming-Verfahren von einem Webserver abgespielt werden soll, sollten Sie eine entsprechende Datenrate für Internetverteilung beibehalten.

Die Wahl der optimalen Komprimierungseinstellungen kann schwierig und je nach Projekt unterschiedlich sein. Wenn Sie eine zu geringe Komprimierung anwenden, wird die Datenrate für Ihr System zu hoch – es kommt zu Übertragungsfehlern wie z.B. ausgelassenen Frames. Wenn Sie eine zu hohe Komprimierung anwenden und die Datenrate zu sehr verringern, wird nicht die volle Leistung Ihres Systems genutzt und die Bildqualität leidet eventuell unnötig.

Hinweis: DV besitzt eine feste Datenrate von 3,5 Megabyte pro Sekunde, nominell 25 Megabit pro Sekunde; die DV-Standard-Komprimierungsrate beträgt 5:1.

Clip-Eigenschaften und Datenrate analysieren

Premiere Pro umfasst Analysewerkzeuge, mit denen Sie eine Datei untersuchen können – in jedem unterstützten Format und gespeichert innerhalb oder außerhalb eines Projektes.

1 Starten Sie m Premiere und wählen Sie **Datei: Eigenschaften abrufen für: Datei**.

2 Suchen Sie den Clip *Opening.avi* aus Lektion 1 und klicken Sie auf »Öffnen«.

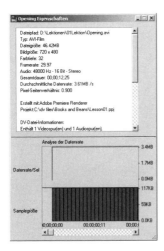

Das *Eigenschaftenfenster* enthält ausführliche Informationen zu jedem Clip. Bei Videodateien beinhaltet die Analyse z.B. Angaben zu Dateigröße, Anzahl der Video- und Audiospuren, Dauer, durchschnittliche Frame-, Audio- und Datenrate sowie Komprimierungseinstellungen. Außerdem können Sie sich vom Eigenschaftenfenster auch warnen lassen, wenn in einem gerade aufgenommenen Clip Frames ausgelassen wurden.

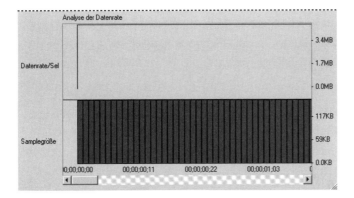

Mit Hilfe des Datenrate-Diagramms können Sie überprüfen, inwieweit die ausgegebene Datenrate den Anforderungen Ihres Ausgabemediums entspricht. Das Diagramm führt jeden einzelnen Frame einer Videodatei auf, damit Sie die Datenraten der Render-Keyframes, die Differenz zwischen den Komprimierungs-Keyframes und Differenz-Frames (Frames, die sich zwischen den Keyframes befinden) sowie die Datenraten der einzelnen Frames ablesen können.

Das Datenrate-Diagramm umfasst Folgendes:

- Datenrate: Die weiße Linie zeigt die durchschnittliche Datenrate.
- Sample-Größe: Die roten Säulen stellen die Sample-Größen der einzelnen Keyframes dar.

Differenz-Frames erscheinen als blaue Säulen und stellen die Sample-Größe der Differenz-Frames zwischen den Komprimierungs-Keyframes dar. In diesem Beispiel sind allerdings keine vorhanden.

3 Wenn Sie mit der Analyse fertig sind, schließen Sie das Datenrate-Diagrammfenster und das Eigenschaftenfenster.

Weitere Informationen finden Sie auf der Adobe Website.

Die Video-Komprimierungsmethode wählen

Das Ziel der Datenkomprimierung ist die Darstellung des gleichen Inhalts unter Verwendung weniger Daten. Dazu können Sie einen Kompressor/Dekompressor (*Codec*) für die Komprimierung bestimmen. Ein Codec kann durchaus mehrere Verfahren zur Komprimierung einsetzen, da kein Verfahren allein die verschiedenen Situationen abdecken kann. In der folgenden Aufstellung finden Sie die am häufigsten von Codecs benutzten Verfahren für das jeweils zu komprimierende Videomaterial:

Räumliche Komprimierung Durch die räumliche Komprimierung wird die Beschreibung des visuellen Bereichs eines Video-Frames komprimiert, indem nach Mustern und Wiederholungen der Pixel gesucht wird. Beispiel: Bei einem Bild mit einem blauen Himmel erkennt die räumliche Komprimierung, dass viele der Pixel, die den Himmel bilden, einen ähnlichen Blauton aufweisen. Anstatt jeden einzelnen der mehreren Tausend Pixel zu beschreiben, zeichnet die räumliche Komprimierung eine viel kürzere Beschreibung auf, wie z.B.: »Alle

Pixel in diesem Bereich sind hellblau.« *Run-Length-Encoding* (*Lauflängen-Kodierung*) ist eine von vielen Codecs verwendete Version dieser Technik. Dazu gehören die Codecs *QuickTime Animation* oder *Microsoft RLE*, die sich gut für Videos mit großen Farbflächen eignen (z.B. Zeichentrickfilme).

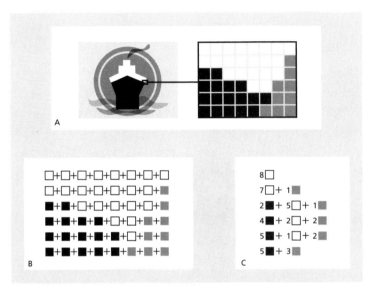

Digitale Bilder bestehen aus Pixeln (A), die ohne Komprimierung viel Speicherplatz benötigen (B). Mit der Lauflängen-Kodierung benötigen dieselben Frame-Daten weniger Speicherplatz (C).

Im Allgemeinen verkleinern sich Datenrate und Dateigröße, und das Bild verliert an Schärfe und Definition, wenn Sie die räumliche Komprimierung erhöhen. Allerdings gibt es auch einige Arten der Lauflängen-Kodierung, bei denen – entsprechend leistungsstarke Prozessoren vorausgesetzt – die Bildqualität vollständig erhalten bleibt.

Zeitliche Komprimierung Die zeitliche Komprimierung versucht, die Beschreibung der Veränderungen während einer Sequenz von Frames zu komprimieren. Dabei wird nach Mustern und Wiederholungen in einem Zeitabschnitt gesucht. Beispiel: Bei einem Video-Clip mit einem Sprecher vor einem statischen Hintergrund erkennt die zeitliche Komprimierung, dass die einzigen sich von Frame zu Frame ändernden Pixel diejenigen sind, die das Gesicht des Sprechers bilden. Alle anderen Pixel bleiben unverändert (wenn die Kamera nicht bewegt wird). Anstatt jedes Pixel in jedem Frame zu beschreiben, beschreibt die zeitliche Komprimierung im ersten Frame alle Pixel und für jeden folgenden Frame nur die Pixel, die vom vorherigen Frame abweichen. Diese Technik wird *Frame-Differen-*

zierung genannt. Wenn die überwiegende Anzahl von Pixeln in einem Frame vom vorherigen Frame abweicht, sollte der gesamte Frame neu beschrieben werden. Jeder ganze Frame wird *Keyframe* genannt und legt einen neuen Anfangspunkt für die Frame-Differenzierung fest. Mit Hilfe von Premiere können Sie bestimmen, wie Keyframes gesetzt werden (siehe dazu auch das *Adobe Premiere Pro Handbuch*). Viele Codecs arbeiten mit der zeitlichen Komprimierung (z.B. Cinepak).

Wenn Sie für einen Codec keine Keyframes setzen können, nutzt er die zeitliche Komprimierung vermutlich nicht. Die zeitliche Komprimierung arbeitet gut, wenn große Bereiche innerhalb des Videos sich nicht verändern, und weniger gut, wenn sich das Bild fortlaufend verändert (z.B. Musikvideo).

In diesem Animations-Clip verändert sich nur der Kreis um das Schiff herum.

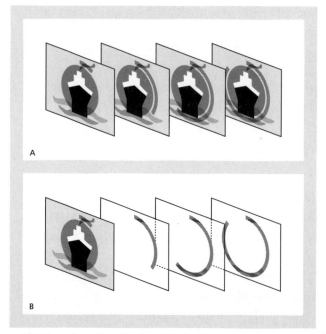

A. *Speichern eines Clips ohne Komprimierung mit allen Frames und Pixeln*
B. *Zuweisen der zeitlichen Komprimierung erstellt vom ersten Frame einen Keyframe; die folgenden Frames zeichnen nur die Veränderungen auf.*

Verlustfreie Komprimierung Einige Codecs verwenden eine *verlustfreie* Komprimierung, bei der sichergestellt wird, dass alle Informationen des Original-Clips – und damit auch die Qualität – nach der Komprimierung erhalten bleiben. Durch die Erhaltung der Originalqualität können jedoch die Datenrate und die Dateigröße nur in beschränktem Maße verkleinert werden. Die Datenrate bei einer verlustfreien Komprimierung ist für viele Systeme eventuell zu hoch, um eine einwandfreie Wiedergabe zu gewährleisten. Verlustfreie Codecs wie Animation (mit bester Qualitätseinstellung) werden für höchste Qualität während der Bearbeitung oder für Standbilder eingesetzt, bei denen die Datenrate kein Thema ist.

Hinweis: Um ein ruckelfreies Abspielen von Voll-Frame- und Vollgrößen-Video mit verlustfreier Kompression sicherzustellen, benötigen Sie eine möglichst frisch defragmentierte Festplatte mit sehr großer Kapazität und ein sehr schnelles Rechnersystem für den hohen Datenratendurchsatz.

Verlustreiche Komprimierung Die meisten Codecs verwenden eine *verlustreiche* Komprimierung, bei der ein Teil der Originaldaten während der Komprimierung verloren geht. Beispiel: Wenn die einen Himmel bildenden Pixel in Wirklichkeit 78 verschiedene Blautöne enthalten, zeichnet ein auf beste Qualität eingestellter verlustreicher Codec möglicherweise nur 60 Blautöne auf. Bei der verlustreichen Komprimierung sind die Datenraten und Dateigrößen viel geringer als bei der verlustfreien Komprimierung. Verlustreiche Codecs, wie Cinepak oder Sorenson Video, werden daher häufig verwendet, wenn das fertige Bild auf CD-ROM oder im Internet zur Verfügung gestellt werden soll.

Asymmetrische und symmetrische Komprimierung Der von Ihnen gewählte Codec wirkt sich auf den Arbeitsablauf Ihrer Videoproduktion aus. Er beeinflusst nicht nur Dateigröße oder Wiedergabegeschwindigkeit, sondern auch die Zeit, die ein Codec zur Komprimierung einer bestimmten Anzahl von Frames benötigt. Eine schnelle Komprimierung erleichtert die Videoproduktion und eine schnelle Dekomprimierung vereinfacht die Anzeige. Bei vielen Codecs dauert jedoch die Komprimierung von Frames erheblich länger als die Dekomprimierung von Frames während der Wiedergabe. Aus diesem Grunde kann es einige Minuten dauern, bis die Verarbeitung eines 30 Sekunden langen Videoclips vor der Wiedergabe abgeschlossen ist. Ein Codec wird als *symmetrisch* betrachtet, wenn er für die Komprimierung eines Clips genauso lange braucht wie für die Dekomprimierung. Ein Codec ist *asymmetrisch*, wenn die für die Komprimierung eines Clips benötigte Zeit wesentlich von der für die Dekomprimierung benötigten Zeit abweicht.

Die Komprimierung ist mit dem Packen eines Koffers vergleichbar: Sie können ihn schnell ein- und auspacken, indem Sie die Kleidungstücke einfach nur hineinwerfen. Wenn Sie sich aber mehr Zeit nehmen, die Teile zusammenfalten und den Koffer systematisch packen, können Sie den Platz besser nutzen und mehr Kleidungsstücke unterbringen.

DV-Komprimierung DV ist das von vielen Digitalvideokameras verwendete Format. DV bezeichnet außerdem die von diesen Camcordern verwendete Komprimierungsart, bei der das Video unmittelbar in der Kamera komprimiert wird. Die gebräuchlichste Art der DV-Komprimierung verwendet eine feste Datenrate von 25 Megabit pro Sekunde (3,5 Megabyte pro Sekunde) und eine Komprimierungsrate von 5:1. Diese Komprimierung wird als »DV25« bezeichnet. Adobe Premiere Pro unterstützt DV25 und andere DV-Codecs unmittelbar und kann digitale Quellvideos ohne weitere Konvertierungen direkt lesen.

Kein einzelner Codec ist optimal für alle Situationen geeignet. Der Codec, den Sie zum Exportieren Ihres fertigen Videoprogramms verwenden, muss für das gesamte Publikum zur Verfügung stehen. Auch wenn ein bestimmter Codec einer bestimmten Aufnahmekarte die beste Wahl für die Aufnahme von Original-Clips sein kann, ist er möglicherweise keine gute Wahl für die Ausgabe von Clips, weil es eher unwahrscheinlich ist, dass jeder Adressat Ihres Publikums im Besitz dieser bestimmten Aufnahmekarte mit dem besonderen Codec ist. Beim Exportieren von Streaming-Media ist dies ein wichtiger Aspekt, weil die drei am häufigsten verbreiteten Streaming-Architekturen (RealMedia, Windows Media und QuickTime) eigene Codecs in ihren Playern verwenden; ein RealMedia-Stream lässt sich beispielsweise nicht immer mit einem Windows-Media-Player abspielen und umgekehrt. Daher wird mit Rücksicht auf das Publikum, das unterschiedliche Standard-Player in seinen Browsern voreingestellt hat, Streaming-Media in mehreren Formaten kodiert.

Weitere Informationen finden Sie auf der Adobe Website (www.adobe.com).

Videoaufnahme

Bevor Sie Ihr Videoprogramm bearbeiten können, müssen die Clips auf die Festplatte gespielt werden. Sie importieren die Original-Clips vom Videoband in Ihren Computer in diesem Post-Production-Schritt, der auch *Video Capture* genannt wird. Dafür muss Ihre Festplatte groß genug sein, um alle zu bearbeitenden Clips speichern zu können. Um Platz zu sparen, sollten Sie deshalb nur die Clips aufnehmen, die Sie für Ihr Projekt auch tatsächlich benötigen.

Original-Clips kommen hauptsächlich in zwei Formen vor:

Digitale Medien liegen bereits in einem *digitalen* Dateiformat vor, das ein Computer unmittelbar lesen und bearbeiten kann. Viele neue Camcorder digitalisieren und speichern Video in einem digitalen Format direkt in der Kamera. Diese Camcorder verwenden eines der vielen *DV-Formate*, die das Original-Material einer gewissen Komprimierung unterziehen. Auch Audio lässt sich digital aufnehmen; Tonspuren werden häufig ebenfalls digital zur Verfügung gestellt – beispielsweise auf CD-ROM. Digitale Quell-Dateien, die auf DV-Band oder anderen digitalen Medien gespeichert sind, müssen vor ihrer Verwendung in einem Premiere Pro-Projekt auf die Festplatte eines Computers *aufgenommen* (übertragen) werden. Am einfachsten lässt sich DV übertragen, indem ein DV-Gerät, wie zum Beispiel ein Camcorder oder Videorekorder über die *IEEE-1394-Schnittstelle* (auch FireWire oder i.Link genannt) angeschlossen wird. Für anspruchsvollere Aufnahmeaufgaben kann auch eine spezielle DV-*Aufnahmekarte* verwendet werden. Premiere Pro unterstützt zahlreiche DV-Geräte und Aufnahmekarten und erleichtert so das Aufnehmen von DV-Quelldateien.

Analoge Medien müssen zuerst *digitalisiert* werden, das heißt, sie müssen zunächst in ein digitales Format konvertiert und in einem digitalen Dateiformat gespeichert werden, bevor ein Rechner sie speichern und bearbeiten kann. Clips von *analogem* Videoband (z.B. Hi-8), Kinofilmmaterial, herkömmliche Tonbänder und Standbilder (z.B. Dias) sind Beispiele für analoge Medien. Durch Anschließen eines analogen Videogeräts (beispielsweise eine analoge Videokamera oder ein Tapedeck) und einer entsprechenden *Aufnahmekarte* an Ihren Computer kann Adobe Premiere analoges Originalmaterial digitalisieren, komprimieren und als Clips auf die Festplatte übertragen, die anschließend in Ihr digitales Videoprojekt übernommen werden können.

Hinweis: Manche Computer verfügen bereits über entsprechende eingebaute Hardware zum Digitalisieren von Video; meistens muss eine solche aber in Form einer kompatiblen Aufnahmekarte erst vom Anwender eingebaut werden. Adobe Premiere Pro unterstützt eine Vielzahl von Video-Aufnahmekarten.

Falls Ihr System über eine entsprechende Aufnahmekarte verfügt, können Sie mit Hilfe von Adobe Premiere Pro *Einzel-Frame-Videoaufnahmen* mit einer angeschlossenen Kamera oder von einem Videoband in einem Camcorder oder Videorekorder mit der *Stop-Motion-Animation* aufnehmen. Sie können beispielsweise eine Kamera auf ein im Bau befindliches Gebäude richten und die Zeitsteuerung verwenden, um in regelmäßigen Abständen Frames von der Fertigstellung des Gebäudes aufzunehmen. Mit dieser Methode lassen sich auch Zeichentrickanimationen erstellen oder einzelne Frames aufnehmen und als Standbilder speichern. Stop-Motion-Animation lässt sich sowohl von analogen als auch von DV-Quellen aufnehmen.

Hinweis: Premiere Pro unterstützt die Gerätesteuerung. Damit können Sie Stop-Motion aufnehmen und Aufnahmen von mehreren Clips mit Hilfe der Batchlisten-Verarbeitung ausführen, indem Sie das Videoband aus dem Aufnahmefenster in Premiere heraus steuern. Allerdings wird die Gerätesteuerung für Stop-Motion in Premiere Pro nicht zwingend benötigt: Falls Sie nicht über ein zu steuerndes Abspielgerät verfügen, können Sie die Bedienelemente Ihres Camcorders oder Videorekorders und im Aufnahmefenster auch von Hand bedienen.

Weitere Informationen über alle in diesem Abschnitt angesprochenen Punkte zum Aufnehmen von Video finden Sie unter »Aufnehmen und Importieren von Original-Clips« im *Adobe Premiere Pro Handbuch*.

DV aufnehmen

Beim Aufzeichnen in DV werden die Bilder unmittelbar innerhalb des DV-Camcorders in ein digitales (DV-)Format konvertiert und in ganzer Länge auf eine DV-Videokassette gespeichert. Da die Bilder bereits digitalisiert und komprimiert vorliegen, sind sie bereits für die digitale Videobearbeitung vorbereitet. Die DV-Aufnahme kann unmittelbar auf eine Festplatte übertragen werden.

Um DV auf Ihre Festplatte zu übertragen, benötigen Sie einen Computer mit einem OHCI-fähigen Interface und eine IEEE-1394- (FireWire- bzw. i.Link-) Schnittstelle (Standard auf den neueren Apple-Macintosh-Computern und einigen neueren Windows-PCs). Alternativ können Sie auch eine entsprechende DV-Aufnahmekarte mit einer IEEE-1394-Schnittstelle einbauen. Installieren Sie in diesem Fall wenn nötig auch den OHCI-fähigen Treiber und das eventuell erforderliche spezielle Adobe-Premiere-Plug-In (Windows XP z. B. erkennt viele FireWire-Karten automatisch korrekt und installiert den richtigen Treiber). Adobe Premiere Pro enthält bereits Voreinstellungen für eine Vielzahl von DV-Aufnahmekarten, aber bei manchen müssen Sie eventuell die speziellen Voreinstellungen mit Hilfe der mit der Aufnahmekarte mitgelieferten Anweisungen von Hand vornehmen.

Adobe Premiere Pro enthält Voreinstellungsdateien für die meisten unterstützten Aufnahmekarten. Die *Voreinstellungen* beinhalten Einstellungen für Komprimierung, Frame-Größe, Pixel-Seitenverhältnis, Frame-Rate, Farbtiefe, Audio und Halbbilder. Die entsprechenden Voreinstellungen können Sie zu Beginn Ihres Projekts im Dialogfenster »Projekteinstellungen laden« aus der Liste »Verfügbare Vorgaben« auswählen.

 Um die DV-Aufnahme noch zu verbessern, verfügt Adobe Premiere Pro über eine Gerätesteuerung für eine Vielzahl von DV-Geräten. Auf der Adobe-Website finden Sie eine umfassende Liste der unterstützten Geräte (www.adobe.com/premiere).

Digitale Videobearbeitung

Wenn Sie ein entsprechendes digitales Videogerät an Ihren Computer angeschlossen oder eingebaut haben, können Sie Folgendes ausführen:

1 Um das DV-Gerät an bzw. in Ihrem Computer festzulegen, wählen Sie **Bearbeiten: Voreinstellungen: Gerätesteuerung**.

2 Klicken Sie im Fenster »Voreinstellungen« auf die Schaltfläche »Optionen«, um das Dialogfeld »DV-Gerätesteuerungs-Optionen« aufzurufen und dort Ihr DV-Gerät auszuwählen. Klicken Sie auf OK.

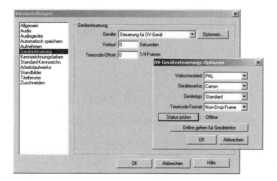

Analoges Video aufnehmen

Für die Aufnahme von analogem Video müssen Sie zunächst Ihren Camcorder oder Videorekorder an die in Ihrem Computer installierte Aufnahmekarte anschließen. Abhängig von Ihrer Ausrüstung stehen Ihnen möglicherweise mehrere Formate zur Übertragung von Originalmaterial zur Verfügung – einschließlich Komponenten-Video, Composite-Video und S-Video. Beachten Sie dabei die Anweisungen Ihres Camcorders und Ihrer Aufnahmekarte.

Die meisten Programme für Video-Aufnahmekarten sind so konzipiert, dass ihre Steuerelemente für eine bequemere und angenehmere Bedienung innerhalb der Premiere-Oberfläche erscheinen, obwohl der hauptsächliche Anteil an der Videobearbeitung außerhalb von Premiere innerhalb der Karte abläuft. Der überwiegende Anteil der unterstützten Aufnahmekarten verfügt über eine Einstellungsdatei – eine Voreinstellung –, die Premiere automatisch für die beste Unterstützung dieser Karte einstellt. Die meisten Einstellungen für die Clip-Aufnahme von einer Kamera oder einem Rekorder finden sich im Abschnitt »Aufnahmeeinstellungen« des Dialogfensters »Projekteinstellungen«. Die verfügbaren Aufnahmeformate hängen von der Art der installierten Video-Aufnahmekarte ab.

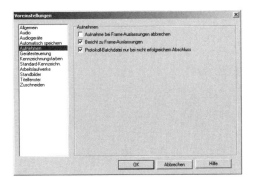

 Weitere Informationen und Hilfe bei technischen Problemen, die im Zusammenhang mit Ihrer Aufnahmekarte und Premiere Pro auftreten, sowie weiterführende Links zur Fehlersuche und -behebung finden Sie auf der Adobe Premiere Website *(www.adobe.com/premiere)*.

Das Fenster »Aufnehmen« verwenden

Das Fenster »Aufnehmen« dient zur Aufnahme von DV- und analogem Video- und Audiomaterial. Um dieses Fenster zu öffnen und sich mit ihm vertraut zu machen, wählen Sie im Premiere-Menü **Datei: Aufnehmen**. Dieses Fenster umfasst Folgendes:

- Einen Vorschaubereich, der Ihr gegenwärtig aufgenommenes Video zeigt
- Steuerelemente zum Aufzeichnen von Medien mit und ohne Gerätesteuerung
- Aufzeichnen-Menüschaltfläche
- Fenster zur Kontrolle und zum Bearbeiten der aktuellen Einstellungen für die Aufnahme
- Fenster zum Einstellen von Batchaufnahmen (Clips lassen sich nur als Batchaufnahme speichern, wenn eine Gerätesteuerung benutzt wird).

Digitale Videobearbeitung

Filmaufnahmefenster: **A.** *Vorschaubereich* **B.** *Steuerungen*
C. *Aufzeichnen-Menüschaltfläche* **D.** *Aufnahme-Einstellungen*
E. *Aufzeichnungsfenster*

Hinweis: Wenn Sie in Premiere Pro einen anderen Vorgang als eine Aufnahme durchführen, schließen Sie das Fenster »Aufnehmen«. Da das Fenster »Aufnehmen« im geöffneten Zustand im Vordergrund steht, deaktiviert Premiere in diesem Fall während der Videobearbeitung oder -vorschau die Ausgabe an Ihr DV-Gerät und verringert dadurch möglicherweise die allgemeine Programmleistung.

Aufnahme von Clips mit Gerätesteuerung Beim Aufnehmen von Clips bedeutet *Gerätesteuerung*, dass der Videorekorder oder die Kamera beim Aufnehmen von Clips aus Premiere heraus gesteuert werden kann, anstatt die Bedienelemente des angeschlossenen Geräts verwenden zu müssen. Sie können die Gerätesteuerung zur Aufnahme von Frame-genauen analogen oder digitalen Videorekordern oder -kameras verwenden, die eine externe Gerätesteuerung unterstützen. Es ist deutlich bequemer, die Gerätesteuerung in Premiere zu benutzen, anstatt zwischen den Steuerelementen der Videobearbeitungs-Software Ihres Rechners und den Bedienelementen Ihres Geräts wechseln zu müssen. In den Fenstern »Filmaufnahme« bzw. »Batchliste« können Sie eine Liste der *In-Points* (Start-Timecode) und *Out-Points* (End-Timecode) für Ihre Clips erstellen. Premiere automatisiert anschließend die Aufnahme – und nimmt alle Clips wie von Ihnen in der Liste festgelegt auf. Außerdem nimmt Premiere Pro den Timecode des Originalbandes auf, damit die Informationen bei der Bearbeitung verwendet werden können.

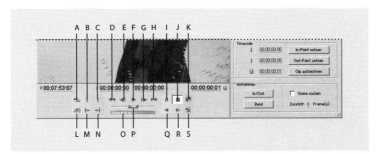

Fenster »Aufnehmen« mit aktivierter Gerätesteuerung: **A.** *Nächste Szene* **B.** *In-Point setzen* **C.** *Out-Point setzen* **D.** *Zurückspulen* **E.** *Schritt zurück* **F.** *Abspielen* **G.** *Schritt vorwärts* **H.** *Schneller Vorlauf* **I.** *Pause* **J.** *Anhalten* **K.** *Aufnehmen* **L.** *Vorherige Szene* **M.** *Zu In-Point gehen* **N.** *Zu Out-Point gehen* **O.** *Jog* **P.** *Shuttle* **Q.** *Umgekehrte langsame Wiedergabe* **R.** *Langsame Wiedergabe* **S.** *Szene suchen*

Aufnahme von Clips ohne Gerätesteuerung Wenn Sie kein steuerbares Wiedergabegerät besitzen, nehmen Sie mit dem Fenster »Filmaufnahme« in Adobe Premiere Pro Videomaterial von analogen oder DV-Camcordern/Rekordern auf. Beim Betrachten des Bildes im Fenster »Aufnehmen« steuern Sie den Rekorder manuell und nehmen mit den Bedienelementen in Premiere Pro die gewünschten Frames auf. Mit dieser Methode können Sie mit preisgünstigen Videorekordern oder Camcordern aufnehmen.

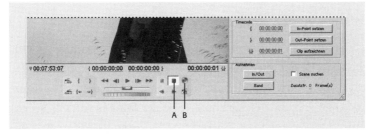

Verwenden des Fensters »Filmaufnahme« ohne Gerätesteuerung: **A.** *Anhalten* **B.** *Aufnehmen*

Batchaufnahmen von Videoinformationen

Wenn Sie einen Frame-genauen Videorekorder oder Camcorder besitzen, der die externe Gerätesteuerung unterstützt, und über ein Videoband mit Timecode verfügen, können Sie Premiere für automatisches, unbeaufsichtigtes Aufnehmen von mehreren Clips vom selben Videoband konfigurieren. Dies wird als *Batchaufnahme* bezeichnet. Sie können eine Liste der Segmente *aufzeichnen* (erstellen), die im Batchaufnahme-Fenster aufgenommen werden sollen. Die Liste (auch *Batchliste* oder *Timecode-Protokoll* genannt) kann entweder durch visuelles Aufzeichnen von Clips mit der Gerätesteuerung oder durch manuelles Eingeben von In- und Out-Points erstellt werden.

Um Batchaufnahmen von Clips zu erstellen, wählen Sie im Projektfenster die gewünschten Offlinedateien bzw. die Ablagen mit den entsprechenden Clips aus. Wählen Sie **Datei: Batchaufnahme**. Um jeden Clip mit seinen eigenen Einstellungen aufzunehmen (oder den Projekteinstellungen für Clips ohne Aufnahmeeinstellungen), klicken Sie auf OK. Stellen Sie sicher, dass der Rekorder und das Originalvideo richtig eingerichtet sind, und klicken Sie anschließend auf OK. Sobald das Dialogfeld »Band einlegen« angezeigt wird, legen Sie das Band ein und klicken Sie auf OK. Wenn Sie von mehreren Bändern aufnehmen, legen Sie diese bei entsprechender Anforderung ein.

Hinweis: Batchaufnahmen sind nicht für die ersten und letzten 30 Sekunden Ihres Bandes geeignet, weil Probleme mit dem Timecode und den Suchfunktionen entstehen können; diese Abschnitte sollten manuell aufgenommen werden.

Komponenten, die die Videoaufnahme-Qualität beeinflussen

Die Videoaufnahme stellt relativ hohe Anforderungen an den Computer – sehr viel höhere als beispielsweise normale Büro- oder Bildverarbeitungsprogramme. Die Qualität der Ergebnisse hängt von der Leistung und der Kapazität aller Komponenten in Ihrem System ab, die bei der Weitergabe der Frames von der Video-Aufnahmekarte zum Prozessor und der Festplatte zusammenarbeiten. Die Leistungsfähigkeit Ihres Computers bei Videoaufnahmen ist eine Kombination aus der Leistungsfähigkeit der folgenden Komponenten:

Video-Aufnahmekarte Sie benötigen eine Video-Hardware – entweder eine Video-Aufnahmekarte oder eine äquivalente, standardmäßig im Computer integrierte Video-Digitalisierungs-Hardware –, um Video von einem Camcorder, Videorekorder oder einer anderen Videoquelle auf die Festplatte Ihres Rechners übertragen zu können. Verwechseln Sie eine *Video-Aufnahmekarte* nicht mit einer *Videokarte* für den Computermonitor, wobei einige teurere Videokarten (= Grafikkarten) auch als Aufnahmekarten fungieren können. Adobe Premiere Pro wird häufig im Paket zusammen mit Video-Aufnahmekarten angeboten.

Hinweis: Sie sollten nur von Adobe Premiere unterstützte Video-Aufnahmekarten verwenden. Dazu können Sie aus einer sehr großen Vielzahl von Karten auswählen. Beachten Sie aber, dass nicht alle Aufnahmekarten, die für die Verwendung mit Adobe Premiere 5.x vorgesehen sind, auch für die Verwendung mit Premiere 6.x und höher geeignet sind. Schauen Sie daher bitte in der Liste der zertifizierten Aufnahmekarten auf der Adobe Website unter www.adobe.com/products/premiere/6cards.html nach. Mit Premiere Pro entfällt die bisherige Plug-In-Schnittstelle, die Aufnahmekarten angesteuert hat. Die Schnittstelle funktioniert aber weiterhin, wenn Sie die alte Premiere-Version installiert lassen.

Ihre Video-Hardware muss schnell genug sein, um Video mit der Qualität aufzunehmen, die von Ihrem endgültigen Medium benötigt wird. Bei Vollschirm-/Vollbewegungs-NTSC-Videos muss die Karte 30 Frames (60 Halbbilder) pro Sekunde mit 640 x 480 Pixel, bei PAL und SECAM 25 Frames (50 Halbbilder) pro Sekunde mit 720 x 576 Pixel, aufnehmen können. Selbst für Web-Video, das mit einer kleineren Frame-Größe und einer geringeren Frame-Rate ausgegeben wird, sollten Sie das Originalmaterial mit der höchsten Qualitätseinstellung aufnehmen, die Ihr System verarbeiten kann. Sie werden dann sehr viel Speicherplatz auf Ihrer Festplatte brauchen, aber es ist besser, mit einer hohen Qualität (mehr Daten) zu beginnen, um später beim Fertigstellen mehr Möglichkeiten beim Verwerfen von Informationen zu haben. Wenn Sie mit einer niedrigeren Qualität beginnen (weniger Daten), könnten Sie die verringerte Anzahl an Möglichkeiten schnell bedauern.

Festplatte Die Festplatte speichert die von Ihnen aufgenommenen Video-Clips und muss schnell genug sein, um die aufgenommenen Video-Frames so schnell zu speichern, wie sie von der Video-Aufnahmekarte weitergegeben werden. Anderenfalls gehen die Frames aus dem aufgenommenen Clip verloren. Für eine Aufnahme nach dem NTSC-Videostandard von 30 Frames pro Sekunde sollte

Ihre Festplatte über eine minimale Zugriffszeit unter 10 Millisekunden (ms) und eine minimale (nicht maximale oder durchschnittliche) Datenübertragungsrate von mindestens 15 MByte pro Sekunde (besser 40 MByte pro Sekunde) für unkomprimierte Aufnahmen verfügen. Die *Zugriffszeit* ist die Zeit, die eine Festplatte braucht, um bestimmte Daten an einem beliebigen Ort auf der Festplatte aufzurufen.

Für optimale Leistung sollte so viel unfragmentierter Plattenplatz wie möglich zur Verfügung stehen. Fragmentierte Festplatten beschränken die Leistungsfähigkeit der Echtzeitvorschau, von Aufnahmen und das Abspielen enorm.

Die *Datenübertragungsrate* ist das Datenvolumen, das zwischen der Festplatte und anderen Systemkomponenten verlagert wird. Aufgrund verschiedener Faktoren, wie beispielsweise Systemverwaltungszeit, beträgt die tatsächliche Datenübertragungsrate bei der Videoaufnahme nur ungefähr 50% der Datenübertragungsrate des Laufwerks. Die besten Ergebnisse erzielen Sie, wenn Sie für die Videoaufnahme und -bearbeitung eine eigene sehr schnelle High-End-Festplatte einsetzen. Besonders für IDE-, aber auch S-ATA- und SCSI-Festplatten ist ein Raid-System wie Raid0 für schnellere Übertragungsraten empfehlenswert. Die High-End-Video-Hardware ändert sich permanent; aktuelle Empfehlungen finden Sie meist in der Dokumentation für Ihre Video-Aufnahmekarte.

Prozessor (CPU) Der Prozessor Ihres Computers – wie ein Pentium®-4-Chip – führt die allgemeinen Berechnungsaufgaben in Ihrem Rechner aus; er muss schnell genug sein, um den hohen Anforderungen bei der Videoaufnahme mit einer bestimmten Frame-Rate gerecht zu werden. Schnellere Prozessoren oder auch Mehrprozessorsysteme auf einem Computer können die Datenverarbeitung beschleunigen. Allerdings müssen auch die übrigen Systemkomponenten schnell genug sein, um mit dem Prozessor Schritt zu halten. Ein schneller Prozessor zusammen mit langsamen Systemkomponenten verhält sich wie ein Sportwagen im Verkehrsstau.

Codec (Kompressor/Dekompressor) Die meisten Video-Aufnahmekarten sind mit einem für die Kompression verantwortlichen Chip ausgestattet, der die Datenrate auf ein Maß beschränkt, das der Computer verarbeiten kann. Falls Ihre Karte keinen dieser Spezialchips enthält, müssen Sie für die Videoaufnahme mit einem schnellen, qualitativ hochwertigen Codec wie Motion JPEG arbeiten. Arbeitet Ihre Videokarte mit einem langsamen oder verlustreichen Codec wie z.B. Cinepak, verlieren Sie Frames oder Qualität.

Von anderer Software benötigte System-Ressourcen Wenn Sie während einer Videoaufnahme mehrere andere Programme ausführen (z.B. Netzwerkverbindungen, unnötige Systemerweiterungen und Bildschirmschoner), wird der Aufnahmevorgang möglicherweise von diesen anderen Programmen mit Anforderungen von Verarbeitungszeit unterbrochen. Das Ergebnis sind eventuell ausgelassene Frames. Führen Sie während der Videoaufnahme so wenig Treiber, Erweiterungen und andere Programme wie möglich aus.

Datenbus Jeder Computer verfügt über einen Datenbus, der Systemkomponenten verbindet und über den der Computer Daten zwischen ihnen überträgt. Seine Geschwindigkeit bestimmt, wie schnell der Computer Frames zwischen der Video-Aufnahmekarte, dem Prozessor und der Festplatte übertragen kann. Wenn Sie einen High-End-Computer oder einen speziell für die Videobearbeitung konfigurierten Computer erworben haben, ist der Datenbus wahrscheinlich den anderen Komponenten angepasst. Wenn Sie Ihren Computer jedoch mit einer Video-Aufnahmekarte, einem schnelleren Prozessor oder einer zusätzlichen Festplatte ausgerüstet haben, können diese neuen Komponenten eventuell schneller sein als der Datenbus. Lesen Sie vor der Aufrüstung die Dokumentation des Computer-Herstellers, um festzustellen, ob Ihr Datenbus für die betreffende zusätzliche Komponente leistungsfähig genug ist.

Weitere Informationen finden Sie auf der Adobe-Website (www.adobe.com).

Aufnahme von Videos zur Offline- und Online-Bearbeitung

Je nachdem, wie hoch die Qualität sein soll und wie leistungsfähig Ihre Geräte sind, können Sie Premiere entweder zur Online- oder zur Offline-Bearbeitung einsetzen. Von der Entscheidung für eine dieser beiden Bearbeitungsarten hängt es ab, welche Einstellungen Sie für die Aufnahme festlegen müssen.

Online-Bearbeitung Darunter versteht man das Verfahren, bei dem die gesamte Bearbeitung (einschließlich des Rohschnitts) an denselben Clips erfolgt, die auch für den Endschnitt verwendet werden. Mit zunehmend leistungsfähigen High-End-PCs können jetzt auch Fernsehprogramme oder Kinofilmproduktionen online bearbeitet werden. Für die Online-Bearbeitung werden Clips nur einmal, dabei aber mit der höchsten Qualitätsstufe aufgenommen, die Rechner und Peripheriegeräte verarbeiten können.

Offline-Bearbeitung Dabei wird ein Rohschnitt anhand von Clips mit niedriger Qualität erstellt und die Endversion mit Clips von hoher Qualität, manchmal auch auf einem High-End-System. Das Verfahren der Offline-Bearbeitung kann selbst dann sinnvoll sein, wenn mit Ihrem Rechner ein hochwertiger Endschnitt vorgenommen werden könnte. Durch Batchlisten-Aufnahmen von Video-Clips mit niedriger Auflösung verringern sich die Dateigrößen und Sie können schneller arbeiten. Wenn Sie ein Video für die Offline-Bearbeitung digitalisieren, legen Sie Einstellungen fest, die mehr Wert auf die Bearbeitungsgeschwindigkeit legen als auf die Bildqualität. In den meisten Fällen reicht die Qualität aus, mit der die genauen Anfangs- und End-Frames der einzelnen Szenen zu erkennen sind. Wenn Sie dann mit dem Endschnitt beginnen möchten, können Sie das Video mit den Einstellungen für die endgültige Qualität neu digitalisieren.

Hinweis: Die Offline-Bearbeitung ist beim Arbeiten mit DV nicht möglich, weil Premiere DV immer in seiner Original-Qualität behandelt.

Weitere Informationen über alle behandelten Punkte der Videoaufnahme in diesem Abschnitt finden Sie unter »Aufnehmen und Importieren von Original-Clips« im *Adobe Premiere Pro Handbuch*.

Batchaufnahmen von Clips

Adobe Premiere Pro unterstützt Batchaufnahmen, d.h. automatische, unbeaufsichtigte Aufnahmen mehrerer Clips von analogen oder DV-Geräten, sofern die Geräte Frame-genau sind und Sie über ein mit Timecode versehenes Videoband verfügen. Dazu erstellen Sie mit Hilfe des Aufnahmefensters eine Liste der Segmente, die Sie von dem jeweiligen Videoband aufnehmen möchten. Diese Liste (auch als *Batchliste* oder *Timecode-Log* bezeichnet) erstellen Sie durch visuelles Loggen der Clips mit Hilfe der Gerätesteuerung oder durch manuelle Eingabe der In- und Out-Points.

Um einen neuen Eintrag in der Batchliste zu erstellen, klicken Sie auf die Schaltfläche »Clip aufzeichnen« unten rechts im Aufnahmefenster. Anschließend geben Sie im Dialogfeld »Clip aufzeichnen« einen Dateinamen sowie weitere Informationen über den Clip ein. Geloggte Clips erscheinen als Offline-Clips im Projektfenster. Wenn die Batchliste komplett ist, wählen Sie die Clips im Projektfenster und anschließend den Befehl »Datei: Batchaufnahme«.

Hinweis: Die Batchaufnahme eignet sich nicht für die ersten und letzten 30 Sekunden des Bandes, weil Probleme mit dem Timecode und den Suchfunktionen entstehen können. Diese Abschnitte sollten manuell aufgenommen werden.

Automatische Szenensuche

Um sich die Mühe des manuellen Loggens und der Aufnahme einzelner Szenen zu ersparen, arbeiten Sie einfach mit der automatischen Szenensuche in Premiere Pro. Sobald die Option »Szene suchen« aktiviert ist, sucht Premiere Pro nach Szenenunterbrechungen im Timecodes auf dem Band und nimmt jede gefundene Szene in einer separaten Datei auf.

Die DV-Gerätesteuerung-Optionen verwenden

Adobe Premiere Pro erleichtert Ihnen die Auswahl einer passenden Einstellung Ihrer DV-Gerätesteuerung: Dazu wählen Sie einfach eine Voreinstellung aus einer Liste getesteter Geräte aus.

So wählen Sie eine voreingestellte DV-Gerätesteuerung:

1 Wählen Sie **Bearbeiten: Voreinstellungen: Gerätesteuerung**.

2 Wählen Sie im Abschnitt »Gerätesteuerung« aus dem Einblendmenü »Geräte« die Option »Steuerung für DV-Gerät«.

3 Klicken Sie auf die Schaltfläche »Optionen«.

4 Nehmen Sie im Dialogfenster »DV-Gerätesteuerungs-Optionen« Ihre Einstellungen vor und klicken Sie auf OK:

Videostandard legt das Videoformat NTSC oder PAL fest.

Gerätemarke bestimmt den Gerätehersteller.

Gerätetyp legt das angeschlossene Herstellermodell fest.

Timecode-Format bestimmt das Timecode-Format des Gerätes.

Status prüfen teilt Ihnen mit, ob ein Gerät angeschlossen und erkannt wurde.

Online gehen für Geräteinfos öffnet die Webseite mit den neuesten Angaben über unterstützte Geräte.

Transparenz und Überblendung

Durch Transparenz in Videos und Filmen kann erreicht werden, dass ein Clip (oder ein Teil davon) durch einen anderen hindurch sichtbar wird, und es können Zusammenstellungen, Übergänge und Spezialeffekte erzeugt werden. In Premiere Pro können Sie zahlreiche verschiedene Arten von Transparenz erstellen. Die Transparenzarten werden im folgenden Abschnitt beschrieben.

Matte oder Maske ist ein Bild, mit dem Sie transparente oder halbtransparente Bereiche für ein anderes Bild festlegen. Wenn Sie z.B. ein Objekt in einem Clip vor dem Hintergrund eines anderen Clips einblenden wollen, können Sie mit einer Maske den Hintergrund des ersten Clips entfernen. Sie können mit einem Bildverarbeitungsprogramm oder einem Programm für Grafikanimationen (zum Beispiel Adobe Photoshop oder Adobe After Effects) ein Standbild oder eine bewegte Maske verwenden und diese einem Clip in Ihrem Premiere Pro-Projekt zuweisen. Masken funktionieren wie Filmnegative: Bereiche im überlagerten Clip, die weißen Bereichen des Standbilds entsprechen, bleiben deckend; schwarze Bereiche des Standbilds werden im Clip vollständig transparent; zwischen Weiß und Schwarz liegende (also graue) Bereiche des Bildes werden im Clip zu Bereichen mit unterschiedlicher Transparenz umgesetzt. Mit verschiedenen Grautönen können Sie also weich auslaufende oder entsprechend verlaufende (weiche) Masken erstellen.

Alpha-Kanal Farbe in einem RGB-Bild wird in drei Graustufenbildern, den so genannten *Kanälen*, gespeichert – in einem roten, grünen und blauen Kanal. Außerdem kann ein vierter Kanal eine Maske enthalten, #der *Alpha-Kanal*. Dadurch, dass Bild und Maske eine Einheit bilden, brauchen Sie nicht mit zwei verschiedenen Dateien zu arbeiten. (Das Speichern einer Maske in einer gesonderten Datei ist dann sinnvoll, wenn z.B. eine bewegte Maske erstellt werden soll. Grund: Die Maske muss im Schnittfenster in Premiere Pro auf einer gesonderten Spur platziert werden.)

Ein 32-Bit-Frame ist aus vier 8-Bit-Kanälen zusammengesetzt: Rot, Grün, Blau und einer Alpha-Kanal-Maske.

Mit Programmen wie Adobe Photoshop und Adobe After Effects können Sie eine Maske zeichnen oder malen und sie dann als Alpha-Kanal zusammen mit dem Bild oder Film speichern.

Premiere Pro benutzt anschließend den Alpha-Kanal für das Gesamtbild.

Ein Photoshop-Bild (links) enthält eine Alpha-Kanal-Maske (Mitte), mit der Premiere Pro ein Gesamtbild aus Bildvordergrund und einem anderen Hintergrund (rechts) erstellt.

Keying Durch *Keying* werden Pixel in einem Bild erkannt, die mit einer bestimmten Farbe oder Helligkeit übereinstimmen, und diese Pixel werden dann transparent oder halbtransparent gemacht. Das ist z.B. dann der Fall, wenn eine Person vor einem blauen Hintergrund (Blue Screen) steht und Sie diesen Hintergrund *auskeyen* (ausstanzen), um ihn durch eine Wetterkarte oder eine Grafik zu ersetzen.

Blendensteuerung Mit Hilfe der Blendensteuerung legen Sie die Deckkraft oder Transparenz über den gesamten Clip fest. So können Sie den Clip über einen bestimmten Zeitabschnitt ein- oder ausblenden.

Die oben aufgeführten Transparenzeffekte lassen sich mit Premiere Pro untereinander kombinieren. Sie können z.B. mit einer Maske den Hintergrund in einem Bild auskeyen, den Clip mit einem anderen überlagern und dann mit Hilfe der Blendensteuerung den sichtbaren Bereich des ersten Clips einblenden.

Audio in einem Video verwenden

Audio ist in den meisten Videos wichtig für die Übermittlung der jeweiligen Story. In Premiere Pro können Sie die Audioqualität im Schnittfenster anpassen oder den Audio-Mixer für mehr Flexibilität beim Mischen mehrerer Audiospuren verwenden. Sie könnten z.B. die Clips mit den Dialogen der Darsteller mit Hintergrundgeräuschen und/oder Musik unterlegen. Das Mischen in Premiere kann aus einer Kombination der folgenden Möglichkeiten bestehen:

Digitale Videobearbeitung

- Ein-/Aus- und Überblenden, d.h. Verändern der Lautstärke in einem Audio-Clip

- Tonschwenk, d.h. beliebiges räumliches Platzieren des Tons zwischen dem rechten und linken Stereokanal. Sie können beispielsweise den Dialog-Clip einer Person *schwenken*, um ihn der Position der Person im Video-Frame anzupassen.

- Surround-Effekte mit Hilfe der 5.1-Audio-Unterstützung

- Filtern, d.h. Entfernen von Geräuschen, Anpassen des Frequenzganges und dynamischer Bereiche, Verbessern der Tonqualität und Hinzufügen anderer Toneffekte wie z.B. Hall

- Direkte Aufnahme einer Audiospur (z.B. Kommentar) in der Zeitleiste bei gleichzeitigem Abspielen des Videos

- Bearbeiten von Audio-Clips mit einer Präzision von bis zu 1/96.000 einer Sekunde

- Kombinieren von bis zu 99 Audiospuren mit Musik, Dialogen und Effekten

Wenn Sie einen Original-Clip mit Audio importieren, wird die Audiospur standardmäßig mit der dazugehörigen Videospur *verknüpft* – beide Spuren werden also immer zusammen bewegt. Adobe Premiere Pro ermöglicht das Anpassen und Mischen von Audio, während Sie das entsprechende Video in Echtzeit betrachten. Das Fenster »Audiomixer« enthält wie ein Audio-Mischpult in einem professionellen Tonstudio einen Satz mit Steuerelementen für jede Audiospur; jeder Satz ist wie seine entsprechende Audiospur im Schnittfenster nummeriert. Bei der Bearbeitung einer überlagernden Videospur müssen Sie deshalb die Auswirkungen auf die Audiospuren berücksichtigen.

Weitere Informationen finden Sie unter »Tonmischung« im *Adobe Premiere Pro Handbuch*.

Über digitale Audio-Informationen

Sie hören Ton, da Ihr Ohr entsprechende Druckunterschiede wahrnehmen kann. *Analoge Audio-Informationen* reproduzieren Tonvariationen, indem diese in ein elektrisches Signal umgewandelt oder als solches »gelesen« werden. *Digitale Audio-Informationen* reproduzieren Ton durch Umwandeln (Sampling) des Schalldrucks oder der Signalstärke mit einer bestimmten Rate. Diese Rate wird dann in eine lesbare binäre Zahl umgewandelt.

Die Qualität von digitalen Audio-Informationen ist abhängig von der *Sample-Rate* und der *Bit-Tiefe*. Die Sample-Rate bestimmt, wie oft eine Audio-Information digitalisiert wird. Eine Sample-Rate von 44,1 kHz entspricht der Qualität einer Audio-CD, während für CD-ROMs oder Internet-Audio häufig eine Sample-Rate von 22 kHz oder weniger verwendet wird. Die *Bit-Tiefe* definiert ein Audio-Sample mit Hilfe von Zahlen; 16 Bit entspricht der Audio-CD-Qualität. Niedrigere Bit-Tiefen und Sample-Raten eignen sich nicht für HiFi-Qualität, können aber für Sprache verwendet werden. Die Dateigröße eines Audio-Clips nimmt analog zur Höhe der Sample-Rate bzw. der Bit-Tiefe zu oder ab.

Hinweis: DV-Camcorder unterstützen nur 32- oder 48-kHz-Audio, nicht 44,1 kHz. Achten Sie also beim Arbeiten mit DV-Originalmaterial darauf, die Voreinstellungen für Audio auf 32 bzw. 48 kHz einzustellen.

Audio und Video synchronisieren

Berücksichtigen Sie den Zusammenhang zwischen der Audio-Sample-Rate und der Timebase und Frame-Rate innerhalb eines Projekts. Der häufigste Fehler entsteht, wenn ein 30-fps-Film mit einer Audio-Rate von 44,1 kHz erstellt und dann mit 29,97 fps (bei NTSC-Video) wiedergegeben wird. Das Video wird dann etwas langsamer, während der Audioteil (abhängig von Ihrer Hardware) mit der korrekten Rate abgespielt wird – der Ton läuft dem Bild weg. Der Unterschied zwischen 30 und 29,97 ergibt einen Synchronisationsfehler von einem Frame pro 1.000 Frames bzw. einem Frame pro 33,3 Sekunden (etwa zwei Frames pro Minute). Wenn Sie feststellen, dass Audio und Video um etwa diese Rate auseinander laufen, prüfen Sie, ob die Projekt-Frame-Rate mit der Timebase übereinstimmt.

Ein ähnliches Problem kann entstehen, wenn ein Kinofilm nach der Videoaufnahme bearbeitet wird. Kinoton wird häufig mit einem DAT-Rekorder (DAT = Digital Audio Tape) mit 48 kHz aufgezeichnet und mit der Filmkamera (24 fps) synchronisiert. Wird dann dieser Film mit 30 fps als Video aufgenommen, eilt auf Grund der unterschiedlichen Frame-Raten der Ton dem Video voraus, es sei denn, Sie verlangsamen bei der Überspielung auf den Computer die DAT-Wiedergabe um 0,1%. Es hilft wenig, wenn Sie erst nach der Aufnahme des Originals die Sample-Rate per Computer ändern wollen; die beste Lösung besteht darin, schon bei der Filmproduktion das Audiomaterial mit einem DAT-Rekorder aufzuzeichnen, dessen Geschwindigkeit um 0,1% (48,048 kHz) für die Synchronisation mit der Filmkamera erhöht wurde.

Ältere CD-ROM-Titel sind häufig mit einer Audio-Sample-Rate von 22,254 kHz aufgenommen worden; die heute gebräuchliche Rate beträgt 22,250 kHz. Wenn Ihnen der Ton in Ihrer Videoproduktion wegdriftet (1 Frame pro 3,3 Sekunden), könnte das daran liegen, dass Sie mit neuen und alten Audio-Clips abgemischt haben, die mit diesen unterschiedlichen Sample-Raten aufgenommen wurden.

Das fertige Video produzieren

Nach dem Bearbeiten und Zusammenstellen Ihres Videoprojekts bietet Adobe Premiere Pro Ihnen eine Vielzahl von Möglichkeiten zum Erstellen des fertigen endgültigen Videos:

- Sie können Ihre Produktion direkt auf DV oder analoges Videoband aufnehmen, indem Sie Ihren Computer mit einem Camcorder oder einem Videorekorder verbinden. Wenn Ihre Kamera oder Ihr Rekorder die externe Gerätesteuerung unterstützt, können Sie den Aufnahmevorgang automatisieren, indem Sie Timecode-Markierungen für die selektive Aufnahme von Teilen Ihres Programms verwenden.

- Sie können eine digitale Videodatei für die Wiedergabe von einer Festplatte, Wechselfestplatte, CD- oder DVD-ROM exportieren. Adobe Premiere Pro exportiert Windows-Media-, RealMedia-, AVI-, QuickTime- und MPEG-Dateien; außerdem liefern einige Hersteller von Video-Aufnahmekarten Zusatzmodule, mit denen entsprechende Formate in Premiere Pro eingebunden werden.

- Verwenden Sie die Exportoptionen »Advanced RealMedia« oder »Advanced Windows Media«, um korrekt kodierte Videodateien zur Verteilung über das Internet oder Ihr Intranet zu erzeugen. Adobe Premiere Pro exportiert QuickTime-, RealMedia- und Windows-Media-Formate für Download (Herunterladen), Progressive Download und Streaming.

- Ausgabe auf Film oder Videokassette, wenn Sie über die geeignete Hardware für die Film- bzw. Video-Übertragung verfügen oder auf einen Dienstleister zurückgreifen können, der die entsprechende Ausrüstung und den Service anbietet.

Weitere Informationen finden Sie unter »Produktion des fertigen Videos« im *Adobe Premiere Pro Handbuch*.

Fragen

1 Worin unterscheiden sich Timebase und Frame-Rate eines Projekts?

2 Warum ist der Non-Drop-Frame-Timecode so wichtig für ein NTSC-Video?

3 Worin unterscheiden sich Halbbild- und Vollbilddarstellung?

4 Warum ist die Datenkomprimierung so wichtig?

5 Worin unterscheiden sich das Zuweisen einer Maske und die Deckkrafteinstellung?

Antworten

1 Die Timebase bestimmt die Zeitunterteilung innerhalb eines Projekts. Die Projekt-Frame-Rate bestimmt die endgültige Anzahl von Frames pro Sekunde, die vom Projekt generiert werden. Filme mit unterschiedlichen Frame-Raten lassen sich mit Hilfe der Timebase des Original-Clips generieren; Sie können z.B. ausgehend von einer Timebase von 30 die Filme mit 30, 15 und 10 Frames pro Sekunde exportieren.

2 Das Zählen von NTSC-Frames unter Verwendung eines 30-fps-Timecodes verursacht eine immer größer werdende Zeitabweichung auf Grund des Unterschieds zwischen 30 fps und der NTSC-Frame-Rate von 29,97 fps. Der Drop-Frame-Timecode stellt sicher, dass die Länge eines NTSC-Videos präzise gemessen wird.

3   Beim Vollbildverfahren (wie im Standardfernsehgerät) werden die Zeilen eines Frames in einem Durchgang und beim Halbbildverfahren (wie im Computermonitor) in zwei aufeinander folgenden Durchgängen dargestellt.

4   Ohne eine Datenkomprimierung wäre die Datenrate von digitalem Video und Audio häufig so groß, dass sie auf vielen Computersystemen nicht mehr »ruckelfrei« verarbeitet werden könnte.

5   Eine Maske ist ein separater Kanal oder eine gesonderte Datei, in denen die transparenten oder halbtransparenten Bereiche innerhalb eines Frames festgelegt werden. In Premiere Pro bestimmt die Deckkraft die Transparenz eines kompletten Frames.

Eine Tour durch Adobe Premiere Pro

Diese Tour hilft Ihnen, die grundlegenden Konzepte und Funktionen von Adobe Premiere zu verstehen und anzuwenden. Sie führt Sie durch die typischen Schritte bei der Erstellung eines Videos, einschließlich wesentlicher Bearbeitungstechniken wie das Hinzufügen von Überblendungen, Bewegung und Transparenz.

Im Verlauf dieser Tour erstellen Sie einen 23 Sekunden langen Trailer für einen Kurzfilm, mit dem Sie sich im weiteren Verlauf dieses Buches beschäftigen. Sie arbeiten mit Video- und Audio-Clips sowie Bildern, die auf der Buch-DVD-ROM enthalten sind. Wenn Sie dieses Projekt von Beginn an selber realisieren müssten, würden Sie vermutlich Clips von Original-Videobändern aufnehmen und mit Adobe Premiere Pro digitalisieren.

Weitere Informationen über die Aufnahme von Video und Audio finden Sie im vorhergehenden Kapitel »Digitale Videobearbeitung« ab Seite 41.

Ein neues Projekt einrichten

Zuerst müssen Sie Adobe Premiere Pro starten, Ihren Arbeitsbereich einrichten, ein neues Projekt erstellen und dann die Video-Clips importieren.

1   Prüfen Sie, wo sich die für diese Lektion benötigten Dateien befinden. Legen Sie die *Adobe Premiere Pro Classroom in a Book*-DVD-ROM in Ihren Computer ein und kopieren Sie den Ordner *Tour* auf Ihre Festplatte. Entsprechende Hinweise finden Sie unter »Die Classroom in a Book-Dateien kopieren« auf Seite 17

2   Starten Sie Premiere Pro.

3   Klicken Sie auf »Neues Projekt«.

4 Wählen Sie unter »Vorgaben laden« die Option »DV–NTSC: Standard 48 kHz«.

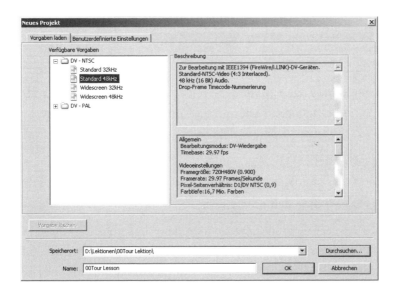

5 Klicken Sie unten im Bildschirm für »Speicherort« auf die »Durchsuchen«-Schaltfläche und gehen Sie zum Ordner *00Tour Lesson* auf Ihrer Festplatte.

6 Geben Sie als Name **00Tour Lesson** ein und klicken Sie auf OK.

Clips importieren

Der von Ihnen zu produzierende Trailer besteht aus Video- und Audio-Dateien sowie aus Standbildern und Titelsequenzen.

1 Wählen Sie **Fenster: Arbeitsbereich: Bearbeitung**, um sicherzustellen, dass der standardmäßige Bearbeitungsmodus eingeschaltet ist.

2 Wählen Sie oben im Premiere Pro-Menü den Befehl **Datei: Neu: Ablage**.

Im Projektfenster erscheint ein neuer Ordner mit der Bezeichnung *Ablage 01*.

3 Klicken Sie in einem leeren Bereich des Projektfensters, um das Namensfeld von *Ablage 01* abzuwählen.

4 Klicken Sie auf *Ablage 01* und wählen Sie **Datei: Importieren**.

5   Wählen Sie den Ordner *00TourLesson*. Halten Sie die Strg-Taste gedrückt und markieren Sie die folgenden Dateien: *Defeat.prtl, Despair.prtl, Doorslam.wav, Dreamzoom.avi, EXexit.avi, Fear.prtl, Gods1.avi, Gods2.avi, Gods3.avi, Heroexit.avi, Hope.prtl, HseesD.avi, Hwatches.avi, Logo.psd, Nevermind.avi, Rejection.prtl, Storefront2.psd* und *Tourmusic.wav*. Klicken Sie anschließend auf »Öffnen«.

6   Beim Import der Ebenendatei *Storefront 2.psd* erscheint ein Dialogfeld mit Ebenenoptionen. Klicken Sie auf OK, um die Vorgaben zu übernehmen.

Ablage 01 enthält jetzt alle soeben importierten Dateien.

7   Speichern Sie das Projekt, bevor Sie weitermachen.

Im Premiere Pro-Arbeitsbereich navigieren

Falls Sie ganz neu in Premiere Pro sind, finden Sie eine vollständige Einführen in den Arbeitsbereich von Premiere Pro in der folgenden Lektion 1 (»Der Arbeitsbereich«). Achten Sie in dieser Lektion besonders auf die Abbildungen und Beschreibungen ab Seite 80. Dort finden Sie viel über Fenster, Paletten und deren Funktionen. Studieren Sie die jeweiligen Abschnitte, um noch besser mit der vorliegenden Tour zurechtzukommen.

Audiodateien angleichen

Nach dem Import der Dateien haben Sie bestimmt die Fortschrittsleiste unten rechts im Premiere-Fenster bemerkt. Grund: Sie haben diverse Dateien importiert, von denen die meisten auch Audio enthalten. Diese Dateien gleicht Premiere Pro für eine Echtzeit-Wiedergabe des Tons auf Ihrem Computer an. Dieser Prozess benötigt einiges an Festplattenkapazität. Deshalb müssen Sie von Zeit zu Zeit ältere angeglichene Audiodateien löschen, um wieder die Speicherkapazität Ihrer Festplatte zu erhöhen.

Ein weiterer Vorteil dieses Prozesses liegt darin, dass der Export von Audio mit den meisten Audio-Ausgabeformaten konsistent ist. Während eines Projektes kann es durchaus vorkommen, dass Sie Dateien importieren, die mit unterschiedlichen Audioeinstellungen aufgenommen wurden. Die Angleichung wandelt deshalb das gesamte Audio innerhalb eines Projektes in die jeweils vorhandene Audio-Projekteinstellung um (in diesem Buch *Standard 48 kHz*).

Den Trailer abspielen

Sie sollten auch die Datei *Trailer.wmv* importieren, d.h. die Filmausgabe des Tour-Projektes. Diese Datei können Sie während der Tour jederzeit zur Hilfe heranziehen.

1   Wählen Sie **Datei: Importieren**.
2   Navigieren Sie auf Ihrer Festplatte in dem von der DVD kopierten Ordner um zwei Ebenen nach oben zum Ordner *Movies* und klicken Sie auf »Öffnen«.
3   Öffnen Sie im Ordner *Movies* die Datei *Trailer.wmv*. Die Datei erscheint im Projektfenster.
4   Doppelklicken Sie im Projektfenster auf *Trailer.wmv*.
5   *Trailer.wmv* erscheint links im Monitorfenster, d.h in der *Originalansicht*.
6   Klicken Sie auf die Abspielen-Schaltfläche (▶) und sehen Sie sich das an, was Sie in dieser Lektion erstellen werden.

Rohschnitt

Das Projektfenster enthält die Ablage *Ablage 1* mit allen benötigten Dateien. Erstellen Sie einen Rohschnitt des Trailers, indem Sie eine Clip-Sequenz im Schnittfenster platzieren.

1 Doppelklicken Sie auf den Ordner, um das Quellmaterial für dieses Tutorial anzuzeigen.

2 Klicken Sie mit gedrückter Strg-Taste auf die 14 Clips, und zwar genau in der angegebenen Reihenfolge: *Rejection.prtl*, *EXexit.avi*, *Hwatches.avi*, *Despair.prtl*, *Gods1.avi*, *Gods2.avi*, *Gods3.avi*, *Hope.prtl*, *HseesD.avi*, *Dreamzoom.avi*, *Fear.prtl*, *Nevermind.avi*, *Defeat.prtl* und *Heroexit.avi*.

3 Wählen Sie **Projekt: Automatisch in Sequenz** umwandeln.

4 Nehmen Sie im Dialogfeld »Automatisch zur Sequenz« die folgenden Einstellungen vor: Anordnung > *Auswahlreihenfolge*, Platzierung > *Nacheinander* und Methode > *Einfügen*. Stellen Sie die Clipüberlappung auf **0** Frames ein. Deaktivieren Sie alle Kontrollkästchen und klicken Sie auf OK.

Die Clips sind in der gewählten Reihenfolge im Schnittfenster *Sequence 01* eingefügt.

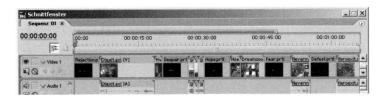

5 Klicken Sie im Schnittfenster, um es zu aktivieren.

6 Stellen Sie die Zeitleiste im Schnittfenster ein, indem Sie das Ende des dünnen Balkens oben im Schnittfenster nach links ziehen.

Die Zeiteinheit für das Fenster lässt sich durch Ziehen an den Enden des dünnen Balkens dynamisch einstellen. Indem Sie den Mittelpunkt des Balkens ziehen, ändern Sie den Teil der im Schnittfenster angezeigten Sequenz.

Balken für die dynamische Einstellung der Zeiteinheit. Experimentieren Sie, um sich mit den Funktionen vertraut zu machen.

Weitere Informationen und Übungen zur Zeitleiste finden Sie in Lektion 1.

Vorschau im Monitorfenster

Sie können im Monitorfenster eine Vorschau eines oder mehrerer Clips anzeigen, um einen Überblick über Ihre Arbeit zu gewinnen. Das Zwei-Ansichten-Monitorfenster zeigt die Original- und die Programmansicht.

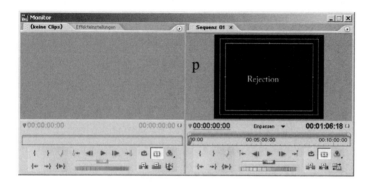

Originalansicht (auf der linken Fensterseite) Hier können Sie eine Vorschau eines Clips anzeigen, ihn trimmen und dann ins Schnittfenster einfügen. In dieser Ansicht können Sie zwar viele Clips gleichzeitig speichern, aber immer nur einen einzigen Clip anzeigen und bearbeiten.

Programmansicht (rechts) Hier können Sie jederzeit eine Vorschau Ihres gesamtes Videoprogramms abspielen. In dieser Ansicht zeigt Premiere die Clipsequenz an, die sich momentan im Schnittfenster befindet. Sie können mit der Programmansicht auch Ihr Videoprogramm bearbeiten.

1 Wenn das Monitorfenster nicht bereits geöffnet ist, wählen Sie **Fenster: Monitor**.

2 Klicken Sie im Monitorfenster auf die Abspielen-Schaltfläche (▶) unterhalb der Programmansicht oder drücken Sie die Leertaste, um den Rohschnitt Ihres Videoprogramms abzuspielen.

3 Um das Videoprogramm noch einmal abzuspielen, klicken Sie erneut auf die Abspielen-Schaltfläche oder klicken Sie auf die Schaltfläche für Endlosschleife (↻), um das Videoprogramm wiederholt abzuspielen. Um das Abspielen zu beenden, klicken Sie auf die Stopp-Schaltfläche (■) oder drücken Sie die Leertaste.

Sie trimmen jetzt die Video-Clips und fügen Audio-Übergänge, Spezialeffekte und Überblendungen hinzu und erstellen so die fertige Version des Tour-Filmes.

Clips zuschneiden

Wenn Sie mit Ihrer Kamera Filmmaterial aufnehmen, produzieren Sie in der Regel wesentlich mehr Material, als Sie in Ihrem Videoprogramm tatsächlich verwenden können. Um Szenen, Schnitte und Überblendungen zu erstellen, müssen Sie Ihre Clips zuschneiden bzw. trimmen und die nicht benötigten Teile daraus entfernen. Das Zuschneiden von Clips ist ein wesentlicher Vorgang bei der Erstellung eines Videoprogramms, den Sie zukünftig immer wieder ausführen. Premiere Pro bietet Ihnen eine Reihe von Möglichkeiten für das Zuschneiden von Clips, einschließlich schneller Rohschnittwerkzeuge und präziserer Frame-für-Frame-Ansichten.

Die Zuschneiden-Werkzeuge im Schnittfenster verwenden

Sie haben bereits bemerkt, dass im Rohschnitt die Titel auf dem Bildschirm viel zu lang sind.

1 Klicken Sie auf den ersten Titel-Clip mit der Bezeichnung *Rejection.prtl*.

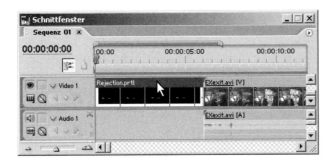

2 Wählen Sie **Clip: Geschwindigkeit/Dauer**.

3 Klicken im Feld »Dauer«, geben Sie den Wert 100 ein und drücken Sie die Eingabetaste.

Premiere Pro konvertiert die Eingabe in 00:00:01:00, also in eine Sekunde. Sie können die Dauer auch verändern, indem Sie auf den Wert klicken und durch Ziehen dynamisch ändern. Diese Funktion steht in Premiere Pro für alle blau dargestellten Datenwerte zur Verfügung. Ein dynamisches Eingabefeld ermöglicht, durch Klicken und Ziehen der Maus nach links oder rechts den Wert zu verkleinern bzw. zu vergrößern.

4 Klicken Sie auf OK.

5 Wiederholen Sie diesen Schritt für die anderen vier Titel *Despair.prtl*, *Hope.prtl*, *Fear.prtl* und *Defeat.prtl*.

Sie müssen jetzt die Lücken zwischen den Clips schließen.

6 Klicken Sie auf den ersten Clip und ziehen Sie ihn um etwa 15 Frames (eine halbe Sekunde im NTSC-Format) nach rechts. Der Film startet nun mit einem Vorspann, der eine halbe Sekunde lang ist.

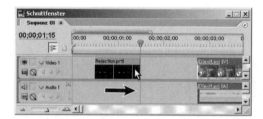

7 Um die Lücke rechts von diesem ersten Clip zu schließen, wählen Sie in der Werkzeugpalette das Spurauswahl-Werkzeug.

8 Klicken Sie auf den zweiten Clip und ziehen Sie ihn nach links etwa zur 2-Sekunden-Marke des Timecodes. Dieses Werkzeug wählt alles Folgende in diesem Film und verschiebt es an eine entsprechend frühere Position im Film.

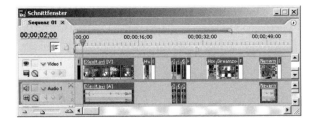

9   Wiederholen Sie diesen Schritt für die anderen vier Titel-Clips, so dass diesen eine halbe Sekunde schwarzer Vorspann voran- und nachgestellt ist.

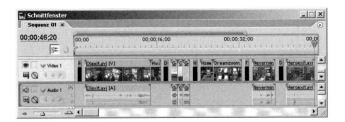

10 Speichern Sie das Projekt.

Einfügung und Überlagerung

Nun müssen Sie die Startsequenz löschen, in der *Ex* und *New Boy* den Laden verlassen. Dazu fügen Sie einen Schnitt an der Stelle mit der Nahaufnahme von *Hero* ein.

1   Wählen Sie in der Werkzeugpalette das Rasierklingen-Werkzeug.

2   Klicken Sie etwas vor der Mitte des *Hwatches.avi*-Clips, um ihn zu teilen.

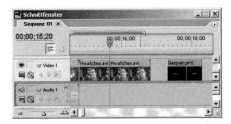

3   Ziehen Sie die Marke für die aktuelle Zeit und suchen Sie im Programm-Monitor (rechte Ansicht im Monitorfenster) den Teil des Clips *EXexit.avi* gerade nachdem Ex *...some time* sagt. Diese Vorgehensweise wird als *Scrubbing* bezeichnet.

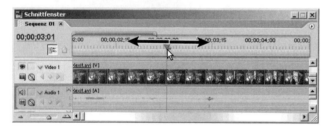

4   Ziehen Sie mit dem Auswahlwerkzeug die erste Hälfte des Clips *Hwatches.avi* so, dass die linke Kante am Schnittpunkt (an der roten senkrechten Linie) ausgerichtet ist.

Damit haben Sie eine *Überlagerung* erzeugt. Beachten Sie, wie der Clip an der Stelle einrastet und sich der Schnittpunkt in einen Doppelpfeil verwandelt. Der Clip *EXexit.avi* wird durch den Clip *Hwatches.avi* ersetzt.

Eine Überlagerung-Bearbeitung überschreibt das Ziel-Footage.

5   Verschieben Sie jetzt den Schnittpunkt etwas hinter die Stelle, an der *Ex ...maybe* sagt. Ziehen Sie mit gedrückter Strg-Taste die zweite Hälfte des Clips *Hwatches.avi* und richten Sie den Clip am Schnittpunkt aus. Sobald Sie den Clip loslassen, wird er eingefügt. Den Rest des Clips *EXexit.avi* verschieben Sie später.

Das vorliegende Ergebnis wird als *Einfügung* bezeichnet. Der Clip rastet an der vorgesehenen Stelle ein und der Schnittpunkt zeigt ein weißes Dreieck in den Zielspuren für Video und Audio. Der Clip *EXexit.avi* wird durch den Clip *Hwatches.avi* ersetzt.

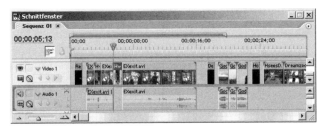

Eine Einfügung-Bearbeitung erhält das Ziel-Footage, zwischen dem eingefügt wird.

In- und Out-Points in der Originalansicht setzen

Sie kürzen nun den restlichen Teil des Clips *EXexit.avi*, um nur die sich schließende Tür zu zeigen.

1   Doppelklicken Sie auf das letzte Stück des Clips *EXexit.avi*, um diesen Teil in der Originalansicht des Monitorfensters anzuzeigen.

2   Scrubben Sie mit dem Schnittpunkt in Originalansicht kurz vor den Zeitpunkt, an dem sich die Tür schließt.

3   Klicken Sie auf die Schaltfläche »In-Point setzen«.

{

4   Gehen Sie an die Stelle, kurz nachdem sich die Tür schließt.

5   Klicken Sie auf die Schaltfläche »Out-Point setzen«.

}

Die Bearbeitungen in der Originalansicht für die dritte Instanz von *EXexit.avi* werden im Schnittfenster zeitgleich aktualisiert.

6   Ziehen Sie im Schnittfenster den bearbeiteten Clip *EXexit.avi* nach links, so dass er am Endes der zweiten Instanz des Clips *Hwatches.avi* einrastet.

Sie ersetzen später in diesem Tutorial die Unterhaltung von Ex und New Boy beim Herausgehen durch die Tür durch das Schließgeräusch der Tür.

7   Wählen Sie das rechte Audiosegment von *EXexit.avi* und wählen Sie **Bearbeiten: Löschen**, um dieses Segment im Schnittfenster zu löschen.

8   Ziehen Sie schließlich mit dem Spurauswahl-Werkzeug den Rest der Sequenz von *Despair.avi* nach links, so dass dieser Clip ungefähr 15 Frames nach dem Ende der schließenden Tür beginnt.

9   Speichern Sie das Projekt.

Spezialeffekte

Video, Audio und andere computergenerierte Effekte von Programmen wie Adobe Photoshop, Adobe After Effects, Adobe Illustrator, Adobe DVD Encore und Adobe Audition sind die Änderungen, mit denen Sie einen Film erst richtig »aufpeppen«.

Überblendungen

Sie erzeugen jetzt eine Überblendung zwischen dem Zeitpunkt, wo Hero Dreams sieht, und dem Zoom auf Dreams.

1   Zuerst müssen Sie das Ende des Clips *HseesD.avi* und den Anfang des Clips *Dreamzoom.avi* kürzen.

2   Wählen Sie in der Werkzeugpalette das Werkzeug »Löschen und Lücke schließen«.

Das Werkzeug »Löschen und Lücke schließen« schneidet zu (trimmt) und hat beim Trimmen gleichzeitig die Funktion des Spurauswahl-Werkzeugs. Sie kürzen die Dauer des zu trimmenden Clips und gleichzeitig der gesamten Sequenz. Wenn Sie vom Ende des Frames (Out-Point) bis zum Start-Frame (In-Point) zuschneiden bzw. trimmen, ändert sich der Anfangspunkt des jeweiligen Clips nicht, sondern nur der Anfangspunkt aller zeitlich danach folgenden Clips. Wenn Sie vom In-Point in Richtung Out-Point trimmen, ändert sich der Out-Point des entsprechenden Clips und gleichzeitig bewegen sich alle zeitlich folgenden Clips in Richtung Anfang der Sequenz. Wenn Sie den ersten Clip am Nullpunkt mit »Löschen und Lücke schließen« bearbeiten, beginnt das Projekt bei null, während die Gesamtdauer um den Betrag des Trimmens abnimmt.

3   Ziehen Sie mit dem Werkzeug »Löschen und Lücke schließen« die rechte Kante (den Out-Point) des Clips *HseesD.avi* etwas mehr als eine Sekunde nach links.

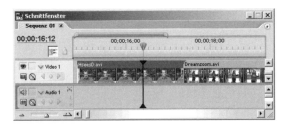

Dadurch wird *HseesD.avi* gekürzt und gleichzeitig das restliche Programm nach vorn zum Filmanfang verschoben.

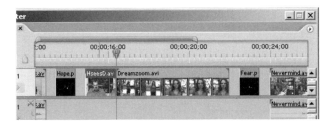

4 Ziehen Sie die linke Kante (den In-Point) von *Dreamzoom.avi* etwas mehr als eine Sekunde nach rechts.

5 Speichern Sie das Projekt.

6 Um nun eine Überblendung hinzuzufügen, aktivieren Sie die Effekte-Palette, indem Sie **Fenster: Effekte** wählen.

7 Öffnen Sie die Ordner *Videoüberblendungen* und dann *Überblenden*. Klicken Sie dazu einfach auf die Dreiecke neben den Ordnern.

8 Ziehen Sie aus dem Ordner *Überblenden* innerhalb der Effekte-Palette die Überblendung *Auflösen* auf den Schnitt zwischen den Clips *HseesD.avi* und *Dreamzoom.avi* im Schnittfenster.

Eine Überblendung beim Schnitt zwischen zwei Clips

Eine 60-Frame-Überblendung im Schnittfenster

Sie ändern die Überblendung so, dass sie etwas später beginnt.

9 Klicken Sie mit dem Auswahlwerkzeug auf die Überblendung *Auflösen*.

10 Wählen Sie **Fenster: Effekteinstellungen**.

11 Achten Sie darauf, dass die Dauer auf 1 Sekunde eingestellt ist.

12 Ändern Sie die Ausrichtung in »Beginn an Schnitt«.

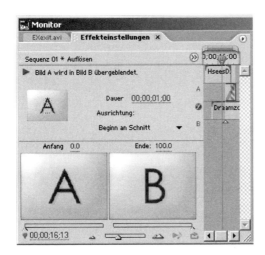

13 Sehen Sie sich den Trailer bis zu diesem Punkt an, indem Sie den Timecode einstellen oder die Zeitmarke auf null setzen und dann die Leertaste drücken oder auf die Abspielen-Schaltfläche (►) in der Programmansicht des Monitorfenster klicken.

14 Speichern Sie das Projekt.

Die Geschwindigkeit eines Clips ändern

Um den Zoom-Effekt zu betonen, beschleunigen Sie den Clip *Dreamzoom.avi*.

1. Klicken Sie mit dem Auswahlwerkzeug (▶) auf den Clip *Dreamzoom.avi*.
2. Wählen Sie **Clip: Geschwindigkeit/Dauer**.
3. Ändern Sie die Geschwindigkeit von 100% in **125%**. Klicken Sie auf OK.
4. Ziehen Sie mit dem Spurauswahl-Werkzeug den Rest der Sequenz von *Fear.avi* etwa um eine Sekunde nach links, d.h. eine halbe Sekunde nach dem Ende von *Dreamzoom.avi*.

Eine Weichzeichnung hinzufügen

Um den Zoom noch mehr zu betonen, versehen Sie den Clip *Dreamzoom.avi* mit einem Weichzeichnungseffekt.

1. Klicken Sie mit dem Auswahlwerkzeug auf *Dreamzoom.avi*.
2. Wählen Sie **Fenster: Effekte**.
3. Wählen Sie **Videoeffekte: Weichzeichnungsfilter**.

4. Ziehen Sie den Effekt *Radialer Weichzeichner* auf den Clip.

Es erscheint das Dialogfeld »Radialer Weichzeichner«.

5. Stellen Sie die Stärke auf **80** und wählen Sie für die Methode die Option »Strahlenförmig«. Klicken Sie auf OK.

6 Scrubben Sie zum Anfang des Clips *Dreamzoom.avi*.

7 Wählen Sie **Fenster: Effekteinstellungen**, um das entsprechende Fenster zu aktivieren.

8 Öffnen Sie die Einstellungen für *Radialer Weichzeichner*, indem Sie auf das Dreieck links neben dem Namen klicken.

9 Klicken Sie auf das Symbol »Animation aktivieren/deaktiveren« ( ), um die Animation für die *Stärke* einzuschalten. Dadurch setzen Sie einen Keyframe mit dem Wert 80 am Anfang des Clips.

10 Gehen Sie an die Stelle im Clip, an dem die Vorwärtsfahrt der Kamera aufhört.

11 Geben Sie im Feld neben *Stärke* den Wert **1** ein. Drücken Sie die Eingabetaste. Damit wird auch an dieser Stelle ein Keyframe gesetzt.

12 Da der Weichzeichnungseffekt recht stark und rechnerintensiv ist, sollten Sie diesen Teil der Sequenz rendern, um eine fließende Wiedergabe zu erreichen. Drücken Sie die Eingabetaste, um das Rendern zu starten.

Eine Photoshop-Datei verwenden

Wenn Hero den Laden verlässt, können Sie feststellen, dass kein Ladenschild vorhanden ist. Das ändern Sie jetzt, indem Sie über diese Einstellungen eine Photoshop-Datei platzieren.

Rollen Sie im Schnittfenster bis zum Clip *Heroexit.avi*.

1 Wählen Sie **Fenster: Projekt**.
2 Ziehen Sie den Clip *Storefront2.psd* auf die Spur *Video 2* im Schnittfenster, so dass die linke Kante am Clip *Heroexit.avi* ausgerichtet ist.
3 Ziehen Sie mit dem Auswahlwerkzeug die rechte Kante des Clips *Storefront2.psd* so, dass dieser an der rechten Kante des Clips *Heroexit.avi* ausgerichtet ist.

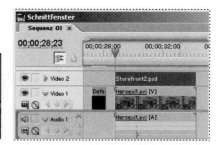

Würden Sie jetzt das Bild mit der Ladenfront in Photoshop ändern, würde das geänderte Bild automatisch in Premiere Pro aktualisiert werden.

Bewegungskeys

Als Nächstes zoomen Sie das Logo *Books & Beans* so oberhalb des Ladeneingangs, dass der Bildschirm gefüllt wird.

1 Gehen Sie an die Stelle, an der Hero seinen ersten Schritt macht.
2 Wählen Sie **Fenster: Projekt** und ziehen Sie den Clip *Logo.psd* auf die Spur *Video 3* im Schnittfenster, so dass die linke Kante am Schnittpunkt ausgerichtet ist.

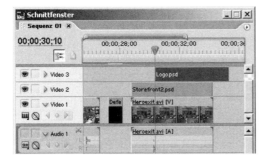

3   Wählen Sie **Clip: Geschwindigkeit/Dauer**.

4   Ändern Sie die Dauer in **8** Sekunden (00:00:08:00, d.h. 00 Stunden, 00 Minuten, 08 Sekunden und 00 Frames bei 30 Frames pro Sekunde).

5   Klicken Sie auf OK.

6   Scrubben Sie an die Stelle, kurz bevor Hero aus dem Bildschirm geht.

7   Wählen Sie **Fenster: Effekteinstellungen**.

8   *Logo.psd* bleibt aktiviert. Klicken Sie auf das Dreieck neben *Bewegung*.

9   Ändern Sie die Y-Position (zweiter Wert rechts neben *Position*) von 240 in **180**, um das Logo etwas nach oben so bewegen. Drücken Sie die Eingabetaste.

10 Klicken Sie auf die Animationssymbole links neben *Position*, *Skalieren* und *Drehung*, um Keyframes für die endgültige Position des Logos zu erzeugen.

11 Scrubben Sie zum ersten Frame des Clips *Logo.psd*.

12 Ändern Sie die Parameter in folgende Werte: *Position* = **400, 80**, *Skalieren* = **32** und *Drehung* = **1**.

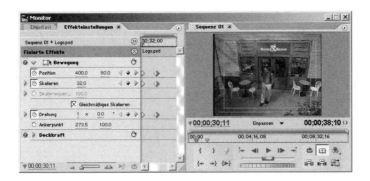

13 Spielen Sie den Effekt in der Programmansicht oder im Schnittfenster ab.

14 Speichern Sie das Projekt.

Ausblenden

Sie lassen jetzt die Szene zu Schwarz ausblenden, während gleichzeitig das Logo nach vorn kommt.

1 Wählen Sie **Fenster: Effekte: Videoüberblendungen: Überblenden**.

2 Ziehen Sie die Überblendung *Auflösen* an das rechte Ende des Clips *Hero-exit.avi*.

Da kein Clip für eine Überblendung vorhanden ist, blendet Premiere Pro den Clip automatisch zu Schwarz aus.

Sie müssen das Ladenschild ebenfalls ausblenden.

3 Ziehen Sie *Auflösen* aus dem Effektefenster an das rechte Ende des Clips *Storefront2.psd*.

Eine Sekunde scheint ein wenig zu kurz für diese Ausblendung zu sein.

4 Wählen Sie die Überblendung auf dem Clip *Storefront2.psd*.

5 Wählen Sie **Fenster: Effekteinstellungen**.

6 Ändern Sie die Dauer in 1,5 Sekunden, indem Sie auf den blauen Text neben *Dauer* klicken und den Wert **115** eingeben (diese Timecode-Abkürzung steht für 30 Frames + 15 Frames bzw. 00:00:01:15). Drücken Sie die Eingabetaste.

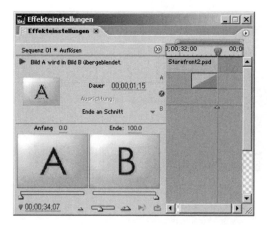

7   Klicken Sie auf die Überblendung auf dem Clip *Heroexit.avi*.

8   Ändern Sie im Effekteinstellungenfenster die *Dauer* in 1,5 Sekunden.

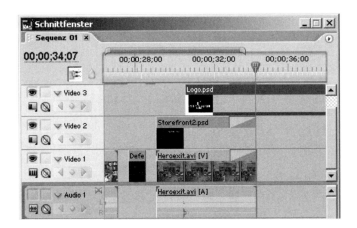

Titel erstellen

Sie erstellen nun die endgültigen Titel für diese Sequenz.

1   Setzen Sie im Schnittfenster die Zeitmarke 15 Frames nach der vollständigen Ausblendung der *Storefront*-Szene. Sie sollten nur noch das Logo *Books & Beans* sehen.

2   Wählen Sie **Datei: Neu: Titel**, um den Adobe Title Designer zu öffnen.

3   Sie sollten jetzt das Logo *Books & Beans* im Fenster des Title Designers sehen. Außerdem sollte das Textwerkzeug (T) gewählt sein.

4   Klicken Sie etwas unterhalb des B von Books, um den Cursor im Fenster zu platzieren.

5   Geben Sie für den Titel den folgenden Text ein: **A tale about falling in love**.

6   Ändern Sie rechts im Fenster unter **Objektstil: Eigenschaften** die Schrift und die Schriftgröße, um den Text an die Gesamtbreite des Logos anzupassen.

Eventuell müssen Sie noch die Position der Textzeile verschieben. Das geschieht mit dem Auswahlwerkzeug des Title Designers.

7   Um den Text horizontal zu zentrieren, klicken Sie mit der rechten Maustaste in der Textzeile und wählen **Position: Horizontal zentriert**.

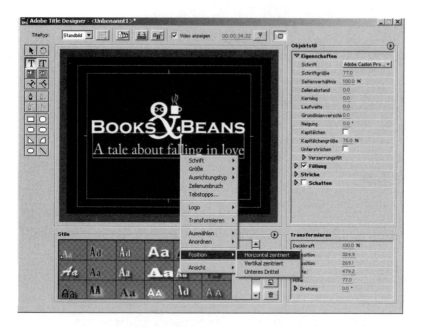

8   Wählen Sie **Datei: Speichern**.

9   Wählen Sie das Verzeichnis *00Tour Lesson* und benennen Sie den Titel z.B. mit **Falling.prtl**. Wählen Sie »Ja«, um zu ersetzen.

10 Schließen Sie den Title Designer, indem Sie im Fenster des Title Designers oben rechts auf das X klicken.

11 Der Titel *Falling.prtl* wurde im Projektfenster automatisch dem Projekt hinzugefügt. Ziehen Sie *Falling.prtl* auf die Spur *Video 1* im Schnittfenster, und zwar etwa eine Sekunde nach dem Clip *Heroexit.avi*.

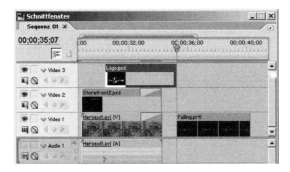

12 Ziehen Sie mit dem Auswahlwerkzeug das rechte Ende des Clips *Logo.psd* nach rechts, so dass der Clip am Ende von *Falling.prtl* ausgerichtet ist.

Damit die beiden letzten Wörter in *Falling.prtl* später erscheinen, werden diese am Anfang mit Schwarz abgedeckt.

13 Wählen Sie **Datei: Importieren**.

14 Öffnen Sie im Ordner *00Tour Lesson* die Datei *Blackvideo.psd*.

15 Ziehen Sie den Clip *Blackvideo.psd* so auf die Spur *Video 2* im Schnittfenster, dass die linke Kante an der linken Kante von *Falling.prtl* ausgerichtet ist.

16 Ziehen Sie die rechte Kante von *Blackvideo.psd* nach links, um die Dauer des Clips um etwa zwei Sekunden zu kürzen.

17 *Blackvideo.psd* ist gewählt. Wählen Sie **Fenster: Effekteinstellungen**. Öffnen Sie die Parameter für *Bewegung* (auf das Dreieck neben dem Namen klicken).

18 Ändern Sie die folgenden Werte: *Position* = **546**, **290** und *Skalieren* = **19**.

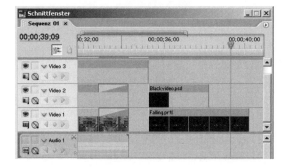

Audio

Sie ändern jetzt den Ton für die Szene, in der sich die Tür schließt.

1 Gehen Sie im Schnittfenster zur dritten Instanz des Clips *EXexit.avi*.
2 Ziehen Sie *Doorslam.wav* aus dem Projektfenster auf die Spur *Audio 1* unter den dritten Clip *EXexit.avi*.

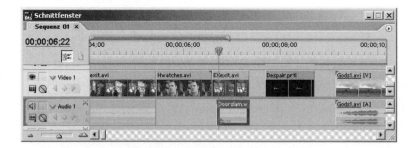

3 Eventuell müssen Sie noch das Timing justieren, indem Sie den Audio-Clip mit dem Auswahlwerkzeug im Schnittfenster etwas nach links oder rechts ziehen. Die Wellenform des Audio-Clips kann Ihnen dabei helfen. Der höchste Punkt der Audio-Wellenform sollte mit dem Moment des Türschließens übereinstimmen. Eventuell vergrößern Sie die Anzeige der Wellenform, indem Sie die Höhe der Audiospur ändern (die linke untere Kante der Spur *Audio 1* einfach nach unten ziehen).

Sie fügen jetzt eine Tonaufnahme hinzu.

4 Wählen Sie **Fenster: Projekt**.

5 Ziehen Sie *Tour music.mp3* so auf die Spur *Audio 2* im Schnittfenster, dass die linke Kante des Clips am Beginn der Zeitleiste bzw. des Schnittfensters einrastet.

Lautstärke bearbeiten

Obwohl die Ausgewogenheit zwischen den Spuren für Musik und Sprache nicht schlecht ist, möchten Sie vielleicht die Musik etwas leiser stellen und am Ende eine Ausblendung hinzufügen. Eine individuelle Laustärke nebst den ensprechenden Keyframes lassen sich einer kompletten Spur auf einmal oder nur ausgewählten Clips zuweisen. In diesem Tutorial regeln Sie die Lautstärke für den gesamten Musikteil auf der Spur *Audio 2*.

1 Gehen Sie im Schnittfenster an das Ende der Sequenz. Setzen Sie die Zeitmarke einfach einige Sekunden vor das Ende.

2 Wählen Sie im Schnittfenster den Clip mit der Musik (*Tourmusic.wav*).

3 Öffnen Sie den Header-Bereich der Spur *Audio 2*, indem Sie im Schnittfenster auf das Dreieck neben *Audio 2* klicken.

4 Klicken Sie auf die Schaltfläche »Keyframes anzeigen« und wählen Sie die Option »Clipumfang anzeigen«.

5 Klicken Sie auf die Schaltfläche »Keyframe hinzufügen/entfernen«, um einen Keyframe hinzuzufügen.

6   Ziehen Sie den Keyframe nach unten, um die Lautstärke für den kompletten Clip zu verringern. Dabei werden in einem kleinen Einblendfenster die Werte der jeweiligen Lautstärke angezeigt. Hören Sie sich den Sound an und regeln Sie so lange nach, bis Ihnen die Lautstärke zusagt.

7   Setzen Sie die Zeitmarke etwa eine Sekunde vor das Ende des Musikclips.

8   Fügen Sie einen Keyframe hinzu.

9   Setzen Sie am Ende des Musikclips einen Keyframe und ziehen Sie diesen ganz nach unten. Die Lautstärke wird auf **0** gesetzt, d.h. am Ende des Clips ausgeblendet.

10 Speichern Sie das Projekt.

Ausgabe

In Adobe Premiere Pro gibt es die unterschiedlichsten Ausgabeoptionen. Sie exportieren in diesem Tutorial den Film als DV AVI, also in dem Format der Quell-Clips. Weitere Informationen finden Sie in Lektion 13, »Ausgabe«.

1   Aktivieren Sie das Schnittfenster.

2   Wählen Sie **Datei: Exportieren: Film**.

3   Klicken Sie auf die Schaltfläche »Einstellungen«.

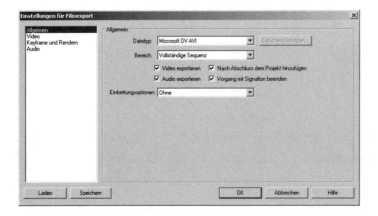

4   Achten Sie darauf, dass als Dateityp *Microsoft DV AVI* gewählt ist und für Bereich *Vollständige Sequenz*.

5   Achten Sie außerdem darauf, dass die Optionen *Video exportieren*, *Audio exportieren* und *Nach Abschluss dem Projekt hinzufügen* gewählt sind. Übernehmen Sie die vorgegebenen Werte für die anderen Einstellungen.

6   Klicken Sie auf OK.

7   Wählen Sie einen Dateinamen und einen Speicherort für den Film.

8   Klicken Sie auf »Speichern«.

9   Premiere Pro beginnt mit dem Rendern und zeigt im Fenster »Rendervorgang« eine Fortschrittsleiste für die noch benötigte Zeit für das Rendern bzw. die Ausgabe des Films. Die benötigte Zeit hängt von der vorhandenen Systemleistung ab. Premiere Pro sollte den Film aber in einigen Minuten fertig gestellt haben. Durch Drücken der Esc-Taste lässt sich die Ausgabe jederzeit abbrechen.

10 Sobald der Rendervorgang abgeschlossen ist, erscheint der Film im Projektfenster.

11 Doppelklicken Sie auf den Film, um ihn in der Originalansicht des Monitorfensters zu öffnen.

12 Klicken Sie auf die Wiedergabe-Schaltfläche und sehen Sie sich Ihr Werk an.

13 Speichern Sie das Projekt.

Glückwunsch – damit haben Sie die Tour erfolgreich absolviert!

1 | Der Arbeitsbereich

Premiere Pro organisiert die Bearbeitungsfunktionen in speziellen Fenstern. Damit können Sie die Fenster frei und individuell Ihrem Arbeitsstil entsprechend anordnen. Nicht verankerte, fließende Paletten liefern Informationen und ermöglichen den schnellen Zugriff auf jeden Teil eines Videoprogramms. Fenster und Paletten lassen sich ebenfalls beliebig auf dem Bildschirm anordnen, um Rechner und Kontrollmonitore optimal zu nutzen.

LEKTION 1
Der Arbeitsbereich

In dieser Einführung in den Arbeitsbereich lernen Sie Folgendes:

- Adobe Premiere starten
- Ihren Arbeitsbereich einrichten
- Mit dem Projektfenster arbeiten
- Mit dem Schnittfenster arbeiten
- Mit dem Monitorfenster arbeiten
- Zu einem bestimmten Zeitpunkt in Ihrem Videoprogramm navigieren
- Mit Paletten arbeiten
- Tastaturbefehle einsetzen

Der Arbeitsbereich in Premiere Pro

Jeder Adobe-Premiere-Film beginnt als ein Projekt – eine Ansammlung von Videoclips, Standbildern und Audiodateien, die Sie entlang einer Zeitleiste anordnen. In dieser Lektion werden Sie sich mit Paletten und Fenstern vertraut machen, indem Sie mit einem bereits zusammengestellten Projekt arbeiten. Vergewissern Sie sich, dass Sie den Speicherort der in dieser Lektion verwendeten Dateien kennen. Weitere Hinweise finden Sie unter »Die Classroom in a Book-Dateien kopieren« auf Seite 17 in diesem *Classroom in a Book*.

Adobe Premiere Pro starten

Sobald Sie Premiere Pro starten, erscheint das Fenster *Willkommen*.

1   Klicken Sie auf »Neues Projekt«.

Premiere Pro zeigt das Dialogfeld »Neues Projekt« an.

2   Wählen Sie »DV-NTSC: Standard 48 kHz«.

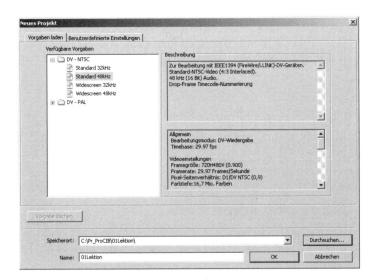

3   Geben Sie den Namen **01Lesson** ein.

4   Klicken Sie auf »Durchsuchen« und wählen Sie auf Ihrer Festplatte das Verzeichnis \Pr_ProCIB\Lessons\01Lesson. Klicken Sie dann auf OK.

5   Klicken Sie auf OK, um das Dialogfeld »Neues Projekt« zu schließen und den Adobe Premiere Pro-Arbeitsbereich anzuzeigen.

Hinweis: Die standardmäßige Dateierweiterung **prproj** *für Premiere Pro-Projekte wird dem Dateinamen automatisch hinzugefügt.*

Hinweis: Premiere Pro speichert den Speicherort aller Clips eines Projekts für den Computer, auf dem das Projekt zusammengestellt wurde. Da Sie die Projektdatei auf einem anderen Computer verwenden als dem, auf dem das Projekt für dieses Buch erstellt wurde, fordert Premiere Sie beim Laden der Projektdatei möglicherweise dazu auf, den Speicherort der jeweiligen Datei(en) anzugeben. Suchen und wählen Sie diese Datei(en) und klicken Sie auf OK.

Projekteinstellungen

Nach dem Start eines Projekts können Sie die Projekteinstellungen jederzeit prüfen.

1   Wählen Sie **Projekt: Projekteinstellungen: Allgemein**, um das Dialogfeld »Projekteinstellungen« zu öffnen.

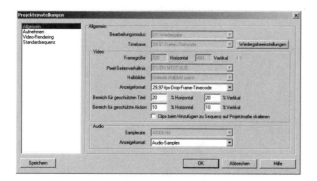

Allgemein Gibt Ihnen eine Übersicht der Projekteinstellungen einschließlich Bearbeitungsmodus, Zeitanzeige und Wiedergabeeinstellungen.

Aufnehmen Kontrolliert die Art und Weise, in der Premiere Pro Video und Audio von einer Videokamera oder einem Videorekorder überträgt.

Video-Rendering Kontrolliert die Frame-Größe, die Bildqualität, die Komprimierungseinstellungen und das Seitenverhältnis, die Premiere Pro beim Abspielen im Schnittfenster verwendet.

Standardsequenz Wenn Sie eine neue Sequenz erstellen, bestimmen diese Einstellungen die Anzahl der Video- und Audiospuren sowie die Art der Audiospuren.

Adobe empfiehlt nachdrücklich, beim Verwenden einer Aufnahmekarte die jeweiligen Voreinstellungen unverändert zu übernehmen. Falls keine der verfügbaren Voreinstellungen für Ihr Video zutrifft, informieren Sie sich über ein Ändern der Einstellungen im Adobe Premiere Pro Handbuch.

Überblick des Arbeitsbereichs

Nach dem Öffnen des Projekts erscheint der Premiere-Arbeitsbereich. Sie können diesen Arbeitsbereich unverändert übernehmen oder an den eigenen Arbeitsstil anpassen.

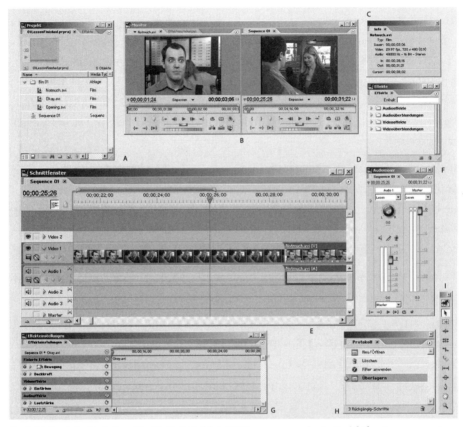

Ansicht des Arbeitsplatzes für die Beispieldatei 01Lesson.prproj: **A.** *Projektfenster* **B.** *Monitorfenster* **C.** *Info-Palette* **D.** *Effekte-Palette* **E.** *Schnittfenster* **F.** *Audiomixer* **G.** *Effekteinstellungen-Palette* **H.** *Protokoll-Palette* **I.** *Werkzeug-Palette*

Ein neues Projekt erscheint mit folgenden standardmäßig geöffneten Fenstern:

Projektfenster Mit diesem Fenster importieren und verwalten Sie Clips und legen Verweise auf Clips an. Es führt alle in ein Projekt importierten Quell-Clips auf, die Sie dann verwenden können, aber nicht müssen.

Monitorfenster Dieses Fenster umfasst links die Quellansicht und rechts die Programmansicht in der standardmäßigen Doppelansicht. Mit Hilfe der Originalansicht können Sie sich einen einzelnen Video-Clip und mit der Programmansicht den gegenwärtigen Status des im Schnittfenster bearbeiteten Videoprogramms ansehen.

Schnittfenster Dieses Fenster hält eine schematische Ansicht Ihres Programms bereit, einschließlich aller Video-, Audio- und überlagerten Videospuren. Änderungen, die Sie hier vornehmen, erscheinen in der Programmansicht. Die Schaltflächen »Auszoomen« (▲) und »Einzoomen« (▲) unten links im Schnittfenster dienen der einfachen Navigation innerhalb des Schnittfensters. Sie können auch mit der Zeitleiste direkt über dem Lineal oben im Schnittfenster navigieren.

Audiomixer Wählen Sie **Fenster: Audiomixer**, um dieses Fenster zu öffnen. Der Audiomixer funktioniert ähnlich wie ein professionelles Mischpult, das heißt, Sie können mehrere Audiospuren regeln, den Ton abhören und gleichzeitig das Video in Echtzeit ansehen. Von diesem Fenster aus lassen sich Lautstärke und Balance für die einzelnen Audiospuren einstellen.

Premiere Pro gruppiert die Paletten in einzelnen Fenstern. Das Programm listet im Menü »Fenster« alle Paletten auf.

Effekte-Palette Diese Palette enthält sämtliche Video- und Audioüberblendungen sowie Effekte, die den Clips auf den Video- oder Audiospuren im Schnittfenster zugewiesen werden können. Diese Palette ist standardmäßig geöffnet und lässt sich an das Projektfenster andocken, um Platz auf dem Desktop zu sparen.

Werkzeug-Palette Mit den in dieser Palette enthaltenen Werkzeugen bearbeiten Sie Ihr Videoprojekt. Auch diese Palette öffnet Premiere Pro standardmäßig.

Effekteinstellungen-Palette Sie ändern mit dieser Palette die Einstellungen der jeweiligen Effekte. Das Fenster öffnet sich immer dann, wenn ein Effekt oder eine Überblendung einem Clip zugewiesen wurde. Die Palette können Sie auch mit dem Befehl **Fenster: Effekteinstellungen** öffnen.

Info-Palette Diese Palette hält Informationen über ausgewählte Clips, Überblendungen, Bereiche im Schnittfenster oder von Ihnen ausgeführte Vorgänge bereit.

Protokoll-Palette Mit Hilfe dieser Palette gelangen Sie zu jedem beliebigen in der gegenwärtigen Arbeitssitzung erstellten Status des Projektes. Bei jeder Änderung, die Sie vornehmen, fügt Premiere der Protokoll-Palette einen neuen Status hinzu. Sie können alle Bearbeitungen nach einem ausgewählten Status löschen, zum gegenwärtigen Status zurückkehren oder einen Status Schritt für Schritt wieder herstellen.

Weitere Informationen finden Sie im *Adobe Premiere Pro Handbuch*.

Sie arbeiten mit Clips und stellen Ihr Projekt in Fenstern zusammen; hauptsächlich arbeiten Sie mit den drei bereits beschriebenen Fenstern: dem Projektfenster, dem Monitorfenster und dem Schnittfenster sowie der Effekteinstellungen-Palette. Premiere Pro bietet darüber hinaus spezielle Fenster für Aufgaben wie Videoaufnahmen oder das Erstellen von Titeln. Diese Fenster werden später in diesem Buch beschrieben. Entsprechende Informationen finden Sie außerdem im *Adobe Premiere Pro Handbuch*.

Die meisten Fenster und Paletten in Premiere enthalten Menüs, und alle Fenster verfügen über Kontextmenüs. Die Befehle in Fenstermenüs, Palettenmenüs und Kontextmenüs beziehen sich auf bestimmte Fenster und Paletten. Weitere Informationen finden Sie unter »Mit Paletten arbeiten« in Kapitel 1 im *Adobe Premiere Pro Handbuch*.

Den Arbeitsbereich einrichten

Falls erforderlich ordnen Sie die Fenster und Paletten so an, dass sie sich nicht überlappen. Vielleicht wollen Sie mit der bereits weiter vorne in dieser Lektion gezeigten Anordnung arbeiten. Sie sollten den Audiomixer schließen, da er in dieser Lektion nicht benötigt wird. Diese Anordnung können Sie speichern und als Vorlage beim Öffnen anderer Projekte verwenden.

Um Ihren eigenen Arbeitsbereich zu speichern:

1   Wählen Sie **Fenster: Arbeitsbereich: Arbeitsbereich speichern**.

2   Geben Sie im Dialogfeld »Arbeitsbereich speichern« den Namen **Mein Arbeitsbereich** ein.

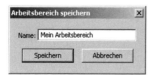

3   Klicken Sie auf »Speichern«.

Wann immer Sie in diesem Buch Projekte öffnen, können Sie »Fenster: Arbeitsbereich: Mein Arbeitsbereich« wählen, um Fenster und Paletten in der von Ihnen bevorzugten Anordnung anzuzeigen.

Mit dem Projektfenster arbeiten

Im Projektfenster importieren, verwalten und speichern Sie Verweise auf Clips. Hier können Sie Informationen für jeden Clip Ihres Projekts betrachten und hinzufügen. Es führt alle Quell-Clips auf, die Sie in ein Projekt importieren, obwohl Sie nicht jeden importierten Clip auch verwenden müssen. Das Projektfenster lässt sich auch vergrößern.

Die Dateinamen im Projektfenster geben Auskunft über die in das Projekt importierten Dateien. Symbole neben den Dateinamen kennzeichnen den Datentyp. Da Video- und Audiodateien sehr groß sind, würde ein unmittelbares Kopieren in ein Projekt nur unnötig viel Festplattenplatz beanspruchen. Stattdessen werden in einem Premiere-Projekt nur Verweise auf die importierten Clips gespeichert und nicht die Clips selbst. Ein fünf Mbyte großer Original-Clip nimmt also immer nur fünf Mbyte Festplattenkapazität in Anspruch, egal ob Sie ihn in einem oder in zehn Projekten verwenden. Wenn Sie Ihr Videoprogramm bearbeiten, erhält Premiere Pro die jeweils benötigten Frames aus den jeweiligen Originaldateien.

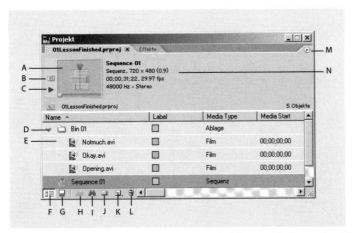

Beispiel eines Projektfensters in der Listenansicht (Ihre Ansicht kann abweichen):
A. *Miniaturansicht* **B.** *Titelframe einstellen* **C.** *Miniatur abspielen* **D.** *Ablagen*
E. *Clips* **F.** *Listenansicht* **G.** *Symbolansicht* **H.** *Automatisch in Sequenz umwandeln*
I. *Suchen* **J.** *Ablage* **K.** *Neues Objekt* **L.** *Ausgewählte Objekte löschen*
M. *Menü des Projektfensters* **N.** *Clip-Information*

Mit Ablagen arbeiten

Sie können Clips eines Projekts oder einer Bibliothek in *Ablagen* anordnen. Das Prinzip entspricht der Anordnung von Dateien in Verzeichnissen auf Ihrer Festplatte. Ablagen eignen sich vor allem für die Organisation komplexer Projekte, die eine Vielzahl von Clips enthalten; Ablagen können sich sogar als Unterablagen innerhalb einer bereits vorhandenen Ablage befinden. Eine Ablage lässt sich auch zur Verwendung in anderen Projekten speichern. Ablagen befinden sich im Projektfenster links im Ablagebereich. Beim Importieren werden Clips der gegenwärtig ausgewählten Ablage hinzugefügt.

Sie erstellen als Nächstes eine Ablage. Wählen Sie dazu eine der folgenden Möglichkeiten:

- Wählen Sie aus dem Menü des Projektfensters (auf das Dreieck oben rechts im Fenster klicken) die Option »Neue Ablage«.

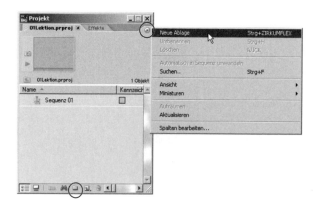

- Klicken Sie unten im Projektfenster auf das Ablage-Symbol ( ).

Ablage 01 erscheint nach dem Ordner *Sequenz 01*.

Clips und Bilddateien importieren

Sie fügen jetzt Dateien in das Projektfenster ein.

1   Klicken Sie unter *Sequenz 01* auf das Dreieck neben *Ablage 01*, um den Ordner zu öffnen.

2   Um die benötigten Film-Clips zu importieren, wählen Sie **Datei: Importieren**. Öffnen Sie dann den Ordner *01Lesson*, den Sie von der Buch-DVD auf Ihre Festplatte kopiert haben. Halten Sie die Strg-Taste gedrückt und wählen Sie die Filmdateien *Notmuch.avi*, *Okay.avi* und *Opening.avi* (nicht den Ordner *Finished*). Klicken Sie auf »Öffnen«.

3   Die Videodateien befinden sich jetzt im Ordner *Ablage 01* innerhalb des Projektordners.

4   Wählen Sie **Datei: Speichern**.

Titelframes betrachten und ändern

Ganz oben in einem Projektfenster bzw. einem Ablagebereich befindet sich die *Miniaturansicht*, mit der sich einzelne Clips in der Vorschau betrachten lassen. Beim Auswählen eines Clips im Projektfenster zeigt die Miniaturansicht den zugehörigen *Titelframe* des Clips, z.B. den Frame, der für die Symbolansicht des Clips und als Beispiel-Frame für Titel verwendet wird. Der Titelframe ist standardmäßig der erste Frame eines Clips, allerdings lässt er sich in jeden beliebigen Frame des Clips ändern. Zusätzlich zum Titelframe zeigt die Miniaturansicht noch Clip-Namen, Medientyp, Video-Informationen, Dauer und Datenrate an.

Betrachten Sie nun einen Clip und seine zugehörigen Informationen im Projektfenster:

1   Klicken Sie auf »Symbol« (☐) unten im Projektfenster.
2   Wählen Sie den Clip *Opening.avi* in *Ablage 01*. Premiere Pro zeigt die Clip-Informationen in der oberen linken Ecke im Projektfenster neben der Miniaturansicht an.

A. *Miniaturansicht*
B. *Titelframe-Schaltfläche*
C. *Abspielen-Schaltfläche*

3   Sehen Sie sich den Clip an, indem Sie in der Miniaturansicht auf die Abspielen-Schaltfläche (▶) klicken. Klicken Sie auf die Stopp-Schaltfläche (■), um die Wiedergabe zu beenden.

4   Klicken Sie auf die Liste-Schaltfläche (▤), um die Ansicht der Clips in *Ablage 01* zu ändern. Ziehen Sie die untere rechte Ecke des Projektfensters, um den Ablagebereich zu vergrößern. Oder scrollen Sie im Fenster mit Hilfe des Rollbalkens weiter nach rechts, um alle Informationsspalten anzuzeigen.

Ändern Sie nun den Titelframe eines Clips.

5   Falls er nicht bereits gewählt ist, markieren Sie jetzt im Projektfenster den Clip *Opening.avi*.

6   Klicken Sie auf die Schaltfläche »Abspielen« (▶), bis Premiere den Frame anzeigt, den Sie als neuen Titelframe verwenden möchten, und klicken Sie dann auf »Stoppen« (■). Alternativ können Sie auch den Abspielen-Regler in der Miniaturansicht oben links im Projektfenster auf den gewünschten Frame ziehen.

7   Klicken Sie auf die Titelframe-Schaltfläche (▣) in der Miniaturansicht.

8   Klicken Sie auf »Symbol« (▣) unten im Projektfenster, um die Miniatur des Inhaltes anzuzeigen.

9   Wenn Sie die Titelframes nicht sehen, doppelklicken Sie auf das Symbol *Ablage 01* im Projektfenster, um den Inhalt von *Ablage 01* anzuzeigen. Klicken Sie dann auf *Opening.avi*, um den gewählten Titelframe anzuzeigen.

10 Erstellen Sie eine zweite Ablage, indem Sie unten im Projektfenster auf das Symbol »Ablage« (▣) klicken. *Ablage 02* wird angezeigt. Um den Ablagebereich höher oder breiter einzustellen, müssen Sie eventuell das Projektfenster vergrößern.

11 Führen Sie einen der folgenden Schritte aus:

- Ziehen Sie den Clip *Opening.avi* auf das Symbol *Ablage 02*.

- Klicken Sie mit der rechten Maustaste auf *Opening.avi* und wählen Sie »Ausschneiden«. Klicken Sie dann mit der rechten Maustaste auf das Symbol *Ablage 02* und wählen Sie »Einfügen«.

12 Da Sie einen Video-Clip aus *Ablage 01* nach *Ablage 02* verschoben haben, den Sie behalten sollen, müssen Sie ihn wieder zurück in *Ablage 01* verschieben, *bevor* Sie *Ablage 02* löschen. Nun löschen Sie *Ablage 02*. Wählen Sie *Ablage 02* und klicken Sie unten im Projektfenster auf die Schaltfläche »Löschen« (🗑).

Ansichten im Projektfenster

Premiere verwendet standardmäßig die Listenansicht, um Informationen über die Clip-Dateien im Ablagebereich des Projektfensters anzuzeigen. Die in Premiere Pro vorhandenen Felder umfassen Spalten für Medienstart und Medienende, Video-In- und -Out-Points, Offline-Eigenschaften, Szene und vieles andere mehr. Die Darstellung der Listen lässt sich anpassen und Sie können die Einstellungen für jedes Fenster individuell vornehmen.

1 Klicken Sie oben rechts im Projektfenster auf das Menü-Dreieck und wählen Sie die Option »Spalten bearbeiten«.

Es erscheint eine Liste mit Feldern. Sind Elemente mit Häkchen versehen, erscheinen die dazugehörigen Informationen im Ablagebereich.

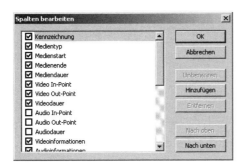

112 | LEKTION 1
Der Arbeitsbereich

2 Aktivieren Sie die Felder, die im Ablagebereich erscheinen sollen, und deaktivieren Sie die Felder, die nicht angezeigt werden sollen. Klicken Sie auf OK.

3 Ziehen Sie die untere rechte Ecke des Projektfensters, um die gewählten Spalten anzuzeigen.

4 Klicken Sie unten im Ablagebereich auf die Schaltfläche »Symbol« (▫).

Labels und Kommentare erscheinen nicht in der Symbolansicht. Wählen Sie dazu einfach die Listenansicht.

Hinweis: *Premiere zeigt in der Symbolansicht die Miniaturen in einem Raster. Die Miniaturen lassen sich leicht anders anordnen, indem Sie durch entsprechendes Ziehen deren Reihenfolge ändern.*

5 Klicken Sie auf die Schaltfläche »Liste« unten im Projektfenster.

In der Listenansicht lässt sich die Sortierfolge direkt ändern. Die Liste soll jetzt nach Namen sortiert werden.

6 Klicken Sich auf die Spaltenüberschrift *Name*, um die Liste nach Namen zu sortieren.

Miniaturen hinzufügen

Miniaturen können Sie der Listenansicht durch folgende Schritte zufügen:

1 Klicken Sie auf das Menü-Dreieck in der oberen rechten Ecke des Projektfensters und setzen Sie den Zeiger auf die Option »Miniaturen«.

2   Wählen Sie die Option »Aus« ab, sofern sie gewählt ist (»Aus« ist mit einem Häkchen versehen). Klicken Sie einfach auf die Option, um sie abzuwählen.

3   Um die Größe der Miniaturen zu ändern, klicken Sie erneut auf das Menü-Dreieck und wählen Sie **Miniaturen: Mittel** (oder **Groß**) als Symbolgröße.

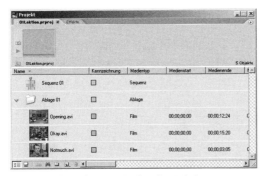

Die Symbolansicht mit mittelgroßen Miniaturen

Die Techniken zum Ändern des Projektfensters und des Ablagebereichs ermöglichen Ihnen die optimale Verwaltung Ihrer Quelldateien. Allerdings können Sie weder im Ablagebereich noch im Programmfenster das aktuelle Videoprogramm bearbeiten. In den folgenden Abschnitten erfahren Sie mehr über die Fenster für die Videobearbeitung.

Ein Projekt speichern oder automatisch speichern

Beim Speichern eines Projekts werden Ihre Änderungen, Verweise auf ursprüngliche Dateien und die gegenwärtige Fensteranordnung gespeichert. Sichern Sie Ihre Arbeit durch häufiges Speichern. Sie können auch festlegen, dass Premiere Ihr Projekt automatisch in bestimmten zeitlichen Abständen speichert. Premiere kann das Projekt dabei entweder jedes Mal in dieselbe Datei oder in eine neue Datei speichern. Sie können beispielsweise festlegen, dass Premiere alle 15 Minuten ein neues Archiv Ihres Projekts erstellt.

> **Verwenden von Bibliotheken aus früheren Premiere-Versionen**
>
> *In früheren Premiere-Versionen ließen sich Container namens Bibliotheken erstellen, die zum Speichern von Clips aus einem oder mehreren Projekten verwendet wurden. Eine Bibliothek wurde als projektunabhängige separate Datei gespeichert. Obwohl Premiere Pro Bibliotheken nicht unterstützt, können Sie eine in einer früheren Premiere-Version erzeugte Bibliothek öffnen. Beim Öffnen in Premiere Pro wird die Bibliothek in das gerade behandelte Ablagesystem konv ertiert.*
>
> - *Um eine Bibliothek zu importieren, wählen Sie* **Datei: Öffnen***. Suchen Sie nach der Bibliotheksdatei (.PLB) und klicken Sie auf »Öffnen«. Die Bibliothek wird in eine Ablage konvertiert.*
> - *Wenn Sie einen Satz von Clips aus einer Bibliothek speichern möchten, um sie für andere Projekte in Premiere Pro zur Verfügung zu stellen, speichern Sie die neue Ablage, die die Clips enthält.*

Dadurch erstellt Premiere eine Folge von Dateien, die den Status Ihres Projekts zum jeweiligen Zeitpunkt widerspiegeln. Auf diese Weise können Sie das automatische Speichern als Alternative zum Befehl »Widerrufen« verwenden, je nachdem wie viele Änderungen zwischen den einzelnen Speicherungen am Projekt vorgenommen wurden. Da Projektdateien verglichen mit den ursprünglichen Videodateien relativ klein sind, wird auch durch das mehrfache Speichern eines Projekts nicht allzu viel Speicherplatz verbraucht. Adobe empfiehlt, Projektdateien auf das gleiche Laufwerk zu speichern, auf dem sich auch Ihre Programmdatei Premiere befindet. Archivierte Dateien werden im *Projektarchiv-*Ordner innerhalb des Ordners *Adobe Premiere Pro* gespeichert. Weitere Informationen finden Sie im *Adobe Premiere Pro Handbuch*.

Mit dem Monitorfenster arbeiten

Das Monitorfenster zeigt in Premiere Pro die unterschiedlichsten Medien an, einschließlich Standbilder, Audio, Farbflächen-Masken und Titel. Clips lassen sich im Monitorfenster zusammenfügen und bearbeiten. Abhängig von Ihrer Arbeitsweise und den zu erfüllenden Aufgaben können Sie aus einer Vielzahl von unterschiedlichen Ansichtsoptionen für das Monitorfenster auswählen.

*Monitorfenster in Doppelansicht: **A.** Originalansicht **B.** In-Point setzen **C.** Zu In-Point gehen **D.** Out-Point setzen **E.** Zu Out-Point gehen **F.** Nicht nummerierte Marke setzen **G.** Von In bis Out abspielen **H.** Zu vorheriger Marke gehen **I.** Jog **J.** Shuttle **K.** Schritt zurück **L.** Wiedergabe/Stopp **M.** Schritt vorwärts **N.** Zur nächsten Marke gehen **O.** Endlosschleife **P.** Einfügen **Q.** Sichere Ränder **R.** Überlagern **S.** Ausgabe **T.** Aufnahme: Audio und Video aktivieren/deaktivieren **U.** Herausnehmen **V.** Extrahieren **W.** Zuschneiden (Trimmen) **X.** Programmansicht **Y.** Clip/Sequenz-Reiter **Z.** Menü-Schaltflächen*

Die Doppelansicht ist die standardmäßige Einstellung des Monitorfenster, das heißt, Originalansicht und Programmansicht werden nebeneinander angezeigt. Als Gedankenstütze können Sie die Originalansicht als Vorschau für das Projektfenster und die Programmansicht als Vorschau für das Schnittfenster betrachten.

Modus Doppelansicht Zeigt sowohl die Original- als auch die Programmansicht an. Diese Ansicht erscheint standardmäßig beim Öffnen eines neuen Projekts.

Originalansicht Zeigt den Original-Clip an, mit dem Sie gerade arbeiten. Wenn Sie ein Projekt das erste Mal öffnen, ist die Originalansicht leer bzw. schwarz, weil Sie noch nicht mit einem Original-Clip gearbeitet haben. Mit Hilfe der Originalansicht können Sie einen Clip zur Übernahme in ein Videoprogramm vorbereiten oder einen Clip bearbeiten, den Sie aus dem Videoprogramm geöffnet haben.

Programmansicht Zeigt den gegenwärtigen Status des Videoprogramms an, das Sie erstellen. Wenn Sie ein Projekt das erste Mal öffnen, zeigt die Programmansicht den ersten Frame im Schnittfenster an, wenn mindestens ein Clip bereits in einer vorherigen Sitzung dort platziert wurde. Wenn Sie das Videoprogramm in Premiere abspielen, erscheint es in der Programmansicht. Sie können es auch als alternative Ansicht des Schnittfensters betrachten – das Schnittfenster zeigt eine zeitabhängige Ansicht Ihres Videoprogramms und die Programmansicht zeigt eine Frame-abhängige Ansicht Ihres Videoprogramms.

Zusätzlich zum Modus *Doppelansicht* und wenn Sie nur die Programmansicht sehen möchten, können Sie *Einfache Ansicht* wählen. Sie ändern die Ansichten, indem Sie oben rechts in der Programmansicht auf das Menü-Dreieck klicken und die Optionen »Doppelansicht« bzw. »Einfache Ansicht« wählen.

Modus Einfache Ansicht zeigt nur die Programmansicht. Einzelne Clips werden in einzelnen Clip-Fenstern geöffnet.

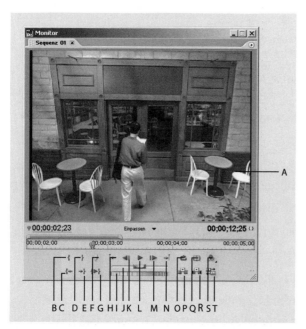

Monitorfenster in Einfacher Ansicht: *A. Programmansicht B. In-Point setzen C. Zu In-Point gehen D. Out-Point setzen E. Zu Out-Point gehen F. Nicht nummerierte Marke setzen G. Von In bis Out abspielen H. Zum vorherigen Schnittpunkt gehen I. Jog J. Shuttle K. Schritt zurück L. Wiedergabe/Stopp M. Schritt vorwärts N. Zum nächsten Schnittpunkt gehen O. Endlosschleife P. Herausnehmen Q. Sichere Ränder R. Extrahieren S. Ausgabe T. Zuschneiden*

1 Klicken Sie auf das Menü-Dreieck oben rechts im Monitorfenster, um sich mit den verfügbaren Einstellungen vertraut zu machen.

Die Originalansicht zeigt den Clip, den Sie mit einem Doppelklick im Projektfenster gewählt haben. Sobald Sie auf einen Clip im Projektfenster doppelklicken, zeigt Premiere Pro den ungeschnittenen Clip wie vor seiner Bearbeitung. Wenn Sie dagegen auf einen Clip im Schnittfenster doppelklicken, sehen Sie nur die Frames, die in Ihrem Videoprogramm enthalten sind. Das sollten Sie jetzt versuchen.

2 Doppelklicken Sie im Projektfenster auf das Symbol *Opening.avi*. Schauen Sie sich das Ergebnis in der Originalansicht des Monitorfensters an.

3 Wählen Sie im Projektfenster die Clips *Opening.avi*, *Okay.avi* und *Notmuch.avi*. Ziehen Sie die Clips in die Programmansicht (rechtes Fenster) des Monitorfensters. Diese Aktion fügt die Clips in das Schnittfenster ein.

4 Doppelklicken Sie im Schnittfenster auf die Datei *Okay.avi*.

Premiere Pro zeigt den Clip jetzt in der Originalansicht. Sie benutzen diese Ansicht, wenn Sie einen zuvor in das Schnittfenster eingefügten Clip ändern wollen.

Sie haben sich bisher zwei Clips in der Originalansicht angesehen und Premiere hat die entsprechenden Namen im Clip-Reiter der Originalansicht gespeichert.

5 Setzen Sie den Cursor auf den Clip-Reiter oben in der Originalansicht und halten Sie die Maustaste gedrückt. Die beiden bereits in dieser Sitzung betrachteten Clip sind aufgelistet, so dass Sie in diesem Projekt jederzeit wieder auf diese Clips zugreifen können.

Da Programmansicht und Schnittfenster jeweils unterschiedliche Ansichten desselben Videoprogramms sind, lässt sich ein Video in jedem der beiden Fenster bearbeiten. Falls Sie die Videobearbeitung gerade erst erlernen, fällt es Ihnen vielleicht leichter, im eher grafisch orientierten Schnittfenster zu arbeiten. Anwender, die bereits Erfahrungen mit professionellen Videobearbeitungssystemen haben, arbeiten vermutlich schneller und präziser mit den Steuerelementen der Original- und Programmansicht.

Mit dem Schnittfenster arbeiten

Das *Schnittfenster* ist eine zeitbezogene Ansicht Ihres Programms. Im Schnittfenster können Sie Ihr Videoprogramm zusammenstellen und bearbeiten. Zu Beginn eines neuen Projekts ist das Schnittfenster noch leer.
Mit Premiere Pro erstellen und verschachteln Sie mehrere Sequenzen in einem einzigen Projekt. Diese Möglichkeit erlaubt Ihnen, mehrere Szenen in unterschiedlichen Sequenzen zusammenzustellen und dann in einer Hauptsequenz zu verschachteln. Sie könnten auch unterschiedliche Versionen Ihres Videoprojekts erstellen, indem Sie die Original-Sequenz mehrere Male kopieren und verschiedene Effekte und Schnitte zuweisen. Die Original-Version bleibt dabei unverändert erhalten. Sie erfahren mehr über das Verschachteln von Sequenzen in einigen

der noch folgenden Lektionen. In dieser Lektion lernen Sie die Kontrollmöglichkeiten für das Navigieren zu bestimmten Zeitpunkten und für die Bearbeitung kennen.

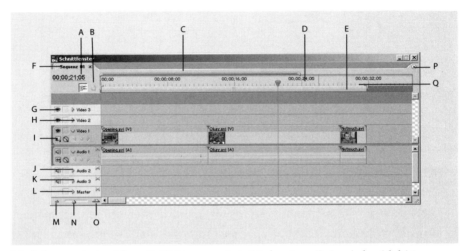

Schnittfenster: **A.** *Ausrichten* **B.** *Nicht nummerierte Marke setzen* **C.** *Anzeigebereichsleiste* **D.** *Marke für aktuelle Zeit* **E.** *Arbeitsbereichsleiste* **F.** *Sequenzreiter* **G.** *Spurausgabe* **H.** *Videospur* **I.** *Anzeigestil* **J.** *Spur zusammenfalten/auffalten* **K.** *Audiospur* **L.** *Master-Audiospur* **M.** *Auszoomen* **N.** *Zoom-Schieberegler* **O.** *Einzoomen* **P.** *Menü-Dreieck* **Q.** *Zeitleiste*

Premiere stellt die Zeit im Schnittfenster horizontal dar, wobei die Clips in ihrer zeitlichen Folge im Fenster von links nach rechts angeordnet sind. Die Zeit wird in der *Zeitleiste* am oberen Rand des Schnittfensters angezeigt.

Die Zeitsteuerungen unten links im Schnittfenster ermöglichen das Ein- und Auszoomen der Zeitleiste. Sie können die Zeitleiste ändern, wenn Sie das Programm detaillierter bzw. mehr vom gesamten Videoprogramm sehen wollen.

Für das Zoomen gibt es zwei Möglichkeiten:

1   Klicken Sie in der Titelleiste des Schnittfensters, um es zu aktivieren.

2   Ziehen Sie den Zoom-Schieberegler nach rechts, um einzuzoomen. Oder klicken Sie auf die Schaltfläche »Einzoomen«. Das Einzoomen erlaubt

LEKTION 1
Der Arbeitsbereich

präzise Bearbeitungen im Schnittfenster, aber Sie sehen nur wenig vom Videoprogramm.

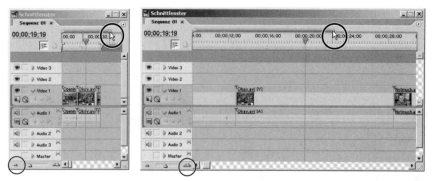

Einzoomen (rechts) zeigt mehr Details. Auszoomen (links) zeigt mehr vom Videoprogramm. Die Zeitleiste verändert beim Ein- bzw. Auszoomen die Zeiteinteilung.

3   Ziehen Sie den Rollpfeil unten rechts im Schnittfenster, um zeitlich spätere Teile des Videos anzuzeigen. Da Sie jetzt mit einer stark vergrößerten Zeitskala arbeiten, dauert das Scrollen im Schnittfenster entsprechend länger.

4   Ziehen Sie die Anzeigebereichsleiste oben im Schnittfenster nach rechts, um auszuzoomen. Oder klicken Sie unten links im Schnittfenster auf die Schaltfläche »Auszoomen«.

5   Klicken Sie auf das rechte Ende der Anzeigebereichsleiste und ziehen Sie nach links, um einzuzoomen.

Während Sie im Schnittfenster ein- oder auszoomen, ändert sich die Zeitleiste entsprechend der von Ihnen vorgenommenen Änderungen.

Hinweis: *Sie können auch mit Hilfe eines Tastaturbefehls relativ zur aktuellen Zeitleiste ein- und auszoomen. Drücken Sie das Plus-Zeichen (+), um eine Stufe einzuzoomen. Drücken Sie die Minus-Taste (-), um eine Stufe auszuzoomen. Drücken Sie die Raute (#), um das gesamte Programm ins Schnittfenster einzupassen.*

Mit Spuren arbeiten

Das Schnittfenster enthält *Spuren* zum Anordnen von Clips. Die Spuren liegen vertikal übereinander. Wenn ein Clip über einem anderen angeordnet ist, werden beide Clips gleichzeitig wiedergegeben.

Die Spuren sind in drei Bereiche unterteilt:

- Im Zentrum des Fensters befindet sich die Spur *Video 1* als Hauptspur für die Videobearbeitung.
- Alle Spuren oberhalb von *Video 1* werden für Frame-genaue überlagernde Clips (für Video 1) benutzt.
- Alle Spuren unterhalb von *Video 1* sind Audiospuren. Diese Spuren werden gemeinsam wiedergegeben, wobei die Reihenfolge der Audiospuren nicht relevant ist.

Die Spur *Video 1* umfasst zusammengefaltete oder aufgefaltete Anzeigeoptionen. Ist *Video 1* zusammengefaltet, sind alle Clips auf einer Spur kombiniert. Die Spur *Video 2* steht für ein Überlagern der Spur *Video 1* zur Verfügung. Für weitere Überlagerungen können Sie zusätzliche Tracks hinzufügen. Die Spur mit der höchsten Nummerierung steht am weitesten »vorne«. So lange die überlagernden Spuren mit 2 und höher beziffert und auf irgendeine Weise transparent sind, überdecken sie für ihre Laufzeit komplett alle darunter befindlichen Spuren.

Die Audiospur

1   Klicken Sie auf »Spur zusammenfalten/auffalten« (▶) links neben der Spur *Audio 1*.

Die Spur *Audio 1* zeigt jetzt diese Einstellungen: »Anzeigestil festlegen«(▣), »Keyframes anzeigen« (◢) und »Keyframes hinzufügen/entfernen«(◊).

2   Klicken Sie links neben der Spur *Audio 1* auf die Schalfläche »Keyframes anzeigen« (◢).

3   Wählen Sie die Option »Spur-Keyframes einblenden«.

Eine gelbe Trennlinie erscheint zwischen dem rechten und linken Kanal auf der Spur *Audio 1*.

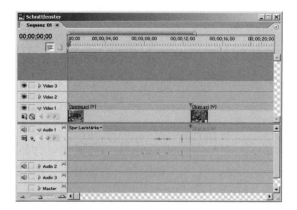

Hinweis: *Um den Namen einer Spur zu ändern, doppelklicken Sie auf den Spurnamen und geben Sie anschließend in das Textfeld einen neuen Namen ein.*

4   Klicken Sie auf das Dreieck »Spur zusammenfalten/auffalten« links neben der Spurbezeichnung *Audio 1*, um die Spur zusammenzufalten.

Die Spurhöhe ändern

In Premiere Pro lässt sich die Spurhöhe im Schnittfenster ändern, um Projekte besser sehen und bearbeiten zu können. Die Höhe einzelner Spuren kann unabhängig voneinander variiert werden. Eine derartig vergrößerte Spur zeigt mehr Informationen an, wie Deckkraft und Geschwindigkeit. Sie stellen jetzt die Höhe der Spur *Video 1* ein.

1   Um die Höhe einer Spur zu vergrößern, muss die Spur aufgefaltet sein. Ist das nicht der Fall, klicken Sie auf das Dreieck »Spur zusammenfalten/auffalten« links neben der Spur *Video 1*.

2   Sobald sich der Zeiger in eine Doppellinie mit zwei Pfeilen ändert (⭿), klicken Sie auf die obere graue Begrenzungslinie einer Videospur und ziehen Sie dann nach oben. Der Zeiger muss sich im Schaltflächenbereich links neben der Spur befinden.

3   Um die Spurhöhe zu ändern, klicken Sie oberhalb der Spur *Video 1* auf die Linie zwischen *Video 1* und *Video 2*. Sobald sich der Zeiger in eine Doppellinie mit zwei Pfeilen ändern, ziehen Sie entsprechend nach unten.

Spurhöhen lassen sich je nach Ihrer Arbeitsweise im Schnittfenster individuell angleichen.

Das Spurformat ändern

Das *Spurformat* ermöglicht Ihnen, Clips in einer Spur des Schnittfensters unterschiedlich darzustellen. Spuren im Schnittfenster lassen sich unabhängig voneinander formatieren.

1   Klicken Sie im Schnittfenster auf das Dreieck links neben *Video 1*, um die Spur gegebenenfalls aufzufalten.

2   Klicken Sie im Schnittfenster links neben dem Namen *Video 1* auf das Symbol »Anzeigestil festlegen« ( ).

Das Einblendmenü zeigt vier Optionen für die Anzeige von Filmclips in Videospuren.

3 Wählen Sie die Option »Anfang und Ende einblenden«.

Die Option »Anfang und Ende einblenden« zeigt Miniaturen am Anfang und Ende eines Clips.

4 Klicken Sie erneut auf das Symbol »Anzeigestil festlegen« und wählen Sie diesmal die Option »Nur Anfang einblenden«.

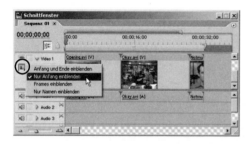

Die Option »Nur Anfang einblenden« zeigt eine Miniatur nur am Anfang eines Clips.

5   Klicken Sie wieder auf das Symbol »Anzeigestil festlegen« und wählen Sie jetzt die Option »Frames einblenden«.

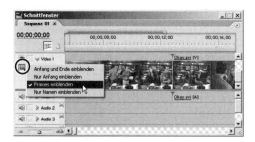

Diesmal zeigt Premiere Pro Miniaturen für die Frames innerhalb eines Clips.

6   Klicken Sie auf das Symbol »Anzeigestil festlegen« und wählen Sie die Option »Nur Namen einblenden«.

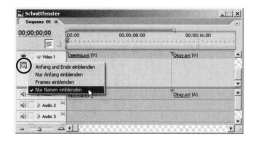

Die Option »Nur Namen einblenden« zeigt den Dateinamen ohne Miniatur.

Sie arbeiten im weiteren Verlauf dieser Lektion mit der Option »Nur Anfang einblenden«. Natürlich können Sie auch ein anderes Spurformat wählen.

Zu einem bestimmten Frame im Schnittfenster und in der Programmansicht navigieren

Die *Zeitleiste* im Schnittfenster verhält sich wie eine gespiegelte Spur für den aktuellen Frame in der Programmansicht des Monitorfensters. Der aktuelle Frame in der Programmansicht wird durch ein blaues Dreieck bzw. die Marke für die aktuelle Zeit repräsentiert.

Die Marke für die aktuelle Zeit bezeichnet den Zeitpunkt der nächsten Bearbeitung, sofern Sie einen Befehl oder eine Steuerung im Monitorfenster anwenden.

Oben: *Der Timecode unterhalb der Programmansicht zeigt den aktuellen Frame an der Position der Marke für die aktuelle Zeit.*
Unten: *Die Bearbeitungslinie (senkrechter Strich) im Schnittfenster.*

Das Feld für den aktuellen Timecode lässt sich für ein schnelles Verschieben der Bearbeitungslinie verwenden. Klicken Sie beispielsweise in der Programmansicht auf die Timecode-Anzeige, geben Sie den Wert **1421** ein und drücken Sie die Eingabetaste. Die Bearbeitungslinie im Schnittfenster zeigt sofort diese Änderung.

Gehen Sie in das Schnittfenster und benutzen Sie die Zoomsteuerung, um den aktuellen Frame an der Bearbeitungslinie anzuzeigen.

Die Jog- und Shuttle-Steuerungen unterhalb der Abspielen-Schaltfläche in den Monitoransichten sind Werkzeuge, mit denen Sie durch Clips scrollen und präzise Frames oder Timecodes im Videoprojekt ansteuern.

Sie benutzen die *Jog*-Steuerung, um ein Videoband über einen kurzen Zeitraum frameweise vorwärts oder rückwärts zu bewegen und so den richtigen Frame für eine Bearbeitung anzusteuern.

Mit der *Shuttle*-Steuerung bewegen Sie ein Videoband schneller vorwärts oder rückwärts, um Bearbeitungspunkte anzusteuern bzw. aufzufinden.

Kennzeichnungen verwenden

Premiere benutzt farbige Kennzeichnungen zur Identifizierung von Clips im Projekt- und Schnittfenster. Dabei lassen sich die standardmäßig bestimmten Mediatypen zugewiesenen Farben übernehmen oder individuell ändern.

Um einem Clip eine bestimmte Kennzeichnungsfarbe zuzuweisen:

1 Wählen Sie im Projektfenster den Clip *Opening.avi*.
2 Wählen Sie **Bearbeiten: Kennzeichnung** und dann die Farbe **Violett**.

Die Kennzeichnungsfarbe für den Clip *Opening.avi* ändert sich entsprechend. Ändern Sie die Farbe wieder in Cyan, d.h. in die standardmäßige Kennzeichnungsfarbe für die restliche Lektion.

3   Wählen Sie **Bearbeiten: Kennzeichnung** und dann die Farbe **Cyan**.

Um die Farbe einer Kennzeichnung zu bearbeiten:

4   Wählen Sie **Bearbeiten: Voreinstellungen: Kennzeichnungsfarben**.

5   Klicken Sie auf die zu bearbeitende Farbe und wählen Sie eine andere Farbe.

Mit Paletten arbeiten

Adobe Premiere Pro beinhaltet verschiedene Paletten zur Anzeige von Informationen und als Hilfe für Änderungen von Clips. Standardmäßig sind die meisten Paletten geöffnet. Während der Arbeit können Sie Paletten einblenden, ausblenden und neu ordnen bzw. gruppieren, um sie an Ihre Arbeitsweise anzupassen. Wenn Sie mehr als einen Monitor an Ihr System angeschlossen haben, können Sie die Paletten auch auf die anderen Monitore ziehen. Die Paletten funktionieren so wie in Adobe Photoshop, Illustrator und PageMaker.

Sie können die Anordnung und die Anzeige der Paletten und Palettengruppen so anpassen, dass Sie den Platz auf Ihrem Monitor optimal ausnutzen. Weitere Informationen finden Sie im *Adobe Premiere Pro Handbuch*.

Die Werkzeug-Palette verwenden

Premiere Pro enthält eine umfangreiche Liste mit Werkzeugen für die Bearbeitung eines Projekts. Zeigen Sie die Werkzeug-Palette bzw. den Werkzeugkasten an, indem Sie »Fenster: Werkzeuge« wählen. Die Werkzeug-Palette öffnet sich standardmäßig beim Öffnen eines neuen Projekts.

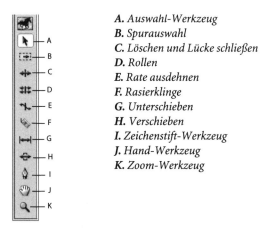

A. Auswahl-Werkzeug
B. Spurauswahl
C. Löschen und Lücke schließen
D. Rollen
E. Rate ausdehnen
F. Rasierklinge
G. Unterschieben
H. Verschieben
I. Zeichenstift-Werkzeug
J. Hand-Werkzeug
K. Zoom-Werkzeug

Sie erfahren mehr über die Werkzeug-Palette, sobald Sie Ihr Projekt in den nächsten Lektionen bearbeiten.

Die Effekteinstellungen-Palette verwenden

1 Zeigen Sie die Effekteinstellungen-Palette an, indem Sie **Fenster: Effekteinstellungen** wählen.

2 Klicken Sie oben rechts auf das Menüdreieck der Effekteinstellungen-Palette. Beachten Sie, dass Palettenmenüs nur spezielle Optionen für die jeweilige Palette beinhalten.

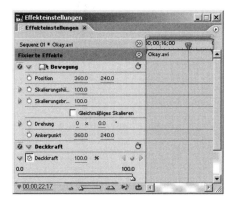

Die Effekteinstellungen-Palette lässt sich für Bearbeitungen an die Originalansicht im Monitorfenster *andocken*. Das Docking ermöglicht den einfachen Zugriff auf die Steuerungen in der Effekteinstellungen-Palette, das heißt, sie wird direkt links neben der Programmansicht im Monitorfenster platziert.

3   Um die Effekteinstellungen-Palette neu zu positionieren, klicken Sie auf den Reiter in der Effekte-Palette und ziehen Sie in den grauen Bereich über den Clip-Reiter in der Originalansicht des Monitorfensters. Der Zeiger ändert sich beim Ziehen in eine Hand. Lassen Sie die Maus los, sobald sich die Hand wieder in den Zeiger ändert.

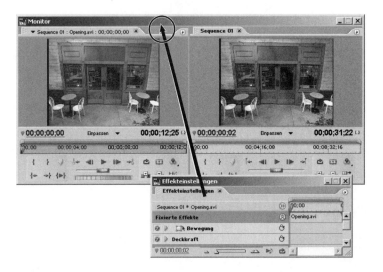

Die Effekteinstellungen-Palette befindet sich jetzt vor dem Filmclip in der Originalansicht.

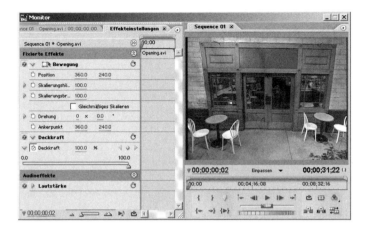

Hinweis: Um die Palette wieder abzudocken, klicken Sie auf die Effekteinstellungen-Palette und ziehen Sie diese aus der Originalansicht heraus.

Die Info-Palette verwenden

Die Informationen-Palette zeigt Informationen über einen gewählten Clip an. Welche Informationen in der Palette angezeigt werden, hängt von Faktoren wie dem Medientyp und dem aktiven Fenster ab. Die Informationen-Palette ist nützlich für das Identifizieren von Elementen in Ihrem Projekt und der entsprechenden Eigenschaften.

1   Stellen Sie sicher, dass die Informationen-Palette sichtbar ist. Falls erforderlich wählen Sie **Fenster: Informationen** oder drücken Sie einmal die Tabulatortaste. (Die Tab-Taste blendet nur drei Palettengruppen ein/aus: Info, Protokoll und Werkzeuge.) Eventuell müssen Sie auf den Info-Reiter im Fenster klicken, sofern die Protokoll-Palette aktiviert ist.

2   Klicken Sie im Schnittfenster auf den Clip *Opening.avi*. Die Info-Palette zeigt jetzt Namen, Typ, Dauer sowie die Video- und Audioattribute.

Zusätzlich erhalten Sie Informationen über die zeitliche Position des Clips und des Cursors im Schnittfenster.

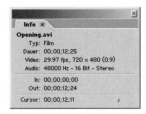

3   Ziehen Sie den Videoclip *Opening.avi* im Schnittfenster nach rechts. Nach dem Ziehen aktualisiert die Info-Palette die neue Clip-Position.

4   Wählen Sie **Bearbeiten: Rückgängig**, um den Clip wieder an seine ursprüngliche Position zu verschieben.

💡 *Wenn Sie mehrmals hintereinander den Clip verschoben haben, rufen Sie den Rückgängig-Befehl so oft auf, bis sich der Clip wieder an seiner ursprünglichen Position befindet. Alternativ können Sie den gewählten Status auch mit Hilfe der Protokoll-Palette wiederherstellen.*

Die Protokoll-Palette verwenden

Mit der Protokoll-Palette können Sie zu jeder Version des während der *aktuellen Arbeitssitzung* erstellten Projekts springen. Wenn Sie einen Teil des Projekts ändern, fügt Premiere automatisch die neue Projektversion der Protokoll-Palette hinzu.

Wenn Sie beispielsweise einen Clip zum Schnittfenster hinzufügen, einen Effekt darauf anwenden, ihn kopieren und in eine andere Spur einfügen, wird jede einzelne Version in der Protokoll-Palette aufgeführt. Sie können eine beliebige Version auswählen, woraufhin das Projekt zu der Version zurückkehrt, die bei der Anwendung der Änderung aktuell war. Anschließend können Sie das Projekt von dieser Version ausgehend bearbeiten.

1   Um die Protokoll-Palette einzublenden, wenn sie nicht bereits sichtbar ist, wählen Sie **Fenster: Protokoll**.

2   Um eine bestimmte Version des aktuellen Projekts anzuzeigen, klicken Sie in der Protokoll-Palette auf den Namen dieser Version.

3   Um in der Protokoll-Palette zu navigieren, ziehen Sie den Schieberegler oder den Rollbalken in der Palette nach oben oder nach unten.

Benutzen Sie die folgenden Befehle aus dem Menü der Protokoll-Palette, indem Sie auf das Menüdreieck oben rechts in der Protokoll-Palette klicken.

Schritt vorwärts Mit diesem Befehl können Sie sich durch die in der Protokoll-Palette aufgeführten Projektversionen schrittweise vorwärts bewegen.

Schritt rückwärts Dieser Befehl ermöglicht das schrittweise Rückwärts-Bewegen durch die aufgeführten Projektversionen in der Protokoll-Palette.

Löschen Mit diesem Befehl löschen Sie *nur eine* Projektversion im Protokoll-Palettenmenü.

Protokoll löschen Dieser Befehl löscht *alle* Versionen aus dem Protokoll-Palettenmenü.

Tastaturbefehle anpassen

Die Tastaturanpassung in Premiere Pro ermöglicht das individuelle Anpassen von Tastaturbefehlen. Einige Videoprofis kommen mit der Tastatur schneller als mit der Maus voran. Sie erfahren in diesem Abschnitt, wo Sie die benötigten Tastatur-Kurzbefehle finden und wie Sie diese bearbeiten.

1   Um die Tastaturbefehle zu benutzen, wählen Sie **Bearbeiten: Tastaturanpassung**. Danach erscheint das Dialogfeld »Anpassung der Tastatur«.

2 Aus dem zweiten Einblendmenü wählen Sie Tastaturanpassungen für Anwendungen, Fenster und Werkzeuge.

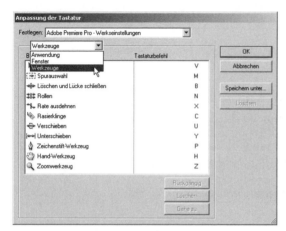

Die rechte Spalte zeigt eine Liste mit Tastaturbefehlen für Werkzeuge. Z ist beispielsweise der Tastaturbefehl für das Zoom-Werkzeug.

3 Klicken Sie auf OK.

Sie bearbeiten jetzt einen Tastaturbefehl, indem Sie den Befehl für das Fenster *Sequenz* ändern. Auf die gleiche Weise lassen sich auch alle anderen Tastaturbefehle ändern.

4 Wählen Sie **Bearbeiten: Tastaturanpassung** und klicken Sie auf das Dreieck neben *Datei*.

5 Klicken Sie auf das Dreieck neben *Neu*.

6 Klicken Sie auf *Sequenz*. Klicken Sie direkt daneben in der Spalte »Tastaturbefehl« und geben Sie **Umschalt+S** ein.

7 Klicken Sie auf OK.

8 Probieren Sie den neuen Tastaturbefehl aus, indem Sie **Umschalt+S** drücken. Es erscheint das Fenster »Neue Sequenz«.

Hinweis: *Um einen Tastaturbefehl zu löschen, wählen Sie »Bearbeiten: Tastaturanpassung«. Klicken Sie auf den entsprechenden Tastaturbefehl und klicken Sie auf »Löschen«.*

9 Um Ihre Voreinstellungen für Tastaturbefehle zu speichern, wählen Sie **Bearbeiten: Tastaturanpassung** und klicken Sie auf »Speichern unter«.

10 Geben Sie in das Feld »Name für Tastaturbelegung festlegen« z.B. den Namen **Meine Befehle** ein.

11 Klicken Sie auf »Speichern« und dann auf OK.

Hinweis: Um Ihre eigenen Tastaturbefehl in anderen Projekten zu verwenden, wählen Sie »Bearbeiten: Tastaturanpassung«. Wählen Sie dann aus dem Einblendmenü »Festlegen« die Option »Meine Befehle« (d.h. die von Ihnen gespeicherte Tastaturbelegung).

Hinweis: Eine komplette Liste der Tastaturbefehle finden Sie in der Online-Hilfe von Premiere Pro.

Fragen

1 Wozu dient die Originalansicht im Monitorfenster?

2 Wozu dient die Programmansicht im Monitorfenster?

3 Was zeigt der Ablagebereich im Projektfenster?

4 Wie zeigen Sie mehr als nur eine Videospur an?

5 Wie erhalten Sie feinere Zeitunterteilungen im Schnittfenster?

6 Wie können Sie eigene Tastaturbefehle festlegen?

Antworten

1 In der Originalansicht können Sie einen Clip im Projektfenster oder im Ablagebereich ansehen, ihn für das Einfügen in das Schnittfenster vorbereiten oder einen im Schnittfenster geöffneten Clip bearbeiten.

2   Die Programmansicht wird hauptsächlich zum Abspielen und für die Vorschau von bearbeiteten Projekten im Schnittfenster verwendet. Außerdem können den Clip im Schnittfenster bearbeiten.

3   Mit Hilfe von Ablagen können Sie Clips in Projekten verwalten. Beim Importieren von Clips werden sie dem gegenwärtig ausgewählten Ablagebereich hinzugefügt. Ein Projektfenster umfasst eine Ablageansicht, in der die dem Projekt hinzugefügten Ablagen angezeigt werden.

4   Eine Überlagerungsspur (eine Spur mit der Kennzeichnung 2 oder höher) lässt sich transparent machen. Danach ist die Spur *Video 1* sichtbar.

5   Ziehen Sie oben im Schnittfenster die Anzeigebereichsleiste nach links oder drücken Sie die Plus-Taste (+). Oder klicken Sie auf die Einzoomen-Schaltfläche bzw. ziehen Sie den Zoom-Regler unten im Schnittfenster nach rechts.

6   Wählen Sie »Bearbeiten: Tastaturanpassung« und weisen Sie dem gewünschten Befehl einen Tastaturbefehl zu.

Lektion 2

2 | Grundlegende Bearbeitungstechniken

Das Bearbeiten von Videoprogrammen gehört zu den Hauptaufgaben in Adobe Premiere Pro. Das Programm macht das Anordnen von Clips in Sequenzen, das Trimmen von Video- und Audioclips, Titeln, Grafiken, Bildern oder anderen Originaldateien zu einer einfachen Angelegenheit. Anschließend können Sie die überarbeiteten Clips zur Wiedergabe auf den unterschiedlichsten Medien direkt aus Premiere heraus ausgeben.

LEKTION 2
Grundlegende Bearbeitungstechniken

In dieser Lektion lernen Sie unterschiedliche Methoden kennen, um mit Adobe Premiere Pro Ihr Video zu entwickeln. Sie verwenden dafür die folgenden grundlegenden Bearbeitungstechniken:

- Sequenzen für das Schnittfenster vorbereiten
- Echtzeitbearbeitung und Vorschau
- Den Rohschnitt verfeinern
- Clips im Schnittfenster trimmen
- Clips vortrimmen, überschreiben und einfügen
- Echtzeit-Vorschau des Videoprogramms
- Im Schnittfenster mit Hilfe von In- und Out-Points, der Rasierklinge und den Bearbeitungsverfahren »Löschen und Lücke schließen« und »Rollen« feinabstimmen
- Video im Schnittfenster als Film exportieren

Vorbereitungen

Sie erstellen in dieser Lektion ein neues Projekt und importieren anschließend Clips. Prüfen Sie, wo sich die für diese Lektion benötigten Dateien befinden. Eventuell müssen Sie auch auf die Buch-DVD zugreifen. Weitere Informationen dazu finden Sie unter »Die Classroom in a Book-Dateien kopieren« auf Seite 17 in diesem Buch.

1. Starten Sie Premiere Pro.

Sobald Sie Premiere Pro starten, erscheint das Fenster *Willkommen*.

2. Klicken Sie auf »Neues Projekt«.
3. Wählen Sie »DV-NTSC: Standard 48 kHz«.
4. Klicken Sie auf »Durchsuchen« und wählen Sie auf Ihrer Festplatte das Verzeichnis *Pr_ProCIB/Lessons/02Lesson*. Klicken Sie dann auf OK.
5. Geben Sie als Namen **02Lesson** ein und klicken Sie auf OK.
6. Bevor Sie mit dem Importieren von Dateien beginnen, sollten Sie alle nicht benötigten Paletten schließen. Klicken Sie auf das Schließfeld oben rechts in den Paletten *Effekte*, *Info* und *Protokoll*.

7   Erstellen Sie eine neue Ablage, indem Sie unten im Projektfenster auf das Ablage-Symbol (■) klicken. Oder klicken Sie auf das Menüdreieck oben rechts im Projektfenster und wählen Sie die Option »Neue Ablage«.

8   Klicken Sie im Projektfenster auf das Ordnersymbol *Ablage 01*.

9   Wählen Sie **Datei: Importieren**.

10 Navigieren Sie zum Ordner *02Lesson*.

11 Wählen Sie mit gedrückter Strg-Taste die Clips *Opening.avi*, *Okay.avi* und *Notmuch.avi*.

12 Klicken Sie auf »Öffnen«.

Den fertigen Film ansehen

Damit Sie von dem einen Eindruck erlangen, was Sie im Verlauf dieser Lektion erstellen, sollten Sie sich jetzt den fertigen Film ansehen.

1   Erstellen Sie eine neue Ablage.

2   Benennen Sie die neue Ablage mit **Resources**.

3   Wählen Sie **Datei: Importieren** und dann die Datei *02Final.wmv* im Verzeichnis *02Lesson/Finished*. Klicken Sie auf »Öffnen«.

Die Datei *02Final.wmv* befindet sich jetzt in der Ablage *Resources*.

4   Doppelklicken Sie auf die Datei *02Final.wmv*, um sie in der Originalansicht im Monitorfenster zu öffnen.

5   Klicken Sie auf die Wiedergabe-Schaltfläche (▶) der Originalansicht im Monitorfenster, um das Videoprogramm anzusehen.

6   Wenn Sie mögen, löschen Sie die *Resources*-Ablage und den Film *02Final.wmv*, indem Sie unten im Projektfenster auf die Löschen-Schaltfläche (🗑) klicken. Oder Sie behalten die Datei als Referenz.

In Echtzeit bearbeiten

Die Bearbeitung eines Videoprogramms erfordert viele Vorschauen. Sie müssen wissen, wie das Programm in der aktuellen Version aussieht, um eventuell erforderliche Änderungen vornehmen zu können. Oder Sie ändern Ihr Programm, sehen sich eine Vorschau an und treffen dann die Entscheidung, die Änderung

LEKTION 2
Grundlegende Bearbeitungstechniken

zu widerrufen, weil Sie feststellen, dass die vorherige Version besser war. Adobe Premiere Pro spielt Frames in voller Auflösung ab, einschließlich Titel, Überblendungen, Effekte, Farbkorrekturen und Bewegungspfade. Das geschieht in der Programmansicht oder auf einem externen Videomonitor, ohne dass Sie auf das Rendern entsprechender Sequenzen warten müssen. Rendern berechnet alle für die Wiedergabe benötigten Frames, speichert diese und spielt sie dann aus dem Arbeitsspeicher heraus ab.

Bei den Lektionen in diesem Buch sehen Sie sich Ihre Projekte regelmäßig als Echtzeit-Vorschau an. Beachten Sie dabei, dass Sie im DV-Vollformat mit einer Auflösung von 720 x 480 (NTSC) arbeiten. Beim PAL-Format beträgt die Auflösung sogar 720 x 576. Weitere Informationen finden Sie unter »Vorschau von Sequenzen anzeigen« im *Adobe Premiere Pro Handbuch*.

Die in Ihrem System vorhandenen Bedingungen beeinflussen eventuell die Bildqualität der Wiedergabe. Die optimalen Qualitäts- und Zoomeinstellungen haben Sie deshalb in Lektion 1 im Menü der Programmansicht kennen gelernt.

Experimentieren Sie mit den Qualitäts- und Zoomeinstellungen, um eine fließende Wiedergabe auf Ihrem Computersystem sicherzustellen.

Echtzeit-Vorschau

Die Echtzeitvorschau ist für Computer-basiertes Video ein wahrer Segen, da die meisten Programme und Computer diesen Vorteil bisher nicht nutzen konnten. Die Echtzeit-Vorschau zeigt ein Videoprogramm ohne zusätzliche Hardware sofort in der endgültigen Qualität an. Mit dieser »renderfreien« Bearbeitung lässt sich jede Änderung des Videoprogramms sofort beurteilen, was gerade für das Experimentieren viel Freiraum gibt.

Hinweis: Die Echtzeit-Vorschau ist für Systeme mit Pentium-4-Prozessor und 3 GHz und schnelleren Prozessorzeiten gedacht. Bei weniger leistungsstarken Computern kann es Einbußen bei der Framerate und der Qualität geben.

Arbeitsmethoden in Premiere Pro

In Premiere können Sie Aufgaben unterschiedlich ausführen, so dass Sie mit den von Ihnen bevorzugten Methoden arbeiten können. Es gibt häufig viele Wege zum gleichen Ziel. So wie sich ein Clip auf unterschiedliche Weise importieren lässt, gibt es viele Bearbeitungsmethoden eines Videos in Premiere Pro.

Clips zum Schnittfenster hinzufügen

Ein Clip in Ihrem Projekt wird erst dann zu einem Bestandteil Ihres Videoprogramms, wenn Sie ihn in das Schnittfenster eingefügt haben. Sie haben bereits in der Tour dieses *Classroom in a Book* die Clips dem Schnittfenster hinzugefügt, indem Sie das Hand-Werkzeug auf dem Clip-Symbol platzierten und die Clips dann unmittelbar aus dem Ablagebereich des Projektfensters in das Schnittfenster zogen. In dieser Lektion lernen Sie andere Methoden für das Hinzufügen von Clips in das Schnittfenster kennen:

- Ein Storyboard aus Clips entwickeln und den Befehl »Automatisch in Sequenz umwandeln« verwenden, um diese dem Schnittfenster hinzuzufügen

- Ihre Clips in einer Ablage im Projektfenster in einer festgelegten Reihenfolge auswählen und »Automatisch in Sequenz umwandeln« verwenden, um sie dem Schnittfenster hinzuzufügen

- Clips vortrimmen und die Originalansicht im Monitorfenster verwenden, um diese dem Schnittfenster hinzuzufügen

Eine Sequenz entwickeln und »Automatisch in Sequenz umwandeln« verwenden

Vor dem Erzeugen eines Rohschnitts eines Videoprogramms sollte zunächst ein *Storyboard* erstellt werden. Ein Storyboard ist die optische Übersicht des Projekts – eine Sammlung von Skizzen und Standbildern, die zusammen mit Beschreibungen den Ablauf der Story bezeichnen.

In Adobe Premiere Pro können Sie einfach und schnell Clips in einer Sequenz zusammenfassen, was der Arbeit mit einem Storyboard ähnelt. Wenn Sie mit der Reihenfolge der Clips zufrieden sind, verschieben Sie die komplette Sequenz mit dem Befehl »Automatisch in Sequenz umwandeln« in das Schnittfenster, um daraus ein Rohschnittvideo zu erzeugen.

Hinweis: Die Bilder der Titelframes der Clips sind die gleichen, die zur Anzeige der Clips in der Symbolansicht des Projektfensters verwendet werden. Es kann in Ihren eigenen Projekten hilfreich sein, für Ihre neuen Clips Titelframes zu verwenden, um sie in einer Sequenz von anderen ähnlichen Clips unterscheiden und eindeutig identifizieren zu können. (Siehe auch »Titelframes betrachten und ändern« in Lektion 1 dieses Classroom in a Book.*)*

Beginnen Sie nun mit dem Erstellen einer neuen Sequenz.

1. Wählen Sie **Datei: Neu: Sequenz**.

Hinweis: Das Dialogfeld »Neue Sequenz« erscheint mit dem Sequenznamen Sequenz 02. *(Grund: Sobald Sie ein neues Projekt in Premiere öffnen, erscheint standardmäßig und automatisch der Sequenzname* Sequenz 01 *im Projektfenster.)*

2. Benennen Sie die neue Sequenz *Sequenz 02* in **Sequence Ex** um, um die Szene mit der Freundin entsprechend zu identifizieren. Klicken Sie auf OK.

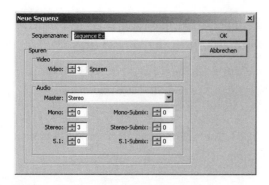

Sequence Ex ist jetzt die vordere Sequenz im Schnittfenster.

3   Wählen Sie im Projektfenster aus *Ablage 01* den Clip *Opening.avi* und ziehen Sie ihn an den Anfang der Spur *Video 1* im Schnittfenster.

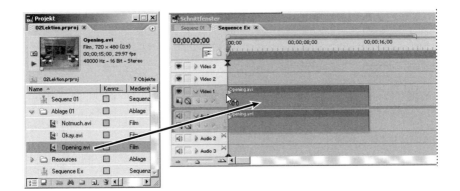

4   Achten Sie darauf, dass im Schnittfenster die Option »Ausrichten« (unter dem Timecode) gewählt ist.

5   Wählen Sie im Projektfenster aus *Ablage 01* den Clip *Okay.avi* und ziehen Sie ihn auf die Spur *Video 1*. Dabei rastet der Anfangspunkt am Endpunkt von

Opening.avi ein. Die senkrechte schwarze Linie mit den Dreiecken weist darauf hin, dass die beiden Clips verbunden sind.

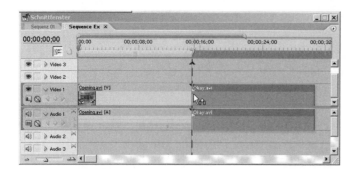

Diese Bearbeitungsmethode wird mit *Einfügen-Bearbeitung* bezeichnet, da der komplette Clipinhalt im Schnittfenster platziert wird, ohne dabei andere Clipinhalte zu verändern.

Hinweis: *Wird ein Clip in der Sequenz nach links gezogen, erscheint er zu einem früheren Zeitpunkt (durch Ziehen nach rechts zu einem späteren Zeitpunkt).*

Hinweis: *Die Dateierweiterung für ein Projekt lautet ».prproj«.*

Es gibt verschiedene Methoden, um den Inhalt von *Sequence Ex* zu entfernen. Eine Methode benutzt die Protokoll-Palette.

6 Wählen Sie **Fenster: Protokoll**. Es erscheint die Protokoll-Palette.

7 Klicken Sie auf *Erstellen Sequence Ex*.

Die Schritte für das Hinzufügen der Clips zur Sequenz werden so mit nur einem Mausklick rückgängig gemacht. Benutzen Sie jetzt eine der folgenden Methoden, um den Inhalt von *Sequence Ex* zu entfernen:

- Klicken Sie im Schnittfenster (um es zu aktivieren) und wählen Sie **Bearbeiten: Alles auswählen**. Wählen Sie anschließend **Bearbeiten: Löschen**.
- Wählen Sie so lange **Bearbeiten: Rückgängig**, bis Sie die gewünschten Schritte rückgängig gemacht haben.

Den Befehl »Automatisch in Sequenz umwandeln« verwenden

Clips lassen sich auch im Schnittfenster einfügen, indem Sie die Clips im Ablagebereich des Projektfenster in einer bestimmten Reihenfolge wählen. Anschließend benutzen Sie den Befehl »Automatisch in Sequenz umwandeln«, um die gewählten Clips mit einer Aktion in das Schnittfenster einzufügen.

1. Doppelklicken Sie im Projektfenster auf das Symbol *Ablage 01* und sehen Sie sich den Inhalt an.
2. Klicken Sie mit gedrückter Strg-Taste auf die folgenden Clips (bitte Reihenfolge beachten): *Opening.avi*, *Okay.avi* und *Notmuch.avi*. Die drei Clips sind in der Ablage hervorgehoben (gewählt).

Sie fügen jetzt mit dem Befehl »Automatisch in Sequenz umwandeln« die Clips in das Schnittfenster ein.

3. Wählen Sie **Projekt: Automatisch in Sequenz umwandeln**.
4. Nehmen Sie im Dialogfeld »Automatisch zur Sequenz« die folgenden Änderungen vor: Wählen Sie im Feld »Anordnung« die Option »Auswahlreihenfolge« und im Feld »Platzierung« die Option »Nacheinander«. Wählen Sie im Feld »Methode« die Option »Einfügen« und für »Clipüberlappung« »15 Frames«. Die Optionen »Standard-Audioüberblendung übernehmen« und »Standard-Videoüberblendung übernehmen« sind deaktiviert. Achten Sie

darauf, dass auch unter »Optionen ignorieren« nichts gewählt ist. Klicken Sie auf OK.

Sehen Sie sich jetzt *Sequence Ex* im Schnittfenster an – die Sequenz enthält am Anfang die gerade hinzugefügten drei Clips.

5   Wählen Sie **Datei: Speichern**, um die Projektdatei zu sichern.

Mehrere Sequenzen

Mehrere im Schnittfenster verschachtelte Sequenzen geben Ihnen beim Erstellen von Videoprojekten enorme Flexibilität. Beispielsweise könnten verschiedene Videografen unterschiedliche Abschnitte eines Projektes gleichzeitig bearbeiten und viel Zeit einsparen. Die einzelnen Schnittfenster-Sequenzen könnten danach importiert, geprüft und im Hauptschnittfenster verschachtelt werden.

Das Schnittfenster enthält einen separaten Reiter für jede Sequenz. Ebenso verhält es sich mit der Programmansicht im Monitorfenster. Sobald Sie auf den Reiter klicken, befindet sich die Sequenz im Schnittfenster bzw. in der Programmansicht im Vordergrund.

Mit verschachtelten Sequenzen arbeiten Sie noch in Lektion 10, in der verschiedene komplexe Kompositionen bearbeitet werden müssen.

Vorschau des Rohschnitts

Vom ersten Teil von *Sequence Ex* haben Sie bereits einen Rohschnitt zusammengestellt. Zusätzlich zur Echtzeitvorschau gibt es noch weitere Methoden für eine Vorschau.

In der Zeitleiste im Schnittfenster scrubben

Für eine schnelle Vorschau können Sie die *Marke für die aktuelle Zeit* im Schnittfenster ziehen. Die Vorschau per Ziehen wird *Scrubben* genannt, da die Methode der Vor-und-Zurück-Bewegung benutzt wird. Da beim Scrubben Ihr Videoprogramm mit der Geschwindigkeit Ihrer Mausbewegung abgespielt wird, können Sie Ihre Änderungen einfacher überprüfen. Eine andere Vorschaumethode ist das Drücken der Eingabetaste (bei aktiviertem Schnittfenster), um das Video in der Programmansicht abzuspielen.

1. Platzieren Sie bei aktivem Schnittfenster den Mauszeiger in der Zeitleiste des Schnittfensters auf dem Punkt, an dem die Vorschau beginnen soll. Sie sehen, dass die Schnittlinie an die Stelle des Zeigers springt, sobald Sie in der Zeitleiste im Schnittfenster klicken. Ziehen Sie nun die Marke für die aktuelle Zeit, um zu scrubben. Premiere zeigt die Clips während des Scrubbens in der Programmansicht des Monitorfensters an.

2. Setzen Sie mit dem Scrubben der Clips im Schnittfenster fort, bis der Timecode in der Programmansicht des Monitorfensters 00:00:23:05 anzeigt.

Manche Schritte in den Lektionen dieses Buches, an denen Sie eine Bearbeitung vornehmen, enthalten den genauen Timecode des fertigen Films. Wir empfehlen Ihnen, den jeweiligen Schritt erst »grob« auszuführen und dann den Bearbeitungspunkt anhand des vorgegebenen Timecodes genau festzulegen. Durch die Verwendung des Timecodes können Sie überprüfen, ob Ihre Ergebnisse mit den Werten in den Abbildungen übereinstimmen.

150 LEKTION 2
Grundlegende Bearbeitungstechniken

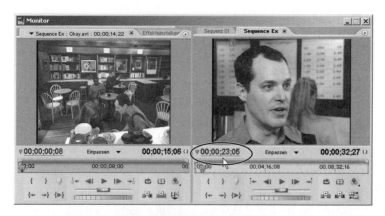

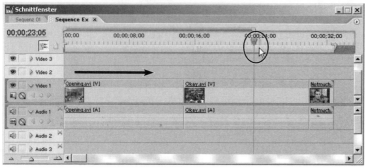

Die Schaltfläche »Wiedergabe« verwenden

Einige der Steuerungselemente unterhalb der Programmansicht ähneln denen in der Originalansicht. Letztere benutzen Sie für die Ansicht einzelner Clips, während Sie zur Programmansicht wechseln, um mit der Zusammenstellung aller Clips im Schnittfenster zu arbeiten. Deshalb bewirkt das Klicken auf die Wiedergabe-Schaltfläche des Programmfensters das Abspielen der Clips im Schnittfenster.

1. Um eine Vorschau vom Projektanfang aus zu starten, ziehen Sie die Marke für die aktuelle Zeit von 00:00:23:05 ganz nach links, damit sie sich am Anfang des Schnittfensters befindet. (Oder Sie klicken auf den linken Rand der Zeitleiste, um die Marke für die aktuelle Zeit schnell an den Anfang zu setzen.)

Hinweis: Wenn Sie auf der Tastatur die Pos1-Taste (Home) drücken, springt die Marke für die aktuelle Zeit zum Anfang des Schnittfensters. Sie können auch auf die Schaltfläche (▼) links neben dem Timecode in der Programmansicht klicken und dann den Wert **0** eingeben.

2   Klicken Sie in der Programmansicht auf die Wiedergabe-Schaltfläche (▶). Premiere spielt den gegenwärtigen Status Ihres Videoprogramms in der Programmansicht im Monitorfenster ab.

Den Rohschnitt verfeinern

Nachdem Sie einige Clips im Schnittfenster zusammengestellt haben, trimmen Sie sie nun mit Hilfe von zwei unterschiedlichen Methoden:

- im Schnittfenster
- in der Originalansicht des Monitorfensters

In dieser Lektion arbeiten Sie mit beiden Methoden, um Clips zu trimmen bzw. zuzuschneiden.

Clips im Schnittfenster trimmen

Sie trimmen das Ende des Clips *Opening.avi* im Schnittfenster, um nicht benötigtes Aufnahmematerial in diesem Clip zu entfernen.

Scrubben Sie in der Zeitleiste, um die Marke für die aktuelle Zeit durch den ersten Teil von *Opening.avi* an die Stelle zu bewegen, an der Hero durch die Tür geht. Setzen Sie die Marke für die aktuelle Zeit auf die Position 00:00:06:05.

Um genauer zu arbeiten, können Sie den Clip durch Klicken auf die Schaltflächen »Schritt vorwärts« (▮▶) und »Schritt zurück« (◀▮) unterhalb der Programmansicht Frame für Frame abspielen.

152 | LEKTION 2
Grundlegende Bearbeitungstechniken

Programmansicht im Monitorfenster
A. Marke für die aktuelle Zeit
B. Zum vorherigen Schnittpunkt gehen
C. Schritt (Frame) zurück (Nach-Links-Taste)
D. Schritt (Frame) vorwärts (Nach-Rechts-Taste)
E. Zum nächsten Schnittpunkt gehen

Die Marke für die aktuelle Zeit markiert den letzten Frame des Clips *Opening.avi*, den Sie in Ihrem Projekt verwenden wollen. Bis zu dieser Stelle trimmen Sie jetzt.

1   Das Schnittfenster ist aktiviert. Wählen Sie **Sequenz: An aktueller Zeitposition durchschneiden**. Der Clip *Opening.avi* ist jetzt an der aktuellen Zeitmarke bzw. Schnittlinie in zwei Teile geschnitten.

2   Wählen Sie den Rest (den zweiten Clip mit der Bezeichnung *Opening.avi*).

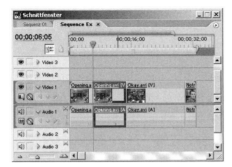

3   Wählen Sie **Bearbeiten: Löschen und Lücke schließen**.

Damit haben Sie den Clip *Opening.avi* an der Marke für die aktuelle Zeit getrimmt.

In der Originalansicht des Monitorfensters trimmen

Wie Sie soeben festgestellt haben, können Sie ein einfaches Trimmen im Schnittfenster ausführen. Für komplexe Bearbeitungen unter Verwendung zusätzlicher Werkzeuge ist jedoch die Originalansicht des Monitorfensters die bessere Wahl. Sie bietet darüber hinaus zusätzliche Werkzeuge zum Trimmen. Zuerst fügen Sie noch einige Clips in *Ablage 01* ein.

1   Wählen Sie *Ablage 01* im Projektfenster und dann den Befehl **Datei: Importieren**.

2   Gehen Sie zum Ordner *02Lesson* und wählen Sie mit gedrückter Strg-Taste die Clips *Mtntop.avi* und *Pieplease.avi*. Klicken Sie auf »Öffnen«.

LEKTION 2
Grundlegende Bearbeitungstechniken

Bevor Sie *Pieplease.avi* trimmen, fügen Sie den Clip in das Schnittfenster ein.

3   Klicken Sie im Schnittfenster auf den Reiter *Sequence Ex*.

4   Drücken Sie die Pos 1-Taste (Home), um die Marke für die aktuelle Zeit auf 0 zu setzen.

5   Das Schnittfenster ist gewählt. Drücken Sie die Taste Bild-nach-unten, um die aktuelle Zeitmarke zum nächsten Schnittpunkt zu bringen (den Anfang von *Okay.avi*). Eventuell müssen Sie dazu Ihre Tastatur umschalten.

6   Wählen Sie im Projektfenster den Clip *Pieplease.avi*.

7   Wählen Sie **Clip: Einfügen**.

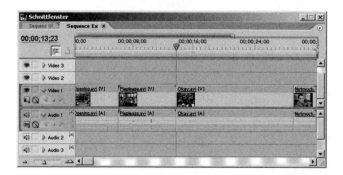

Der Clip *Pieplease.avi* ist jetzt zwischen *Opening.avi* und *Okay.avi* eingefügt.

8   Doppelklicken Sie im Schnittfenster auf *Pieplease.avi*, um den Clip in der Originalansicht des Monitorfensters zu zeigen.

9   Ziehen Sie den *Shuttle-Regler* unterhalb der Originalansicht oder benutzen Sie die Schalflächen »Schritt vorwärts« (▶) und »Schritt zurück« (◀), um die Frames von *Pieplease.avi* anzuzeigen, wo Hero beginnt, wieder aufzustehen (Position 00:00:06:17).

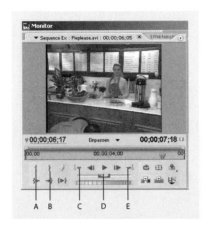

Originalansicht im Monitorfenster
A. In-Point setzen
B. Out-Point setzen
C. Zur vorherigen Marke gehen
D. Shuttle-Regler
E. Zur nächsten Marke gehen

10 Setzen Sie in der Originalansicht den Out-Point, indem Sie auf die Schaltfläche »Out-Point setzen« ( ) klicken.

Das Out-Point-Symbol wird an der aktuellen Position des Shuttle-Reglers angezeigt. (Sie sehen das Symbol erst, wenn Sie den Shuttle-Regler verschieben.)

💡 *Doppelklicken Sie in der Originalansicht im Timecode oder klicken Sie links neben dem Timecode auf die Schaltfläche und geben Sie den Wert* **617** *ein.*

Die Bearbeitungen werden automatisch auf den Clip im Schnittfenster angewendet.

Sie können in der Programmansicht des Monitorfensters mit Hilfe der Schaltflächen »Zur vorherigen Marke gehen«(⇤) und »Zur nächsten Marke gehen« (⇥) zu einzelnen Bearbeitungspunkten wechseln. Sobald Sie auf eine dieser Schaltflächen klicken, springt die Marke für die aktuelle Zeit zum nächsten Bearbeitungspunkt. Das ist besonders dann nützlich, wenn in einem Clip mehrere Bearbeitungspunkte vorhanden sind.

11 Klicken Sie auf »Zur vorherigen Marke gehen« (⇤). Die Marke für die aktuelle Zeit bewegt sich zurück zum neuen Out-Point von *Pieplease.avi*. Sie haben von diesem Clip eine Sekunde (00:00:01:00) abgeschnitten.

12 Klicken Sie auf »Zur nächsten Marke gehen« (⇥). Die Marke für die aktuelle Zeit bewegt sich vorwärts zum In-Point von *Okay.avi*.

Das Trimmen bzw. Zuschneiden von *Pieplease.avi* hat allerdings eine Lücke in der Spur *Video 1* hinterlassen. Sie arbeiten jetzt mit dem Spurauswahl-Werkzeug (⊞), mit dem Sie alle Clips rechts von einem Clip in einer Spur wählen können. Danach verschieben Sie mit dem Auswahl-Werkzeug die Clips und schließen die Lücke zwischen *Pieplease.avi* und *Okay.avi*.

13 Wählen Sie in der Werkzeug-Palette das Spurauswahl-Werkzeug (⊞).

14 Setzen Sie den Zeiger irgendwo auf den Clip *Okay.avi*. Ziehen Sie nach links, bis der Clip *Okay.avi* an *Pieplease.avi* einrastet.

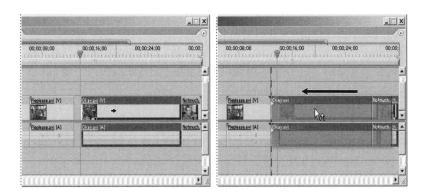

Wenn Sie die Maus loslassen, verschieben sich alle folgenden Clips nach links.

Die vier Clips im Schnittfenster sollten sich jetzt lückenlos aneinander reihen.

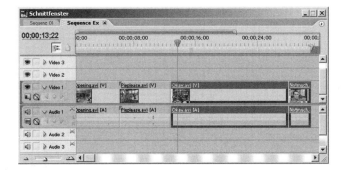

15 Klicken Sie irgendwo im Schnittfenster, um die gerade verschobenen Clips abzuwählen.

16 Wählen Sie **Datei: Speichern**, um das Projekt zu sichern.

Sie sollten sich angewöhnen, immer dann, wenn Sie eine Aufgabe abgeschlossen haben, auch die Auswahl der Clips aufzuheben, damit sie nicht versehentlich von der nächsten Aktion beeinflusst werden.

Clips mit Hilfe der Originalansicht vortrimmen

In der Tour dieses Buches haben Sie einem Projekt Clips hinzugefügt, indem Sie sie einzeln aus dem Projektfenster in das Schnittfenster gezogen haben. Zu Beginn dieser Lektion haben Sie dem Schnittfenster mit dem Befehl »Automatisch in Sequenz umwandeln« Clips aus einer Sequenz und aus einer Ablage im Projektfenster hinzugefügt. In jedem dieser Fälle haben Sie die Clips erst nach dem Einfügen in das Schnittfenster getrimmt.

Alternativ dazu können Sie Clips in der Originalansicht des Monitorfensters vortrimmen, bevor Sie sie dem Schnittfenster hinzufügen. (Denken Sie daran, dass Clips erst in Ihr Videoprogramm aufgenommen werden, wenn sie sich im Schnittfenster befinden.)

Clips in die Originalansicht ziehen

Zuerst ziehen Sie einen Clip in die Originalansicht.

Wählen Sie im Projektfenster den Clip *Mtntop.avi* und ziehen Sie ihn in die Originalansicht.

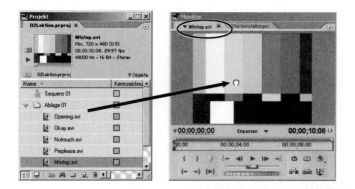

Der Clip *Mtntop.avi* erscheint in der Originalansicht des Projektfensters. Außerdem steht der Reiter *Mtntop.avi* ganz vorn über dem Bildbereich des Clips.

Clips vortrimmen und einfügen

Bevor Sie mit dem Trimmen der Clips in der Originalansicht beginnen, sollten Sie sich die Steuerelemente ansehen, mit denen Sie getrimmte Clips dem Projekt hinzufügen können. Wenn Sie in der Originalansicht arbeiten, können Sie Clips auf zweierlei Art hinzufügen: durch Einsetzen bzw. Einfügen und durch Überlagern. Die Schaltflächen »Einfügen« ( ) und »Überlagern« ( ) befinden sich rechts unterhalb der Originalansicht des Monitorfensters.

Die Schaltfläche »Einfügen« fügt den Clip am festgelegten Schnittpunkt ein, indem vorhandenes Material geteilt wird; vorhandenes Material wird also nicht ersetzt, sondern verschoben. Dagegen platziert die Überlagern-Schaltfläche einen Clip am Schnittpunkt und entfernt vorhandenes Material entsprechend der Dauer des platzierten Clips.

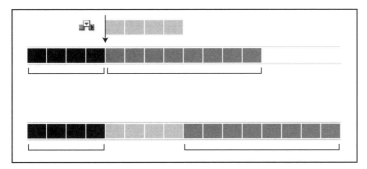

Einfügen eines Clips unterbricht vorhandenes Material und verschiebt es.

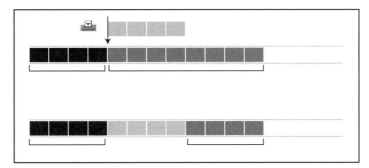

Überlagern eines Clips ersetzt vorhandenes Material über die Dauer des eingefügten Videoclips.

LEKTION 2
Grundlegende Bearbeitungstechniken

Nachdem Sie jetzt den Unterschied zwischen Einsetzen und Überlagern kennen, trimmen Sie den in die Originalansicht gezogenen Clip *Mtntop.avi* und fügen ihn dem Videoprogramm hinzu. Sehen Sie sich nun den Clip an, der getrimmt werden soll.

> *Um einzelne Frames in der Originalansicht oder in der Programmansicht zu bewegen und anzusehen, klicken Sie in der jeweiligen Ansicht auf die Schaltflächen mit dem nach links bzw. nach rechts weisenden Pfeil.*

1 Spielen Sie den Clip *Mtntop.avi* ab, indem Sie unterhalb der Originalansicht auf die Schaltfläche »Wiedergabe« (▶) klicken.

Sie fügen *Mtntop.avi* ziemlich am Ende der Sequenz ein, doch zuvor müssen Sie den Clip noch trimmen, um die Farbbalken am Anfang und weiteres Material am Ende zu entfernen.

2 Ziehen Sie den Shuttle-Regler in der Originalansicht an die Stelle in der ersten Hälfte von *Mtntop.avi*, wo die Farbbalken aufhören. Zeigen Sie den letzten Frame mit den Farbbalken (Position 00:00:05:00) an, indem Sie die Schaltflächen »Schritt vorwärts« (I▶) und »Schritt zurück« (◀I) benutzen. Oder Sie arbeiten mit den Nach-links- und Nach-rechts-Pfeiltasten auf der Tastatur.

3 Klicken Sie auf die Schaltfläche »In-Point setzen« ({) unter der Originalansicht, um diesen Frame als In-Point zu markieren.

Jetzt suchen Sie den Out-Point, um nicht mehr benötigtes Material am Ende von *Mtntop.avi* zu entfernen.

4   Klicken Sie auf die Wiedergabe-Schaltfläche und sehen Sie sich den Film bis zu der Stelle an, an der Hero in der Nahaufnahme seinen Arm hebt und diese Geste wiederholt.

5   Suchen Sie mit Hilfe der Schaltflächen »Schritt vorwärts« und »Schritt zurück« den Frame, wo Heros rechte Hand zum ersten Mal oben den Frame berührt (Position 00:00:08:10).

6   Klicken Sie in der Originalansicht auf die Schaltfläche »Out-Point setzen« (}).

Nachdem Sie neue In- und Out-Points für den Clip *Mtntop.avi* gesetzt haben, fügen Sie den Clip in Ihr Programm ein. Das ist eine ganz normale Entscheidung während einer Videobearbeitung – meist nachdem Sie festgestellt haben, dass zusätzliches Material das Videoprogramm verbessert.

7   Ziehen Sie in der Programmansicht des Monitorfensters den Shuttle-Regler nach rechts, um den ersten Frame des Clips *Notmuch.avi* anzuzeigen. Oder klicken Sie auf die Schaltfläche »Zum nächsten Schnittpunkt gehen« (→|).

Damit haben Sie die Marke für die aktuelle Zeit an den Anfang des Clips *Notmuch.avi* gesetzt.

8   Bevor Sie den vorgetrimmten Clip *Mtntop.avi* einfügen, bearbeiten Sie noch *Notmuch.avi*. Setzen Sie die Marke für die aktuelle Zeit an die Stelle, bevor Hero *Not much* sagt (Position ca. 00:00:28:19).

9   Klicken Sie in das Schnittfenster, um es zu aktivieren, und wählen Sie **Sequenz: An aktueller Zeitposition durchschneiden** (Strg+K).

10 Klicken Sie in der Originalansicht des Monitorfensters auf die Schaltfläche »Einfügen« (), um im Schnittfenster den vorgetrimmten Clip *Mtntop.avi* in die Spur *Video 1* an der festgelegten Position zwischen den beiden Teilen von *Notmuch.avi* einzufügen.

Der vorgetrimmte Clip *Mtntop.avi* befindet sich jetzt im Programm zwischen den beiden Teilen von *Notmuch.avi* in *Sequence Ex*. Sie haben die Einfügen-Schaltfläche benutzt, da bereits vorhandenes Material nicht ersetzt werden sollte. Ein Klicken auf die Schaltfläche »Überlagern« hätte einen Teil des Clips *Notmuch.avi* entfernt.

11 Schauen Sie sich die Sequenz an, indem Sie die Marke für die aktuelle Zeit an den Anfang des Schnittfensters ziehen und auf die Schaltfläche »Wiedergabe« (▶) unter der Programmansicht im Monitorfenster klicken. Klicken Sie auf die »Stopp«-Schaltfläche (■), um die Vorschau zu beenden.

12 Speichern Sie das Projekt.

Clips vortrimmen und überlagern

Die Sequenz ist fast fertig. Sie führen noch mit Hilfe der »Überlagern«-Schaltfläche zwei Schnitte mit einer Aktion aus. Überlagern ersetzt Material ohne dabei das Programm zu verlängern.

1 Spielen Sie im Schnittfenster *Sequence Ex* bis zu dem Frame direkt nach dem Geräusch des zu Boden gefallenen Buches ab (im Clip *Pieplease.avi*).

2 Stellen Sie die Position genau ein, d.h. scrubben Sie im Schnittfenster bis zum Ende des Fallgeräusches (Position 00:00:10:15).

3 Wenn sie Audio-Spur nicht aufgefaltet ist, klicken Sie in der Spur *Audio 1* auf das Dreieck »Spur zusammenfalten/auffalten«, um die Spur aufzufalten.

4 Klicken Sie auf die Schaltfläche »Keyframes anzeigen« (◉) und wählen Sie die Option »Clipumfang einblenden«.

5 Zoomen Sie unten links im Schnittfenster auf die maximale Größe (Zoomregler ganz nach rechts).

6 Benutzen Sie in der Programmansicht die Schaltfläche »Schritt vorwärts« oder den Jog-Regler, bis der Timecode 00:00:11:00 gezeigt wird. An dieser Stelle schaut Ex nach unten zum Buch auf dem Boden.

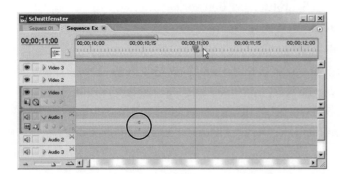

7   Zoomen Sie im Schnittfenster aus, um den kompletten Clip *Pieplease.avi* zu sehen.

8   Wählen Sie **Datei: Importieren** (Strg+J). Öffnen Sie den Ordner *02Lesson*.

9   Wählen Sie *Book.avi* und klicken Sie auf »Öffnen«. Oder doppelklicken Sie einfach auf die Datei.

10 Im Projektfenster ist *Book.avi* gewählt. Wählen Sie **Clip: Überlagern**.

Book.avi ersetzt alle Frames bis zum Ende von *Pieplease.avi*.

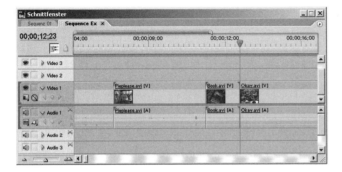

Die Gesamtlaufzeit des Programmes bleibt gleich, da *Book.avi* den ersten Frame von *Okay.avi* überlagerte. Durch das Überlagern haben Sie zwei Trimms mit einer Aktion ausgeführt.

11 Speichern Sie das Projekt.

Feineinstellungen im Schnittfenster

Häufig müssen Sie nach dem Platzieren von Clips im Schnittfenster noch In- und Out-Points verschieben. Änderungen an einem Clip, der Teil einer Clipfolge (Sequenz) ist, beeinflussen das gesamte Videoprogramm. Mit Hilfe spezieller Werkzeuge im Schnittfenster können Sie festlegen, welchen Einfluss entsprechende Einstellungen auf die anderen Clips haben.

Das Bearbeitungsverfahren »Löschen und Lücke schließen«

Sie arbeiten in diesem Abschnitt mit einem Bearbeitungsverfahren, das *Löschen und Lücke schließen* (*Ripple*-Bearbeitung) genannt wird. Dieses Verfahren justiert den In- oder Out-Point eines Clips und verschiebt andere Clips entsprechend. Dadurch ändert sich die Gesamtlänge Ihres Videoprogramms, nicht jedoch die Dauer der übrigen Clips.

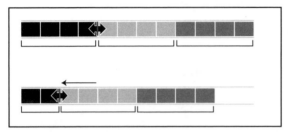

Beim Bearbeitungsverfahren »Löschen und Lücke schließen« verschieben sich alle Clips entsprechend der Änderung.

Um das Projekt zu trimmen, kürzen Sie den Clip *Heylook.avi*.

Premiere zeigt die Länge des Projekts in der Programmansicht als *Dauer-Timecode* (die links stehenden blauen Zahlen) an. Wenn Sie in den vorherigen Schritten die genauen Timecodes für die Bearbeitungspunkte benutzt haben, sollte die Gesamtlänge des Projekts 45:26 sein. Sie trimmen jetzt 77 Frames am Anfang von *Heylook.avi*.

1   Klicken Sie im Projektfenster auf *Ablage 01*. Wählen Sie **Datei: Importieren**. Suchen Sie *Heylook.avi* im Ordner *01Lesson* und klicken Sie auf »Öffnen«.

2   Setzen Sie die Marke für die aktuelle Zeit an das Ende des Schnittfensters.

3   Ziehen Sie *Heylook.avi* aus dem Projektfenster zur Marke für die aktuelle Zeit im Schnittfenster.

4   Verwenden Sie die Schaltflächen »Schritt zurück« und »Schritt vorwärts« oder die Schaltfläche »Zur vorherigen Marke gehen« und »Zur nächsten Marke gehen« in der Programmansicht, um die Marke für die aktuelle Zeit zum ersten Frame von *Heylook.avi* (Position 00:00:34:09) zu verschieben. Die Marke für die aktuelle Zeit befindet sich nun an dem Schnitt zwischen *Notmuch.avi* und *Heylook.avi*.

A. *Zur vorherigen Marke*
B. *Schritt zurück*
C. *Schritt vorwärts*
D. *Zur nächsten Marke gehen*

Der Position-Timecode (die links befindlichen blauen Zahlen) in der Programmansicht zeigt die Zeit am Anfang von *Heylook.avi* (34:09) an. Sie bestimmen nun, wo Sie einen neuen In-Point für *Heylook.avi* platzieren. Dazu fügen Sie dem aktuellen In-Point 77 Frames hinzu, indem Sie die Marke für die aktuelle Zeit am neuen In-Point positionieren.

Sinn dieser Übung ist, Sie mit dem Berechnen von 30 Frames pro Sekunde vertraut zu machen. Natürlich könnten Sie schrittweise die 77 Frames hinzufügen, was jedoch Arbeitszeit kostet und weniger präzise ist.

5   Fügen Sie 77 Frames dem (Zeit-)Wert 34:09 hinzu.

Als einfache Möglichkeit bietet sich an, 77 Frames in etwas zu konvertieren, das Sie zu 34:09 addieren können. Die Timebase für dieses Projekt beträgt 30 fps, so dass 1 Sekunde = 30 Frames ist. Deshalb sind 77 Frames 30 fps + 30 fps (2 Sekunden) + 17 fps. Der entsprechende Timecode lautet 00:00:02:17. Fügen Sie jetzt 2:17 dem aktuellen Timecode 34:09 hinzu, also 2:17 + 34:09 = 36:26 (36 Sekunden + 26 Frames). Das Ganze resultiert im Timecode 36:26, an dem Sie den neuen In-Point für die frühere Instanz von *Heylook.avi* setzen. (Denken Sie daran, dass die beiden letzten Ziffern im Timecode für Frames stehen.)

6   Klicken Sie in der Programmansicht des Monitorfensters auf den Timecode für die Position, um ihn hervorzuheben. Geben Sie anschließend den Wert **3626** ein und drücken Sie die Eingabetaste.

Die Marke für die aktuelle Zeit springt auf 00:00:36:26 im Schnittfenster.

7   Wählen Sie in der Werkzeug-Palette das Werkzeug »Löschen und Lücke schließen« ( ).

8   Setzen Sie im Schnittfenster den Zeiger auf den rechten Rand des Schnitts zwischen *Notmuch.avi* und *Heylook.avi*. Der Zeiger ändert sich in den »Löschen und Lücke schließen«-Zeiger. Achten Sie darauf, dass sich der Zeiger über *Heylook.avi* und nicht über *Notmuch.avi* befindet. Ziehen Sie nach rechts, bis der Anfang von *Heylook.avi* an der Marke für die aktuelle Zeit einrastet.

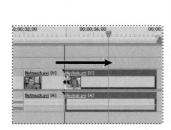
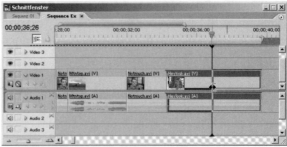

Der Clip *Heylook.avi* wurde in der Zeit vorwärts getrimmt. Mit der Funktion *Löschen und Lücke schließen* gibt es keine Lücke zwischen *Notmuch.avi* und *Heylook.avi*.

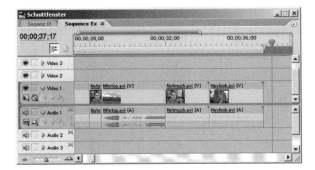

9 Speichern Sie das Projekt.

Nach einer Bearbeitung mit »Löschen und Lücke schließen« verändert sich die Gesamtlänge Ihres Projekts. Das Projekt ist jetzt genau 77 Frames kürzer.

10 Sehen Sie sich jetzt Ihre Änderungen an, indem Sie auf die Wiedergabe-Schaltfläche (▶) unterhalb der Programmansicht klicken.

Bearbeitungsverfahren »Rollen«

Ein anderes Bearbeitungsverfahren für eine Clip-Sequenz ist das *Rollen*. Ein Rollen justiert den In- oder Out-Point für einen der Clips und zusätzlich die Dauer des angrenzenden Clips, wobei die Länge beider Clips unverändert beibehalten wird. Sobald Sie einen Clip kürzen, verlängert Premiere den angrenzenden Clip entsprechend, um die ursprüngliche Gesamtlänge der beiden Clips beizubehalten. Sie können allerdings einen Clip erst dann verlängern, wenn dieser zuvor getrimmt wurde.

Hinweis: Ein Clip kann nicht länger werden, als er ursprünglich beim Aufnehmen oder Importieren gewesen ist – Sie können nur die Frames wiederherstellen, die vorher für das aktuelle Projekt getrimmt wurden.

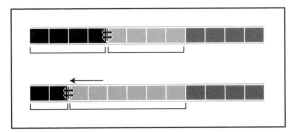

Beim Bearbeitungsverfahren »Rollen« verändern sich beide Clips gleichzeitig, um die Gesamtlänge des Projekts beizubehalten.

Um die letzten beiden Clips zu justieren, arbeiten Sie jetzt mit dem Bearbeitungsverfahren »Rollen«. Sie wollen eine Länge von 20 Sekunden erzielen und beibehalten. Sie wenden das Bearbeitungsverfahren »Löschen und Lücke schließen« nicht an, da es die Gesamtlänge verändern würde.

1 Klicken Sie auf *Ablage 01* im Projektfenster. Wählen Sie **Datei: Importieren**. Wählen Sie *Newboy.avi* im Ordner *02Lesson* und klicken Sie auf »Öffnen«.

2 Doppelklicken Sie im Ordner auf *Newboy.avi*, um den Clip in der Originalansicht des Monitorfensters zu zeigen.

3 Um den neuen Bearbeitungspunkt zu sehen, suchen Sie sich eine optische Hilfe im Clip. Suchen Sie den Frame, wo Ex zum zweiten Mal den Arm von New Boy anfasst und ihn zu sich zieht (Position 00:00:02:14 in der Originalansicht).

4 Klicken Sie auf die Schaltfläche »In-Point setzen« ( ).

5 Bewegen Sie im zuvor aktivierten Schnittfenster die Marke für die aktuelle Zeit an das Programmende, indem Sie die Ende-Taste drücken.

6 Gehen Sie in die Originalansicht und klicken Sie auf »Einfügen« ( ), um den Clip *Newboy.avi* am Ende des Schnittfensters einzufügen.

7 Gehen Sie zum Out-Point von *Heylook.avi*, indem Sie einmal die Taste Bild-nach-oben drücken oder einmal im Programmfenster auf die Schaltfläche »Zum vorherigen Schnittpunkt gehen« klicken.

8 Wählen Sie in der Werkzeug-Palette das Rollen-Werkzeug ( ).

9 Setzen Sie den Zeiger auf den Bearbeitungspunkt zwischen *Heylook.avi* und *Newboy.avi*. Der Zeiger ändert sich in das Rollen-Werkzeug. Beobachten Sie den Timecode in der Programmansicht und ziehen Sie den Zeiger nach links bis zur Position -00:00:00:16. Lassen Sie die Maustaste los.

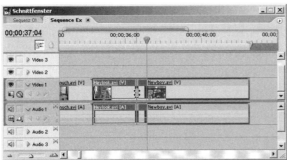

Den Schalter »Aufnahme: Audio und Video aktivieren/deaktivieren« mit der manuellen Überlagern-Funktion verwenden

Ex ist dabei, ihren New Boy als neuen Charakter für den Film einzuführen. Um sein Erscheinen in *Sequence Ex* einzurichten, benutzen Sie die Überlagern-Funktion interaktiv im Schnittfenster.

1 Wählen Sie *Ablage 01* im Projektfenster. Wählen Sie **Datei: Importieren**. Öffnen Sie den Ordner *02Lesson*, wählen Sie *Heylook2.avi* und klicken Sie auf »Öffnen«.

2 Doppelklicken Sie im Projektfenster auf *Heylook2.avi* für die Anzeige in der Originalansicht.

Sie werden *Heylook2.avi* auf *Heylook.avi* überlagern und dabei Videoframes, nicht jedoch Audioframes ersetzen. Doch zuerst untersuchen Sie die Funktion »Aufnahme: Audio und Video aktivieren/deaktivieren«.

LEKTION 2
Grundlegende Bearbeitungstechniken

3 Suchen Sie die Schaltfläche »Aufnahme: Audio und Video aktivieren/deaktivieren« (🎬) unten rechts in der Originalansicht. Diese Schaltfläche schaltet unterschiedlich um:

- Aufnahme: Audio und Video (🎬)
- Aufnahme: nur Video (📹)
- Aufnahme: nur Audio (🔊)

4 Wählen Sie für diese Übung »Aufnahme: nur Video«.

5 Setzen Sie die Marke für die aktuelle Zeit an das Ende von *Heylook.avi*. Ziehen Sie aus der Quellansicht des Monitorfensters den Clip *Heylook2.avi* in das Schnittfenster zum Überlagern von *Heylook.avi*. Der Out-Point von *Heylook2.avi* rastet an der Schnittlinie ein.

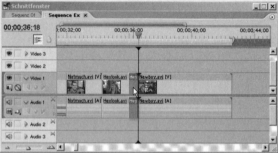

Sie haben das Bearbeitungsverfahren »Rollen« auf beide Clips angewandt und gleichzeitig die Gesamtlänge Ihres Projekts unverändert beibehalten.

6 Speichern Sie das Projekt.

Das Schnittfenster als Film exportieren

Um *Sequence Ex* als Filmdatei anzusehen, müssen Sie die Sequenz exportieren.

1. Wählen Sie *Sequence Ex* im Schnittfenster, um es zu aktivieren.
2. Stellen Sie das Schnittfenster so ein, dass die komplette Sequenz zu sehen ist.
3. Doppelklicken Sie mit dem Auswahl-Werkzeug auf den geriffelten Bereich in der Mitte der Arbeitsbereichsleiste, so dass diese über die Länge des gesamten Projekts reicht.

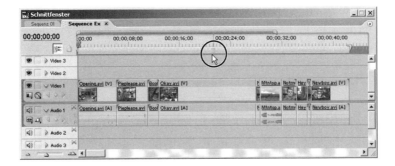

Hinweis: *Weitere Einzelheiten und Übungen zum Export von Filmen in Premiere Pro finden Sie in Lektion 13, »Ausgabe«.*

4. Wählen Sie **Datei: Exportieren: Film**.
5. Klicken Sie im Dialogfenster »Film exportieren« auf die Schaltfläche »Einstellungen«. Achten Sie darauf, dass »Microsoft DV AVI« für *Dateityp* und »Arbeitsbereichsleiste« für *Bereich* gewählt sind. Die Optionen »Video exportieren« und »Audio exportieren« sind aktiviert. Die Optionen »Nach Abschluß dem Projekt hinzufügen« und »Vorgang mit Signalton beenden«

LEKTION 2
Grundlegende Bearbeitungstechniken

sind ebenfalls gewählt. Übernehmen Sie für dieses Projekt die übrigen, vorgegebenen Einstellungen.

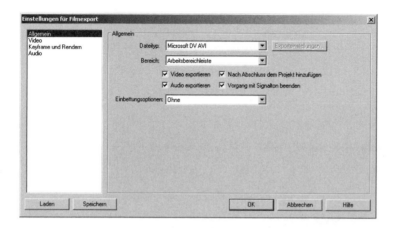

💡 *Mit Hilfe der Schaltflächen »Speichern« und »Laden« im Dialogfenster »Einstellungen für Filmexport« können Sie häufig benötigte Exporteinstellungen speichern und später schnell wieder laden. Dies ist besonders nützlich, wenn Sie unterschiedliche Arten von Videodateien (beispielsweise PAL und Web-Video) aus demselben Projekt erstellen.*

6 Klicken Sie auf OK, um das Dialogfeld »Einstellungen für Filmexport« zu schließen.

7 Geben Sie in das Dialogfenster »Film exportieren« für Ihr Videoprogramm den Namen **Sequence Ex.avi** ein und klicken Sie auf »Speichern«.

Premiere Pro beginnt mit der Generierung Ihres Videoprogramms und zeigt dabei in einer Statusleiste die ungefähr für diesen Vorgang benötigte Zeit an.

8 Sobald das Videoprogramm generiert ist, importiert Premiere Pro es in das Projektfenster.

Greifen Sie zum Popcorn, doppelklicken Sie auf *SequenceEx.avi* und klicken Sie dann in der Originalansicht auf die Wiedergabe-Schaltfläche, um das soeben erstellte Videoprogramm anzusehen.

Eigene Übungen

Sie können nun mit dem Projekt, das Sie gerade erstellt haben, experimentieren. Dazu einige Vorschläge:

- Ändern Sie über die Schaltflächen unten im Projektfenster die Ansicht Ihrer Clips.
- Arbeiten Sie mit dem Rollen-Werkzeug, um die Bearbeitungen zwischen Clips zu ändern. Die Änderungen können Sie jedes Mal anschließend mit dem Befehl **Bearbeiten: Rückgängig** widerrufen.
- Verwenden Sie die Tastatur-Kurzbefehle, die in der Premiere-Schnellreferenzkarte und in der Premiere-Hilfe aufgelistet sind, um die Marke für die aktuelle Zeit und die Arbeitsbereichsleiste zu platzieren.
- Lesen Sie »Das Monitorfenster« in Kapitel 3 im *Adobe Premiere Pro Handbuch*. Experimentieren Sie mit den Monitorfenster-Steuerelementen und erfahren Sie so mehr über die zahlreichen Funktionen und Methoden, einschließlich der Verwendung des Jog- und des Shuttle-Reglers zum Bewegen in Frames.

Fragen

1. Mit welchen drei Möglichkeiten werden Clips in das Schnittfenster eingefügt?
2. Mit welchen beiden Möglichkeiten wird ein Rohschnitt erzeugt?
3. Was sind die drei Möglichkeiten, um sich Clips im Schnittfenster ohne Rendern anzusehen?
4. Worin unterscheidet sich die Einfügen- von der Überlagern-Funktion?
5. Die Bearbeitungsverfahren »Löschen und Lücke schließen« und »Rollen« beeinflussen eine Clip-Sequenz. Welches Verfahren kann nicht auf ungetrimmte Clips angewandt werden und warum?

Antworten

1. Durch Ziehen von Clips aus dem Projektfenster in das Schnittfenster unter Verwendung des Befehls »Automatisch in Sequenz umwandeln« sowie Öffnen und Trimmen der Clips in der Originalansicht und anschließendes Einsetzen oder Überlagern dieser Clips im Schnittfenster.

2   Durch Ziehen von Clips aus dem Projektfenster in das Schnittfenster und Verwenden des Befehls »Automatisch in Sequenz umwandeln« aus dem Projektfenster.

3   Durch Scrubben in der Zeitleiste des Schnittfensters, durch Drücken der Wiedergabe-Schaltfläche in der Programmansicht des Monitorfensters oder durch Drücken der Eingabetaste.

4   Das Einfügen beeinflusst die Dauer eines Projekts, das Material wird jedoch nicht getrimmt. Dagegen wird durch Überlagern das Material getrimmt und gleichzeitig die Projektdauer beibehalten.

5   Das Bearbeitungsverfahren »Rollen« kann auf ungetrimmte Clips nicht angewandt werden, weil der angrenzende Clip erweitert wird. Das kann nur geschehen, wenn der Clip zuvor getrimmt und damit verkürzt worden ist.

Lektion 3

3 | Überblendungen

Auch wenn der direkte Wechsel von einem Clip zu einem anderen die häufigste und einfachste Art zum Kombinieren von Video-Clips ist, bietet Premiere Dutzende anderer Möglichkeiten für diese Überblendungen. Sie verleihen einem Übergang Strukturen, Nuancen oder Spezialeffekte.

Wenn Sie die Lektionen bis zu diesem Punkt durchgearbeitet haben, kennen Sie bereits den Arbeitsbereich von Adobe Premiere Pro und sind in der Lage, Sequenzen im Schnittfenster zu entwickeln, Clips im Schnittfenster zu einem Rohschnitt zusammenzufügen und harte Schnitte mit Hilfe der In- und Out-Points zu erstellen. Per Einfügen werden die Clips direkt aneinander gefügt, während mit Überlagerungen die Anfangs- und Endframes eines Clips durch den darunter liegenden Clip zusammengehalten werden. Bei beiden Versionen erfolgt die Wiedergabe mit harten Übergängen zwischen den einzelnen Clips.

Bis jetzt ist im Film Hero seiner Ex-Freundin mit ihrem neuen Freund begegnet. In dieser Lektion bearbeiten Sie eine spätere Sequenz, indem Sie eine Überblendung zwischen Clips, Spezialeffekte und genau getrimmte Clips hinzufügen. Die Buch-DVD enthält das vollständige Projekt für die vorliegende Lektion im Ordner *03Lesson*. Das fertige Projekt kann Ihnen als Referenz beim Ausführen der komplexen Schritte in dieser Lektion dienen. Da das Thema mit Heros Fantasien und Tagträumen schon von sich aus nach dem Einsatz von Überblendungen ruft, benutzen Sie in dieser Lektion auf interessante Art und Weise verschiedene Überblendungen. Dabei eignen Sie sich besonders die folgenden Kenntnisse an:

- Eine Überblendung mit Hilfe der Standardüberblendung und der Effekte-Palette platzieren
- Überblendungen in der Vorschau
- Überblendungseinstellungen ändern
- Clips auf präzise Timecodes für Spezial-Überblendungeneffekte trimmen
- Einen Spezialeffekt hinzufügen

Vorbereitungen

Sie ändern in dieser Lektion Szenen des Filmprojekts, indem Sie Überblendungen hinzufügen. Prüfen Sie, wo sich die für diese Lektion benötigten Dateien befinden. Eventuell müssen Sie auch auf die Buch-DVD zugreifen. Weitere Informationen dazu finden Sie unter »Die Classroom in a Book-Dateien kopieren« auf Seite 17 in diesem Buch.

1   Starten Sie Premiere Pro.

Sobald Sie Premiere Pro starten, erscheint das Fenster *Willkommen*.

2   Klicken Sie auf »Neues Projekt«.

3   Wählen Sie »DV-NTSC: Standard 48 kHz«.

4   Klicken Sie auf »Durchsuchen« und wählen Sie auf Ihrer Festplatte das Verzeichnis *Pr_ProCIB/Lessons/03Lesson*. Klicken Sie dann auf OK.

5   Geben Sie als Namen **03Lesson** ein und klicken Sie auf OK.

6   Erstellen Sie eine neue Ablage, indem Sie unten im Projektfenster auf das Ablage-Symbol (▢) klicken. Oder klicken Sie auf das Menüdreieck oben rechts im Projektfenster und wählen Sie die Option »Neue Ablage«.

7   Klicken Sie im Projektfenster auf das Ordnersymbol *Ablage 01*.

8   Wählen Sie **Datei: Importieren**.

9   Navigieren Sie zum Ordner *03Lesson* und klicken Sie auf OK.

10 Wählen Sie mit gedrückter Strg-Taste die Clips: *Approach1.avi, Approach2.avi, Approach3.avi, Approach4.avi, Gaze1.avi, Gaze2.avi, Gaze3.avi, Gaze4.avi* und *Sigh.avi*.

11 Klicken Sie auf »Öffnen«.

Den fertigen Film ansehen

Damit Sie von dem einen Eindruck erlangen, was Sie im Verlauf dieser Lektion erstellen, sollten Sie sich jetzt den fertigen Film für diese Lektion ansehen.

1   Erstellen Sie eine neue Ablage.

2   Benennen Sie die neue Ablage mit **Resources**.

3   Klicken Sie auf das Dreieck neben der Ablage *Resources*, um sie zu öffnen.

4   Die Ablage *Resources* ist gewählt.

5   Wählen Sie jetzt **Datei: Importieren** und dann die Datei *03Final.wmv* im Verzeichnis *03Lesson/Finished*. Klicken Sie auf »Öffnen«.

Die Datei *03Final.wmv* befindet sich jetzt in der Ablage *Resources*.

6   Doppelklicken Sie auf die Datei *03Final.wmv*, um sie in der Originalansicht im Monitorfenster zu öffnen.

7   Klicken Sie auf die Wiedergabe-Schaltfläche (▶) der Originalansicht im Monitorfenster, um das Videoprogramm anzusehen.

8   Wenn Sie mögen, löschen Sie die *Resources*-Ablage und den Film *03Final.wmv*, indem Sie unten im Projektfenster auf die Löschen-Schaltfläche ( ) klicken. Oder Sie behalten die Datei als Referenz.

Überblendungen

In der Tour haben Sie *Überblendungen* bzw. Übergänge von einer Szene oder einem Clip zum nächsten kennen gelernt. Der einfachste Übergang ist der *Schnitt*, wobei dem letzten Frame eines Clips einfach der erste Frame des nächsten Clips folgt. Der Schnitt ist die am häufigsten in Film und Video verwendete Überblendungsart und in den meisten Fällen auch am effektivsten. Allerdings werden Sie auch zahlreiche andere Übergänge verwenden wollen, um zwischen manchen Szenen Aufmerksamkeit erregende Effekte zu erzielen.

In Premiere fügen Sie einem Projekt Überblendungen auf vielfältige Weise hinzu. Sie wählen beispielsweise Clips im Ablagebereich des Projektfensters oder eine Sequenz im Schnittfenster und benutzen dann den Befehl »Automatisch in Sequenz umwandeln« zusammen mit einer Standardüberblendung. Dieses Vorgehen ist gut geeignet, wenn Sie sich zunächst auf den allgemeinen Ablauf der Clips konzentrieren möchten, um später bei der Feinabstimmung einige der Überblendungen anzupassen bzw. zu ersetzen. Sie können Clips auch vortrimmen, sie dann dem Schnittfenster hinzufügen und anschließend zwischen ihnen eine Überblendung einfügen. Gleichgültig welche Methode Sie bevorzugen, Premiere erleichtert Ihnen auch nach dem Hinzufügen zum Schnittfenster das Austauschen bzw. Ändern von Überblendungen.

Clips in Überblendungen

Viele Überblendungen laufen über einen Zeitraum ab, in dem einige Frames am Ende eines Clips mit Frames am Anfang des nächsten Clips überlappt werden. Die in der Überblendung verwendeten Frames am Ende des ersten Clips nennt man *Endmaterial*, die betroffenen Frames am Anfang des nächsten Clips *Anfangsmaterial*.

Die Effekte-Palette

Adobe Premiere Pro enthält eine Vielzahl unterschiedlicher Überblendungen, zu denen 3D-Bewegung, Blenden, Wischen und Zoom gehören. Die Überblendungen sind in der Effekte-Palette in zwei Hauptordnern gruppiert: *Audioüberblendungen* und *Videoüberblendungen*. In diesen Hauptordnern sind die Übergänge nach Typ in Unterordnern gruppiert. Jede Überblendung ist zusammen mit einem Symbol links neben dem Namen aufgelistet.

1   Die Effekte-Palette ist geöffnet. Klicken Sie auf das Dreieck links neben dem Ordner *Videoüberblendungen*.

2 Klicken Sie auf das Dreieck links neben dem Ordner *Überblenden*, um die verfügbaren Blenden anzuzeigen. Sie sehen, dass das Symbol *Weiche Blende* mit einer roten Umrandung versehen ist. Damit wird angezeigt, dass *Weiche Blende* als *Standardüberblendung* ausgewählt ist.

Es ist durchaus nützlich, einen Ordner für den schnellen Zugriff auf die von Ihnen bevorzugten Überblendungen und Effekte anzulegen.

3 Klicken Sie unten in der Effekte-Palette auf das Symbol »Neue benutzerdefinierte Ablage« ( ) oder wählen Sie aus dem Menü der Effekte-Palette die Option »Neue benutzerdefinierte Ablage«.

Der Ordner *Favoriten* erscheint jetzt am Ende der Liste. (Eventuell müssen Sie nach unten scrollen.)

4 Suchen Sie den von Ihnen favorisierten Effekt oder die Überblendung und ziehen Sie das entsprechende Symbol in den Ordner *Favoriten*.

5 Wiederholen Sie diesen Schritt immer dann, wenn Sie einen Effekt oder eine Überblendung dem Ordner *Favoriten* hinzufügen wollen.

6 Wählen Sie den Ordner *Favoriten* und klicken Sie unten in der Effekte-Palette auf das Symbol »Benutzerdefinierte Elemente löschen« ( ), um den Ordner zu löschen.

Überblendungen-Parameter

Alle Überblendungen verfügen über Parameter für Dauer, Ausrichtung und Richtung. Einige Überblendungen verfügen über zusätzliche Parameter wie Umrandungen, Kantenanpassungen und Anti-Aliasing. Parameter sind abhängig von der Art und Komplexität der einzelnen Überblendung.

Dauer bezieht sich auf die Anzahl der für die Überblendung erforderlichen Frames. Alle Überblendungen nutzen Frames vom Ende des ersten Clips – dem *Endmaterial* – und vom Anfang des zweiten Clips – dem *Anfangsmaterial* –, um die Überblendung erstellen zu können.

Ausrichtung bezieht sich auf die Position der Überblendung im Verhältnis zum Schnitt zwischen den beiden Clips.

Richtung zeigt die Arbeitsweise der Überblendung zwischen den beiden Clips an. Normalerweise verläuft die Überblendung von Clip A nach Clip B – im Schnittfenster von links nach rechts. In den meisten Fällen stellt Premiere die Überblendungsrichtung automatisch ein, so dass Sie sich nicht darum kümmern müssen. Später im Verlauf dieser Lektion ändern Sie mit Hilfe der Spurauswahl und anderen Steuerelementen die Richtung einer Ihrer Überblendungen.

Standardüberblendung und Standardeinstellungen

Die voreingestellte *Standardüberblendung* in Premiere Pro ist die *Weiche Blende*, weil sie sehr häufig in Video und Filmen verwendet wird. In einer »Weichen Blende« wird eine Szene über einen gewissen Zeitraum in eine andere übergeblendet. Sie können jederzeit eine andere Überblendung als Standard auswählen. Die Standardüberblendung und die *Standardeffekteinstellungen* gelten nicht nur für das jeweilige Projekt, an dem Sie gerade arbeiten, sondern für alle Ihre Projekte.

Mit Hilfe der Standardüberblendung fügen Sie schnell Überblendungen zwischen Clips ein. Wenn Sie mit dem allgemeinen Ablauf des Projekts zufrieden sind, können Sie diese Überblendungen anschließend ändern oder ersetzen.

In den Standardeffekteinstellungen wird für alle Überblendungen eine Dauer von 30 Frames festgelegt, wobei die Überblendung am Schnitt zwischen den beiden Clips zentriert ausgerichtet wird. Sie können Dauer und Ausrichtung der Überblendung im Fenster »Effekteinstellungen« bestimmen.

Für die meisten Überblendungen ist die Standardrichtung von Clip A nach Clip B (in der Zeitfolge von links nach rechts). Sie ändern die Überblendungsrichtung in Clip B nach Clip A, indem Sie auf die entsprechende Überblendung im Schnittfenster klicken und die gewünschten Änderungen im Effekteinstellungen-Fenster vornehmen. Dort lassen sich auch vorhandene zusätzliche Effektparameter für die jeweilige Überblendung ändern.

Die Standardüberblendung wählen

Sie ändern nun die Standardeffekteinstellungen der Überblendung »Weiche Blende«, bevor Sie weitere Clips zum Schnittfenster des Projekts *03Lesson.prproj* hinzufügen.

1   Klicken Sie in der Effekte-Palette auf das Dreieck links neben dem Ordner *Videoüberblendungen* und dann auf das Dreieck neben dem Ordner *Überblenden*, um das Symbol für die Überblendung *Weiche Blende* anzuzeigen. Das Symbol müsste rot umrahmt sein, um anzuzeigen, dass es sich um die Standardüberblendung handelt. Klicken Sie einmal auf das Symbol, um die Überblendung auszuwählen.

2   Wählen Sie aus dem Menü der Effekte-Palette die Option »Standardüberblendung festlegen«. Das Symbol »Weiche Blende« ist immer noch rot umrahmt.

Die Einstellungen für Standardüberblendungen werden im Dialogfeld »Voreinstellungen Allgemein« modifiziert. Oder Sie ändern die Einstellungen im Effekteinstellungen-Fenster, nachdem die Überblendung im Schnittfenster platziert wurde.

3 Öffnen Sie für die Einstellungen der Standardüberblendung das Menü in der Effekte-Palette und wählen Sie die Option »Dauer der Standardüberblendung«. Danach erscheint das Dialogfeld »Voreinstellungen«. Geben Sie unter »Standarddauer der Videoüberblendung« den Wert **30** ein und klicken Sie auf OK. (Eventuell ist dieser Wert schon voreingestellt.)

Wichtig: *Bei der Version 7.0 von Premiere Pro wird die festgelegte Standarddauer für Videoüberblendungen den Clips leider nicht automatisch zugewiesen.*

Eine Überblendung einfügen

Sie bewegen zunächst mit Hilfe der Methode »Automatisch in Sequenz umwandeln« zwei Clips in das Schnittfenster, und zwar mit der Standardüberblendung *Weiche Blende* zwischen den beiden Clips. Später in dieser Lektion lernen Sie noch andere Methoden zum Einfügen von Clips und Überblendungen kennen. Sie benennen die Sequenz erst einmal um.

1 Klicken Sie im Projektfenster dreimal hintereinander auf *Sequenz 01*, um das Namensfeld zu öffnen.

2 Geben Sie als neuen Namen **Transitions** ein.

»Automatisch in Sequenz umwandeln« und die Standardüberblendung verwenden

Stellen Sie das Schnittfenster über die Zoom-Steuerung so ein, dass Sie die Clips und Überblendungen im Schnittfenster etwas besser erkennen können.

1 Setzen Sie wenn nötig die Marke für die aktuelle Zeit an den Anfang der Zeitleiste.

Sie können mit der Plus- (+) und Minus-Taste (-) ein- bzw. auszoomen. Wenn Sie den Timecode im Schnittfenster oder in der Programmansicht wählen, den Wert 0 eingeben und die Eingabetaste drücken, bewegt sich die Marke für die aktuelle Zeit an den Anfang der Sequenz.

2 Klicken Sie im Projektfenster mit gedrückter Strg-Taste in *Ablage 01* auf die Symbole *Gaze1.avi* und dann *Approach1.avi*, um beide Clips zu wählen. (Sie müssen die Clips genau in dieser Reihenfolge wählen.)

3 Wählen Sie **Projekt: Automatisch in Sequenz umwandeln**, um beide Clips ins Schnittfenster zu bringen.

4 Ändern Sie im Dialogfeld »Automatisch zu Sequenz« die Anordnung in »Auswahlreihenfolge« und lassen Sie den Clip mit 15 Frames überlappen. Achten Sie darauf, dass die Optionen »Nacheinander«, »Einfügen« und »Standard-Videoüberblendung übernehmen« gewählt sind. Die Optionen »Standard-Audioüberblendung übernehmen« sowie »Audio ignorieren« und »Video ignorieren« sind deaktiviert.

5 Klicken Sie auf OK.

Die Überblendung *Weiche Blende* erscheint im Schnittfenster zwischen *Gaze1.avi* und *Approach1.avi* auf der Spur *Video 1*.

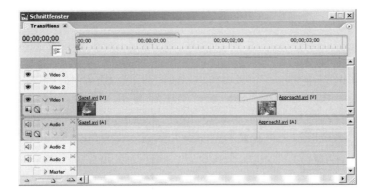

Die Parameter einer Überblendungsinstanz ändern

Eine Überblendungs*instanz* bezieht sich auf das einzelne Auftreten einer Überblendung im Schnittfenster. Durch die Standardeinstellung funktioniert die Überblendung von Clip A nach Clip B. Sie können nun eine Richtungsänderung für ein bestimmtes Auftreten vornehmen, ohne die Standardeinstellung zu ändern. Dazu ändern Sie die Überblendung, nachdem sie in das Schnittfenster eingefügt wurde.

LEKTION 3
Überblendungen

1. Doppelklicken Sie im Schnittfenster in der Spur *Video 1* auf die Überblendung *Weiche Blende*.

2. Prüfen Sie im Effekteinstellungen-Fenster die Einstellungen für *Weiche Blende*. (Falls das Effekteinstellungen-Fenster nicht geöffnet ist, wählen Sie **Fenster: Effekteinstellungen**.)

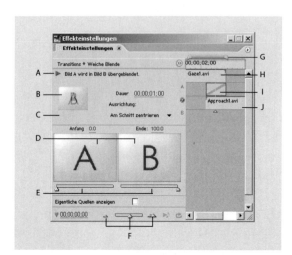

Effekteinstellungen-Fenster mit Einstellungen für Weiche Blende:
A. *Schaltfläche »Überblendung abspielen«*
B. *Überblendungsvorschau*
C. *Kantenauswahl*
D. *Vorschau*
E. *Anfangs-Endframe-Schieberegler*
F. *Zoom-Steuerung*
G. *Anzeigebereichsleiste*
H. *Clip A (erster Clip)*
I. *Überblendung*
J. *Clip B (zweiter Clip)*

Die Effekte von gewählten Clips sind links im Effekteinstellungen-Fenster aufgeführt. Die rechte Seite enthält eine Zeitleiste, eine Marke für die aktuelle Zeit sowie einen Navigationsbereich. Diese Elemente ähneln denen im Schnittfenster. Der Bereich im Effekteinstellungen-Fenster mit den Einstellungen für die Videoüberblendung zeigt den Anfangs- und Ende-Clip. Standardmäßig sind diese Clips (A und B) als Miniaturen angezeigt. Sie können jedoch auch die aktuellen Clips anzeigen, indem Sie unter der Vorschau die Option »Eigentliche Quellen anzeigen« aktivieren. (Eventuell müssen Sie für die Anzeige aller Einstellungen das Effekteinstellungen-Fenster vergrößern.)

Sie untersuchen jetzt die Überblendungen.

3. Aktivieren Sie die Option »Eigentliche Quellen zeigen«, um den Anfangs- und Endframe der in dieser Überblendung benutzten Clips zu zeigen. *Gaze1.avi* wird jetzt als Clip A und *Approach1.avi* als Clip B angezeigt. Bild A wird in Bild B überblendet.

Unter jeder Clip-Miniatur befindet sich ein *Anfangs-/Endframe-Schieberegler*, mit dem Sie das Erscheinungsbild der Überblendung an deren Anfangs- und Endpunkt bestimmen. Die Schieberegler lassen sich unabhängig voneinander verstellen oder aber synchron, sofern Sie die gleichen Einstellungen erzielen wollen.

4   Setzen Sie den Zeiger unter dem Anfangsbild auf 40%. Beachten Sie, dass der andere Regler seine Position beibehält.

5   Setzen Sie den Anfangs- und Endframe-Schieberegler auf die ursprüngliche Einstellung für die Überblendungsinstanz zurück.

Vorschau der Überblendung

Bei der Arbeit mit Überblendungen sind zwei Vorschau-Optionen von Nutzen: Vorschau in der beabsichtigten Framerate und die Render-Scrubben-Methode im Schnittfenster.

Vorschau der Überblendung in der beabsichtigten Framerate

Für die Vorschau von Überblendungen (und anderen Effekten) in der beabsichtigten Framerate benutzen Sie die Echtzeitvorschau. Premiere spielt dabei die Datei in der Programmansicht des Monitorfensters ab.

Echtzeit-Vorschau

Adobe Premiere Pro ermöglicht die Echtzeitvorschau von Überblendungen, Transparenzen, Titeln und anderen Effekten. Die Echtzeitvorschau erfordert einen 3 GHz Pentium 4 Prozessor und ist der standardmäßige Vorschaumodus in Premiere.

Um die Abspielgeschwindigkeit zu verbessern, müssen Sie Vergrößerung und Wiedergabequalität über das Menü im Monitorfenster (auf oberes rechtes Dreieck klicken) anpassen. Eine Ansicht mit geringerer Vergrößerung und niedrigerer Auflösung ermöglicht ein Abspielen in der beabsichtigten Geschwindigkeit.

Überblendungsvorschau mit der Render-Scrubben-Methode

Render-Scrubben in der Zeitleiste des Schnittfensters zeigt den Überblendungseffekt. Sobald Sie eine Überblendung zuweisen, erscheint oben im Schnittfenster über der Arbeitsbereichsleiste eine Renderleiste. Falls von der Überblendung noch keine Vorschau erzeugt wurde, ist die Renderleiste rot. Wurde bereits eine vollständig gerenderte Vorschau der Überblendung durchgeführt, ist die Renderleiste grün (was Sie in den nächsten Schritten noch sehen).

Beachten Sie im Schnittfenster die rote Renderleiste über der Überblendung *Weiche Blende*.

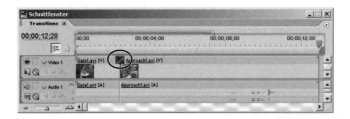

1   Ziehen Sie im Schnittfenster die Marke für die aktuelle Zeit über die Überblendung. Die Vorschau erscheint in der Programmansicht des Monitorfensters. Sie können sich die Überblendung auch im Effekteinstellungen-Fenster als Vorschau ansehen, indem Sie die Marke für die aktuelle Zeit über die Überblendung ziehen.

2 Die Vorschau erscheint wieder in der Programmansicht des Monitorfensters.

Wenn Sie die Überblendung *Weiche Blende* explizit rendern (**Sequenz: Arbeitsbereich rendern**), wird die Renderleiste unter der Arbeitsbereichsleiste grün angezeigt.

3 Speichern Sie das Projekt.

Eine Überblendung lässt sich auch im Schnittfenster als Vorschau ansehen, indem Sie einfach die Eingabetaste drücken, um eine Vorschaudatei zu erzeugen, zu rendern und abzuspielen. Während Premiere die Vorschaudatei erzeugt, zeigt das Dialogfenster »Dateien werden gerendert« den Renderstatus an.

Anschließend spielt Premiere die Vorschau in der Programmansicht im Monitorfenster ab. Diese Vorschau können Sie durch Drücken der Eingabetaste erneut abspielen.

Einen Clip vortrimmen und eine Überblendung hinzufügen

Eine Überblendung sollte Teile von Clips überlappen, die für das Videoprogramm unwichtig sind, weil diese Teile vom Überblendungseffekt verdeckt werden. Daher ist es meist sinnvoll, Ihre Clips vorzutrimmen, damit Ihre Überblendungen an der gewünschten Stelle erscheinen. Die Überblendung »leiht« sich diese vorgetrimmten Frames vom Ende des *Clip A* und am Anfang des *Clip B*. In den nächsten Schritten werden Sie Clips vortrimmen, sie dem Schnittfenster hinzufügen und anschließend die Überblendung einsetzen.

1 Doppelklicken Sie im Projektfenster in *Ablage 1* auf *Approach2.avi*, um den Clip in der Originalansicht des Monitorfensters zu betrachten. Oder ziehen Sie das Clip-Symbol *Approach2.avi* einfach in die Originalansicht des Monitorfensters.

2 Klicken Sie auf den Timecode unter der Originalansicht (links), geben Sie **122** ein und drücken Sie die Eingabetaste, um einen bestimmten Frame aufzufinden (die Stelle, an der Hero seinem Traumgirl Blumen präsentiert).

Hinweis: *Der Timecode muss das Anzeigeformat »29,97-fps-Non-Drop-Frame-Timecode« (00:00:01:22) haben. Eventuell müssen Sie im Schnittfenster klicken, um es zu aktivieren. Wählen Sie dann »Projekt: Projekteinstellungen: Allgemein« und im Einblendmenü »Anzeigeformat« die gewünschte Option. Klicken Sie auf OK.*

Klicken Sie auf das Dreieck links neben dem Timecode, um ihn zu wählen bzw. zu ändern.

3 Klicken Sie in der Originalansicht auf die Schaltfläche »In-Point setzen« ( ), um einen neuen In-Point für den Clip *Approach2.avi* zu setzen. Die Clip-Dauer (schwarze Anzeige rechts in der Originalansicht) weist darauf hin, dass der Clip auf eine Gesamtlaufzeit von 00:00:05:17 getrimmt wurde. Die Überblendung zeigt jetzt die ins Bild kommenden Blumen.

4 Setzen Sie im Schnittfenster (es ist aktiviert) die Marke für die aktuelle Zeit mit Hilfe der Taste Bild-nach-unten an das Ende des Clips *Approach1.avi*.

5 Wählen Sie im Projektfenster *Gaze2.avi* und ziehen Sie den Clip an die Schnittlinie (Marke für die aktuelle Zeit).

6 Drücken Sie die Bild-nach-unten-Taste, um die Schnittlinie an das Ende von *Gaze2.avi* zu bewegen.

7 Achten Sie darauf, dass der Reiter des getrimmten (zugeschnittenen) Clips *Approach2.avi* im Vordergrund steht.

8 Klicken Sie auf die Schaltfläche »Einfügen« ( ), um *Approach2.avi* an der Schnittlinie bzw. Marke für die aktuelle Zeit einzufügen.

Um die nächste Überblendung vorzubereiten, borgen Sie sich Frames von *Gaze2.avi*.

9 Drücken Sie die Bild-nach-oben-Taste oder klicken Sie in der Programmansicht auf die Schaltfläche »Zur vorherigen Marke gehen« ( ). Die Marke für die aktuelle Zeit sollte sich an der Position 00:00:18:26 befinden.

10 Stellen Sie die Marke für die aktuelle Zeit so ein, dass sie sich 15 Frames früher in *Gaze2.avi* an der Position 00:00:18:11 (18:26 minus 00:15 = 18:11) befindet.

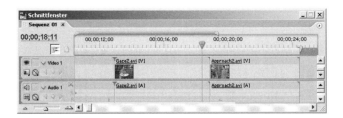

11 Wählen Sie in der Werkzeug-Palette das Werkzeug »Löschen und Lücke schließen« ( ).

12 Platzieren Sie das Werkzeug auf das Ende von *Gaze2.avi* und ziehen Sie zur Schnittlinie bzw. Marke für die aktuelle Zeit (Position 00:00:18:11) – der Clip ist jetzt 15 Frames kürzer.

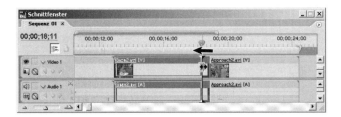

Die Überblendung nutzt diese 15 Frames. Um eine Überblendung zwischen *Gaze2.avi* und *Approach2.avi* hinzuzufügen, arbeiten Sie mit der Effekte-Palette. Doch vorher prüfen Sie die Dauer der Standardüberblendung.

13 Achten Sie darauf, dass in der Effekte-Palette *Weiche Blende* die standardmäßige Überblendung ist (das Symbol ist mit einer roten Kontur versehen). Öffnen Sie das Menü der Effekte-Palette und wählen Sie die Option »Dauer der Standardüberblendung«.

Hinweis: *Die eingestellte Dauer der Standardüberblendung gilt auch für alle anderen Überblendungen. Die Einstellung gilt für alle Überblendungen im Schnittfenster, es sei denn, Sie ändern explizit die jeweilige Überblendungsdauer. Weitere Informationen finden Sie im Adobe Premiere Pro Handbuch.*

14 Geben Sie im Dialogfeld »Voreinstellungen Allgemein« für die Standarddauer der Videoüberblendung den Wert **15** ein und klicken Sie auf OK.

15 Speichern Sie das Projekt.

Eine Überblendung mit Hilfe der Effekte-Palette hinzufügen

1 Die Marke für die aktuelle Zeit befindet sich im Schnittfenster bei *Gaze2.avi* an der Position 00:00:18:11.

2 Erweitern Sie ggf. in der Effekte-Palette den Ordner *Videoüberblendungen*, rollen Sie nach unten und öffnen Sie dann den Unterordner *Zoom*.

3 Klicken Sie auf *Einzoomen & Auszoomen*, um diese Überblendung zu wählen.

💡 *Wenn Sie eine Überblendung schnell auffinden möchten, klicken Sie in der Effekte-Palette auf den Ordner* Videoüberblendungen. *Geben Sie dann in das Feld »Enthält« den Namen der gesuchten Überblendung ein. Premiere sucht nun nach der gewünschten Überblendung und hebt sie hervor.*

4 Ziehen Sie das Symbol der Überblendung *Einzoomen & Auszoomen* in das Schnittfenster auf die Spur *Video 1* zwischen das Ende von *Gaze2.avi* und den getrimmten Anfang von *Approach2.avi*.

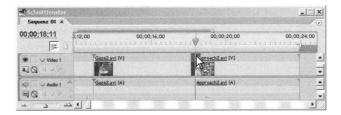

5   Sehen Sie sich die Vorschau dieser Überblendung an.

6   Speichern Sie das Projekt.

Attribute von Überblendungen ändern

Zahlreiche Parameter bzw. Einstellungen einer Überblendung lassen sich einfach ändern, einschließlich der Überblendungsdauer, -ausrichtung, -richtung, -anfangs- und -endwerte, Umrahmung und Anti-Aliasing. Regelmäßig ändern Sie eine bestimmte Instanz einer Überblendung in Ihrem Videoprogramm. Und oft fügen Sie eine Überblendung in Ihr Videoprojekt ein, die Sie später durch eine andere ersetzen wollen.

Eine Überblendungsinstanz ändern

Die Überblendung »Einzoomen & Auszoomen«, die Sie soeben der Sequenz hinzugefügt haben, ermöglicht in jedem Clip das genaue Setzen des Punkts, an dem das Zoomen beginnen soll. Diesen Punkt stellen Sie jetzt ein.

1   Klicken Sie im Schnittfenster mit dem Auswahl-Werkzeug auf die Überblendung *Einzoomen & Auszoomen*.

2   Prüfen Sie die entsprechenden Einstellungen im Effekteinstellungen-Fenster.

3 Docken Sie das Effekteinstellungen-Fenster Seite an Seite an die Programmansicht im Monitorfenster an. Benutzen Sie die Programmansicht als Hilfe beim Setzen des Punkts, an dem das Zoomen beginnen soll.

4 Setzen Sie die Marke für die aktuelle Zeit auf 00:00:18:11.

5 Die Miniaturen *Clip A* und *Clip B* enthalten kleine weiße Kreise zum Einstellen des Überblendungsmittelpunktes für den Zoom.

6 Klicken Sie auf den kleinen weißen Kreis in der Mitte der Miniatur *Clip A* und ziehen Sie den Kreis auf den oberen Punkt des A in der Miniatur *Clip A*.

Wenn Sie mit der Zeitmarke im Effekteinstellungen-Fenster scrubben, zeigt die Programmsicht die entsprechende Ansicht.

7 Aktivieren Sie im Effekteinstellungen-Fenster die Option »Eigentliche Quellen anzeigen«.

8 Stellen Sie den Überblendungsmittelpunkt für *Clip A* so ein, dass das Gesicht von Hero den kompletten Bildschirm ausfüllt. Klicken Sie dazu entsprechende Punkte im Fenster *Clip A* an.

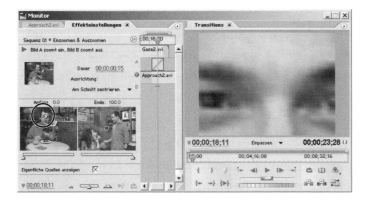

Hinweis: *Sobald Sie die Maustaste loslassen, ändert sich die Programmansicht.*

9 Setzen Sie die Marke für die aktuelle Zeit 1 Frame vorwärts (Position 00:00:18:12).

10 Klicken Sie im Effekteinstellungen-Fenster auf die Miniatur *Clip B*. Klicken Sie auf den Überblendungsmittelpunkt (der weiße Kreis in der Mitte von *Clip B*) und ziehen Sie ihn nach oben rechts, so dass das Gesicht von Hero zentriert ist (speziell sein Lächeln).

11 Spielen Sie die Überblendung ab oder scrubben Sie. Speichern Sie das Projekt.

Die Überblendungseinstellungen ändern

Im Laufe der Zeit werden Sie Ihren eigenen Video-Stil entwickeln oder die Einstellungen mancher Überblendungstypen ändern wollen, damit sie in der Effekte-Palette als Standardeinstellungen Ihren Vorstellungen entsprechen. Sie passen jetzt die Überblendung »Einschwingen« an.

1 Öffnen Sie in der Effekte-Palette den Ordner *3D-Bewegung* innerhalb des Ordners *Videoüberblendungen*. Suchen Sie die Überblendung *Einschwingen*.

2 Klicken Sie auf das Symbol der Überblendung *Einschwingen* und ziehen Sie es zur Marke für die aktuelle Zeit (Position 00:00:18:12), um die Überblendung *Weiche Blende* zu ersetzen. Klicken Sie auf die Überblendung, um die Effekteinstellungen zu sehen.

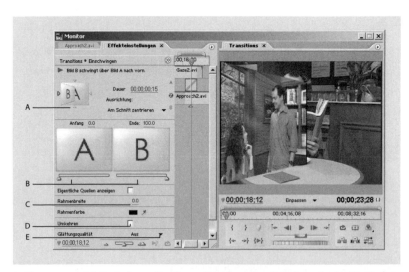

A. *Kantenauswahl* B. *Anfangs-/Endframe-Schieberegler* C. *Rahmenbreite* D. *Umkehren* E. *Glättungsqualität*

3 Passen Sie beliebige oder alle folgenden Einstellungen an:

- Um das Anfangs- bzw. Endaussehen der Überblendung zu ändern, verwenden Sie die Anfangs- und Endframe-Schieberegler. Halten Sie die Umschalttaste gedrückt, um beide Schieberegler synchron zu bewegen.

- Zum Anpassen der Breite des optionalen Rahmens der Überblendung ziehen Sie die unterstrichenen blauen Zahlen oder klicken Sie auf die Zahlen und geben einen Wert ein.

- Um eine Rahmenfarbe auszuwählen, klicken Sie auf das Farbfeld, wählen im aufgerufenen Dialogfenster »Farbe wählen« eine Farbe und klicken anschließend auf OK.

- Um die Richtung einer Überblendung zu ändern, klicken Sie auf eine der Kantenauswahl-Schaltflächen in der Miniaturansicht der Überblendung. Die Kantenauswahl-Schaltflächen sind die kleinen Dreiecke für die Himmelsrichtung an den Rändern der Überblendung-Miniatur.

- Damit die Überblendung rückwärts abgespielt wird, aktivieren Sie die Option »Umkehren« in den Effekteinstellungen. Bei deaktivierter Option wird die Überblendung vorwärts abgespielt.

- Um die Kantenglättung der Überblendung anzupassen, klicken Sie auf die Menüschaltfläche »Glättungsqualität« und wählen unter den verfügbaren Optionen.

Hinweis: Nicht alle diese Einstellungsparameter sind auch immer für alle Überblendungen verfügbar.

Eine Überblendungsinstanz ersetzen

Sie ersetzen ein Überblendungsobjekt, indem Sie das neue Überblendung-Symbol einfach im Schnittfenster auf das alte Überblendung-Symbol ziehen. Beim Ersetzen einer Überblendungsinstanz behält Premiere die *Standardeffekt-*

einstellungen (Dauer und Ausrichtung) bei, die für alle Überblendungen gelten. Die *überblendungsspezifischen Einstellungen* (Richtung, Rahmen, Kanten, Kantenglättung usw.) ersetzt das Programm allerdings durch die überblendungsspezifischen Einstellungen der neuen Überblendung.

1. Die Effekte-Palette ist aktiviert. Klicken Sie auf das Dreieck neben dem Ordner *3D-Bewegung* innerhalb des Ordners *Videoüberblendungen*.

2. Wählen Sie im Ordner *3D-Bewegung* die Überblendung *Würfel (Drehen)*, ziehen Sie sein Symbol in das Schnittfenster und platzieren Sie es auf der Überblendung *Weiche Blende* zwischen den Clips *Gaze1.avi* und *Approach1.avi*.

Damit wurde die Überblendung *Weiche Blende* durch eine Würfeldrehung ersetzt.

3. Klicken Sie im Schnittfenster auf die gerade eingefügte Überblendung *Würfel (Drehen)*. Die entsprechenden Einstellungen erscheinen im Effekteinstellungen-Fenster.

4. Wählen Sie **Bearbeiten: Rückgängig**, um die vorherige Überblendung *Weiche Blende* wiederherzustellen, so dass Sie wieder mit dem ursprünglichen Videofilm *03Final.mov* arbeiten.

Mehrfache Überblendungen hinzufügen

Sie wählen jetzt Überblendungen, die mehr der Stimmung in den Szenen entsprechen. Zuerst fügen Sie jedoch noch weitere Clips in das Schnittfenster ein.

1. Achten Sie darauf, dass sich die Marke für die aktuelle Zeit am Ende des Materials befindet (Position 00:00:23:28).

2. Wählen Sie im Projektfenster mit gedrückter Strg-Taste die folgenden Clips in dieser Reihenfolge: *Gaze3.avi*, *Approach3.avi*, *Gaze4.avi* und *Approach4.avi*.

3. Klicken Sie unten im Projektfenster auf die Schaltfläche »Automatisch in Sequenz umwandeln« ( ), um die vier Clips mit jeweils dazwischen befind-

licher Standardüberblendung einzufügen. Klicken Sie auf OK, um das Dialogfeld »Automatisch zur Sequenz« wieder zu schließen.

Drei weitere Überblendungen wurden gleichzeitig in das Schnittfenster eingefügt. Eine dieser Überblendungen führt diesmal nicht zu Heros Träumen.

4   Suchen Sie im Schnittfenster die Überblendung zwischen *Approach3.avi* und *Gaze4.avi* (Position 00:00:37:27) und klicken Sie, um sie auszuwählen.

5   Wählen Sie **Bearbeiten: Löschen**.

6   Wählen Sie die dritte Überblendung zwischen *Gaze3.avi* und *Approach3.avi*.

7   Suchen Sie in der Effekte-Palette die Überblendung *Einschwingen* (im Ordner *3D-Bewegung* innerhalb des Ordners *Videoüberblendungen*). Ziehen Sie das Symbol auf die dritte Überblendung. Die hier vorhandene standardmäßige Überblendung *Weiche Blende* wird ersetzt.

8   Doppelklicken Sie auf die Überblendung *Einschwingen*, um das Effekteinstellungen-Fenster anzuzeigen.

9   Klicken Sie im Effekteinstellungen-Fenster auf den Richtungswähler *Süd nach Nord* (unter der Miniatur), um diese Bewegungsrichtung für die Überblendung einzustellen.

10 Wählen Sie die Standardüberblendung zwischen *Gaze4.avi* und *Approach4.avi*.

11 Suchen Sie in der Effekte-Palette die Überblendung *Vorhang* (im Ordner *3D-Bewegung* innerhalb des Ordners *Videoüberblendungen*). Ziehen Sie das Symbol auf die standardmäßige Überblendung, um diese zu ersetzen.

12 Spielen Sie die Sequenz ab oder scrubben Sie, um sich die Ergebnisse anzusehen.

13 Die Sequenz enthält jetzt die Überblendungen *Weiche Blende*, *Einschwingen* und *Vorhang*.

14 Speichern Sie das Projekt.

Überblendungen als Spezialeffekte

Um das Aussehen des fertigen Films dieser Lektion zu erzielen, verwenden Sie einfach *Weiche Blende* für alle Überblendungen. In dieser Übung überarbeiten Sie jedoch eine Überblendung und fügen eine neue hinzu, um einen Spezialeffekt zu erzeugen.

Überblendung in einer Sequenz modifizieren

Überblendungen werden im Effekteinstellungen-Fenster modifiziert. Die erste, *Weiche Blende,* soll dem Zuschauer vermitteln, dass Hero davon träumt, wie er mit seinem Traumgirl zusammenkommen kann. Um den Zuschauer zu informieren, dass auch die nächste Szene nur eine Traumvorstellung ist, erweitern Sie die Überblendung *Weiche Blende*, das heißt, sie blendet von *Clip A* in *Clip B* aus.

1 Wählen Sie im Schnittfenster die erste Überblendung an der Position 00:00:02:04.

2 Setzen Sie die Marke für die aktuelle Zeit um 22 Frames zurück auf 00:00:01:12.

3 Wählen Sie in der Werkzeug-Palette das Werkzeug »Löschen und Lücke schließen« ( ).

4 Wählen Sie das Ende von *Gaze1.avi* und ziehen Sie es nach links bis zur Schnittlinie.

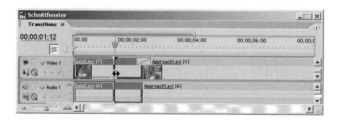

5   Setzen Sie die Marke für die aktuelle Zeit an das Ende der Überblendung *Weiche Blende* (Position 00:00:01:19).

6   Bewegen Sie jetzt die Marke für die aktuelle Zeit um 23 Frames vorwärts auf die Position 00:00:02:12.

7   Wählen Sie mit dem Werkzeug »Löschen und Lücke schließen« den Anfang von *Approach1.avi* und ziehen Sie bis zur Schnittlinie.

Damit haben Sie insgesamt 45 Frames getrimmt, was Ihnen das Erstellen einer weichen Blende in dieser Länge ermöglicht.

8   Klicken Sie mit dem Auswahl-Werkzeug im Schnittfenster auf die Überblendung *Weiche Blende*, um das Effekteinstellungen-Fenster anzuzeigen.

9   Klicken Sie im Effekteinstellungen-Fenster auf »Dauer« und geben Sie den Wert **215** ein.

10 Sehen Sie sich das Projekt an und speichern Sie es.

Eine Überblendung als Spezialeffekt benutzen

Sie fügen nun eine Überblendung an dem Punkt im Projekt ein, wo Hero sich mit einem Blumenstrauß bedeckt.

1   Drücken Sie im Schnittfenster die Bild-nach-unten-Taste bzw. klicken Sie im Monitorfenster auf die Schaltfläche »Zum nächsten Schnittpunkt gehen«, um den Schnitt zwischen *Approach2.avi* und *Gaze3.avi* aufzufinden.

2   Setzen Sie die Marke für die aktuelle Zeit um 15 Frames zurück.

3   Wählen Sie mit dem Werkzeug »Löschen und Lücke schließen« das Ende von *Approach2.avi* und ziehen Sie bis zur Schnittlinie.

4   Setzen Sie die Marke für die aktuelle Zeit um 15 Frames vorwärts.

5   Wählen Sie mit dem Werkzeug »Löschen und Lücke schließen« den Anfang von *Gaze3.avi* und ziehen Sie bis zur Schnittlinie.

6   Suchen Sie mit Hilfe der Seite-nach-oben-Taste den vorherigen Schnitt zwischen *Approach2.avi* und *Gaze3.avi*.

Sie lernen jetzt eine neue Methode für das Hinzufügen einer Überblendung kennen.

LEKTION 3
Überblendungen

7. Geben Sie in der Effekte-Palette in das Feld »Enthält« den Begriff **Irisblende (Rund)** ein, um die entsprechende Überblendung zu finden. Wählen Sie dann diese Überblendung.

8. Wählen Sie aus dem Menü der Effekte-Palette die Option »Standardüberblendung festlegen«. Das Symbol von *Irisblende (Rund)* ist jetzt mit einer roten Kontur versehen, was eine standardmäßige Überblendung kennzeichnet.

9. Wählen Sie das Schnittfenster und dann den Befehl **Sequenz: Videoüberblendung anwenden**.

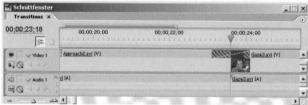

10. Stellen Sie im Effekteinstellungen-Fenster die *Dauer* auf 00:00:01:00 ein und wählen Sie für *Ausrichtung* die Option »Am Schnitt zentrieren«.

Eine Überblendung fein einstellen

Um den Humor in dieser Szene zu unterstreichen, ändern Sie die Richtung der Überblendung *Irisblende (Rund)*.

1 Wählen Sie in der Sequenz *Transitions* die Überblendung *Irisblende (Rund)*, d.h. die zuletzt im Schnittfenster eingefügte Überblendung.

2 Aktivieren Sie im Effekteinstellungen-Fenster die Option »Umkehren«.

Das Umkehren der runden Irisblende lässt *Clip A* aus *Clip B* herausblenden.

3 Scrubben Sie im Effekteinstellungen-Fenster durch die Überblendung. Beachten Sie, wie sich die runde Irisblende zuzieht bzw. verkleinert.

Sie stellen jetzt den Überblendungsmittelpunkt von *Clip A* so ein, dass sich die Irisblende um die Blumen herum schließt.

4 Aktivieren Sie die Option »Eigentliche Quellen anzeigen«, um die nächste Einstellung zu vereinfachen.

5 Ziehen Sie den linken Regler so, dass *Ende* auf **68** eingestellt ist. So können Sie den nächsten Überblendungsmittelpunkt gut erkennen.

6 Klicken Sie im Effekteinstellungen-Fenster auf den weißen Kreis innerhalb der Miniatur *Clip A*. Ziehen Sie den Überblendungsmittelpunkt etwas nach

rechts und nach unten. Die Bewegungen der Maus sind in der Programmansicht zu sehen.

7   Fügen Sie einen Rand mit der Stärke 2 hinzu, indem Sie auf das Feld *Rahmenbreite* klicken und den Wert **2** eingeben. Sie können auch entsprechend ziehen.

8   Ändern Sie die Rahmenfarbe in Grün mit einem dieser Schritte:

- Klicken Sie auf das Farbfeld *Rahmenfarbe* und wählen Sie im Farbwähler einen grünen Farbton.

- Wählen Sie mit gedrückter Pipette eine Farbe aus der Programmansicht des Materials. Wählen Sie beispielsweise das Hemd von Hero.

Hinweis: *Um mit der Pipette zu arbeiten, klicken Sie auf die Pipette und ziehen Sie mit gedrückter Maustaste in dem Bereich der Bildschirmanzeige, dessen Farbe Sie aufnehmen möchten. Während sich die Pipette über verschiedenen Farben befindet, ändert sich das Farbfeld entsprechend.*

9   Wählen Sie aus dem Menü »Glättungsqualität« die Option »Vertikal«. Damit überblendet der Rand weich in die benachbarten Pixel.

10 Spielen Sie den Bereich mit der umgekehrten runden Irisblende ab.

11 Speichern Sie das Projekt.

Das Projekt vervollständigen

Das Projekt muss noch mit einer letzten Überblendung versehen werden – allerdings keine von Premiere. Stattdessen handelt es sich um eine »psychologische« Überblendung, das heißt, Hero gibt auf und verlässt das Literaturcafé.

1   Setzen Sie im Schnittfenster die Marke für die aktuelle Zeit an das Ende der Sequenz.
2   Wählen Sie im Projektfenster den Clip *Sigh.avi* im Ordner *Ablage 01*. Ziehen Sie den Clip zur Schnittlinie.

Sie können auch einen Tastaturbefehl zum Einfügen eines Clips an der Schnittlinie bzw. Marke für die aktuelle Zeit im Schnittfenster verwenden. Klicken Sie dazu im Projektfenster einfach auf das Symbol Sigh.avi *und geben Sie ein Komma (,) ein.*

3   Sehen Sie sich das Projekt an und speichern Sie es.

Den Film exportieren

Um die Sequenz *Transitions* als Filmdatei anzusehen, müssen Sie die Sequenz exportieren.

1   Wählen Sie im Schnittfenster die Sequenz *Transitions*.
2   Stellen Sie das Schnittfenster so ein, dass die komplette Sequenz zu sehen ist.
3   Doppelklicken Sie mit dem Auswahl-Werkzeug auf den geriffelten Bereich in der Mitte der Arbeitsbereichsleiste, so dass diese über die Länge des gesamten Projekts reicht.

Hinweis: *Weitere Einzelheiten und Übungen zum Export von Filmen in Premiere Pro finden Sie in Lektion 13, »Ausgabe«.*

4   Wählen Sie **Datei: Exportieren: Film**.
5   Klicken Sie im Dialogfenster »Film exportieren« auf die Schaltfläche »Einstellungen«. Achten Sie darauf, dass »Microsoft DV AVI« für *Dateityp* und »Arbeitsbereichsleiste« für *Bereich* gewählt sind. Die Optionen »Video exportieren« und »Audio exportieren« sind aktiviert. Die Optionen »Nach Abschluss dem Projekt hinzufügen« und »Vorgang mit Signalton beenden« sind ebenfalls gewählt. Übernehmen Sie für dieses Projekt die übrigen, vorgegebenen Einstellungen.

💡 *Mit Hilfe der Schaltflächen »Speichern« und »Laden« im Dialogfenster »Einstellungen für Filmexport« können Sie häufig benötigte Exporteinstellungen speichern und später schnell wieder laden. Dies ist besonders nützlich, wenn Sie unterschiedliche Arten von Videodateien (beispielsweise PAL und Web-Video) aus demselben Projekt erstellen.*

6   Klicken Sie auf OK, um das Dialogfeld »Einstellungen für Filmexport« zu schließen.

7   Geben Sie in das Dialogfenster »Film exportieren« für Ihr Videoprogramm den Namen **Transitions.avi** ein und klicken Sie auf »Speichern«.

Premiere Pro beginnt mit der Generierung Ihres Videoprogramms und zeigt dabei in einer Statusleiste die ungefähre für diesen Vorgang benötigte Zeit an.

8   Sobald das Videoprogramm generiert ist, importiert Premiere Pro es in das Projektfenster.

Doppelklicken Sie auf *Transitions.avi* und klicken Sie dann in der Originalansicht auf die Wiedergabe-Schaltfläche, um das soeben erstellte Videoprogramm anzusehen.

Eigene Übungen

Sie können nun mit dem Projekt, das Sie gerade erstellt haben, experimentieren. Dazu einige Vorschläge:

- Ändern Sie die Richtung einer Überblendung (klicken Sie auf die Spurauswahl) und schauen Sie sich die Ergebnisse in der Vorschau an.

- Klicken Sie auf eine Überblendung im Schnittfenster, um die Einstellungen und Optionen im Effekteinstellungen-Fenster zu zeigen. Prüfen Sie, wie die verschiedenen Optionen die Überblendung beeinflussen.

- Schauen Sie sich das unterschiedliche Aussehen der Überblendung-Symbole an, sobald Sie die Spurhöhe ändern.

- Üben Sie die Verwendung der Tastatur-Kurzbefehle für Vorschauen im Monitorfenster und im Schnittfenster.

Fragen

1. Mit welchen vier Methoden erhalten Sie eine Vorschau auf Überblendungen?
2. Welche Funktion hat die Spurauswahl in einer Überblendung?
3. Wozu dient die Glätten-Funktion, die in einigen Überblendungen verfügbar ist?
4. Was bewirkt die Umkehren-Option in einer Überblendung?
5. Über welche beiden Wege erhält man innerhalb der Effekte-Palette mehr Informationen über die Funktion einer bestimmten Überblendung?

Antworten

1. Die Echtzeitvorschau, das Render-Scrubben im Schnittfenster, das Render-Scrubben im Effekteinstellungen-Fenster und die Wiedergabe durch Klicken auf die Wiedergabe-Schaltfläche in der Programmansicht.
2. Mit der Spurauswahl wird die Richtung einer Überblendung zwischen zwei Clips festgelegt.
3. Die Glätten-Funktion glättet die Kanten bzw. Ränder eines Effekts, wodurch sie weniger scharf angezeigt werden. Dies ist für Überblendungen geeignet, die verwinkelte oder runde Kanten besitzen.
4. Die Umkehren-Option legt die Richtung eines in der Überblendung verwendeten Effekts fest. Beispielsweise wird in der Überblendung »Zoom« *Clip A* ein- und *Clip B* ausgezoomt. Bei der Umkehrung zoomt *Clip B* ein und *Clip A* aus.
5. Wählen Sie die Überblendung und sehen Sie sich die Info-Palette an. Außerdem finden Sie im Effekteinstellungen-Fenster eine Kurzbeschreibung neben der Schaltfläche »Überblendung abspielen«.

Lektion 4

4 Farbe und Transparenz

Wenn in einem Projekt Farbkorrekturen erforderlich werden, hält Adobe Premiere Pro mehrere Werkzeuge für Material aus verschiedenen Quellen bereit. Im Schnittfenster lassen weit mehr als 100 Videospuren für zahllose Kombinationen aus in Ebenen angeordneten Movies und Standbildern einrichten. Mit Hilfe von Transparenz-Keys können Sie bestimmte Bereiche eines Films ausstanzen (entfernen) sowie individuelle Effekte erstellen.

LEKTION 4
Farbe und Transparenz

In dieser Lektion geht es um Farbkorrektur und Transparenz als Basis für das Überlagern. Sie arbeiten im Schnittfenster mit Überlagerungsspuren, um transparente Einblendungen und andere Spezialeffekte zu erzeugen. Dabei machen Sie sich insbesondere mit folgenden Techniken vertraut:

- Arbeiten mit Wellenformen und Vectorscopen in einem Referenzmonitor
- Clips korrigieren und die Änderungen in geteilter Bildschirm-Vorschau prüfen
- Clips von unterschiedlichen Kameras angleichen
- Keyframes für Effekte setzen
- Transparenz-Keys zuweisen und einstellen
- Mit Masken-Kanälen arbeiten

Vorbereitungen

Sie setzen in dieser Lektion mit dem Filmprojekt aus Lektion 2 fort und fügen einen weiteren – diesmal transparenten – Effekt der Sequenz hinzu, die Sie bereits in Lektion 3 erstellt haben. Prüfen Sie, wo sich die für diese Lektion benötigten Dateien befinden. Eventuell müssen Sie auch auf die Buch-DVD zugreifen. Weitere Informationen dazu finden Sie unter »Die Classroom in a Book-Dateien kopieren« auf Seite 17 in diesem Buch.

1. Starten Sie Premiere Pro.
2. Klicken Sie im *Willkommen*-Fenster auf »Projekt öffnen«.
3. Suchen Sie im Dialogfeld »Projekt öffnen« den Ordner *04Lesson*, den Sie von der Buch-DVD auf Ihre Festplatte kopiert haben.
4. Wählen Sie im Order *04Lesson* die Datei *04Lesson.prproj* und klicken Sie auf »Öffnen«. (Sie können auf die Datei *04Lesson.prproj* doppelklicken, um sie zu öffnen.)
5. Wählen Sie **Fenster: Arbeitsbereich: Farbkorrektur**.

Damit haben Sie Ihren Arbeitsbereich für die Farbkorrektur eingestellt. Sie sehen den standardmäßigen Referenzmonitor. Er wird benutzt, um die einzelnen Schritte bei der Farbkorrektur miteinander zu vergleichen.

In den folgenden Schritten überlagern Sie Standfotos mit transparenten Bereichen im Material, die Einfluss auf die Farbe und Deckkraft des Projekts haben. Die Möglichkeiten der Farbbeeinflussung und -korrektur in dieser Lektion zusammen mit den Transparenzeinstellungen zeigen Sie am besten im Monitorfenster mit der Qualitätseinstellung »Höchste Qualität« an. Wenn Sie im Schnittfenster mit größeren Symbolen arbeiten wollen, sollten Sie die Spurhöhe entsprechend vergrößern.

Die fertigen Filme ansehen

Damit Sie von dem einen Eindruck erlangen, was Sie im Verlauf dieser Lektion erstellen, sollten Sie sich jetzt die fertigen Filme ansehen.

1   Klicken Sie auf das Dreieck neben der Ablage *Resources*, um sie zu öffnen. Diese Ablage bleibt weiterhin gewählt.

2   Wählen Sie jetzt **Datei: Importieren**. Öffnen Sie im Verzeichnis *04Lesson/Finished* die Dateien *04Final.wmv*, *Chromafinal.avi*, *Bluescreenfinal.avi* und *Trackmattefinal.avi*. Klicken Sie auf »Öffnen«.

Die fertigen Filmclips für diese Lektion befinden sich jetzt in der Ablage *Resources*.

3   Doppelklicken Sie auf die Filmdateien, die Sie sich ansehen wollen. Die Filme öffnen sich in der Originalansicht des Monitorfensters.

4   Klicken Sie auf die »Wiedergabe«-Schaltfläche (▶) des Monitorfensters, um die Filme abzuspielen.

5   Anschließend können Sie die *Resources*-Ablage und damit die Filme löschen, indem Sie unten im Projektfenster auf die Schaltfläche »Löschen« (🗑) klicken. Oder Sie behalten die Filme als Referenz für die Arbeit in dieser Lektion.

Farbmanagement und Farbkorrektur

Die Möglichkeiten der Farbkorrektur in Premiere Pro erlauben eine präzise Farbwiedergabe einzelner Clips. Dazu bietet Premiere Pro den Wellenform-Monitor und das Vectorscope. Beide stellen sicher, dass Ihre Farbeinstellungen im Bereich der Sendestandards liegen.

Die Original- und Programmansicht zeigen standardmäßig das Video, wie es normalerweise auf einem Monitor erscheinen würde. Es lässt sich aber auch der *Alpha-Kanal* bzw. die Transparenz-Information des Videos anzeigen. Außerdem gibt es Möglichkeiten, die Helligkeit und Farbe zu messen und sie per Vectorsccope oder Wellenform-Monitor anzuzeigen.

Wellenform-Monitor und Vectorscope

Der Wellenform-Monitor wird vorrangig zur Anzeige der Luminanz des Videosignals verwendet, das heißt, Sie erkennen die Stärke der Pixel und bestimmen so die hellsten und dunkelsten Anteile in einem Videosignal.

Das Vectorscope zeigt den genauen Farbinhalt einschließlich Farbton und Sättigung eines Videosignals. Ein bestimmter Punkt im Vectorscope steht für eine bestimmte Farbe mit ihren Farbton- und Sättigungspunkten. Der Abstand vom Mittelpunkt der Anzeige repräsentiert die Sättigung, während die Drehung im Uhrzeigersinn vom Mittelpunkt aus für den Farbton steht.

Der Luminanz-Key erstellt Transparenz für die dunkleren Bildanteile und lässt die hellen Teile gedeckt. Verwenden Sie den Luminanz-Key, um subtile Einblendungen zu erstellen bzw. dunkle Bereich auszustanzen. Die Breite und Höhe der Wellenform entspricht der Breite einer Videozeile bzw. der Amplitude des Videosignals.

Chroma wird durch einen Bereich bestimmt, der weiß sein soll. Videografen benutzen den Chroma-Key, um den Weißpunkt für die Kamera einzustellen, das heißt, nichts bei der Aufnahme wird heller als die Chroma-Kalibrierung. Und das ist das »weißeste Weiß« im Bild.

1   Stellen Sie den Arbeitsbereich um über **Fenster: Arbeitsbereich: Bearbeitung**.

Sie benutzen den Referenzmonitor, um die Wellenformen und das Vectorscope anzuzeigen. Pro Sequenz lässt sich nur jeweils ein Referenzmonitor öffnen.

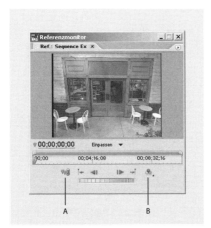

A. *Verknüpfung zum Programmmonitor* **B.** *Ausgabe*

2 Damit der Referenzmonitor die Wiedergabe des Programmmonitors mit den jeweiligen Informationen nachvollziehen kann, klicken Sie auf die Schaltfläche »Verknüpfung zum Programmmonitor« (   ).

3 Docken Sie den Referenzmonitor an die Originalansicht im Monitorfenster an, indem Sie den Reiter in den entsprechenden Bereich der Originalansicht ziehen.

Referenzmonitor über die Option »Verknüpfung zum Programmmonitor« zur Wiedergabe mit der Spur des Programmmonitors gekoppelt

4 Um die Wellenform von *Sequence Ex* anzuzeigen, öffnen Sie das Menü oben rechts im Referenzmonitor und wählen die Option »Wellenform«.

5 Klicken Sie jetzt auf die Wiedergabe-Schaltfläche in der Programmansicht des Monitorfensters. Scrubben Sie, um Änderungen anzuzeigen.

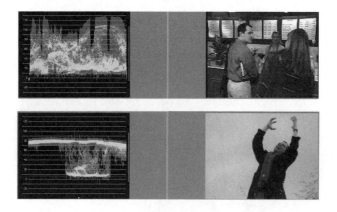

Beachten Sie die Unterschiede der Luminanz- und Chroma-Intensitäten in den beiden Bildern von Schritt 4. Sie können im Verlauf dieser und der anderen Lektionen jederzeit die Wellenform- und Vectorscope-Anzeigen im Referenzmonitor anzeigen, um die Auswirkungen von Farbkorrekturen zu sehen.

Den Videoeffekt *Farbkorrektur* zuweisen

Mit den in Premiere Pro verfügbaren Werkzeugen für die Farbkorrektur lässt sich das Aussehen aller Clips innerhalb einer Produktion optimieren. Die 3-Punkt-Farbkorrektur ermöglicht Ihnen die übereinstimmende Einstellung von Farbton, Farbsättigung und Helligkeit der einzelnen Clips innerhalb einer Szene.

Sie stellen jetzt den Clip *Mtntop.avi* ein, d.h. eine Außenaufnahme, die bei schlechtem Wetter produziert wurde. Der Rest des Films wurde mit einer anderen Kamera aufgenommen, und zwar innen unter Studiobedingungen bzw. außen bei klarem Wetter.

1 Stellen Sie die Anzeige mit dem Befehl **Projekt: Projekteinstellungen: Allgemein** um. Wählen Sie das Anzeigeformat »29,97-fps-Non-Drop-Frame-Timecode«

2 Setzen Sie im Schnittfenster die aktuelle Zeitmarke auf den Anfang von *Mtntop.avi* (Position 00:00:28:26).

3 Öffnen Sie in der Effekte-Palette innerhalb des Ordners *Videoeffekte* den Unterordner *Bildsteuerung* und wählen Sie den Effekt *Farbkorrektur*. Oder geben Sie einfach in das Feld »Enthält« den Namen **Farbkorrektur** ein.

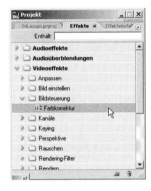

4 Ziehen Sie den Effekt *Farbkorrektur* auf den Clip *Mtntop.avi* im Schnittfenster.

5 Doppelklicken Sie im Schnittfenster auf den Clip *Mtntop.avi*, so dass der Videoeffekt *Farbkorrektur* im Effekteinstellungen-Fenster zu sehen ist.

Hinweis: *Wenn der Clip im Schnittfenster gewählt und das Effekteinstellungen-Fenster geöffnet ist, lässt sich der Effekt in das Effekteinstellungen-Fenster ziehen.*

6 Klicken Sie im Effekteinstellungen-Fenster auf das Dreieck neben dem Effekt *Farbkorrektur*.

Der Effekt *Farbkorrektur* kombiniert mehrere Farbkorrektur-Werkzeuge, um einfach die Farbe eines Videoclips einstellen zu können. Die folgenden Einstellungen sind möglich:

Keys festlegen Speichert Ihre Einstellungen auf der Festplatte oder lädt diese von der Festplatte.

Bildschirm teilen Zeigt die rechte Bildhälfte als korrigierte und die linke als unkorrigierte Ansicht.

Schwarz/Weiß-Balance Die erste Einstellung, die auf jedes Bild angewendet werden sollte. Damit erhalten Sie die richtigen Schwarz-, Weiß- und Graupunkte.

Farbtonbereichdefinition Zum Ändern der Farben in einem Bildbereich, wie der Schattierungen, Mitteltöne und Glanzlichter.

HSL-Farbton einstellen Mit diesem Effekt stellen Sie die Farbton- und Sättigungsstufen unter Verwendung von vier unterschiedlichen Farbrädern ein, und zwar für Farbton, Schattierungen, Mitteltöne und Glanzlichter.

HSL Zum Einstellen eines Bildes im HSL-Farbraum (Farbton, Helligkeit und Sättigung). Zusätzlich gibt es Einstellmöglichkeiten zum Ändern von Farbton, Sättigung, Helligkeit, Kontrast, Kontrast-Center, Gamma, Austastwert und RGB-Verstärkung.

RGB Mit diesen Einstellungen beeinflussen Sie Gamma, Austastwert und Verstärkung des roten, grünen und blauen Farbkanals im RGB-Farbmodell (Rot, Grün und Blau). Bei diesen Einstellung können Sie zusätzlich zwischen Schattierungen, Mitteltönen oder Glanzlichtern unterscheiden.

Gradationskurven Das Fenster für die Korrektur der Gradationskurven ermöglicht komplexe Farbeinstellungen durch das Platzieren von Kontrollpunkten auf Kurven und Einstellen der Kurven. Die Kurven können bis zu 16 Kontrollpunkte besitzen.

Videobegrenzer Ermöglicht die Aufbereitung von Video innerhalb der durch die Sendequalität gesetzten Grenzen.

Mit dem Videoeffekt *Farbkorrektur* stellen Sie ganz präzise die Farben Ihrer Videobilder ein.

Hinweis: Die Farbkorrektur *führt die Bildbearbeitung in der Reihenfolge der Einstellungen in der Liste (d.h. von oben nach unten) durch. Denken Sie daran, wenn Sie das Ergebnis der Korrekturen prüfen oder mehrere Korrekturen auf ein Bild anwenden.*

7   Aktivieren Sie im Effekteinstellungen-Fenster die Option »Bildschirm teilen«, um bei der Wiedergabe das Bild gleichzeitig ohne und mit zugewiesenen Effekten zu sehen.

Der Clip erscheint in der Programmansicht oben und unten mit weißen Dreiecken.

8   Klicken Sie im Effekteinstellungen-Fenster auf das Dreieck neben *RGB*.

💡 *Sie verwenden die RGB-Einstellungen, um Gamma, Austastwert und Verstärkungen der einzelnen RGB-Kanäle getrennt oder gemeinsam zu verändern.*

9   Klicken Sie auf die Einstellungen *Austastwert*.

LEKTION 4
Farbe und Transparenz

Der Austastwert ist eine kleine Gleichstromspitze innerhalb des Videosignals und zeigt den Schwarzwert an. Der Begrenzer wird als Referenzsignal für die Weiß- und Graustufen benutzt.

Die meisten Einstellungen des Effektes *Farbkorrektur* in Premiere Pro lassen sich auf drei Arten vornehmen: per Eingabe in Textfeldern, durch Ziehen auf Werte und über Regler.

10 Benutzen Sie eine der drei obigen Methoden, um den Austastwert des Clips *Mtntop.avi* auf **-0,08** einzustellen.

11 Sehen Sie sich das Ergebnis an, indem Sie im Effekteinstellungen-Fenster scrubben.

Die Änderungen der RGB-Werte des Clips sehen Sie in der Programmansicht des Monitorfensters.

Experimentieren Sie mit den anderen Einstellungen des *Farbkorrektur*-Effektes. Wenn Sie beispielsweise auf *HSL-Farbton einstellen* klicken, stellen Sie mit Hilfe von Farbrädern ein. Probieren Sie die Farbräder aus. Klicken Sie einfach auf ein Rad und ziehen Sie im oder entgegen dem Uhrzeigersinn. Das Farbrad dreht sich entsprechend.

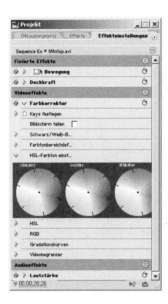

Die Farbtonänderungen zeigt wieder die Programmansicht des Monitorfensters.

- Klicken Sie auf den Pfeil neben *HSL* und stellen Sie die Farbsättigung ein. Der Standardwert 100 beeinflusst die Sättigung nicht, während beim Wert 0 alle Farben entfernt werden.
- Experimentieren Sie mit den Einstellungen *Kontrast* und *Kontrast-Center*.

12 Schließen Sie den Referenzmonitor, indem Sie auf das X im Reiter klicken.

13 Speichern Sie das Projekt.

Den Videoeffekt *Farbabstimmung* benutzen

Der Videoeffekt *Farbabstimmung* erlaubt, die Farben eines Clips auf die eines anderen abzustimmen. Das ist besonders nützlich, wenn das Material mit unterschiedlichen Kameras aufgenommen wurde. Wenn Sie bespielsweise die Aufnahmen eines sonnigen Tages mit bei Neonlicht in einem Büro aufgenommenen Clips kombinieren wollen, möchten Sie bestimmt das Grün in den Neonlicht-Clips entfernen. Oder Sie erstellen Grafiken für ein Firmenvideo und wollen, dass sie mit den Farben des Firmenlogos übereinstimmen. Eine ausführliche Beschreibung des Videoeffekts und seiner Einstellungen finden Sie in der Online-Hilfe. An dieser Stelle erfahren Sie, wie Sie Farben innerhalb eines Clips ersetzen.

1. Klicken Sie im Projektfenster auf das Dreieck neben der Ablage *Resources* und wählen Sie dann **Datei: Neu: Ablage**.

2. Eine neue Ablage erscheint innerhalb der Ablage *Resources*. Benennen Sie die neue Ablage mit **Color**.

3. Wählen Sie die Ablage *Color* und dann **Datei: Importieren**.

4. Wählen Sie im Ordner *04Lesson* mit gedrückter Strg-Taste die Dateien *Faceadj.avi*, *Faceadj2.avi*, *Faceorig.avi* und *Faceorig2.avi*. Klicken Sie auf »Öffnen«.

5. Doppelklicken Sie im Projektfenster auf *Sequence 01*, um diese Sequenz im Schnittfenster zu aktivieren. Sie benutzen *Sequence 01* zum Experimentieren.

6. Wählen Sie aus der Ablage *Color* die Clips *Faceadj.avi* und *Faceorig.avi* und ziehen Sie die Clips ins Schnittfenster auf die Spur *Video 1* von *Sequence 01*.

Faceadj.avi und *Faceorig.avi* erscheinen jetzt im Schnittfenster *Sequence 01*.

7. Setzen Sie im Schnittfenster die Marke für die aktuelle Zeit auf die Mitte von *Faceorig.avi* (ungefähr auf die Position 00:00:10:11).

8. Öffnen Sie das Menü des Programmmonitors und wählen Sie »Neuer Referenzmonitor«.

9. Docken Sie den Referenzmonitor an die Originalansicht im Monitorfenster an.

10 Im Menü des Referenzmonitors ist die Ansicht »Composite« gewählt.

Faceorig.avi wird zum Modell für Ihre Farbeinstellungen im Clip *Faceadj.avi*.

11 Positionieren Sie im Schnittfenster die Marke für die aktuelle Zeit oder geben Sie im Schnittfenster den entsprechenden Timecode ein, so dass die Programmansicht den Frame an der Position 00:00:04:26 zeigt.

Das Monitorfenster zeigt jetzt die beiden Frames der verschiedenen Clips an, und zwar links im Referenzmonitor (Originalansicht) und rechts in der Programmansicht (die Sequenz im Schnittfenster).

Die beiden Clips *Faceadj.avi* und *Faceorig.avi* wurden unter gleichen Bedingungen mit derselben Kamera aufgenommen. Allerdings kam bei der Aufnahme von *Faceadj.avi* an einigen Stellen die Sonne hinter den Wolken durch, wodurch das Gesicht von Hero an einigen hellen Stellen »überbelichtet« wurde.

Sie entfernen jetzt mit dem Videofilter *Farbabstimmung* die Überstrahlung in den Spitzlichtern und Mitteltönen aus dem Gesicht in *Faceadj.avi*, um die Töne an *Faceorig.avi* anzupassen.

12 Öffnen Sie in der Effekte-Palette im Ordner *Videoeffekte* den Unterordner *Bild einstellen*.

13 Ziehen Sie das Symbol des Effektes *Farbabstimmung* auf *Faceadj.avi* im Schnittfenster.

14 Klicken Sie auf *Faceadj.avi*, um die Einstellungen für *Farbabstimmung* im Effekteinstellungen-Fenster anzuzeigen.

226 | LEKTION 4
Farbe und Transparenz

15 Klicken Sie im Effekteinstellungen-Fenster auf das Dreieck neben dem Effekt *Farbabstimmung*. Wählen Sie aus dem Einblendmenü neben *Methode* die Option »RGB«.

16 Wählen Sie die Pipette *Standard: Beispiel* und halten Sie die Maustaste gedrückt. Der Cursor ändert sich in eine Pipette (✐).

17 Ziehen Sie mit der Pipette in der Programmansicht über den hellen Fleck auf der Stirn von Hero.

18 Lassen Sie die Maustaste los, um die Farbe des hellen Flecks aufzunehmen. Diese Farbe sehen Sie auch im Farbfeld *Standard: Beispiel* des Effektes *Farbabstimmung*.

Die Helligkeit des Gesichtes von Hero soll an keinem Punkt größer sein als der hellste Bereich des Gesichtes im Zielframe von *Faceorig.avi* (00:00:10:11) im Referenzmonitor. Deshalb müssen Sie die helle Farbe im Zielframe lokalisieren.

19 Wählen Sie im Effekteinstellungen-Fenster die Pipette *Standard: Ziel*.

20 Ziehen Sie die Pipette im Referenzmonitor über den hellsten Fleck auf dem Nacken von Hero.

21 Lassen Sie die Maustaste los, um die Farbe aufzunehmen. Die Farbe wird im Farbfeld *Standard: Ziel* des Effektes *Farbabstimmung* angezeigt.

Nachdem Sie die Auswahl vorgenommen haben, weisen Sie den Effekt zu.

22 Klicken Sie im Effekteinstellungen-Fenster für den Effekt *Farbabstimmung* ganz unten in der Liste auf das Dreieck neben *Anpassen*.

23 Klicken Sie auf »Anpassen«.

24 Aktivieren Sie das Schnittfenster und sehen Sie sich die Vorschau des Effektes *Farbabstimmung* an.

Hinweis: Sie können auch im Effekteinstellungen-Fenster für eine Vorschau scrubben.

Die Überstrahlung in *Faceadj.avi* wurde zurückgenommen.

25 Schließen Sie den Referenzmonitor, indem Sie im Reiter auf das X klicken.

26 Speichern Sie das Projekt.

Der Videoeffekt *Farbabstimmung* mit Clips von verschiedenen Kameras

Sie benutzen jetzt den Videoeffekt *Farbabstimmung* mit zwei Clips, die mit verschiedenen Kameras bei unterschiedlichen Lichtbedingungen aufgenommen wurden.

1 Das Schnittfenster ist aktiviert. Wählen Sie **Bearbeiten: Alles auswählen**.

2 Wählen Sie **Bearbeiten: Löschen**, um das Schnittfenster für eine neue Bearbeitung vorzubereiten.

3 Setzen Sie die Marke für die aktuelle Zeit an den Programmanfang, indem Sie die Taste Pos1 drücken.

4 Ziehen Sie aus der Color-Ablage im Projektfenster die Clips *Faceadj2.avi* und *Faceorig2.avi* in das Schnittfenster.

5 Doppelklicken Sie auf *Faceorig2.avi*, um den Clip in der Originalansicht anzuzeigen.

Beachten Sie die Licht- und Farbunterschiede zwischen den beiden Clips. Sie entfernen den Rotstich in *Faceadj2.avi* und machen den Clip etwas heller.

6   Ziehen Sie in der Effekte-Palette den Effekt *Farbabstimmung* (im Ordner *Bild einstellen* innerhalb des Ordners *Videoeffekte*) auf den Clip *Faceadj2.avi* im Schnittfenster.

7   Klicken Sie im Schnittfenster auf den Clip *Faceadj2.avi*, damit der Effekt im Effekteinstellungen-Fenster erscheint.

8   Klicken Sie im Effekteinstellungen-Fenster auf das Dreieck neben *Farbabstimmung*, um die Einstellungen anzuzeigen.

9   Klicken Sie im Bereich *Methode* auf das Dreieck rechts von *HSL* und wählen Sie *RGB*.

10 Wählen Sie im Effekteinstellungen-Fenster die Pipette *Standard: Beispiel*.

11 Die Programmansicht zeigt *Faceadj2.avi*. Ziehen Sie mit gedrückter Maustaste die Pipette über den hellen Fleck auf der Stirn von Hero.

12 Lassen Sie die Maustaste los, um die Hautfarbe aufzunehmen. Sie sehen diese Farbe jetzt im Effekt im Farbfeld von *Standard: Beispiel*.

13 Wählen Sie in den Einstellungen die Pipette für den Bereich *Standard: Ziel*.

14 Ziehen Sie die Pipette mit gedrückter Maustaste in die Originalansicht auf den hellen Fleck über der rechten Augenbraue von Hero.

15 Lassen Sie die Maustaste los, um die Farbe aufzunehmen. Die Farbe erscheint jetzt im Farbfeld von *Standard: Ziel*.

Sie weisen nun den Effekt zu.

16 Klicken Sie im Effekteinstellungen-Fenster ganz unten in der Liste auf das Dreieck neben *Anpassen*.

17 Klicken Sie auf die Schaltfläche »Anpassen«.

18 Aktivieren Sie das Schnittfenster und sehen Sie sich die Vorschau des Effektes an.

19 Speichern Sie das Projekt.

Integrierte YUV-Verarbeitung

Adobe Premiere Pro bietet die integrierte Unterstützung von YUV-Farbe und stellt damit eine höhere Farbqualität in der Videoproduktion sicher. Mit der YUV-Unterstützung wird der Farbraum des Original-Videomaterials bewahrt.

Premiere bewahrt bei der Bearbeitung der Effekte den Farbraum des Originalclips und vermeidet so jeden Qualitätsverlust durch eine mögliche Farbumwandlung. Effekte in Adobe Premiere Pro benutzen RGB- oder YUV-Farbe, abhängig vom Farbraum des eingesetzten Mediums. DV Video verwendet den YUV-Farbraum, während die meisten computergenerierten Grafiken und Bilder mit dem RGB-Farbraum arbeiten. Obwohl die meisten Farbkonvertierungen im Allgemeinen nicht zu erkennen sind, verlieren DV-Bilder bei der Umwandlung in RGB einige Informationen. Grund: Die RGB-Palette enthält nicht alle Farben der YUV-Farbpalette.

Vorteile der Keyframe-Techniken

Um einen Effekt über einen bestimmten Zeitraum zu ändern, benutzen Sie eine Standardtechnik, die als *Keyframing* bekannt ist. Diese Einstellungen animieren Ihr Programm.

Sie geben beim Erstellen eines Keyframes den Wert einer Effekteigenschaft für einen bestimmten Zeitpunkt ein. Sobald Sie den Keyframes unterschiedliche Werte zuweisen, berechnet Adobe Premiere Pro automatisch die Werte zwischen den Keyframes. Dieser Prozess wird als *Interpolation* bezeichnet.

Sie wollen beispielsweise den Effekt *Gaußscher Weichzeichner* anwenden. Der Effekt soll über eine bestimmte Zeitspanne zu- und abnehmen. In diesem Fall müssen Sie drei Keyframes setzen: den ersten ohne Weichzeichnung, den zweiten mit Weichzeichnung und den dritten wieder ohne Weichzeichnung. Da Adobe Premiere Pro automatisch die Weichzeichnungswerte zwischen den Keyframes interpoliert, nimmt die Weichzeichnung zwischen dem ersten und zweiten Keyframe allmählich zu und zwischen dem zweiten und dritten Keyframe wieder ab. Allerdings lassen sich einige Effekte in Adobe Premiere Pro nicht mit Keyframes animieren.

Keyframes lassen sich für die meisten Standardeffekte über die Laufzeit eines Clips setzen. Clips werden auch animiert, indem Sie Keyframes für feste Effekteigenschaften (wie Position und Skalierung) setzen. Sie können Keyframes verschieben, kopieren oder löschen und auch die Interpolationsmethode eines Keyframes ändern.

Keyframing im Effekteinstellungen-Fenster

Viele Keyframe-Einstellungen finden im Effekteinstellungen-Fenster statt. Die Keyframe-Werte wie z.B. die Positionseigenschaft des Effektes *Bewegung* lassen sich als direkte Veränderung des Clips in der Programmansicht des Monitorfensters einstellen. Keyframe-Werte lassen sich aber auch im Schnittfenster festlegen. Jedes Keyframe-Symbol steht für die Keyframe-Position zu einem bestimmten Zeitpunkt. Im Effekteinstellungen-Fenster zeigt die Form eines Keyframes außerdem an, wie die Werte zwischen Keyframes interpoliert werden.

In dieser Lektion und im weiteren Verlauf des vorliegenden Buches benutzen Sie das Keyframing für Veränderungen, Effekte und Animation über die Gesamtlänge oder nur einen Teil von Clips in Ihren Projekten.

Weitere Informationen finden Sie in den Lektionen 5 und 6.

Transparenz

Um Ebeneneffekte beizubehalten, die in Premiere Pro von Transparenzstufen in Clips abhängig sind, lässt sich die Deckkraft bzw. Transparenz in Spuren über der Spur *Video 1* einstellen. Dieser Vorgang wird mit *Überlagerung* bezeichnet.

Überlagern (in der TV- und Filmproduktion häufig auch als *Maskieren* (*Matting*) oder *Ausstanzen* (*Keying*) bezeichnet) heißt nichts anderes, als dass ein Clip über einem anderen Clip abspielt. In Premiere Pro lassen sich Clips in den Überlagerungsspuren (Spur *Video 2* und höher) platzieren und anschließend mit Transparenz oder Blenden versehen, so dass die weiter unten im Schnittfenster platzierten Clips teilweise durchscheinen bzw. ebenfalls angezeigt werden. Falls Sie dem Clip in der höchsten Spur keine Transparenz zuweisen (d.h. seine Deckkraft bestimmen), werden die darunter befindlichen Clips in der Vorschau oder bei der Wiedergabe des fertigen Films nicht angezeigt.

Clips in Überlagerungsspuren mit unterschiedlicher Transparenz (Deckkraft)

Premiere Pro bietet die unterschiedlichsten *Keys* (Verfahren zum Erzeugen von Transparenz), mit denen Sie auf vielfältige Weise die Position und die Intensität von transparenten Bereichen innerhalb eines Clips steuern können. Für das Überlagern können Sie eine *Maske* (festgelegter Bereich) als transparent bestimmen, oder Sie legen transparente Bereiche auf Basis einer Farbe oder Farbqualität (z.B. Helligkeit) fest.

Beim Überlagern müssen Sie entsprechend vorausplanen, besonders wenn Sie Videomaterial bearbeiten. Wenn Sie z.B. über ein Videoband mit einem Redner verfügen und Sie die Person mit Hilfe von Keys vor einen anderen Hintergrund stellen möchten, muss der Redner vor einem einfarbigen Hintergrund aufgenommen werden (z.B. vor einer blauen Wand oder einer einfarbigen Hintergrundtapete). Ansonsten würde das Ausstanzen des Hintergrunds schwierig, wenn nicht unmöglich sein.

Ein geteiltes Bild (Split Screen) erzeugen

Zu den Effekten, die Sie mit Hilfe der Transparenzeinstellungen in Adobe Premiere Pro erstellen können, gehört auch das geteilte Bild (Split Screen). Dabei wird ein Teil eines Clips auf der einen Hälfte des Bildschirms und ein Teil eines anderen Clips auf der anderen Hälfte des Bildschirms dargestellt.

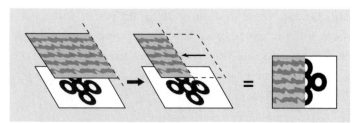

Transparenz für oberen Clip; Effekt eines geteilten Bildes

In dieser Übung erzeugen Sie ein geteiltes Bild, in dem die Hälfte eines Clips oberhalb und die Hälfte eines anderen Clips unterhalb angezeigt wird. Vorher importieren Sie die beiden Clips und fügen diese der *Sequence 01* hinzu.

1 Die aktuelle Zeitmarke ist auf Null gesetzt.

2 Wählen Sie im Schnittfenster *Sequence 01* und dann den Befehl **Bearbeiten: Alles auswählen**. Wählen Sie dann **Bearbeiten: Löschen**, um alle Clips in *Sequence 01* zu löschen.

3 Ablage 01 ist im Projektfenster gewählt. Wählen Sie **Datei: Importieren**. Öffnen Sie den Ordner *04Lesson*.

4 Wählen Sie mit gedrückter Strg-Taste die Clips *Split1.avi* und *Split2.avi*. Klicken Sie auf »Öffnen«.

5 Ziehen Sie *Split1.avi* aus der Ablage im Projektfenster auf die Spur *Video 1*. Der In-Point befindet sich ganz am Anfang der Zeitleiste.

6 Sehen Sie sich den Clip an, bevor Sie Transparenz zuweisen.

7 Ziehen Sie *Split2.avi* aus der Ablage im Projektfenster auf die Spur *Video 2*. Der In-Point befindet sich ebenfalls ganz am Anfang der Zeitleiste.

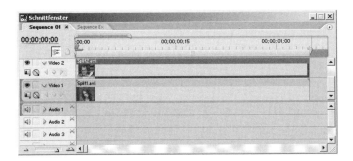

8 Scrubben Sie in der Schnittfenster-Zeitleiste, um sich die beiden Clips vor dem Zuweisen von Transparenz anzusehen.

Sie sehen, dass nur *Split2.avi* in der Programmansicht im Monitorfenster erscheint. Premiere zeigt alle unterhalb dieses Clips befindlichen Clips ohne Transparenz nicht an.

Sie können einem Clip in der Spur *Video 1* keine Transparenz zuweisen; deshalb versehen Sie *Split2.avi* auf der Spur *Video 2* mit Transparenz. Da *Split1.avi* direkt unterhalb von *Split2.avi* angeordnet ist, wird *Split1.avi* nach dem Zuweisen der Transparenz in *Spur 2* wieder zu sehen sein.

9 Wählen Sie *Split2.avi* im Schnittfenster und gehen Sie dann ins Effekteinstellungen-Fenster.

10 Klicken Sie auf das Dreieck links neben *Bewegung*, um die Einstellungen anzuzeigen.

Wenn Sie ein geteiltes Bild erstellen, benötigen Sie keinen Key-Typ für Transparenz; stattdessen ändern Sie bestimmte Aspekte des Clips wie Position, Höhe und Breite.

11 Geben Sie unter Position den Wert **470** für die vertikale Postion (rechtes Eingabefeld) ein oder ziehen Sie den Regler auf 470.

234 | LEKTION 4
| Farbe und Transparenz

Die Programmansicht zeigt den Effekt des geteilten Fensters.

Premiere zeigt *Split2.avi* jetzt in der unteren Hälfte und *Split1.avi* in der oberen Hälfte der Programmansicht.

Hinweis: *Sie können vertikal, horizontal oder diagonal geteilte Bilder erstellen, indem Sie Position, Drehung und andere Aspekte des Clips entsprechend einstellen.*

12 Schauen Sie sich das geteilte Bild in der Echtzeitvorschau an oder renderscrubben Sie in der Zeitleiste.

13 Speichern Sie das Projekt.

Den Transparenz-Key *Blue Screen* zuweisen

Die beiden am häufigsten eingesetzten Transparenz-Keys sind *Blue Screen* und *Green Screen*. Diese Keys werden benutzt, um den Hintergrund in einem Video durch einen anderen Hintergrund zu ersetzen. Dabei ist vorteilhaft, dass es keine Probleme mit Hauttönen gibt. In den TV-Nachrichtenprogrammen werden aktuelle Beiträge oder Grafiken zum Beispiel regelmäßig mit Hilfe des Blue-Screen-Effekts hinter dem Moderator eingeblendet.

Wenn Sie bei einer Videoaufnahme einen blauen oder grünen Hintergrund verwenden und dieser Hintergrund später mit den Key-Typen *Blue Screen* oder *Green Screen* ausgestanzt werden soll, müssen Sie darauf achten, dass die Hintergrundfarbe nicht in den übrigen Bildbereichen vorkommt. Wenn Sie beispielsweise einen Moderator mit blauer Krawatte vor einem blauen Hintergrund aufnehmen, werden bei Anwendung des Key-Typs *Blue Screen* der Hintergrund und die Krawatte transparent bzw. ausgestanzt.

Blue Screen-Transparenz mit blauer und weißer Krawatte

Sie fügen nun einen Clip in die Spur *Video 2* ein, um anschließend die Key-Typen *Blue Screen* und *Chroma* zuzuweisen.

1 Doppelklicken Sie im Projektfenster auf *Sequence Ex*, um diese Sequenz im Schnittfenster zu aktivieren.

2 Wählen Sie die Ablage *Color* und dann den Befehl **Datei: Importieren**. Wählen Sie *Storefront1.psd* und klicken Sie auf »Öffnen«.

3 Wählen Sie im Dialogfeld »Importierte Ebenendatei«. Aktivieren Sie die Option »Ebene auswählen«.

4 Wählen Sie im Menü »Ebene auswählen« die Option »Bluescreen«. Klicken Sie auf OK.

5 Fügen Sie *Bluescreen/Storefront1.psd* im Schnittfenster am Beginn der Spur *Video 2* ein.

6 Passen Sie die Dauer an die von *Opening.avi* (00:00:06:05) an, indem Sie *Bluescreen/Storefront1.psd* und dann den Befehl **Clip: Geschwindigkeit/**

Dauer wählen. Geben Sie in das Feld »Dauer« den Wert **605** ein und klicken Sie auf OK.

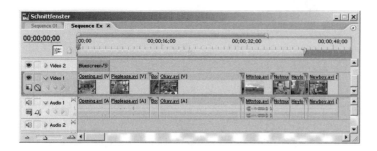

7 Scrubben Sie im Effekteinstellungen-Fenster. *Bluescreen/Storefront1.psd* verdeckt *Opening.avi*.

8 Geben Sie in der Effekte-Palette in das Feld »Enthält« den Begriff **blue** ein. Der Effekt *Blue Screen-Key* wird angezeigt. (Oder erweitern Sie im Ordner *Videoeffekte* den Ordner *Keying*, um den Effekt *Blue Screen-Key* anzuzeigen.)

9 Wählen Sie den Effekt *Blue Screen-Key* und ziehen Sie ihn in das Schnittfenster auf *Bluescreen/Storefront1.psd* in der Spur *Video 2*.

10 Klicken Sie im Schnittfenster auf *Bluescreen/Storefront1.psd* und öffnen Sie dann das Effekteinstellungen-Fenster.

11 Klicken Sie auf das Dreieck neben *Blue Screen-Key*, um die Einstellungen dieses Effektes anzuzeigen.

Die Regler *Schwellenwert* und *Schwellenwertabgrenzung* im Effekteinstellungen-Fenster verändern Abstufung und Schattierung der Bereiche, die entfernt werden sollen.

Scrubben Sie im Effekteinstellungen-Fenster, um festzustellen, wie viel vom blauen Hintergrund ausgestanzt wurde.

Um den gesamten blauen Hintergrund zu entfernen bzw. auszustanzen und damit das Aussehen des Bildes zu verbessern, müssen Sie den Schwellenwert ändern.

12 Klicken Sie im Feld rechts neben *Schwellenwert* und geben Sie **83.0** ein. Oder ziehen Sie den Regler auf 83.0.

Beachten Sie die stärkere Sättigung und Realistik der Hintergrundfarben. Grund: Sie haben mehr von den Blauwerten des gewählten Clips entfernt. Sie sehen den Effekt in der Programmansicht.

13 Schauen Sie sich den Blue-Screen-Effekt in der Echtzeitvorschau an. Oder scrubben Sie in der Zeitleiste.

14 Speichern Sie das Projekt.

Den Transparenz-Key *Chroma* zuweisen

Mit dem Key *Chroma* wählen Sie eine Farbe oder einen Farbbereich im Clip aus und machen ihn transparent. Wenn Sie z.B. keine Videoaufnahme vor blauem oder grünem Hintergrund machen können (weil z.B. ein Kleid auch blau oder grün ist), können Sie einen anderen Farbhintergrund einsetzen und diesen dann in Premiere Pro mit Hilfe des *Chroma*-Keys entfernen bzw. ausstanzen.

Sie setzen jetzt den *Chroma*-Key für einen Clip mit grauen Bereichen im Hintergrund ein.

1 Aktivieren Sie *Sequence 01* im Schnittfenster, indem Sie entweder im Projektfenster auf *Sequence 01* doppelklicken oder auf den Reiter *Sequence 01* im Schnittfenster klicken.

2 Wählen Sie **Bearbeiten: Alles auswählen**.

3 Wählen Sie **Bearbeiten: Löschen**.

4 Ziehen den Clip *Notmuch.avi* aus *Bin 01* im Projektfenster an den Beginn von *Sequence 01* (Spur *Video 1*) im Schnittfenster.

5 Doppelklicken Sie im Projektfenster auf *Mtntop.avi*, um den Clip in der Originalansicht zu zeigen.

6 Sie hatten bereits in einer früheren Lektion den In-Point von *Mtntop.avi* auf 00:00:05:00 und den Out-Point auf 00:00:08:12 getrimmt. Die Dauer von *Notmuch.avi* beträgt 00:00:03:06. Setzen Sie für diese Übung in der Originalansicht den In-Point auf 00:00:05:07 und den Out-Point auf 00:00:08:12, so dass die Dauer von *Mtntop.avi* der von *Notmuch.avi* entspricht.

7 Klicken Sie auf den Schalter »Aufnahme: Audio und Video aktivieren/deaktivieren« ( ). Achten Sie darauf, dass Audio und Video aktiviert sind.

8 Ziehen Sie *Mtntop.avi* aus dem Projektfenster auf die Spur *Video 2* und richten Sie den In-Point am Beginn der Zeitleiste aus.

9 Scrubben Sie im Schnittfenster für eine Vorschau des Films, bevor Sie den Effekt *Chroma-Key* zuweisen.

10 Öffnen Sie die Effekte-Palette und geben Sie **chroma** in das Feld »Enthält« ein.

11 Wählen Sie den Effekt *Chroma-Key* und ziehen Sie ihn auf *Mtntop.avi* in der Spur *Video 2* im Schnittfenster.

12 Klicken Sie auf den Clip *Mtntop.avi* im Schnittfenster und öffnen Sie dann das Effekteinstellungen-Fenster.

13 Klicken Sie auf das Dreieck neben dem Effekt *Chroma-Key*, um die Einstellungen anzuzeigen.

Beachten Sie, dass Weiß im Farbfeld von *Chroma-Key* enthalten ist. Sie klicken auf das weiße Feld, um eine Key-Farbe im Farbwähler zu bestimmen. Sie weisen in dieser Übung das Blau des Himmels (letzter Frame) zu.

14 Klicken Sie im Farbfeld des Effektes *Chroma-Key*.

Premiere Pro öffnet den Farbwähler, in dem Sie Farbe unterschiedlich zuweisen können.

15 Geben Sie **168** für Rot (R), **190** für Grün (G) und **204** für Blau (B) ein und klicken Sie auf OK.

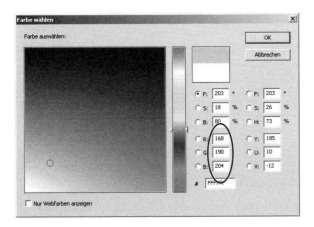

16 Der wolkige Hintergrund in *Mtntop.avi* ist gedithert (d.h. keine flächige Farbe). Sie benutzen die *Angleichen*-Einstellung, um den Hintergrund des Clips transparent zu machen. Diese Einstellungen gleichen die Bildkanten an den Hintergrund an, indem die Deckkraft dort verändert wird, wo die Farbpixel aufeinander treffen.

17 Klicken Sie im Effekteinstellungen-Fenster auf das Feld rechts neben *Angleichen* und geben Sie den Wert **40** ein. Beachten Sie, wie die Kanten zwischen Bild und Hintergrund an Schärfe verlieren.

Hinweis: Sie können auch den Angleichen*-Regler benutzen. Klicken Sie auf das Dreieck neben* Angleichen*, um den Regler anzuzeigen. Stellen Sie mit ihm den Wert 40 ein.*

Die Einstellungen *Schwellenwert* und und *Schwellenwertabgrenzung* werden für diesen Clip nicht benötigt. Allerdings sollten Sie mit der Einstellung *Glättung* noch die Kanten glätten.

18 Klicken Sie auf das Dreieck rechts neben *Glättung* und wählen Sie die Option »Stark«.

19 Sehen Sie sich den Clip als Echtzeitvorschau an bzw. scrubben Sie im Schnittfenster. Der Clip *Mtntop.avi* wird jetzt ohne Wolken angezeigt.

20 Speichern Sie das Projekt.

Den *Spurmaske*-Key zuweisen

Mit dem Key *Spurmaske* können Sie eine verschiebbare Maske für das Zusammenführen zweier übereinander liegender Clips erstellen. Wenn Sie diesen Key-Typ zuweisen, können Sie einen Film durch die Maske eines anderen Films und gleichzeitig einen weiteren Film im Hintergrund abspielen.

Beim Erstellen des Keys *Spurmaske* ist die Reihenfolge Ihrer Clips sehr wichtig. Das Zuweisen dieses Keys auf unterschiedliche Clips und Videospuren ermöglicht zahllose Effekte. Einige dieser Effekte lernen Sie in dieser Lektion kennen.

Mit dem *Spurmaske-Key* zeigen Sie einen Clip durch einen anderen Clip hindurch an. Dazu verwenden Sie eine dritte Datei als Maske, die transparente Bereiche im überlagerten Clip erzeugt. Weiße Bereiche in der Maske sind deckende Bereiche im überlagerten Clip, so dass darunter liegende Clips nicht sichtbar sind. Schwarze Bereiche in der Maske sind transparent und graue Bereiche sind teilweise transparent. Um die ursprünglichen Farben im überlagerten Clip zu erhalten, müssen Sie als Maske ein Graustufenbild verwenden. Wenn die Maske Farben enthält, werden die entsprechenden Farbanteile aus dem überlagerten Clip entfernt.

Sie erstellen Masken auf verschiedene Arten:

- Erstellen Sie im Titelfenster Text oder Formen (nur Graustufen), speichern Sie den Titel und importieren Sie die Datei anschließend als Maske. Informationen über den Title Designer und das Titelfenster finden Sie in Lektion 11.

- Erstellen Sie mit den Keys *Chroma*, *RGB-Differenz*, *Differenzmaske*, *Blue Screen*, *Green Screen* und *Non-Red* eine Maske aus einem beliebigen Clip. Wählen Sie anschließend die Option »Maske erstellen«.

- Erstellen Sie mit Hilfe von Adobe Illustrator oder Adobe Photoshop ein Graustufenbild und importieren Sie es in Adobe Premiere Pro. Weisen Sie dem Bild anschießend (optional) noch Bewegungseinstellungen zu.

Sie weisen in diesem Abschnitt den *Spurmaske-Key* der *Sequence 01* im Schnittfenster zu.

1   Wählen Sie in *Sequence 01* den Clip *Mtntop.avi*, so dass der *Chroma-Key* im Effekteinstellungen-Fenster aktiviert ist.

2   Klicken Sie im Effekteinstellungen-Fenster auf den Namen *Chroma-Key* und schalten Sie ihn durch Klicken auf das Symbol »Effekt aktivieren/deaktivieren« ( ) aus. Das Symbol finden Sie links neben dem Dreieck von *Chroma-Key*. Der Effekt lässt sich jederzeit wieder aktivieren.

3   Wählen Sie im Projektfenster *Bin 01* und dann **Datei: Importieren**.

4   Wählen Sie im Ordner *04Lesson* die Datei *Trackmatte.psd* und klicken Sie auf »Öffnen«.

Es erscheint das Dialogfeld »Importierte Ebenendatei«.

5   Aktivieren Sie die Option »Ebene auswählen« und achten Sie darauf, dass unter »Abmessungen« die Option »Dokumentgröße« gewählt ist.

6   Klicken Sie auf OK.

7 Klicken Sie im Projektfenster auf *Layer1/Trackmatte.psd* in *Bin 01* und wählen Sie den Befehl **Clip: Geschwindigkeit/Dauer**.

Es erscheint das Dialogfeld »Clip-Geschwindigkeit/Dauer«.

8 Ändern Sie die Dauer in **3.06**, um den Clip an die Clips *Mtntop.avi* und *Notmuch.avi* anzupassen.

9 Klicken Sie auf OK.

10 Fügen Sie *Layer1/Trackmatte.psd* in die Spur Video 3 am Beginn von Sequence 01 ein, so dass dieser Clip die Clips *Mtntop.avi* und *Notmuch.avi* überlagert.

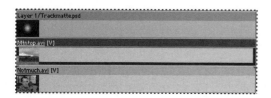

11 Suchen Sie in der Effekte-Palette den Videoeffekt *Spurmaske-Key*.

12 Ziehen Sie den *Spurmaske-Key* auf den Clip *Mtntop.avi* in der Spur *Video 2*.

13 Wählen Sie im Schnittfenster *Mtntop.avi*, um den *Spurmaske-Key* im Effekteinstellungen-Fenster zu aktivieren.

14 Klicken Sie im Effekteinstellungen-Fenster auf das Dreieck neben *Spurmaske-Key*, um die Einstellungen anzuzeigen.

15 Wählen Sie aus dem Menü rechts neben *Hintergrund* die Option »Video 3«.

Der Effekt arbeitet zusätzlich noch mit den Einstellungen *Compositing mit* und *Umkehren*. Wählen Sie *Alphamaske*, um mit Hilfe der Werte im Alpha-Kanal der Spurmaske die Zusammenstellung zu erzeugen. Wenn Sie die Luminanzwerte des Bildes verwenden möchten, wählen Sie *Luminanzmaske*. Die Einstellung *Umkehren* kehrt die Werte der Spurmaske um.

16 Wählen Sie für *Compositing mit* die Option »Alphamaske«.

17 Wählen Sie im Schnittfenster die Spur *Video 3*.

18 Wählen Sie **Clip: Aktivieren**, um diese Option abzuschalten (das Häkchen zu entfernen). Das Bild *Trackmatte.psd* gehört jetzt nicht mehr zum Compositing, das heißt, es werden nur noch die Transparenzwerte des Bildes benutzt.

19 Sehen Sie sich die Vorschau des Effektes an.

Ergebnis mit deaktivierter Spur Video 3 *für den endgültigen* Spurmaske-*Effekt*

20 Speichern Sie das Projekt.

Den Film exportieren

Sie generieren jetzt eine Filmdatei.

1 Falls Sie die Audiovorschau früher in dieser Lektion ausgeschaltet haben, sollte sie jetzt wieder aktiviert werden. Klicken Sie dazu auf das entsprechende Symbol rechts am Anfang der einzelnen Audiospuren, damit Sie wieder das Lautsprechersymbol ( ) sehen.

2 Wählen Sie **Datei: Exportieren: Film**.

3 Klicken Sie im Dialogfenster »Film exportieren« auf die Schaltfläche »Einstellungen«. Achten Sie darauf, dass »Microsoft DV AVI« für *Dateityp* gewählt ist.

4 Wählen Sie unter »Bereich« die Option »Vollständige Sequenz«.

5 Die Optionen »Video exportieren« und »Audio exportieren« sind aktiviert. Die Optionen »Nach Abschluss dem Projekt hinzufügen« und »Vorgang mit Signalton beenden« sind ebenfalls gewählt.

6 Wählen Sie im Abschnitt »Audio« für *Samplerate* die Option »48000 Hz«, für *Sampletyp* die Option »16 Bit« und für *Kanäle* die Option »Stereo«.

7 Klicken Sie auf OK, um das Dialogfeld »Einstellungen für Filmexport« zu schließen.

8 Geben Sie im Dialogfeld »Film exportieren« den Ordner *04Lesson* als Speicherort an und geben Sie **04Done** als Dateinamen ein. (Premiere Pro fügt die Erweiterung AVI hinzu.) Klicken Sie auf *Speichern*.

Premiere Pro beginnt mit der Generierung Ihres Videoprogramms und zeigt dabei in einer Statusleiste die ungefähre für diesen Vorgang benötigte Zeit an. Sobald das Videoprogramm generiert ist, importiert Premiere Pro es in das Projektfenster.

9   Doppelklicken Sie auf den Film, um ihn in der Originalansicht im Monitorfenster zu öffnen.

10 Klicken Sie auf die Wiedergabe-Schaltfläche, um den soeben erstellten Film anzusehen.

Eigene Übungen

Experimentieren Sie mit dem gerade in dieser Lektion erstellten Projekt. Dazu einige Vorschläge:

- Ändern Sie den Transparenz-Key für verschiedenen Effekte und prüfen Sie die Ergebnisse.
- Verwenden Sie die Überblendung *Wischen*, um ein geteiltes Bild zwischen *Split1.avi* und *Split2.avi* zu erzeugen.
- Finden Sie heraus, welche anderen Transparenz-Keys den Hintergrund von Clips entfernen.

Fragen

1   Wie erstellen Sie ein geteiltes Bild?

2   Worin liegt der Unterschied zwischen den Key-Typen *Blue Screen* und *Chroma*?

3   Mit welchem Key können Sie Filme modifizieren und so übereinander legen, dass ein Film durch die Maske eines anderen Films abgespielt wird?

4   Wozu verwenden Sie den Videoeffekt *Farbabstimmung*?

5   Wodurch unterscheiden sich die Regler *Ähnliche Farben* und *Angleichen*?

Antworten

1 Durch Ändern der *Position*-Einstellung im Effekteinstellungen-Fenster.

2 Mit dem Key-Typ *Blue Screen* lässt sich nur die Farbe Blau, mit dem Key-Typ *Chroma* dagegen eine beliebige Farbe ausstanzen bzw. mit Transparenz versehen.

3 Mit dem Key-Typ *Spurmaske*.

4 Verwenden Sie den Videoeffekt *Farbabstimmung*, um die Farben von Clips untereinander anzupassen. Das ist besonders nützlich, wenn das Material mit verschiedenen Kameras bei unterschiedlichen Lichtbedingungen aufgenommen wurde.

5 Der Regler *Ähnliche Farben* vergrößert den Farbbereich, der vom jeweiligen Transparenz-Key-Typ ausgestanzt bzw. mit Transparenz versehen wird. Mit dem Regler *Angleichen* werden die Bildkanten an den Hintergrund angeglichen, indem die Deckkraft dort verändert wird, wo die Farbpixel aufeinander treffen.

Lektion 5

5 | Bewegungspfade

*Bewegung macht Standbilddateien erst interessant und bereichert ein Videoprogramm.
Mit den Animationsmöglichkeiten in Adobe Premiere können Sie die unterschiedlichsten Standbilder und Videodateien bewegen, drehen, verzerren und vergrößern.*

In dieser Lektion erstellen Sie einige fliegende Logos und lernen die Grundlagen der Animation in Premiere Pro. Insbesondere machen Sie sich mit folgenden Techniken vertraut:

- Keyframes erstellen, zuweisen und transformieren
- Einen *Bewegungspfad* erstellen und ändern
- Bewegung entlang der Zeitleiste im Effekteinstellungen-Fenster einstellen
- Skalierung und Drehung einstellen
- Einen gespeicherten Bewegungspfad laden und einstellen
- Eine Bewegungsmaske ausgehend von einem Standbild erstellen

Vorbereitungen

Sie setzen in dieser Lektion mit dem Filmprojekt aus Lektion 4 fort – die benötigten Dateien wurden bereits in das Projekt importiert. Anschließend weisen Sie den Clips verschiedene Bewegungs- und Transparenzeinstellungen zu. Prüfen Sie, wo sich die für diese Lektion benötigten Dateien befinden.

Öffnen Sie die Datei *05Lesson.prproj*. Eventuell müssen Sie auch auf die Buch-DVD zugreifen. Weitere Informationen dazu finden Sie unter »Die Classroom in a Book-Dateien kopieren« auf Seite 17 in diesem Buch.

1 Starten Sie Premiere Pro.
2 Klicken Sie im *Willkommen*-Fenster auf »Projekt öffnen«.
3 Doppelklicken Sie auf *05Lesson.prprj* im Ordner *05Lesson*, um die Datei zu öffnen.
4 Ordnen Sie die Fenster und Paletten so an, dass sie sich nicht überlappen. Das Effekteinstellungen-Fenster ist für diese Lektion geöffnet.

Die fertigen Filme ansehen

Damit Sie von dem einen Eindruck erlangen, was Sie im Verlauf dieser Lektion erstellen, sollten Sie sich jetzt die fertigen Filme ansehen.

1 Erstellen Sie die Ablage *Resources* im Projektfenster. Klicken Sie auf das Dreieck neben der *Resources*, um die Ablage zu öffnen. Wählen Sie *Resources*.

2   Wählen Sie jetzt **Datei: Importieren**. Öffnen Sie im Verzeichnis *05Lesson/Finished* mit gedrückter Strg-Taste die Dateien *Linearfinal.avi*, *Nonlinearfinal.avi*, *Scalerotatefinal.avi* und *Travmattefinal.avi*. Klicken Sie auf »Öffnen«.

Die fertigen Filmclips für diese Lektion befinden sich jetzt in der Ablage *Resources*.

3   Doppelklicken Sie auf die Filmdateien, die Sie sich ansehen wollen. Die Filme öffnen sich in der Originalansicht des Monitorfensters.

4   Klicken Sie auf die »Wiedergabe«-Schaltfläche (▶) der Originalansicht, um die Filme abzuspielen.

5   Anschließend können Sie die *Resources*-Ablage und damit die Filme löschen, indem Sie unten im Projektfenster auf die Schalfläche »Löschen« (🗑) klicken. Oder Sie behalten die Filme als Referenz für die Arbeit in dieser Lektion.

Animationen in Premiere Pro erzeugen

Im Gegensatz zu Video, in dem die Bewegung durch Aufnehmen echter Aktion entsteht, ist die Bewegung in einer *Animation* künstlich erzeugt. Sie können Animations-Clips aus anderen Programmen, wie beispielsweise Adobe After Effects, in Premiere Pro laden. Zudem lassen sich Animationen auf zahlreichen Wegen auch in Adobe Premiere Pro direkt erstellen.

In Premiere können Sie einen Video-Clip oder ein Standbild bewegen, drehen, zoomen und verzerren. Allerdings lassen sich diese Bewegungen immer nur auf den gesamten Clip anwenden, nicht auf einzelne Elemente innerhalb des Clips. Mit Hilfe von Keyframes, Transparenz und anderen Bildmanipulationen lassen sich Bewegungen über eine bestimmte Zeitdauer erzielen.

Mit Hilfe der Bewegungseinstellungen in Premiere Pro erstellen Sie einen Bewegungspfad, an dem entlang sich beliebige Standbilder und Video-Clips animieren lassen. Kleine weiße Quadrate repräsentieren dabei die per Keyframe festgelegten Positionen. Sie legen den Pfad entweder nur innerhalb des Anzeigebereichs fest oder führen ihn über diesen Bereich hinaus, so dass der Clip von außen in den Bereich hineinzutreten und ihn wieder zu verlassen scheint.

LEKTION 5
Bewegungspfade

In dieser Lektion animieren Sie ein Standbild auf unterschiedliche Arten, indem Sie entsprechende Bewegungspfade erzeugen. Außerdem erfahren Sie, wie Sie Bewegungspfade zusammen mit Transparenzfiltern einstellen, um die Animation noch raffinierter zu gestalten.

Einen Bewegungspfad für ein Standbild festlegen

Sie definieren nun einen einfachen Bewegungspfad für die Datei *Logogold.psd* – eine Photoshop-Datei mit einem Alpha-Kanal. Wie Sie aus Lektion 4 wissen, ist ein Alpha-Kanal ein zusätzlicher Kanal in einem RGB-Bild, der eine Maske (auch *Matte* genannt) enthält. Mit dieser Maske bestimmen Sie die Teile des Bildes, die transparent oder teilweise transparent sein sollen.

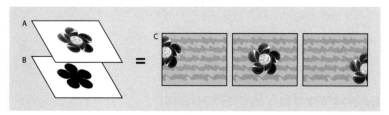

A. *Photoshop-Datei* **B.** *Alpha-Kanal in Photoshop-Datei*
C. *Transparenz-Key-Typ* Alpha-Kanal *und Bewegung zugewiesen*

Sie arbeiten in dieser Übung mit der Sequenz *Sequence Ex* aus den vorherigen Lektionen. Sie fügen auch Titel und Text hinzu, allerdings erfahren Sie mehr darüber in Lektion 11.

1. Doppelklicken Sie im Projektfenster auf *Sequence Ex*, um diese Sequenz im Schnittfenster zu aktivieren.

2. Die aktuelle Zeitmarke befindet sich am am Anfang der Sequenz auf Null.

3. Wählen Sie die Ablage *Bin 01* im Projektfenster und anschließend **Datei: Importieren**.

4. Suchen Sie *Logogold.psd* innerhalb des Ordners *05Lesson* und klicken Sie auf »Öffnen«.

5. Klicken Sie im Dialogfeld »Importierte Ebenendatei« auf OK.

6 Ziehen Sie *Logogold.psd* an den Anfang der Spur *Video 3*. Das Standbild überlagert einen Teil von *Bluescreen/Storefront01.psd* auf der Spur *Video 2* und von *Opening.avi* auf der Spur *Video 1*.

7 Ziehen Sie mit dem Auswahl-Werkzeug das Ende von *Logogold.psd*, so dass es am Ende von *Opening.avi* einrastet (Position 00:00:06:06). Auf diese Weise ändern Sie ganz einfach die Dauer eines Standbilds.

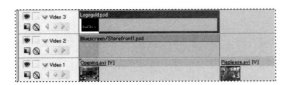

8 *Logogold.psd* ist noch im Schnittfenster gewählt, so dass die *Bewegung*-Einstellungen im Effekteinstellungen-Fenster aktiviert sind.

9 Klicken Sie im Effekteinstellungen-Fenster auf den Effekt *Bewegung* ( ).

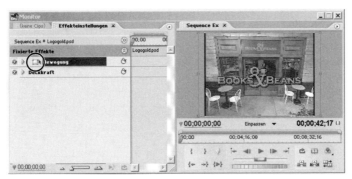

Wählen Sie den Effekt Bewegung, *indem Sie auf das Symbol links neben dem Wort* Bewegung *oder direkt auf das Wort klicken.*

Der Clip erscheint in der Programmansicht mit Anfassern in den Ecken und an den Seiten. Diese Anfasser ermöglichen das Einstellen von Position, Skalierung und Drehung eines Clips. Diese Eigenschaften berechnet Premiere ausgehend vom Ankerpunkt im Zentrum des Clips. Die Bewegung lässt sich im Effekteinstellungen-Fenster oder durch direktes Manipulieren der Clipanfasser in der Programmansicht einstellen.

10 Klicken Sie auf das Dreieck links neben *Bewegung*, um die entsprechenden Einstellungen anzuzeigen.

Logogold.psd überlagert standardmäßig zentriert den darunter liegenden Clip, was in der Programmansicht gut zu erkennen ist.

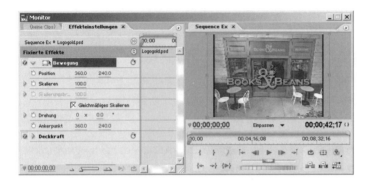

Sie stellen jetzt die *Bewegung*-Parameter grafisch dar.

11 Klicken Sie auf den *Position*-Schalter ( ), um einen Keyframe am Programmanfang zu setzen.

12 Zuerst schieben Sie *Logogold.psd* nach links aus dem Bildschirm, indem Sie einen der folgenden Schritte ausführen:

- Geben Sie unter *Position* im ersten Feld den Wert **-268.8** ein. Dieser Wert steht für die horizontale Bewegung bzw. für die X-Koordinate.

- Ziehen Sie unter *Position* über dem ersten Feld für die X-Koordinate nach links, bis *Logogold.psd* den Wert -268.8 erreicht.

- Ziehen Sie in der Programmansicht die Anfasser des Frames mit gedrückter Umschalttaste nach links, bis sich die Datei *Logogold.psd* außerhalb des Bildschirms befindet.

13 Ziehen Sie im Effekteinstellungen-Fenster die Marke für die aktuelle Zeit an das Ende des Clips.

14 Klicken Sie auf die Schaltfläche »Keyframe hinzufügen/entfernen« (◆), um einen Keyframe auf den letzten Frame des Clips zu setzen.

15 Stellen Sie die X-Koordinate auf **990.1** ein, so dass *Logogold.psd* nach rechts aus dem Bildschirm verschwindet.

Die Abstände zwischen den Punkten in den Anfassern in der Programmansicht zeigen die Geschwindigkeit zwischen den Keyframes an. Je weiter der Abstand, desto langsamer ist die Geschwindigkeit.

16 Scrubben Sie im Effekteinstellungen-Fenster durch den Clip und sehen Sie sich den Effekt an.

17 Sehen Sie sich im Schnittfenster die Echtzeitvorschau des gerade erstellten Bewegungseffektes an.

Logogold.psd kommt von links in den Bildschirm, um dann rechts wieder aus dem Bildschirm zu verschwinden.

18 Speichern Sie das Projekt.

Ein Standbild mit einem nichtlinearen Pfad versehen

Sie versehen jetzt den Bewegungspfad des fliegenden Logos mit einer Kurve.

1   Setzen Sie die Marke für die aktuelle Zeit auf 00:00:01:09.

2   Stellen Sie im Effekteinstellungen-Fenster die X-Koordinate auf etwa **160** ein, um einen Keyframe hinzuzufügen. Sie verfügen jetzt über drei Keyframes.

3   Klicken Sie auf das Symbol *Bewegung* ( ).

4   Ziehen Sie in der Programmansicht den Clip *Logogold.psd* nach unten links im Frame.

5   Setzen Sie die Marke für die aktuelle Zeit im Effekteinstellungen-Fenster auf einen späteren Zeitpunkt im Clip, beispielsweise auf die Position 00:00:03:28.

6   Klicken Sie auf die Schaltfläche »Keyframe hinzufügen/entfernen« ( ).

7   Ziehen Sie in der Programmansicht des Monitorfensters *Logogold.psd* nach oben rechts im Frame.

Der Clip hat jetzt vier Keyframes.

8   Setzen Sie im Effekteinstellungen-Fenster die Marke für die aktuelle Zeit auf null (0).

9   Rendern Sie die Datei und sehen Sie sich die gerade erstellte Kurve an.

10 Speichern Sie das Projekt.

In einem nichtlinearen Bewegungspfad skalieren, drehen und Transparenz zuweisen

In dieser Übung lassen Sie das Bild *Logogold.psd* zur Mauer fliegen und sich mit dem Ladenschild vereinen.

1. *Logogold.psd* ist im Schnittfenster gewählt.
2. Klicken Sie im Effekteinstellungen-Fenster so lange auf die Schaltfläche »Zum nächsten Keyframe gehen« (▶), bis Sie den letzten Keyframe in der Zeitleiste aufgefunden haben.
3. Klicken Sie auf die Schaltfläche »Keyframe hinzufügen/entfernen«, um den letzten Keyframe im Clip zu entfernen.

Sie verfügen jetzt über drei Keyframes.

4. Klicken Sie auf die Schaltfläche »Zum vorherigen Keyframe gehen« (◀).
5. Klicken Sie auf das *Bewegung*-Symbol (▣).
6. Positionieren Sie in der Programmansicht *Logogold.psd* so, dass sich das Bild zentriert über dem Ladenschild befindet (X-Koordinate 365.0 und Y-Koordinate 59.6).
7. Klicken Sie im Effekteinstellungen-Fenster neben Skalieren auf die Schaltfläche »Animation aktivieren/deaktivieren« (⏱), um einen Keyframe für die Skalierung zu setzen. Der Keyframe erscheint unter dem *Position*-Keyframe.
8. Klicken Sie auf das Dreieck links neben *Skalierung*, um den *Skalieren*-Regler anzuzeigen.

9 Ziehen Sie den Regler nach links, um *Logogold.psd* auf die Breite des Ladenschilds (etwa 37.6%) einzustellen.

10 Klicken Sie auf das *Bewegung*-Symbol ( ) und stellen Sie in der Programmansicht die Position von *Logogold.psd* so ein, dass es deckungsgleich mit dem Ladenschild ist.

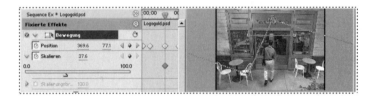

11 Klicken Sie unter *Position* auf die Schaltfläche »Zum vorherigen Keyframe gehen«, um die Marke für die aktuelle Zeit auf den mittleren Keyframe zu setzen.

12 Klicken Sie unter *Drehung* auf die Schaltfläche »Animation aktivieren/deaktivieren«, um eine Drehung einzustellen.

13 Klicken Sie auf das Dreieck links neben *Drehung*, um das Drehenrad anzuzeigen.

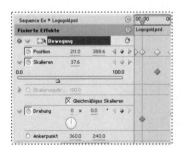

14 Drehen Sie *Logogold.psd* auf 48,0°.

15 Klicken Sie unter *Drehung* auf die Schaltfläche »Zum nächsten Keyframe gehen«, um zum letzten Keyframe zu gehen, der bereits auf 37,6% skaliert wurde.

16 Stellen Sie unter *Drehung* den Winkel 0 für den Keyframe an der Position 00:00:03:28 ein.

17 Klicken Sie unter *Position* zweimal auf die Schaltfläche »Zum vorherigen Keyframe gehen«, um den Anfangsframe des Clips zu finden.

18 Fügen Sie unter *Skalieren* einen Keyframe am Beginn des Clips hinzu.

19 Ziehen Sie den *Skalieren*-Regler auf 100%.

20 Klicken Sie unter *Skalieren* auf die Schaltfläche »Zum nächsten Keyframe gehen«, um zum dritten Keyframe zu gelangen.

21 Gehen Sie im Effekteinstellungen-Fenster zu den *Deckkraft*-Einstellungen.

22 Klicken Sie auf das Dreieck links neben *Deckkraft*, um die Einstellungen anzuzeigen.

23 Klicken Sie auf die Schaltfläche »Animation aktivieren/deaktivieren«, um einen *Deckkraft*-Keyframe zusammen mit dem dritten Keyframe im Clip zu setzen (Position 00:00:03:28).

24 Ziehen Sie die Marke für die aktuelle Zeit im Effekteinstellungen-Fenster an das Ende des Clips (Position 00:00:06:05).

LEKTION 5
Bewegungspfade

25 Ziehen Sie den *Deckkraft*-Regler auf 0.0, um einen *Drehung*-Keyframe am Ende des Clips hinzuzufügen.

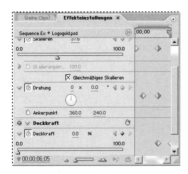

26 Sehen Sie sich das Ergebnis Ihrer *Skalieren*- und *Drehung*-Einstellungen an. Der Logo fliegt in das Bild, dreht sich und scheint im Ladenschild aufzugehen.

27 Speichern Sie das Projekt.

Mehrere Keyframes einstellen

Keyframe-Techniken sind ein wichtiger Aspekt für die Bearbeitung und Produktion von Videos. Im folgenden Abschnitt lernen Sie drei Techniken für das Einstellen einer großen Anzahl von Keyframes kennen. Dazu verwenden Sie die bereits vorhandene Projektdatei *Keyframe.prproj*.

1 Wählen Sie **Datei: Importieren**.

2 Wählen Sie im Ordner *05Lesson* die Datei *Keyframe.prproj*. Klicken Sie auf »Öffnen«.

Wenn Sie das Projekt *Keyframe* geöffnet haben, erscheint im Projektfenster die Ablage *Keyframe* mit der Sequenz *Keyframe Sequence*. Diese Sequenz enthält zahlreiche Keyframes mit *Position*- und *Skalieren*-Eigenschaften für die *Bewegung*-Einstellungen. Damit arbeiten Sie jetzt.

3   Öffnen Sie im Projektfenster die Ablage *Keyframe*.

4   Doppelklicken Sie auf *Keyframe Sequence*, um die Sequenz im Schnittfenster zu aktivieren.

Die Sequenz zeigt die Keyframe-Kurve *Bewegung: Position*.

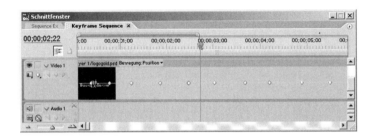

Hinweis: *Wenn im Schnittfenster die Keyframes in der Spur* Video 1 *nicht zu sehen sind, müssen Sie links in der Spur auf die Schaltfläche »Keyframes anzeigen« klicken. Vergrößern Sie die Spurhöhe, um die Ansicht zu verbessern und damit den Arbeitsablauf zu vereinfachen.*

5   Wählen Sie den Clip in der Spur *Video 1* der Sequenz *Keyframe Sequence*, um sie im Effekteinstellungen-Fenster zu aktivieren.

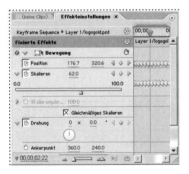

262 | LEKTION 5
Bewegungspfade

6   Klicken Sie im Effekteinstellungen-Fenster auf den Effekt *Bewegung* ( ).
    Die Programmansicht im Monitorfenster zeigt die Attribute für *Position* und
    Skalieren.

Die *Position*- und *Skalieren*-Keyframes lassen sich interaktiv an drei Stellen
manipulieren: in der Sequenz *Keyframe Sequence* im Schnittfenster, im Effekteinstellungen-Fenster und mit den Kontrollpunkten in der Programmansicht
des Monitorfensters.

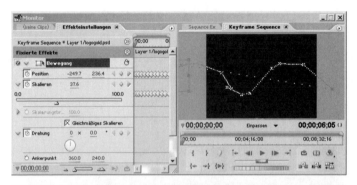

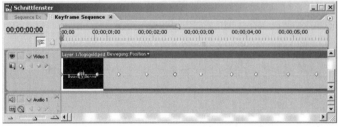

Ändern Sie einige Punkte entlang der *Position*-Kurve und die Skalierung entlang
des Skalierungspfads. Sehen Sie sich die Vorschau an, während Sie diese Effekte
bearbeiten, ändern und zuweisen.

7   Speichern Sie das Projekt.

Eine bewegte Maske erstellen

Eine Maske mit Bewegung wird als *bewegte Maske* oder *verschiebbare Maske* bezeichnet. Die Maske kann aus Bewegungsmaterial bestehen, wie z.B. eine blaue Silhouette. Sie können aber auch eine bewegte Maske erstellen, indem Sie eine Standbild-Maske mit Hilfe des Bewegungseffekts von Adobe Premiere Pro animieren. Wenn Sie ein Standbild animieren, müssen Sie sicherstellen, dass der Frame der Maske größer ist als der Projektframe, damit die Ränder der Maske beim Animieren der Maske nicht sichtbar werden. In der folgenden Übung müssen Sie die aktuelle Dokumentgröße wählen.

Da sich der Spurmaske-Key einem Videoclip zuweisen lässt, kann sich die Maske über einen bestimmten Zeitraum ändern. Eine Bewegungsmaske erstellen Sie mit Hilfe eines Standbilds mit Bewegung oder eines Video-Clips mit den Farben Schwarz und Weiß bzw. mit Graustufen. Die einem Standbild zugewiesene Bewegung kann ein simpler Zoom sein oder die Bewegung kann sich aus komplexen Drehungen, Verzerrungen und Verzögerungen zusammensetzen.

Eine Bewegungsmaske mit Transparenz versehen

In dieser Übung weisen Sie den Filter *Spurmaske-Key* einem bewegten Bild zu und erstellen so eine Bewegungsmaske. In Lektion 10 weisen Sie überlagernde Transparenzeffekte in Kombination mit virtuellen und duplizierten Clips zu.

Wenn Sie eine transparente Bewegungsmaske erstellen, müssen Sie immer erst dem Clip unterhalb der Maske im Schnittfenster den Key-Typ *Spurmaske* zuweisen. Sie weisen nun den *Spurmaske*-Key dem Clip *Mtntop.avi* zu, so dass *Notmuch.avi* im schwarzen Bereich (in der Maske) des Clips *Trackmatte.psd*, der oberhalb angeordnet ist, abgespielt wird.

Sie bewegen jetzt die Maske über einen bestimmten Zeitraum. Um dem Bild (der Bewegungsmaske) Effekte wie *Bewegung* zuzuweisen, arbeiten Sie mit einer verschachtelten Sequenz. Dazu erstellen Sie zuerst eine neue Sequenz und platzieren dann das Maskenbild auf einer Spur innerhalb der Sequenz für die Bewegungsmaske.

1 Wählen Sie **Datei: Neu: Sequenz**.

Das Dialogfeld »Neue Sequenz« erscheint.

2 Benennen Sie die Sequenz mit **Travel Matte** und klicken Sie auf OK.

3 Doppelklicken Sie im Projektfenster auf die Sequenz *Travel Matte*, um sie im Schnittfenster zu aktivieren.

4 Wählen Sie **Datei: Importieren**. Öffnen Sie *Trackmatte.psd* innerhalb des Ordners *05Lesson*. Klicken Sie im Dialogfeld »Importierte Ebenendatei« auf OK.

5 Ziehen Sie *Trackmatte.psd* aus dem Projektfenster an den Programmanfang in der Spur *Video 1*.

💡 *Ein Clip lässt sich im Schnittfenster an der Position der aktuellen Zeitmarke einfügen, indem Sie ihn im Projektfenster wählen und ein Komma eingeben.*

6 Klicken Sie in der Sequenz *Travel Matte* auf *Trackmatte.psd*, um den Clip im Schnittfenster und im Effekteinstellungen-Fenster zu aktivieren.

7 Wählen Sie **Clip: Geschwindigkeit/Dauer**.

8 Ändern Sie die Dauer in 00:00:03:05 und klicken Sie auf *OK*.

9 Setzen Sie im Effekteinstellungen-Fenster die Marke für die aktuelle Zeit auf die Position 0.

10 Klicken Sie auf das Dreieck neben *Bewegung*.

11 Klicken Sie links neben *Position* auf die Schaltfläche »Animation aktivieren/deaktivieren«, um einen Keyframe an der Position 0 zu setzen.

12 Klicken Sie links neben *Skalieren* auf die Schaltfläche »Animation aktivieren/deaktivieren«, um einen Keyframe an der Position 0 zu setzen.

13 Skalieren Sie den Keyframe auf 150.

14 Klicken Sie auf *Bewegung* ( ).

15 Setzen Sie unter *Position* die *X*-Koordinate auf **236**.

16 Positionieren Sie die Marke für die aktuelle Zeit an das Ende des Clips (Position 00:00:03:05).

17 Klicken Sie auf die Schaltfläche »Keyframe hinzufügen/entfernen«, um einen Keyframe für den letzten Frame der Sequenz *Travel Matte* hinzuzufügen.

18 Setzen Sie unter *Position* die *X*-Koordinate auf **524.2**.

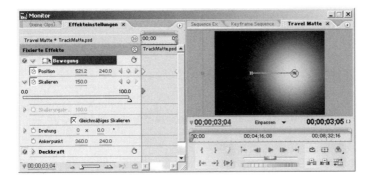

19 Sehen Sie sich die Vorschau der neuen Eigenschaften für *Bewegung* und *Skalieren* von *Trackmattte.psd* an.

20 Speichern Sie das Projekt.

Einen Standbild-Clip durch einen animierten Clip ersetzen

Sie ersetzen jetzt den Clip mit der Standbild-Bewegungsmaske durch eine bewegte Maske, d.h. die Sequenz *Travel Matte*.

1 Gehen Sie in das Projektfenster. Wählen Sie **Datei: Importieren**.

2 Wählen Sie die Datei *TrackAnimation.prproj* im Ordner *05Lesson* und klicken Sie auf »Öffnen«.

Die Ablage *TrackAnimation* erscheint im Projektfenster.

3   Klicken Sie auf das Dreieck neben *TrackAnimation*, um die Ablage zu öffnen.

4   Doppelklicken Sie auf die gerade importierte Sequenz *Track Animation*, um sie zu aktivieren.

5   Wählen Sie *Trackmatte.psd* auf der Spur *Video 3*.

6   Wählen Sie **Bearbeiten: Löschen**, um *Trackmatte.psd* aus der Sequenz *Track Animation* zu entfernen.

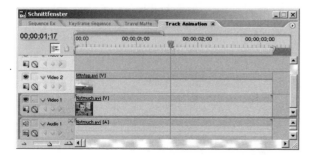

7   Wählen Sie im Projektfenster in der Ablage *Keyframe* die Sequenz *Travel Matte*.

8   Fügen Sie die Sequenz *Travel Matte* am Programmanfang auf der Spur *Video 3* ein.

9   Wählen Sie in der Sequenz *Track Animation* die Sequenz *Travel Matte*, um sie zu aktivieren.

10 Wählen Sie **Clip: Dauer/Geschwindigkeit**.

11 Geben Sie für die *Dauer* den Wert **306** ein und klicken Sie auf *OK*.

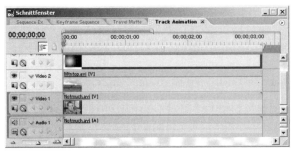

12 Wählen Sie **Clip: Aktivieren**, um den Clip zu deaktivieren (der Befehl wird jetzt ohne Häkchen angezeigt).

13 Sehen Sie sich die Vorschau der Sequenz *Travel Matte* an.

14 Speichern Sie das Projekt.

In den nächsten beiden Lektionen lernen Sie weitere Effekteinstellungen kennen.

Den Film exportieren

Da Sie jetzt die Bearbeitung abgeschlossen haben, sollten Sie eine Filmdatei generieren.

1. Falls Sie die Audiovorschau früher in dieser Lektion ausgeschaltet haben, sollten Sie sie jetzt wieder aktivieren. Klicken Sie dazu auf das entsprechende Symbol rechts am Anfang der einzelnen Audiospuren, so dass Sie wieder das Lautsprechersymbol (🔊) sehen.
2. Wählen Sie **Datei: Exportieren: Film**.
3. Klicken Sie im Dialogfenster »Film exportieren« auf die Schaltfläche »Einstellungen«. Achten Sie darauf, dass »Microsoft DV AVI« für *Dateityp* gewählt ist.
4. Wählen Sie unter »Bereich« die Option »Vollständige Sequenz«.
5. Die Optionen »Video exportieren« und »Audio exportieren« sind aktiviert. Die Optionen »Nach Abschluss dem Projekt hinzufügen« und »Vorgang mit Signalton beenden« sind ebenfalls gewählt.
6. Wählen Sie im Abschnitt »Audio« für *Samplerate* die Option »48000 Hz«, für *Sampletyp* die Option »16 Bit« und für *Kanäle* die Option »Stereo«.
7. Klicken Sie auf OK, um das Dialogfeld »Einstellungen für Filmexport« zu schließen.
8. Geben Sie im Dialogfeld »Film exportieren« den Ordner *05Lesson* als Speicherort an und geben Sie **05Done** als Dateinamen ein. (Premiere Pro fügt die Erweiterung AVI hinzu.) Klicken Sie auf »Speichern«.

Premiere Pro beginnt mit der Generierung Ihres Videoprogramms und zeigt dabei in einer Statusleiste die ungefähr für diesen Vorgang benötigte Zeit an. Sobald das Videoprogramm generiert ist, importiert Premiere Pro es in das Projektfenster.

9. Doppelklicken Sie auf den Film, um ihn in der Originalansicht zu öffnen.
10. Klicken Sie auf die Wiedergabe-Schaltfläche (▶), um den soeben erstellten Film anzusehen.

Eigene Übungen

Nehmen Sie sich ein paar Minuten Zeit und experimentieren Sie mit dem in dieser Lektion erstellten Projekt; probieren Sie dabei Ihre neu erworbenen Kenntnisse aus. Dazu folgende Vorschläge:

- Ändern Sie den Bewegungspfad für *Logogold.psd* so, dass sich das Bild gleichmäßig entlang des Pfades dreht. Speichern Sie den Pfad in einer Datei.
- Versehen Sie den Bewegungspfad von *Trackmatte.psd* mit mehreren Keyframes, beschleunigen und verzögern Sie die Bewegung, und sehen Sie sich die Effekte an.

Fragen

1. Wann sollten Sie einen Bewegungspfad beschleunigen?
2. Wie setzen Sie einen Keyframe im Effekteinstellungen-Fenster, damit er mit einem bestimmten Zeitpunkt im Clip übereinstimmt?
3. Welche drei Möglichkeiten gibt es, um Keyframes in einen Bewegungspfad im Effekteinstellungen-Fenster einzufügen?
4. Wie wandeln Sie eine Spurmaske in eine Bewegungsmaske um?
5. Wie bestimmen Sie die Zeit zwischen zwei Keyframes auf dem Bewegungspfad?

Antworten

1. Wenn auf das Bild eingezoomt wird, das heißt, das Bild größer wird.
2. Stellen Sie zuerst den Timecode im Schnittfenster oder in der Programmansicht des Monitorfensters ein.
3. Klicken Sie auf die Schaltfläche »Keyframe hinzufügen/entfernen«, die Schaltfläche »Animation aktivieren/deaktivieren« oder ändern Sie den Wert einer Einstellung.
4. Weisen Sie dem Clip mit dem Key-Typ *Spurmaske* eine Bewegung zu.
5. Verschieben Sie den Keyframe auf der Zeitleiste im Effekteinstellungen-Fenster. Je weiter zwei Punkte auseinander liegen, desto mehr Zeit liegt zwischen den Keyframes.

6 | Spezialeffekte: Die Effektsteuerung

Adobe Premiere Pro bietet eine breite Palette an Video- und Audioeffekten, mit denen Sie Ihre Videoprojekte aufpeppen und vertonen können. In der richtigen Art und Weise eingesetzt, verfügen Sie damit über umfangreiche, nahezu magische Werkzeuge.

LEKTION 6
Spezialeffekte: Die Effektsteuerung

Um den Umgang mit Effekten in Adobe Premiere Pro zu erlernen, erzeugen Sie einen kurzen Werbespot für das fiktive Literaturcafé aus dem Film, den Sie in diesen Lektionen bearbeiten. Dabei lernen Sie insbesondere Folgendes:

- Video- und Audioeffekte zuweisen
- Effekte und Einstellungen ändern
- Mit mehreren Effekten gleichzeitig arbeiten und ihre Reihenfolge ändern
- Effekte mit Hilfe von Keyframes und Überblendungen allmählich ändern
- Effekte und Einstellungen von einem Clip in einen anderen kopieren
- Einen Effekt nur auf einen Bildausschnitt anwenden
- »Skalieren« zusammen mit dem *Wellen*-Effekt verwenden

Vorbereitungen

Sie arbeiten in dieser Lektion mit einem vorhandenen Projekt, in das die benötigten Dateien und die Buchhandlungssequenz bereits importiert wurden. Prüfen Sie, wo sich die für diese Lektion benötigten Dateien befinden. Entsprechende Hinweise finden Sie unter »Die Classroom in a Book-Dateien kopieren« auf Seite 17.

1 Starten Sie Adobe Premiere Pro und klicken Sie auf »Projekt öffnen«.

2 Doppelklicken Sie im Ordner *06Lesson* auf das vorhandene Projekt *06Lesson.prprj*, um es in Adobe Premiere Pro zu öffnen.

3 Wählen Sie **Fenster: Arbeitsbereich: Effekte**. Sie bearbeiten diese Lektion im Arbeitsbereich *Effekte*.

Den fertigen Film ansehen

Um einen Eindruck von dem zu bekommen, was Sie in dieser Lektion erstellen, schauen Sie sich nun den fertigen Film an.

1 Achten Sie darauf, dass im Projektfenster die Registerkarte »06Lesson.prproj« gewählt ist, und erzeugen Sie dort eine neue Ablage,

indem Sie auf die Schaltfläche »Ablage« ( ) klicken. Benennen Sie sie mit »Resources« und öffnen Sie sie.

2   Wählen Sie **Datei: Importieren**. Markieren Sie im Ordnerpfad *06Lesson/Finished* alle drei Dateien: *Effectsfinal.wmv, Swirlfinal.avi* und *Tintfinal.avi* und klicken Sie auf »Öffnen«.

3   Doppelklicken Sie jeweils auf den fertigen Film, den Sie sich ansehen möchten, damit Premiere Pro ihn im Monitorfenster in der Originalansicht anzeigt.

4   Klicken Sie im Monitorfenster in der Originalansicht auf die Schaltfläche »Wiedergabe/Stopp« (▶), um sich den Video-Clip anzusehen. Am Schluss des Films bleibt der letzte Frame in der Originalansicht des Monitorfensters sichtbar.

5   Anschließend löschen Sie entweder die fertigen Filme, indem Sie die Ablage »Resources« wählen und auf die Schaltfläche »Löschen« klicken, oder Sie behalten sie als Referenz, um während der Lektion vergleichen zu können.

Warum Effekte?

Video- und Audio-*Effekte* (in früheren Versionen von Premiere als »Filter« bezeichnet) haben viele nützliche Funktionen. Mit ihnen verbessern Sie fehlerhaftes Video- oder Audio-Material, wie z.B. Ändern der Farbbalance eines Video-Clips oder Ausfiltern von Störgeräuschen in einem Dialog. Mit Effekten erzeugen Sie außerdem Stimmungen, die im Rohmaterial (Video oder Audio) so nicht vorhanden sind. Dazu gehören z.B. das Weichzeichnen einer Szene, das Hinzufügen des Lichts der untergehenden Sonne oder das »Verhallen« einer Tonspur bzw. das Verleihen einer bestimmten räumlichen Dimension.

Sie können Effekte jederzeit und denselben Effekt einem Clip sogar mehrmals mit unterschiedlichen Einstellungen zuweisen. Ein zu einem Clip zugewiesener Effekt ist standardmäßig für die Dauer des Clips aktiv. Durch die Verwendung von Keyframes können Sie den Effekt allerdings zu bestimmten Zeiten beginnen oder anhalten bzw. den Effekt über einen Zeitraum mehr oder weniger intensiv erscheinen lassen.

LEKTION 6
Spezialeffekte: Die Effektsteuerung

Viele der Video- und Audio-Effekte in Adobe Premiere Pro unterscheiden sich von den in früheren Versionen beigefügten Effekten bzw. Filtern. Um die Kompatibilität zu verbessern, wurden viele der älteren Effektversionen (Filter) durch Effekte ersetzt, die für das Programm Adobe After Effects entwickelt wurden.

After Effekte ist eine weitere professionelle Videoproduktionsanwendung aus dem Hause Adobe. Premiere Pro verwendet viele Software-Effekte aus After Effects, mit denen Sie jedem Ihrer Projekte umfangreiche Dynamik verleihen können.

Der Arbeitsbereich »Effekte«

Der Arbeitsbereich »Effekte« wurde für einen einfachen Zugriff auf Video- und Audio-Effekte eingerichtet. Sie beginnen diese Lektion damit, den Arbeitsbereich »Effekte« zu öffnen und sich mit seinen Fenstern und Paletten vertraut zu machen.

Standard-Arbeitsbereich »Effekte« für Lektion 6

Wenn Sie **Fenster: Arbeitsbereich: Effekte** wählen, stellt Premiere folgende Einstellungen ein:

- Das Monitorfenster schaltet in die Einzelansicht. Clips öffnen in einem eigenen Clip-Fenster.
- Die Info-Palette befindet sich in einem eigenen Palettenfenster.
- Die Protokoll-Palette öffnet in einem weiteren Palettenfenster.
- Die Effekte-Palette befindet sich mit im Projektfenster.

Effekte verwalten

Premiere Pro speichert alle Effekte und Überblendungen jeweils nach Audio und Video getrennt in entsprechenden Ordnern in der Effekte-Palette. Ein Beispiel: Alle Video-Effekte, die einen Verzerrungseffekt erzeugen, befinden sich im Ordner *Verzerren* in der Effekte-Palette. Durch Anlegen von neuen Ordnern können Sie die Paletten an Ihre Bedürfnisse anpassen. So können Sie beispielsweise Effekte, die Sie häufig benutzen, und andere Effekte, die Sie selten verwenden, in separaten Ordnern zusammenfassen. Außerdem können Sie Ordner und Effekte aus- bzw. einblenden.

Hinweis: Sie verwenden in jeder Palette die gleichen Werkzeuge zum Verwalten bzw. Anpassen von Ordnern.

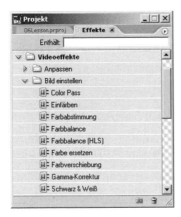

Effekte aus anderen Adobe-Programmen verwenden

Adobe Premiere Pro enthält viele Effekte aus Adobe After Effects in der Effekte-Palette. Mit ein wenig Übung nutzen Sie diese Effekte (Filter) und Plug-Ins als eindrucksvolle Entwicklungswerkzeuge in Ihren Produktionen. Außerdem werden Sie in diesen Lektionen noch mit Dateien aus Adobe Photoshop und Adobe Illustrator arbeiten.

Die nächste Lektion besteht aus Übungen zur Integration dieser externen Programme in ImageReady. Sie finden sowohl in dieser als auch in den übrigen Lektionen dieses *Classroom in a Book* viele Beispiele für diese Integration.

Weitere Informationen über Spezialeffekte finden Sie in Lektion 7 in diesem Buch und im *Adobe Premiere Pro Handbuch*.

Effekte zuweisen

Effekte lassen sich Clips zuweisen, die sich bereits im Schnittfenster befinden; wenn der Clip im Schnittfenster markiert ist, können Sie einen Effekt auch in die Effekteinstellungen-Palette ziehen. Effekte lassen sich jederzeit zuweisen oder entfernen. Video-Effekte und Audio-Effekte weisen Sie auf die gleiche Weise zu: Sie markieren einen Clip und weisen ihm einen gewählten Effekt zu. Video-Effekte führt Premiere Pro in der Effekte-Palette im Ordner *Videoeffekte* auf; Audio-Effekte entsprechend im Ordner *Audioeffekte*. Clips, denen Effekte zugewiesen wurden, kennzeichnet Premiere im Schnittfenster durch einen blaugrünen Rand an der Oberseite. Ein Effekt lässt sich auch nach dem Zuweisen noch ändern. So ist es beispielsweise recht einfach, Änderungen nach der Vorschau eines Effekts vorzunehmen.

Wenn Sie einem Clip Effekte zugewiesen haben, können Sie einen oder alle Effekte vorübergehend deaktivieren, um sich auf einen anderen Aspekt Ihres Projekts zu konzentrieren. Deaktivierte Effekte zeigt Premiere Pro nicht im Programmfenster an und verarbeitet sie auch nicht in der Vorschau bzw. beim Rendern des Clips. Auch löscht Premiere Pro durch das Deaktivieren eines Effekts nicht die für die Effekteigenschaften erstellten Keyframes; alle Keyframes bleiben erhalten, bis Sie den Effekt ändern oder aus dem Clip löschen.

In diesem Projekt erzeugen Sie einen monochromen Effekt, indem Sie eine Anzahl von Clips mit einem Gelbton versehen. Dafür benötigen Sie drei Videoeffekte: *Schwarz & Weiß*, *Farbe ersetzen* und *Einfärben*. Sie beginnen mit dem Zuweisen des Effekts *Einfärben* auf den Clip *Pie.avi*.

Bevor Sie mit der Arbeit an diesem Projekt beginnen, sollten Sie die Audiospuren stumm schalten, um beim Prüfen der Videospuren nicht unnötig gestört zu werden.

1 Doppelklicken Sie im Projektfenster auf die Sequenz *Einfärben*, um sie im Schnittfenster zur aktiven Sequenz zu machen.

2 Klicken Sie links neben der Audiospur 1 auf das Lautsprecher-Symbol (🔊), um das Symbol auszublenden. Das leere Symbol-Feld zeigt an, dass die Audiospur nun stumm geschaltet ist.

Audiospur 1 ist stumm;
Audiospur 2 ist aktiviert.

3 Doppelklicken Sie im Schnittfenster auf *Pie.avi*, um den Clip in der Originalansicht zu öffnen, und klicken Sie dort auf die Schaltfläche »Wiedergabe/Stopp«, um sich den Clip in der Vorschau anzusehen.

Der Clip soll in diesem Projekt wie eine alte Fotografie aussehen, das heißt, er wird braun eingefärbt, um den Sepiaton früher Fotoabzüge zu simulieren. Beim Ändern von Clips unter Verwendung von Effekten ist es hilfreich, auch den Originalclip in einem Clip-Fenster anzuzeigen; so können Sie den Clip jederzeit mit dem Vorschau-Clip-Fenster vergleichen.

4 Geben Sie in der Effekte-Palette in das Textfeld »Enthält« den Begriff **Einfärben** ein. Premiere Pro sucht bereits nach den ersten Buchstaben nach passenden Effekten und zeigt schließlich den Effekt »Einfärben« in der Effekte-Palette an.

5 Ziehen Sie den Effekt »Einfärben« auf den Clip *Pie.avi* im Schnittfenster. Falls der Clip *Pie.avi* bereits im Schnittfenster markiert ist, können Sie den Effekt »Einfärben« unmittelbar in die Effekteinstellungen-Palette ziehen.

6 Klicken Sie links neben »Einfärben« auf das kleine schwarze Dreieck, um die zugehörigen Einstellungen aufzuklappen.

7 Klicken Sie in der Effekteinstellungen-Palette auf das Farbfeld »Schwarz abbilden auf«, um das Dialogfeld »Farbe wählen« aufzurufen.

8 Wählen Sie ein mitteldunkles Braun (oder geben Sie folgende Werte ein, um genau den Farbton des fertigen Films zu erzielen: Rot = **85,** Grün = **42** und Blau = **0**). Klicken Sie auf OK, um das Dialogfenster »Farbe wählen« zu verlassen.

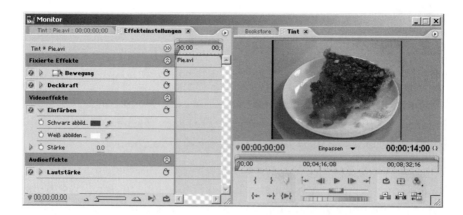

9 Führen Sie einen der folgenden Schritte aus, um die Stärke des Einfärbens auf 93% einzustellen:

- Ziehen Sie in der Effekteinstellungen-Palette für »Einfärben« den Regler »Stärke« auf 93%.

- Klicken Sie in der Effekteinstellungen-Palette auf den unterstrichenen Betrag, um das Textfeld zu aktivieren und geben Sie dort den Wert **93%** ein. Drücken Sie anschließend die Eingabetaste.

10 Schauen Sie sich eine Echtzeitvorschau an oder render-scrubben Sie, indem Sie mit gedrückter Alt-Taste in der Schnittfenster-Zeitleiste scrubben.

11 Speichern Sie das Projekt.

Verglichen mit dem Originalbild in der Originalansicht kommt dieser Einfärben-Effekt besonders in den weißen Bildbereichen zum Tragen. Beachten Sie die blaugrüne Leiste über dem Clip-Symbol im Schnittfenster. Diese Leiste weist darauf hin, dass der Clip mit einem Effekt versehen wurde.

Effekte in der richtigen Reihenfolge zuweisen

Wenn Sie einem oder mehreren Clips mehrere Effekte zuweisen, wirkt sich die Reihenfolge der Effekte meist auf das endgültige Ergebnis aus. Verfügt ein Clip über mehrere zugewiesene Effekte, listet Premiere Pro sie in der Effekteinstellungen-Palette auf und rendert sie in der Reihenfolge von oben nach unten. Sie können diese Liste umstellen und so die Renderreihenfolge ändern. Das führen Sie in der folgenden Übung durch.

Sie weisen jetzt dem Clip *Pie.mov* einen weiteren Effekt zu. Sie wählen den Effekt *Schwarz & Weiß*, um die Originalfarbe aus dem Clip zu entfernen, damit er mehr wie ein altes Schwarzweißfoto aussieht.

1 Geben Sie in der Effekte-Palette in das Textfeld »Enthält« den Begriff **Schwarz & Weiß** ein.

Premiere Pro sucht bereits nach den ersten Buchstaben nach passenden Effekten und zeigt schließlich den Effekt »Schwarz & Weiß« in der Effekte-Palette an.

2 Ziehen Sie den Effekt »Schwarz & Weiß« auf den Clip *Pie.mov* im Schnittfenster oder, falls der Clip *Pie.mov* bereits im Schnittfenster ausgewählt ist, ziehen Sie den Effekt direkt in die Effekteinstellungen-Palette.

3 Schauen Sie sich dann die Auswirkung beider Effekte an, indem Sie in Echtzeit abspielen oder mit gedrückter Alt-Taste in der Schnittfenster-Zeitleiste scrubben.

Statt einer braunen Einfärbung auf einem Schwarzweißbild sehen Sie jetzt nur noch ein Schwarzweißbild. Der Effekt *Schwarz & Weiß* hat die vom vorherigen Effekt (*Einfärben*) zugewiesene Farbe entfernt. Beim Zuweisen von Effekten ist also die richtige Reihenfolge wichtig, was einfach zu bewerkstelligen ist.

4   *Pie.mov* ist noch ausgewählt; klicken Sie auf das Dreieck neben dem Effekt »Einfärben«, um die Einstellungen in der Effekteinstellungen-Palette zusammenzufalten.

5   Klicken Sie in der Effekteinstellungen-Palette auf den Effekt »Einfärben« und ziehen Sie ihn mit der Maus auf seine neue Position in der Liste unterhalb des Effekts »Schwarz & Weiß«.

6   Schauen Sie sich wieder die Auswirkung in der Echtzeitvorschau an oder render-scrubben Sie mit gedrückter Alt-Taste in der Schnittfenster-Zeitleiste.

Diesmal ist das Schwarzweißbild braun eingefärbt – und genau diese Wirkung sollte erzielt werden. Sie versehen den Clip nun mit dem letzten Effekt, mit dem Sie Lichter in eine Farbe ändern, und weisen dafür den Effekt »Farbe ersetzen« zu.

Einen Effekt anpassen

Einige Premiere-Effekte lassen sich anpassen. Rechts neben solchen Effekten zeigt Premiere die Option »Setup« als Schaltfläche ( ). Durch Klicken auf diese Schaltfläche rufen Sie ein entsprechendes Einstellungen-Dialogfenster für diesen Effekt auf. Die Einstellungen, die Sie hier vornehmen, beziehen sich auf den ersten Keyframe eines Clips (falls Sie die Einstellungen für Keyframes im selben Clip ändern) oder auf den gesamten Clip (wenn Sie keine Änderungen an Keyframes vornehmen).

Hinweis: Falls Sie Effekte in einem Premiere Pro-Projekt verwenden, die in After Effects erstellt wurden, können Sie diese nur in der Effekteinstellungen-Palette anpassen und nicht in der Effekte-Palette.

1 Geben Sie in der Effekte-Palette in das Textfeld »Enthält« den Begriff **Farbe ersetzen** ein.

2 Premiere Pro sucht bereits nach den ersten Buchstaben nach passenden Effekten und zeigt schließlich den Effekt »Farbe ersetzen« in der Effekte-Palette an.

3 Ziehen Sie den Effekt »Farbe ersetzen« auf den Clip *Pie.mov* im Schnittfenster oder, falls der Clip *Pie.mov* bereits im Schnittfenster markiert ist, ziehen Sie ihn direkt in die Effekteinstellungen-Palette.

4 Premiere Pro zeigt rechts neben dem Effekt die Schaltfläche »Setup« ( ) an, was bedeutet, dass der Effekt »Farbe ersetzen« angepasst werden kann. Klicken Sie auf »Setup«, um das Dialogfeld »Farbe ersetzen einstellen« aufzurufen.

Wenn Sie keine weiteren Änderungen an Keyframes in diesem Clip vornehmen, wirken sich die Einstellungen, die Sie im Dialogfenster »Farbe ersetzen einstellen« vornehmen, auf den gesamten Clip aus. Wenn Sie die Effekteinstellungen anderer Keyframes im Clip noch ändern, wirken sich die Einstellungen nur auf den ersten Keyframe aus.

Die zu ersetzende Farbe legen Sie im Dialogfenster »Farbe ersetzen einstellen« mit Hilfe des Pipette-Werkzeugs ( ) fest.

5 Platzieren Sie den Mauszeiger im Clip-Beispiel-Bild, so dass er sich in das Pipette-Symbol ( ) ändert. Bewegen Sie die Pipette auf den hellen Bereich des Kuchentellers. Klicken Sie, um die Farbe aufzunehmen.

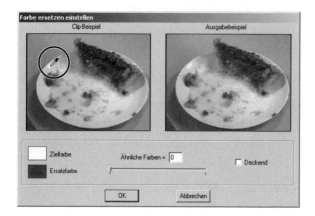

6 Klicken Sie nun auf das Farbfeld »Ersatzfarbe«, um das Dialogfeld »Farbe wählen« aufzurufen. Klicken Sie dort auf ein helles Orange, um die Farbauswahl per Pipette durch diese Farbe zu ersetzen (oder geben Sie folgende Werte ein, um genau die Farbe aus dem fertigen Film zu erzielen: Rot = **255**, Grün = **210**, Blau = **115**). Klicken Sie anschließend auf OK.

Jetzt stellen Sie mit Hilfe des Reglers »Ähnliche Farben« ausgehend von der Farbähnlichkeit der im Farbwähler ausgewählten Farbe den Bereich der zu ersetzenden Farben ein. Diese Einstellung bewirkt einen weichen Übergang von der Originalfarbe zur Ersatzfarbe.

7 Ziehen Sie den Regler »Ähnliche Farben« ungefähr auf den Wert 83 und klicken Sie anschließend auf OK, um das Dialogfeld »Farbe ersetzen einstellen« zu schließen und die Einstellungen zu übernehmen.

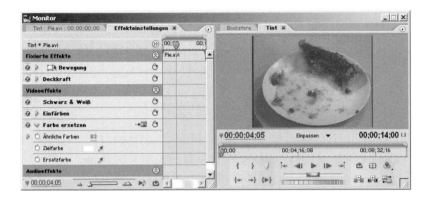

8 Schauen Sie sich den aus drei Filtern zusammengesetzten Farbeffekt an. Verwenden Sie dazu entweder die Echtzeitvorschau oder scrubben Sie mit gedrückter Alt-Taste in der Schnittfenster-Zeitleiste.

9 Speichern Sie das Projekt.

Effekte, Keyframes und Einstellungen kopieren

Wenn Sie einen oder mehrere Effekte eingestellt und einem Clip zugewiesen haben, möchten Sie vielleicht dieselben Effekte und Einstellungen auf andere Clips anwenden. Das ist viel Arbeit, sofern Sie »manuell« vorgehen – doch es gibt eine viel bessere Möglichkeit. Sie können identische Effekte und Einstellungen mit Hilfe des Befehls »Speziell einfügen« auf beliebig viele Clips anwenden. Mit dieser Technik kopieren Sie jetzt die Effekte aus *Pie.mov*, um sie den Clips *Bookstore2.mov*, *Bookstore3.mov* und *Bookstore3-split.mov* zuzuweisen.

1 *Pie.avi* aus der Sequenz »Einfärben« ist im Schnittfenster immer noch markiert. Wählen Sie **Bearbeiten: Kopieren**.

2 Doppelklicken Sie im Projektfenster auf die Sequenz »Bookstore«, um sie im Schnittfenster zur aktiven Sequenz zu machen.

3. Halten Sie die Umschalttaste gedrückt und wählen Sie im Schnittfenster *Bookstore.avi* und *Bookstore2.avi* und wählen Sie **Bearbeiten: Attribute einfügen**.

4. Schauen Sie sich eine Vorschau von *Bookstore.avi* und *Bookstore2.avi* an, indem Sie mit gedrückter Alt-Taste in der Schnittfenster-Zeitleiste scrubben.

Premiere hat die Effekte, die Sie ursprünglich *Pie.avi* zugewiesen haben, jetzt auch auf die Clips *Bookstore.avi* und *Bookstore2.avi* angewendet, und zwar mit allen ursprünglichen Einstellungen. Diese Effekte müssen Sie außerdem noch den Clips *Bookstore3.avi* und *Bookstore3-split.avi* zuweisen.

5. Ziehen Sie im Schnittfenster mit dem Auswahl-Werkzeug einen Rahmen um die Clips *Bookstore3.avi* und *Bookstore3-split.avi* auf, um beide gemeinsam zu markieren, oder klicken Sie erst auf einen von beiden und anschließend mit gedrückt gehaltener Umschalttaste auf den anderen.

Da Sie nach dem letzten Kopieren von *Pie.avi* den »Kopieren«-Befehl noch nicht wieder benutzt haben, enthält der Befehl »Attribute einfügen« noch die kopierten Effekte und Einstellungen dieses Clips. Daher können Sie den Befehl »Attribute einfügen« noch einmal anwenden, um diese Einstellungen wieder zu verwenden.

6. Wählen Sie **Bearbeiten: Attribute einfügen**.

Premiere hat die Effekte und Einstellungen aus dem Clip *Pie.avi* den von Ihnen ausgewählten Clips zugewiesen, so dass die mittleren vier Clips des Projekts jetzt über identische Effekte und Einstellungen verfügen.

7. Sehen Sie sich eine Echtzeitvorschau des Projekts an oder render-scrubben Sie in der Schnittfenster-Zeitleiste mit gedrückter Alt-Taste.

8. Speichern Sie das Projekt.

Effekte zeitabhängig ändern

Einige der Premiere-Effekte lassen sich dynamisch ändern, andere zeitabhängig. Effekte, die sich dynamisch ändern lassen, arbeiten mit *Keyframes*, in denen der Zeitpunkt der Veränderung festgelegt ist. Effekte ohne Einstellungsmöglichkeiten, wie z.B. der Effekt *Schwarz & Weiß*, benötigen keine Keyframes, das heißt, sie lassen sich auf diese Weise nicht verändern.

Effekte, die ohne Keyframes arbeiten, lassen sich häufig mit Hilfe von Überblendungen zeitweise verändern; allerdings ist diese Methode weder so flexibel noch so genau wie die Keyframe-Methode.

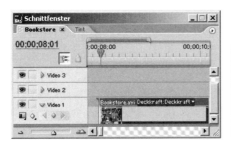

Effekte mit Hilfe von Keyframes ändern

Ein Keyframe ist eine Zeitmarke, die alle Einstellungen eines Video-Effekts für einen bestimmten Zeitpunkt in einem Clip enthält. Wenn Sie einem Clip einen Effekt zuweisen, erstellt Premiere Pro standardmäßig einen Anfangs- und einen End-Keyframe. Allerdings können Sie diese Keyframes verändern, um den Effekt zeitabhängig abzustufen.

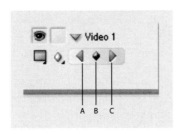

A. Zum vorherigen Keyframe gehen
B. Keyframe hinzufügen/entfernen
C. Zum nächsten Keyframe gehen

Jeder Effekt besitzt je einen Standard-Keyframe am Anfang und am Ende eines Clips, die durch weiße Quadrate auf der Keyframe-Leiste im Schnittfenster angezeigt werden. Verfügt ein Effekt über anpassbare Einstellungen, können Sie die Anfangs- bzw. Endzeit des Effekts ändern oder weitere Keyframes hinzufügen, um einen animierten Effekt zu erzeugen. Wenn Sie keine Änderungen an den Standard-Keyframes vornehmen, wirken die zugewiesenen Effekte auf den gesamten Clip.

Effekte, die einem Clip zugewiesen wurden, führt Premiere Pro im Effekteigenschaftenmenü unmittelbar hinter dem Namen des Clips im Schnittfenster auf (erkennbar an dem kleinen schwarzen Dreieck). Dieses Menü enthält alle zugewiesenen Effekte. Verfügt ein Effekt über anpassbare Einstellungen, können Sie in der Keyframe-Linie weitere Keyframes für ihn setzen. Die Keyframe-Linie einer Audio-Datei kann Effekt-, Lautstärke- und Tonschwenk-Keyframes enthalten. Um für jeden Clip-Typ Effekt-Keyframes anzuzeigen, klicken Sie im Spur-Header-Bereich auf die Schaltfläche »Keyframes anzeigen« ( ) und wählen im eingeblendeten Menü »Clip-Keyframes einblenden« oder »Spur-Keyframes einblenden«.

Den Effekt *Wiederholen* zuweisen

Sie verwenden nun den Effekt *Wiederholen*, um *Bookstore3-split.avi* einen Effekt zuzuweisen, und legen mit Hilfe eines Keyframes fest, wann der Effekt einsetzen soll und welche Einstellungen zu diesem Zeitpunkt zugewiesen werden sollen. Danach verwenden Sie einen weiteren Keyframe, um den Effekt zu einem anderen Zeitpunkt wieder zu verändern.

1   Markieren Sie *Bookstore3-split.avi* im Schnittfenster und achten Sie darauf, dass die Effekteinstellungen-Palette eingeblendet ist.

2   Geben Sie in der Effekte-Palette in das Textfeld »Enthält« den Begriff **Wiederholen** ein.

3   Premiere Pro sucht bereits nach wenigen eingegebenen Buchstaben nach passenden Effekten und zeigt schließlich den Effekt *Wiederholen* an.

4   Ziehen Sie den Effekt *Wiederholen* auf den Clip *Bookstore3-split.avi* im Schnittfenster, oder, wenn der Clip *Bookstore3-split.avi* bereits im Schnitt-

fenster markiert ist, ziehen Sie den Effekt *Wiederholen* direkt in die Effekteinstellungen-Palette.

5   Premiere Pro zeigt in der Effekteinstellungen-Palette am rechten Rand des Effektnamens die Schaltfläche »Setup«. Klicken Sie auf diese Schaltfläche, um das Dialogfeld »Wiederholen einstellen« aufzurufen.

Die Einstellungen, die Sie im Dialogfenster »Wiederholen einstellen« vornehmen, wirken auf den ersten Keyframe (falls Sie noch Änderungen an anderen Keyframes vornehmen) oder auf den gesamten Clip (wenn Sie keinen Keyframe mehr ändern).

6   Ziehen Sie im Dialogfenster »Wiederholen einstellen« den Schieberegler, um die unterschiedlichen Effekte zu betrachten, die dabei entstehen. Schieben Sie den Regler anschließend zurück auf das 2x2-Format (siehe Abbildung unten) und klicken Sie dann auf OK, um das Dialogfeld zu schließen.

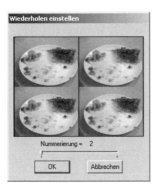

Um Keyframes einzurichten, zu platzieren und deren Einstellungen zu bearbeiten, verwenden Sie die Keyframes-Zeitleiste im Schnittfenster. Das Aussehen eines Keyframe-Symbols hängt von seiner Position auf der Spur ab. Premiere zeigt die Standard-Keyframes (der erste und der letzte Keyframe) als weiße Quadrate (□) am linken und rechten Rand eines Clips an. Standardmäßig sind nach der Auswahl eines Effekts immer der erste und der letzte Keyframe aktiviert. Sobald Sie weitere Keyframes hinzufügen (◆), ändern diese Keyframes ihr Aussehen zu weißen Halbrauten. Wenn Sie die Keyframes vom Rand wegbewegen, werden sie zu Vollrauten. Der erste Keyframe ist auf der linken Hälfte grau (◈) und der letzte Keyframe ist auf der rechten Hälfte grau (◈).

LEKTION 6
Spezialeffekte: Die Effektsteuerung

Da der Effekt etwa zu Beginn des Clips beginnen soll, fügen Sie den ersten Keyframe in der Keyframe-Linie an diesem Zeitpunkt ein. Dann fügen Sie einen weiteren Keyframe ein und ändern für diesen Zeitpunkt die Effekteinstellungen. Schließlich ändern Sie noch die Einstellungen für den letzten Keyframe.

 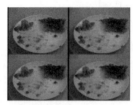 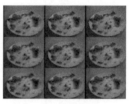

Der Effekt Wiederholen *ändert sich bei den jeweiligen Keyframes auf der Keyframe-Linie, von einem über vier bis hin zu neun Bildern.*

7   Klicken Sie falls nötig im Schnittfenster auf das Dreieck links von der Spurbezeichnung *Video 1*, um sie zu erweitern und die Keyframe-Linie einzublenden.

8   Platzieren Sie die Marke für die aktuelle Zeit auf dem ersten Frame von *Bookstore3-split.avi*.

9   Erweitern Sie in der Effekteinstellungen-Palette den Effekt »Wiederholen« und klicken Sie auf die Schaltfläche »Animation aktivieren/deaktivieren« ( ), um dort einen Keyframe für die Anzahl **2** zu setzen.

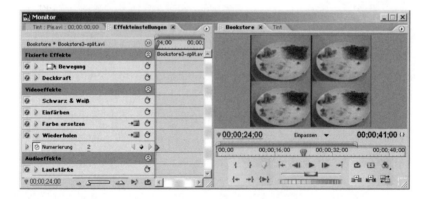

Als Nächstes erstellen Sie einen neuen Keyframe und stellen für diesen Keyframe einen Wiederholen-Effekt-Wert ein.

10 Platzieren Sie die Marke für die aktuelle Zeit nach etwa zwei Drittel des Clips bei 00;00;29;12.

11 Klicken Sie in der Effekteinstellungen-Palette in der Zeile »Numerierung« im Effekt »Wiederholen« auf die Schaltfläche »Keyframe hinzufügen/entfernen« ( ), um dort einen Keyframe zu erzeugen.

12 Klicken Sie in der Effekteinstellungen-Palette auf die Schaltfläche »Setup«, um das Dialogfeld »Wiederholen einstellen« aufzurufen. Premiere Pro öffnet dieses Dialogfeld mit denselben Einstellungen wie für den vorherigen Keyframe.

13 Ziehen Sie den Schieberegler, bis Sie in der Vorschau das 3x3-Format sehen, und klicken Sie auf OK.

Sobald Sie für einen Effekt andere als die Anfangs- oder End-Keyframes einfügen, zeigt Premiere in der Effekteinstellungen-Palette links neben dem Effektnamen das Symbol »Animation aktivieren/deaktivieren« ( ) an und ändert die Anfangs- und End-Keyframe-Symbole in Dreiecke. Ein graues Dreieck zeigt in die Richtung, in der kein Effekt eingerichtet ist.

14 Schauen Sie sich diesen Effekt in der Echtzeitvorschau an oder scrubben Sie in der Schnittfenster-Zeitleiste mit gedrückt gehaltener Alt-Taste.

Der dem Clip *Bookstore3-split.avi* zugewiesene Effekt *Wiederholen* erzeugt in den ersten zwei Dritteln des Clips vier Bilder. Im letzten Drittel zeigt Premiere Pro neun Bilder an.

15 Speichern Sie das Projekt.

Effekte mit Hilfe von Überblendungen ändern

Bei einigen Effekten, die sich nicht mit Hilfe von Keyframes über einen bestimmten Zeitabschnitt verändern lassen, können Sie denselben Effekt mit Überblendungen erzielen. Platzieren Sie die Überblendung (normalerweise *Additive Blende*) dazu zwischen zwei Versionen desselben Clips (die bis auf die Filtereinstellungen identisch sind).

Die Methode des Änderns einer Effekteinstellung über einen bestimmten Zeitabschnitt funktioniert mit Effekten, die sich auf die Bildqualität auswirken (z.B. auf Helligkeit, Sättigung und Kontrast) am besten.

Sie blenden nun mit der Additiven Blende die Wirkung der drei Effekte in *Bookstore3-split.avi* allmählich aus und verleihen dem Clip wieder seine ursprüngliche Farbe. Hier müssen Sie mit einer Überblendung arbeiten, weil sich der zugewiesene Effekt *Schwarz & Weiß* nicht dynamisch (also über Keyframes) verändern lässt.

1 Platzieren Sie die Marke für die aktuelle Zeit im Schnittfenster bei 00;00;32;05 – dem Schnittpunkt zwischen *Bookstore3-split.avi* und *Bookstore4.avi*.

2 *Bookstore3-split.avi* und *Bookstore4.avi* sind beinahe gleich lang.

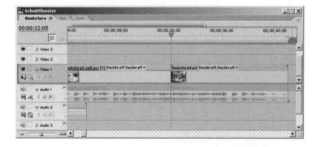

Jetzt erstellen Sie eine weiche additive Blende zwischen *Bookstore3-split.avi* mit seinen vier Effekten und *Bookstore4.avi* in seiner ursprünglichen Form.

3 Geben Sie in das Texteingabefeld »Enthält« in der Effekte-Palette **Additive Blende** ein, um Premiere Pro nach dieser Überblendung suchen zu lassen.

4 Klicken Sie oben rechts in der Effekte-Paletten auf das kleine schwarze Dreieck im Kreis, um das Effekte-Palettenmenü aufzurufen, und wählen Sie dort den Eintrag »Standardüberblendung festlegen«.

5 Als Nächstes überprüfen Sie die Dauer der Standardüberblendung, indem Sie diesen Eintrag im Effekte-Palettenmenü wählen.

Premiere Pro ruft das Dialogfeld »Voreinstellungen: Allgemein« auf.

6 Achten Sie darauf, dass die Standarddauer der Videoüberblendung nicht mehr als 190 Frames beträgt. Später passen Sie die Standarddauer in der Effekteinstellungen-Palette noch an eine sehr lange Überblendung an.

Hinweis: Es ist sehr unwahrscheinlich, dass in Ihren Einstellungen zu diesem Zeitpunkt mehr als 60 Frames festgelegt sind; unabhängig von den jetzigen Einstellungen ändern Sie die Dauer innerhalb der nächsten Schritte.

7 Ziehen Sie die Überblendung »Additive Blende« aus der Effekte-Palette in die Spur »Video 1«, platzieren Sie sie an der Marke für die aktuelle Zeit, so dass die Überblendung genau am Schnitt zwischen den beiden Clips beginnt.

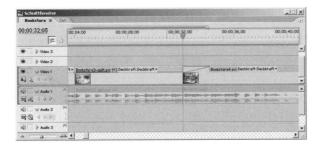

8 Klicken Sie im Schnittfenster auf die Überblendung und wechseln Sie zum Anpassen der Überblendung in die Effekteinstellungen-Palette.

9 Stellen Sie die Dauer auf 00;00;06;10 (190 Frames = 6 Sekunden x 30 Frames +10 Frames) ein.

10 Achten Sie darauf, dass für »Ausrichtung« der Eintrag »Beginn am Schnitt« gewählt ist.

11 Schauen Sie sich *Bookstore3-split.avi* und *Bookstore4.avi* in der Vorschau an.

Der Clip *Bookstore4.avi* ändert sich während seiner Spieldauer allmählich: Der Effekt der gelblichen Lichter mit braunen Schatten nimmt ab, und am Ende hat der Clip wieder seine ursprüngliche Farbe.

12 Speichern Sie das Projekt.

Die Effekte *Skalieren, Drehen* und *Wellen* verwenden

Als Nächstes animieren Sie ein Standbild mit Hilfe der Effekteinstellungen *Position*, *Skalieren* und *Drehung* innerhalb der Bewegungssteuerung, um einen Bildschwenk zu erzeugen, und weisen den Effekt *Wellen* zu, um eine Quirlbewegung hinzuzufügen. Diese Effekte lassen sich über einen bestimmten Zeitraum ganz allmählich verändern (im Gegensatz zum *Wiederholen*-Effekt, den Sie nur stufenweise ändern können).

Für diese Lektion müssen Sie eine Quirl-Sequenz (englisch: *swirl*) zusammenstellen. Dafür legen Sie einige Aktionen fest, die zu Beginn der Sequenz ausgeführt werden sollen und die dort einige Keyframes einrichten: für *Position* und *Skalieren* und *Wellen*. Später bestimmen Sie den richtigen Zeitpunkt, zu dem die Szene mit dem Drehen beginnen soll. Schließlich enden alle Effekte im selben Keyframe am Out-Point von *Always.avi*.

1 Doppelklicken Sie im Projektfenster auf die Sequenz *Swirl*, um sie im Schnittfenster zu aktivieren.

2 Wählen Sie im Schnittfenster den Clip *Always.avi* und wechseln Sie in die Effekteinstellungen-Palette.

3 Klicken Sie auf den Effekt »Bewegung« ( ), so dass Premiere Pro um das Bild im Programmmonitor einen Rahmen mit Anfassern anzeigt. Sie passen die Position des Bilds später noch an.

4 Klicken Sie links neben dem Effekt »Bewegung« auf das kleine blaue Dreieck.

5 Fügen Sie der Position-Steuerung am In-Point von *Always.avi* einen Keyframe hinzu, indem Sie links neben der Bezeichnung »Position« auf die Schaltfläche »Animation aktivieren/deaktivieren« ( ) klicken.

6 Fügen Sie der Skalieren-Steuerung am In-Point von *Always.avi* einen Keyframe hinzu, indem Sie links neben der Bezeichnung »Skalieren« auf die Schaltfläche »Animation aktivieren/deaktivieren« ( ) klicken.

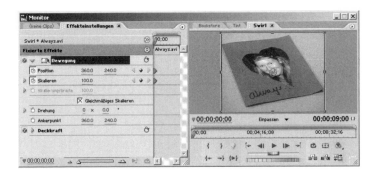

Beim Filmen bezieht sich *Schwenken* auf die Bewegung der Kamera von links nach rechts bzw. rechts nach links oder von oben nach unten bzw. unten nach oben, entweder, um einer Person zu folgen oder um die Person durch das Bild ziehen zu lassen. *Zoomen* wiederum bezieht sich auf die Bewegung der Kamera (bzw. Kameralinse), so dass eine Person im Bild stetig größer (näher an der Kamera) oder kleiner (weiter entfernt) zu werden scheint. Mit Hilfe von Effekten lässt sich in der Video-Nachbereitung Schwenken und Zoomen mit der Kamera simulieren. In Premiere Pro verwenden Sie für die Schwenksimulation oder zum Beschneiden eines Clips die Skalieren- und Position-Steuerungen.

Nun animieren Sie das Bild mit dem *Wellen*-Effekt.

7   Geben Sie in der Effekte-Palette in das Texteingabefeld den Begriff **Wellen** ein. Premiere Pro zeigt im Ordnerpfad *Videoeffekte/Verzerren* den Effekt *Wellen* an.

8   Wählen Sie den Effekt »Wellen« und ziehen Sie ihn entweder im Schnittfenster auf *Always.avi* oder in die Effekteinstellungen-Palette.

9   Premiere Pro ruft das Dialogfeld »Wellen-Einstellungen« auf.

Jetzt wählen Sie die Einstellungen für den ersten Keyframe am In-Point von *Always.avi*.

10 Legen Sie im Dialogfeld »Wellen-Einstellungen« für »Stärke« den Wert **0** fest (repräsentiert den Umfang der Verzerrung), für »Wellen« den Wert **1** (repräsentiert die Zahl der Richtungsänderungen der Wellen vom Mittelpunkt des Clips zum Rand) und wählen Sie im Popup-Menü »Stil« den Eintrag »Kreisförmig um die Mitte« (wodurch Pixel aus dem Mittelpunkt des Clips rotieren). Mit diesen Einstellungen hat der Effekt keine oder so gut wie keine Auswirkungen auf den Clip.

11 Klicken Sie auf OK, um das Dialogfeld »Wellen-Einstellungen« zu schließen.

12 Fügen Sie für die Wellen-Stärke-Steuerung am In-Point von *Always.avi* einen Keyframe ein, indem Sie im erweiterten Wellen-Effekt links neben »Stärke« auf die Schaltfläche »Animation aktivieren/deaktivieren« ( ) klicken.

13 Fügen Sie für die Wellen-Steuerung am In-Point von *Always.avi* einen Keyframe ein, indem Sie im erweiterten Wellen-Effekt links neben »Wellen« auf die Schaltfläche »Animation aktivieren/deaktivieren« ( ) klicken.

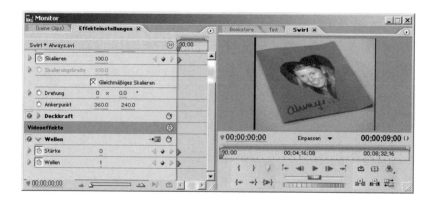

Damit haben Sie nun zu Beginn des Clips vier Keyframes im Schnittfenster festgelegt.

Nun wählen Sie die Einstellungen für die End-Keyframes in diesen Effekten. Dafür arbeiten Sie sich nun in der Effekteinstellungen-Palette nach oben.

14 Bewegen Sie in der Effekteinstellungen-Palette die Marke für die aktuelle Zeit auf den letzten Frame des Clips *Always.avi* (00;00;09;00).

15 Fügen Sie der Wellen-Effekteinstellung »Wellen« am Out-Point von *Always.avi* einen Keyframe hinzu, indem Sie in der Effekteinstellungen-Palette im erweiterten Videoeffekt »Wellen« rechts von der Bezeichnung »Wellen« auf die Schaltfläche »Keyframe hinzufügen/entfernen« ( ) klicken.

16 Fügen Sie der Wellen-Effekteinstellung »Stärke« am Out-Point von *Always.avi* einen Keyframe hinzu, indem Sie in der Effekteinstellungen-Palette im erweiterten Videoeffekt »Wellen« rechts von der Bezeichnung »Stärke« auf die Schaltfläche »Keyframe hinzufügen/entfernen« ( ) klicken.

17 Klicken Sie in der Effekteinstellungen-Palette rechts von der Effektbezeichnung »Wellen« auf die Schaltfläche »Setup«, um erneut das Dialogfeld »Wellen-Einstellungen« aufzurufen.

18 Geben Sie dort für »Stärke« den Wert **75** und für »Wellen« den Wert **15** ein.

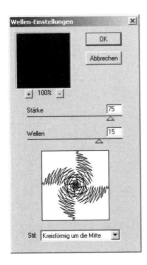

19 Klicken Sie auf OK, um die Einstellungen zu übernehmen und das Dialogfeld »Wellen-Einstellungen« wieder zu schließen.

20 Erhöhen Sie den Wert in der Skalieren-Steuerung des Effekts *Bewegung* auf **290**, womit Sie zugleich den End-Keyframe für den Effekt erzeugen.

Hinweis: *Mit Hilfe des Schiebereglers in der erweiterten Skalieren-Steuerung können Sie maximal 100% erreichen, während Sie die Prozentzahl mit der Hot Text-Steuerung auf 600% ziehen oder unmittelbar eingeben können.*

LEKTION 6
Spezialeffekte: Die Effektsteuerung

21. Ändern Sie den X-Wert in der Position-Steuerung (Horizontal, linkes Textfeld) in **465** und den Y-Wert (Vertikal, rechtes Textfeld) in **24**, womit Sie gleichzeitig den entsprechenden End-Keyframe setzen.

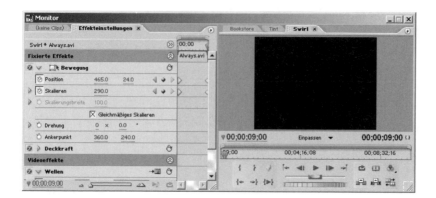

Damit haben Sie alle Einstellungen vorgenommen – es fehlt nur noch eine zusätzliche Drehung, die Sie mit einer Drehung des ganzen Bilds im Dialogfeld »Wellen-Einstellungen« erzeugen.

22. Klicken Sie neben »Drehung« auf die Schaltfläche »Animation aktivieren/deaktivieren«, um einen End-Keyframe für Rotation zu setzen. Geben Sie in das Textfeld für die Anzahl der Drehungen (das linke Textfeld) den Wert **1** ein und stellen Sie im rechten Textfeld für den Drehwinkel mit Hilfe des Werts **359.9** Grad eine volle Drehung ein. (Sie können den Wert direkt eingeben, dann müssen Sie darauf achten, statt des Kommas (,) einen Punkt (.) einzugeben, oder mit Hilfe der Hot Text-Steuerung auf **359,9** ziehen, so dass Premiere Pro ihn auf den Endwert ändert.)

23. Die Drehung soll erst am Ende der Sequenz einsetzen, daher setzen Sie die Marke für die aktuelle Zeit auf 00;00;07;02.

24 Fügen Sie im Drehung-Steuerungsbereich einen Anfangs-Keyframe ein, um das fehlende Stück des Quirl-Puzzles festzulegen, indem Sie die Werte für die Anzahl der Drehungen und den Drehwinkel zurück auf **0** (null) stellen.

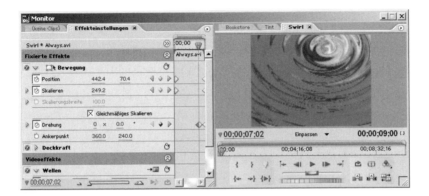

25 Schauen Sie sich den eben zugewiesenen Effekt in der Vorschau an oder render-scrubben Sie.

Premiere schwenkt über das Bild in *Always.avi* und vergrößert es, während es den Effekt »Wellen« allmählich intensiviert und das ganze Bild dreht.

26 Speichern Sie das Projekt.

Audio-Effekte zuweisen

Audio-Effekte weisen Sie im Prinzip wie Video-Effekte zu. Sie filtern an dieser Stelle zuerst Nebengeräusche in einem Audio-Clip heraus und verleihen anschließend demselben Clip eine »räumliche Tiefe«.

1 Aktivieren Sie die Sequenz *Bookstore* im Schnittfenster.

2 Drücken Sie die Taste »Bild-nach-oben«, bis sich die Marke für die aktuelle Zeit am In-Point von *Bookstore.avi* befindet (00;00;08;00).

3   Ziehen Sie *Audioeffect.wav* aus dem Projektfenster so in die Spur *Audio 2* im Schnittfenster, dass der In-Point an der Marke für die aktuelle Zeit einrastet.

Hinweis: *Sie haben den Ton der Spur* Audio 1 *zu Beginn der Lektion ausgeschaltet. Am besten lassen Sie ihn so lange ausgeschaltet, bis der letzte Effekt in der Spur* Audio 2 *fertig eingerichtet ist.*

4   Achten Sie darauf, dass in der Spur *Audio 2* das Kontrollkästchen ganz links eingeschaltet ist, so dass das Lautsprecher-Symbol ( ) sichtbar ist.

5   Hören Sie sich *Audioeffect.wav* an, indem Sie die Marke für die aktuelle Zeit an den Anfang des Clips bewegen und unterhalb der Programmansicht auf die Schaltfläche »Wiedergabe/Stopp« klicken. Achten Sie auf das Grundgeräusch im Clip (ein gleichmäßiger hochfrequenter Pfeifton).

Mit dem Premiere-Audioeffekt *Leitungsrauschen* können Sie z.B. den Summton in der Leitung entfernen (niederfrequentes 50-Hz-Geräusch) oder andere feste Frequenzanteile in einem Audio-Clip herausfiltern. Sie entfernen jetzt mit diesem Effekt das im Clip *Audioeffect.wav* vorhandene Störgeräusch.

6   Geben Sie in der Effekte-Palette in das Texteingabefeld »Enthält« das Wort **Leitungsrauschen** ein.

7   Premiere zeigt den Effekt *Leitungsrauschen* in drei Verzeichnissen an.

8   Wählen Sie den Effekt *Leitungsrauschen* im Verzeichnis *Stereo* und ziehen Sie ihn auf den Clip *Audioeffect.wav* im Schnittfenster. Falls *Audioeffect.wav* bereits im Schnittfenster gewählt ist, können Sie den Leitungsrauschen-Effekt auch direkt in die Effekteinstellungen-Palette ziehen.

9 Klicken Sie links neben dem Namen *Leitungsrauschen* auf das kleine blaue Dreieck und anschließend auf das Dreieck links neben *Leitungsrauschen: Mitte*.

10 Klicken Sie unten im Effekteinstellungen-Fenster auf die Schaltfläche »Nur Audio für diesen Clip abspielen« ( ). Premiere Pro spielt die Audiospur ab.

Die Frequenz des Störgeräuschs in *Audioeffect.wav* beträgt 800 Hz.

11 Ziehen Sie den Regler »Mitte« auf 0 und probieren Sie zufällige Werte unterhalb von 800 Hz aus und hören Sie sich jeweils die Audiovorschau an.

Bei genau 800 Hz würde das Störgeräusch vollständig eliminiert. Sie stellen nun den nächstmöglichen Effekt unterhalb von 800 Hz ein.

12 Schieben Sie den Regler auf **770.43** Hz.

Mit »Q« legen Sie den betroffenen Frequenzbereich fest. Niedrige Einstellungen erzeugen ein schmales Frequenzband, höhere Einstellungen entsprechend ein breites Frequenzband.

13 Schieben Sie den Q-Regler auf **0.12**.

14 Hören Sie sich *Audioeffect.wav* noch einmal an. Das Störgeräusch ist praktisch nicht mehr hörbar. Allerdings klingt der Ton etwas flach.

Deshalb weisen Sie dem Audio-Clip nun einen Effekt zu, mit dem Sie ihm räumliche Tiefe verleihen. Der Effekt *Reverb* simuliert Ton, der von den massiven Wänden in großen und mittelgroßen Räumen reflektiert wird.

15 *Audioeffect.wav* ist im Schnittfenster noch markiert.

16 Geben Sie in der Effekte-Palette in das Textfeld »Enthält« das Wort **Reverb** ein. Premiere Pro sucht nach dem Effekt und zeigt ihn in drei Verzeichnissen an.

17 Ziehen Sie den Reverb-Effekt aus dem Verzeichnis *Stereo* auf den Clip *Audioeffect.wav* im Schnittfenster. Falls *Audioeffect.wav* bereits im Schnittfenster gewählt ist, können Sie den Reverb-Effekt auch direkt in die Effekteinstellungen-Palette ziehen.

18 Klicken Sie in der Effekteinstellungen-Palette auf das kleine blaue Dreieck links neben »Reverb«, um den Effekt zu erweitern, und anschließend auf das Dreieck links neben »Benutzerdefiniert«. Premiere Pro blendet dort eine grafische Effektsteuerung ein.

19 Ganz rechts in der Zeile »Reverb« befindet sich eine Schaltfläche für ein Popup-Menü der zu emulierenden Raumgröße. Wählen Sie dort den Eintrag »med room« für einen mittelgroßen Raum.

20 Stellen Sie die übrigen Regler zunächst wie folgt ein und passen Sie den Klang anschließend ausgehend von diesen Einstellungen nach Ihren Vorstellungen und Erwartungen eines mittelgroßen Raum an. (Falls Premiere die grafische Effektsteuerung in der Effekteinstellungen-Palette auf Ihrem Bildschirm nicht vollständig anzeigt, müssen Sie das Monitor-Fenster so weit vergrößern, dass die Effektsteuerung mit allen Reglern und Elementen komplett zu sehen ist.)

- Stellen Sie für »Absorption« **10.00%** ein.
- Stellen Sie »Size« auf **80.00%** ein.
- Stellen Sie für »Density« **100.00%** ein.
- Stellen Sie »Lo Damp« auf **-6.00 dB** ein.
- Stellen Sie für »Hi Damp« **-6.00 dB** ein.
- Stellen Sie »Mix« auf **50.00%** ein.

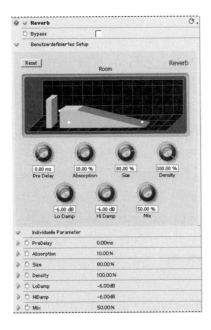

21 Hören Sie sich *Audioeffect.wav* nun im entsprechenden Videobereich an.

22 Schalten Sie die Spur *Audio 1* ein und schauen und hören Sie sich die vollständige Bookstore-Sequenz an.

Damit haben Sie die Tonqualität Ihres Projekts hörbar verbessert! Außerdem haben Sie nun die erste Lektion im Umgang mit Effekten abgeschlossen. In der nächsten Lektion arbeiten Sie mit importierten Effekten aus anderen Adobe-Programmen.

23 Speichern Sie das Projekt.

Den Film exportieren

Nachdem Sie die Bearbeitung bzw. das Editing abgeschlossen haben, generieren Sie nun die Filmdatei.

1 Falls Sie die Audiovorschau ausgeschaltet haben, schalten Sie sie nun wieder ein, indem Sie im Kopfbereich jeder Audiospur auf die entsprechende Schaltfläche klicken, so dass dort wieder das Lautsprecher-Symbol (◀)) zu sehen ist.

2. Wählen Sie **Datei: Exportieren: Film**.

3. Klicken Sie im Dialogfeld »Film exportieren« auf die Schaltfläche »Einstellungen«. Achten Sie darauf, dass im aufgerufenen Dialogfeld »Einstellungen für Filmexport: Allgemein« als »Dateityp« der Eintrag »Microsoft DV AVI« gewählt ist.

4. Wählen Sie unter »Bereich« den Eintrag »Vollständige Sequenz«.

5. Achten Sie darauf, dass die Kontrollkästchen vor »Video exportieren«, »Audio exportieren«, »Nach Abschluss dem Projekt hinzufügen« und »Vorgang mit Signalton beenden« eingeschaltet sind.

6. Wählen Sie in der linken Spalte des Dialogfelds den Eintrag »Audio« und achten Sie darauf, dass dort für »Samplerate« der Eintrag »48000 Hz«, für »Sampletyp« der Eintrag »16 Bit« und für »Kanäle« der Eintrag »Stereo« gewählt ist.

7. Klicken Sie auf OK, um das Dialogfeld »Einstellungen für Filmexport« zu schließen.

8. Achten Sie darauf, dass im Dialogfeld »Film exportieren« der Ordner *06Lesson* zum Speichern gewählt ist, geben Sie als Dateiname **06Done** ein und klicken Sie auf »Speichern«.

Während Premiere Pro den Film erstellt, informiert eine Statusleiste über die geschätzte Dauer des Vorgangs. Sobald der Film generiert ist, öffnet Premiere ihn im Projektfenster.

9. Doppelklicken Sie auf den Film, um ihn in der Originalansicht im Monitor-Fenster zu öffnen.

10. Klicken Sie auf die Schaltfläche »Wiedergabe/Stopp« (▶), um sich den gerade erstellten Film anzusehen.

Eigene Übungen

Experimentieren Sie mit dem in dieser Lektion erstellten Projekt und erkunden Sie die zahlreichen Methoden, mit den Audioeffekte- und Videoeffekte-Paletten zu arbeiten. Hier einige Vorschläge:

- Erstellen Sie mit Hilfe des Palettenmenüs oder der Schaltfläche »Neuer Ordner« in der Videoeffekte-Palette einen neuen Ordner und geben Sie ihm einen Namen. Ziehen Sie ein paar Ihrer Lieblingseffekte in den Ordner.
- Suchen Sie nach Effekten, mit denen ein Bild horizontal gespiegelt (links nach rechts), vertikal gespiegelt (oben nach unten) oder ein Clip rückwärts abgespielt werden kann (von hinten nach vorn).
- Probieren Sie folgende Methode aus, um eine Effektänderung zu einem exakten Zeitpunkt innerhalb eines Clips einsetzen zu lassen: Wählen Sie einen Keyframe aus, entweder durch Anklicken, Verwenden des Keyframe-Navigators, um die Marke für die aktuelle Zeit dorthin zu bewegen, oder durch Bewegen der Marke für die aktuelle Zeit von Hand. Legen Sie den Startpunkt fest, indem Sie Ihre Änderungen mit Hilfe der verfügbaren Steuerelemente vornehmen.
- Teilen Sie einen Clip mit Hilfe des Rasierklinge-Werkzeugs in mehrere gleich lange Segmente auf und weisen Sie jedem Segment mit Hilfe der Befehle »Attribute einfügen« und »Erneut Attribute einfügen« einen Effekt zu.

Fragen

1 Woran erkennen Sie, ob ein Clip bereits mit einem Effekt versehen ist?
2 Was umfasst ein Keyframe?
3 Warum benötigen Sie eine Überblendung, um einen Effekt über einen bestimmten Zeitabschnitt zu verändern?
4 Was ist die schnellste Methode, um mehreren Clips identische Effekte und Effekteinstellungen zuzuweisen?
5 Was bedeutet das Lautsprecher-Symbol im Schnittfenster?

Antworten

1 Premiere Pro zeigt über dem Clip im Schnittfenster eine blaugrüne Leiste an.
2 Ein Keyframe enthält die Werte aller Steuerungen des Effekts und weist sie dem Clip zum festgelegten Zeitpunkt zu.

3 Effekte, die ohne Keyframes arbeiten, können nur mit Hilfe einer Überblendung innerhalb eines bestimmten Zeitabschnitts verändert werden.

4 Der Befehl »Attribute einfügen« ist die schnellste Möglichkeit, um mehreren Clips identische Effekte und Effekteinstellungen zuzuweisen.

5 Mit dem Lautsprecher-Symbol schalten Sie die Audiospur stumm bzw. wieder ein.

Lektion 7

7 | Adobe After Effects, Photoshop und Illustrator mit Premiere Pro

Um komplexe Produktionen zusammen zu führen, greifen Sie auf Programme zurück, die perfekt mit Premiere Pro zusammen arbeiten.
Nutzerfreundliche Importfunktionen geben Ihnen zahllose Möglichkeiten, Ihrer Kreativität freien Lauf zu lassen.

LEKTION 7
Adobe After Effects, Photoshop und Illustrator mit Premiere Pro

Adobe Premiere Pro kann als Server für andere Video- und Grafikprogramme dienen. In dieser Lektion bearbeiten Sie eine wichtige Szene Ihres Films, benutzen dazu Funktionen aus anderen Programmen und lernen dabei Folgendes:

- Effekte aus anderen Adobe-Programmen einsetzen
- Effekte ähnlich wie Effekte aus Adobe After Effects erzeugen
- Demselben Clip mehrere Effekte zuweisen
- Keyframes und Überblendungen mit dem Zeichenstift-Werkzeug erstellen
- Keyframes aus einem Clip in einen anderen Clip kopieren und anpassen
- Die Effekte »Radialer Weichzeichner« und Bildmaske-Key verwenden

Vorbereitungen

In dieser Lektion erzeugen Sie ein neues Projekt. Stellen Sie sicher, dass Sie die benötigten Dateien für diese Lektion auf Ihren Rechner kopiert haben. Falls nötig legen Sie die Buch-DVD-ROM ein. Weitere Informationen finden Sie unter »Die Classroom in a Book-Dateien kopieren« auf Seite 17 in diesem *Classroom in a Book*.

1 Starten Sie die Anwendung Premiere Pro.
2 Klicken Sie auf die Schaltfläche »Neues Projekt«.
3 Wählen Sie »DV-NTSC: Standard 48 kHz«.
4 Klicken Sie im aufgerufenen Dialogfeld »Neues Projekt« auf die Schaltfläche »Durchsuchen«, suchen Sie im Verzeichnispfad *C:/PrPro_CIB/07Lektion* und klicken Sie auf OK.
5 Geben Sie in das Texteingabefeld »Name« den Namen **07Lektion** ein und klicken Sie auf OK.
6 Erzeugen Sie eine neue Ablage, indem Sie unten im Projektfenster auf die Schaltfläche »Ablage« ( ) oder oben rechts im Projektfenster auf das kleine schwarze Dreieck im Kreis klicken und im Menü den Eintrag »Neue Ablage« wählen.
7 Klicken Sie im Projektfenster auf das Symbol *Ablage 01*.

8 Wählen Sie **Datei: Importieren**.

9 Navigieren Sie zum Ordner *07Lektion* und klicken Sie auf »Öffnen«.

10 Wählen Sie mit gedrückter Strg-Taste die Dateien *Admire1.avi*, *Admire2.avi*, *Admire3.avi*, *Aged.avi*, *Baby.avi*, *Embrace.avi*, *Entrance.avi*, *Kiss.avi*, *Propose.avi*, *Tomb.avi* und *Wedding.avi*.

11 Klicken Sie auf »Öffnen«.

12 Wählen Sie **Fenster: Arbeitsbereich: Effekte**. Sie arbeiten in dieser Lektion im Effekte-Arbeitsbereich.

Den fertigen Film ansehen

Um einen Eindruck von dem zu bekommen, was Sie in dieser Lektion erstellen, sehen Sie sich zunächst den fertigen Film an.

1 Erzeugen Sie im Projektfenster eine neue Ablage und geben Sie ihr den Namen **Resources**.

2 Klicken Sie links neben der Ablage *Resources* auf das kleine schwarze Dreieck, um sie zu erweitern. Wählen Sie dann **Datei: Importieren**, wählen Sie die Datei *07Final.avi* im Ordnerpfad *07Lektion/Finished* und klicken Sie auf »Öffnen«.

Nun befindet sich die Datei *07Final.mov* in der Ablage *Resources*.

3 Doppelklicken Sie auf die Datei *07Final.avi*, damit sie in der Originalansicht im Monitorfenster öffnet.

4 Klicken Sie in der Originalansicht im Monitorfenster auf die Schaltfläche »Wiedergabe/Stopp« (▶), um sich den Videofilm anzusehen.

Effekte aus anderen Adobe-Programmen

In den Lektionen dieses Buchs arbeiten Sie mit zahlreichen Video- und Audio-Effekten. Einige von ihnen wurden ursprünglich für Adobe After Effects entwickelt, einem professionellen Schnittsystem und eine umfangreiche Ergänzung zu Premiere Pro. Gemeinsam verwendet, bieten beide Programme dem Anwender unzählige Optionen für kommerzielle Fernseh- und Filmproduktionen.

Mit der Möglichkeit, Dateien aus Adobe Photoshop und Illustrator zu importieren, erweitern Sie den Funktionsumfang noch einmal um ein Vielfaches. Die frühen 1990er brachten die ersten 3D-Animation-Spezialeffekte, in der Unterhaltungsindustrie auch als *Computer Generated Imagery* (CGI) bekannt. Beinahe jeder Film und jeder Fernseh-Werbespot setzt mittlerweile CGI ein. Studios auf der ganzen Welt arbeiten mit Adobes Grafikprogrammen, um überzeugende, raffinierte und atemberaubende Spezialeffekte zu erzielen.

Adobe Premiere Pro und Adobe After Effects funktionieren sehr ähnlich, daher können Sie sehr leicht mit beiden Programmen umgehen, wenn Sie mit einem von ihnen vertraut sind. Importieren Sie Adobe Photoshop-Dateien mit Ebenen als auf die Hintergrundebene reduzierte Clips oder in Zeitleisten mit jeder Ebene auf einer eigenen Spur. Exportieren Sie Projekte als AVI- oder MPEG-Dateien zur Verwendung in Adobe Encore DVD, einem kreativen Werkzeug zum Erstellen umfangreicher mehrsprachiger DVDs. Zeitleistenmarkierungen aus Adobe Premiere Pro werden dabei automatisch in DVD-Kapitelmarken konvertiert.

Informationen zur Verwendung von Adobe Premiere Pro mit Adobe Photoshop- und Adobe Illustrator-Dateien finden Sie im Abschnitt »Standbilder importieren« auf Seite 80 im *Adobe Premiere Pro Benutzerhandbuch*. Informationen über die Verwendung von Kapitelmarken in Adobe Encore finden Sie im Abschnitt »Kapitelmarken verwenden« auf Seite 120 im *Adobe Premiere Pro Benutzerhandbuch* und in Lektion 14 in diesem Buch, »DVDs erstellen mit Adobe DVD Encore«.

Weitere Informationen über Spezialeffekte finden Sie in Lektion 6 in diesem Buch und unter »Effekte zuweisen« auf Seite 231 im *Adobe Premiere Pro Benutzerhandbuch*.

Effekte mit Adobe Photoshop-Dateien erzeugen

Books & Beans wurde am Drehort in einem ehemaligen Café auf Digitalvideoband gefilmt. Die Fassade des Gebäudes ist schlicht grün und als das Geschäft schloss, wurden alle Werbeschilder entfernt. Vielleicht haben Sie die Werbeschilder an der grünen Vorderseite des Literaturcafés in der letzten Filmdatei bemerkt. Diese Schilder wurden mit Effekten und Deckkraftattributen mit Hilfe einer Photoshop-Datei mit Ebenen erzeugt.

Mit dieser Flexibilität erzeugen Sie farbige und kreative Bilder außerhalb von Premiere Pro und nutzen anschließend alle besonderen Merkmale eines solchen Bilds zur Animation und Einbettung in ein Premiere Pro-Projekt.

Effekte mit Adobe Illustrator-Dateien erzeugen

Auf ähnliche Weise importieren Sie konturierte Vektorzeichnungen aus Adobe Illustrator in Premiere Pro. Das Logo für *Books & Beans* wurde ursprünglich in Illustrator entworfen und dann in Photoshop bearbeitet und als Ebene gerendert, bevor es in die Literaturcafé-Kulissenproduktion eingefügt wurde.

Illustrator ist ein hervorragendes Programm zum Erzeugen von Masken, das bereits seit vielen Jahren mit Premiere benutzt wird. Es ist besonders zum Erzeugen umfangreicher Vielecke und zum Ändern von Kurvenobjekten sehr gut geeignet.

Weitere Informationen zur gemeinsamen Verwendung von Adobe After Effects, Photoshop und Illustrator finden Sie im *Adobe After Effects Benutzerhandbuch*.

After Effects und Photoshop »innerhalb« von Premiere Pro

Einen in After Effects gerenderten Clip in Premiere Pro zu importieren ist sehr einfach und unkompliziert. Allerdings erfahren Sie auf diese Weise nichts über das darin enthaltene enorme Potenzial. Um einen Einblick in die Unterschiede zwischen After Effects und Premiere Pro zu erhalten, bauen Sie nun eine Szene mit vielen Clips im »After Effects-Stil« auf. Sie erzeugen Übergänge und Effekte mit Hilfe von Keyframes und legen jeden Clip in der Sequenz auf einer eigenen Spur ab.

Adobe Photoshop wird von Künstlern aller Stilrichtungen verwendet. Photoshop-Dateien werden in Premiere Pro entweder als auf die Hintergrundebene reduzierte oder mit allen Ebenen erhaltene Komposition eingefügt. Abhängig von der Art der Photoshop-Datei, mit Ebenen oder Masken oder als auf die Hintergrundebene reduzierte Bitmap-Datei, können Sie sie zum Maskieren überlagerter Clips verwenden.

In der folgenden Szene betritt Heros Traumfrau *Dreams* das Literaturcafé, und Hero verfällt sofort in einen Tagtraum, in dem er sich das spätere Leben mit ihr ausmalt. Sie haben die Clips bereits in *Ablage 01* importiert. Diese Fantasie-Clips wurden in After Effects mit Hilfe eines Screen-Filters gerendert, um die Bilder quasi »auszustechen«.

1 Suchen Sie im Projektfenster nach *Sequenz 01* und geben Sie ihr den neuen Namen **Entrance**.

Nun fügen Sie den drei Standard-Videospuren der Schnittfenster noch acht Videospuren hinzu, da Sie insgesamt elf Clips einsetzen.

2 Klicken Sie mit der rechten Maustaste in den Spurkopfbereich der Spur *Video 3* und wählen Sie im Kontextmenü den Eintrag »Spuren hinzufügen«.

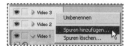

Premiere Pro ruft das Dialogfeld »Spuren hinzufügen« auf.

3 Geben Sie im Bereich »Videospuren« in das Eingabefeld »Hinzufügen« den Wert **8** ein.

4 Wählen oder bestätigen Sie im Menü »Platzierung« den Eintrag »Nach letzter Spur«.

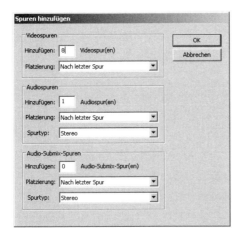

5 Klicken Sie auf OK.

Die Sequenz *Entrance* verfügt nun über elf Videospuren.

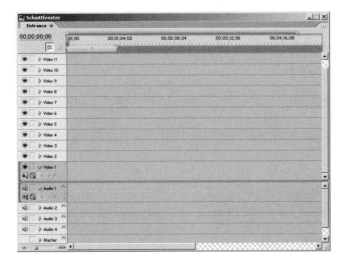

6 Ziehen Sie aus dem Projektfenster den Clip *Admire1.avi* an den Beginn der Sequenz in die Spur *Video 1*.

7 Das Schnittfenster ist noch gewählt; klicken Sie auf die Taste »Bild nach unten«, um die Marke für die aktuelle Zeit ans Ende von *Admire1.avi* zu bewegen (bei 00;00;01;04).

💡 *Um einen besseren Überblick über Ihre Spuren zu bekommen, können Sie sie nach den Namen der Clips auf ihnen benennen. Klicken Sie dazu mit der rechten Maustaste im Spurkopfbereich der Spur* Video 1 *auf den Namen und wählen Sie im Kontextmenü den Eintrag »Umbenennen«. Geben Sie nun in das markierte Namensfeld den neuen Namen »Admire1« ein, drücken Sie die Eingabetaste und fahren Sie entsprechend mit den übrigen Spuren fort.*

8 Wählen Sie im Projektfenster den Clip *Entrance.avi* und ziehen Sie ihn so in die Spur *Video 2*, dass sich sein In-Point an der Marke für die aktuelle Zeit befindet (bei 00;00;01;04).

9 Setzen Sie die Marke für die aktuelle Zeit 15 Frames vor dem Ende des Clips *Entrance.avi* auf 00;00;05;26 (6,11 - 15 = 5,26). An diesem Punkt überlappen sich die Clips zum ersten Mal.

10 Ziehen Sie den Clip *Admire2.avi* aus dem Projektfenster an die Marke für die aktuelle Zeit in der Spur *Video 3*.

Diese Art, Clips zu trimmen, ist in After Effects üblich. Die ersten 15 Frames von *Admire2.avi* überlagern *Entrance.avi*, da *Admire2.avi* sich auf der nächsten Spur bzw. Ebene befindet. Sie trimmen die beiden Spuren später, um den gewünschten Endeffekt in der Sequenz zu erzielen.

Wie Sie im fertigen Film sehen können, müssen Sie während des weiteren Vorgehens einige wichtige Zeitaspekte beachten. Der vierte Clip beginnt mit der schnellen Folge von Überblendungen, die Heros Fantasieleben und die ersten Tagträume kennzeichnen.

11 Bewegen Sie die Marke für die aktuelle Zeit an das Ende von *Admire2.avi* (bei 00;00;08;00).

12 Fügen Sie *Embrace.avi* auf der Spur *Video 4* am Schnittpunkt ein.

13 In den Clip *Embrace.avi* wurden zusätzliche schwarze Frames gerendert. Bewegen Sie die Marke für die aktuelle Zeit (CTI) an den ersten schwarzen Frame (bei 00;00;11;02).

14 Trimmen Sie den Clip *Embrace.avi* auf die Marke für die aktuelle Zeit. Falls Sie dafür das Rasierklinge-Werkzeug verwenden, vergessen Sie nicht, die schwarzen Frames auch aus dem Projekt zu löschen. (Weitere Informationen finden Sie in Lektion 2, »Grundlegende Bearbeitungstechniken« in diesem Buch.)

15 Speichern Sie das Projekt.

Die Sequenz für Ebeneneffekte erstellen

Als Erstes fügen Sie Ihre Medien-Clips in die Schnittfenster ein.

1 Bewegen Sie die Marke für die aktuelle Zeit im Schnittfenster 15 Frames vor dem Ende des Clips *Embrace.avi* zurück (bei 00;00;10;16).

2 Ziehen Sie aus dem Projektfenster den Clip *Propose.avi* an die Marke für die aktuelle Zeit in der Spur *Video 5*.

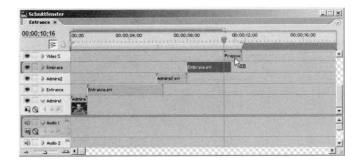

3 Ziehen Sie die Marke für die aktuelle Zeit 15 Frames vor das Ende von *Propose.avi* (bei 00;00;11;09).

4 Ziehen Sie den Clip *Wedding.avi* aus dem Projektfenster auf die Marke für die aktuelle Zeit in der Spur *Video 6*.

5 Fahren Sie in der gleichen Weise fort und fügen Sie die nächsten fünf Clips in die verbleibenden Videospuren ein, bis Sie die Sequenz *Entrance* wie in der folgenden Abbildung zusammengestellt haben. Achten Sie darauf, dass sich bis auf den letzten Clip *Admire3.avi* alle Clips um jeweils 15 Frames überlappen. Der Clip *Admire3.avi* soll allerdings auf dem Ende des Clips in der Spur *Video 10* (*Tomb.avi*) einrasten. Fügen Sie die Clips wie in der folgenden Abbildung ein:

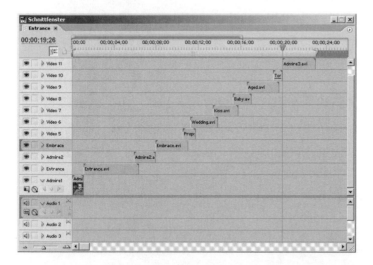

- Ziehen Sie *Kiss.avi* in die Spur *Video 7* bei 00;00;13;13.
- Fügen Sie *Baby.avi* in die Spur *Video 8* bei 00;00;15;08 ein.
- Ziehen Sie *Aged.avi* in die Spur *Video 9* bei 00;00;16;17.
- Fügen Sie *Tomb.avi* in die Spur *Video 10* bei 00;00;19;01 ein.
- Ziehen Sie *Admire3.avi* in die Spur *Video 11* bei 00;00;19;26, so dass sich sein In-Point am Endpunkt von *Tomb.avi* befindet, ohne überlappende bzw. überlagernde Frames zu erzeugen.

6 Sehen Sie sich das Projekt zum jetzigen Zeitpunkt ohne Effekte in der Vorschau an. Im nächsten Abschnitt ändern Sie einige der Schnitte in Überblendungen im After Effects-Stil.

7 Speichern Sie das Projekt.

Eine Überblendung mit Hilfe von Keyframes erzeugen

Heros Tagtraum-Fantasiesequenz besteht aus einer beschleunigten Clip-Serie. Sie erzeugen nun eine Überblendung mit Keyframes, indem Sie wahlweise im Schnittfenster oder im Effekteinstellungen-Fenster mit Deckkraftanpassungen arbeiten. In der folgenden Übung erlernen Sie den Umgang mit einer weiteren leistungsfähigen Keyframe-Technik mit Hilfe des Zeichenstift-Werkzeugs ( ).

1 Wählen Sie in der Werkzeug-Palette das Zeichenstift-Werkzeug.

Das Zeichenstift-Werkzeug fungiert in der Standardeinstellung als Auswahl-Einfügemarke und als Bewegungswerkzeug.

2 Setzen Sie die Marke für die aktuelle Zeit an das Ende des Clips *Embrace.avi* (bei 00;00;11;02).

3 Markieren Sie den Clip *Propose.avi* in der Spur *Video 5*.

4 Klicken Sie im Spurkopfbereich der Spur *Video 5* auf das kleine blaue Dreieck zum Erweitern/Zusammenfalten, um die Keyframes- und Anzeigestil-Optionen einzublenden.

5 Klicken Sie auf die Menüschaltfläche »Keyframes anzeigen« und wählen Sie den Eintrag »Keyframes anzeigen«.

6 Klicken Sie oben in der Namensleiste des Clips *Propose.avi* auf das kleine weiße Dreieck (das ist die Menüschaltfläche des Clips) und wählen Sie den Eintrag »Deckkraftregler einblenden«, falls er nicht bereits eingeschaltet, d.h. mit einem Häkchen versehen ist. Eventuell müssen Sie das Schnittfenster einzoomen, um die Menüschaltfläche des Clips sehen zu können.

7 Um an der Marke für die aktuelle Zeit einen Keyframe zu erzeugen, halten Sie die Strg-Taste gedrückt. Premiere Pro zeigt an der Einfügemarke ein Pluszeichen ( ), sobald Sie einen Keyframe an der gelben Linie einfügen können. Drücken Sie die Strg-Taste, während Sie auf den Schnittpunkt klicken.

322 | LEKTION 7
Adobe After Effects, Photoshop und Illustrator mit Premiere Pro

Premiere Pro setzt am Schnittpunkt in *Propose.avi* einen Keyframe.

8   Klicken Sie im Spurkopfbereich der Spur *Video 4* auf das kleine blaue Dreieck zum Erweitern/Zusammenfalten, um ihre Keyframes- und Anzeigestil-Optionen einzublenden.

9   Klicken Sie auf die Menüschaltfläche »Keyframes anzeigen« und wählen Sie den Eintrag »Keyframes anzeigen«.

10 Fügen Sie dem letzten Frame des Clips *Embrace.avi* am Schnittpunkt (bei 00;00;11;02) mit Hilfe des Zeichenstift-Werkzeugs einen Keyframe hinzu. (Halten Sie die Strg-Taste gedrückt, während Sie auf die gelbe Linie klicken.)

11 Drücken Sie die Bild-nach-oben-Taste, um zum ersten Frame des Clips *Propose.avi* zu gelangen (bei 00;00;10;16).

12 Fügen Sie dem ersten Frame des Clips *Propose.avi* mit Hilfe des Zeichenstift-Werkzeugs einen Keyframe hinzu.

13 Fügen Sie dem Clip *Embrace.avi* in der Spur *Video 4* am Schnittpunkt der Marke für die aktuelle Zeit einen Keyframe hinzu.

Sie verfügen nun über vier Keyframes: zwei Keyframes am überlappenden Teil des Clips *Propose.avi* in der Spur *Video 5* und zwei Keyframes im Clip *Embrace.avi* in der Spur *Video 4*.

14 Suchen Sie mit dem Zeichenstift-Werkzeug nach dem zweiten Keyframe im Clip *Embrace.avi*. Die Einfügemarke zeigt zusätzlich ein Keyframe-Symbol (◊), sobald ihre Spitze auf einen anpassbaren Keyframe weist.

15 Ziehen Sie die Deckkraft des zweiten Keyframe im Clip *Embrace.avi* auf null. (Ziehen Sie den Keyframe auf der gelben Linie in der Spur mit gedrückter Maustaste nach unten.)

16 Ziehen Sie die Deckkraft des ersten Keyframe im Clip *Propose.avi* auf null. (Ziehen Sie den Keyframe auf der gelben Linie in der Spur mit gedrückter Maustaste nach unten.)

17 Sehen Sie sich die Überblendung in der Vorschau an.

18 Speichern Sie das Projekt.

Effekte mit Hilfe der Effektsteuerung duplizieren

In der folgenden Übung vervollständigen Sie die fortlaufende Abfolge von Überblendungen. Deckkraftattribute lassen sich im Schnittfenster nicht unmittelbar aus Clips kopieren und in andere Clips einfügen. Stattdessen kopieren Sie Keyframes und fügen sie ein, um sie anschließend mit Hilfe des Effekteinstellungen-Fensters anzupassen.

1 Bewegen Sie die Marke für die aktuelle Zeit auf den ersten Frame des Clips *Wedding.avi* (bei 00:00;11;09).

2 Markieren Sie den Clip *Propose.avi* in der Spur *Video 5*.

3 Halten Sie die Strg-Taste gedrückt, während Sie mit dem Zeichenstift-Werkzeug einen Keyframe am Schnittpunkt erzeugen.

LEKTION 7
Adobe After Effects, Photoshop und Illustrator mit Premiere Pro

4   Drücken Sie die Bild-nach-unten-Taste, um zum letzten Frame des Clips *Propose.avi* zu gelangen (bei 00;00;11;24).

5   Setzen Sie auf dem letzten Frame des Clips *Propose.avi* einen Keyframe.

6   Ziehen Sie die Deckkraft des letzten Keyframe im Clip *Propose.avi* auf null. (Ziehen Sie den Keyframe auf der gelben Linie in der Spur mit gedrückter Maustaste nach unten.)

Jetzt übertragen Sie die Keyframes in die Clips in den Spuren *Video 6-10*.

7   Markieren Sie den Clip *Propose.avi* in der Sequenz *Entrance* (falls er nicht mehr gewählt ist).

8   Suchen Sie nach dem Effekteinstellungen-Fenster. Falls Premiere Pro es nicht anzeigt, wählen Sie **Fenster: Effekteinstellungen** und docken das eingeblendet Fenster in der Originalansicht im Monitorfenster an.

9   Wählen Sie im Effekteinstellungen-Fenster den Namen »Deckkraft«.

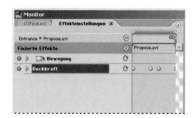

Premiere Pro zeigt die im Clip *Propose.avi* enthaltenen Keyframes in der Schnittfensteransicht des Effekteinstellungen-Fensters als schattierte hervorgehobene Kreise an. Das bedeutet, dass die Deckkrafteinstellungen zusammengefaltet sind.

10 Wählen Sie **Bearbeiten: Kopieren**.

11 Markieren Sie in der Sequenz *Entrance* den Clip *Wedding.avi* in der Spur *Video 6*.

12 Markieren Sie im Effekteinstellungen-Fenster den Namen »Deckkraft«.

Sie sehen, dass Premiere Pro im Schnittfenster für den Clip *Wedding.avi* keine Keyframes anzeigt.

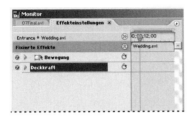

13 Wählen Sie **Bearbeiten: Einfügen**, um dem Clip *Wedding.avi* die Deckkraft-Keyframes zuzuweisen.

Die in den Clip *Wedding.avi* eingefügten Keyframes passen zu Beginn des Clips *Propose.avi*, aber nicht am Ende. Der Grund dafür ist, dass mit dem Befehl »Kopieren« auch die im Clip eingebettete Laufzeit der Original-Clip-Keyframes (aus *Propose.avi*) übernommen werden. *Propose.avi* ist aber kürzer als *Wedding.avi*. In der folgenden Übung bewegen Sie die Ausblenden-Keyframes an das Ende des Clips *Wedding.avi*.

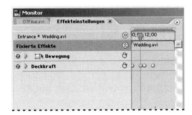

14 Speichern Sie das Projekt.

Mehrere Keyframes markieren und bewegen

Um den Effekt aus der Spur *Video 5* in jeder der folgenden Spuren bis *Video 10* anzupassen, markieren Sie jeweils die End-Keyframes und richten sie entsprechend am Ende eines jeden Clips aus.

1 Um die Deckkraft-Keyframes aus dem Clip *Wedding.avi* im Effekteinstellungen-Fenster einzublenden, klicken Sie auf das kleine Dreieck links neben dem Namen »Deckkraft«.

Premiere Pro ändert die Kreissymbole in der Schnittfensteransicht des Effekteinstellungen-Fensters in bearbeitbare Rauten und Halbrauten.

2   Halten Sie die Strg-Taste gedrückt und klicken Sie auf die beiden letzten Rauten (rechts).

3   Ziehen Sie sie auf den letzten Frame in der Schnittfensteransicht.

4   Wiederholen Sie diesen Vorgang für die Clips in den Spuren *Video 7-10*:

- Markieren Sie den jeweiligen Clip in der Sequenz.
- Erweitern Sie die entsprechenden Deckkraft-Einstellungen im Effekteinstellungen-Fenster.
- Fügen Sie die Keyframes aus dem Clip *Propose.avi* ein.
- Markieren Sie jeweils die beiden letzten Keyframes und verschieben Sie sie nach rechts an das Ende des Clips.

5   Markieren Sie im Clip *Tomb.avi* in der Spur *Video 10* den letzten Keyframe (rechts) und verschieben Sie ihn an den Out-Point. (Der Clip *Tomb.avi* ist kürzer als die Laufzeit des Original-Clips der Keyframes. Daher ist der vierte Keyframe quasi aus dem Clip *Tomb.avi* »gefallen«.)

Sie bearbeiten die Clips *Tomb.avi* und *Admire3.avi* als letzte Übung in dieser Lektion mit einem einfachen Schnitt.

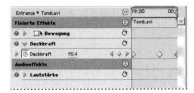

Die letzten Keyframes in Tomb.avi *werden gelöscht.*

6 Sehen Sie sich die gerade erzeugten Effekte in der Vorschau an.

Damit haben Sie eine Reihe von Spezialeffekten ähnlich wie in After Effects erstellt und auf diese Weise präzise Überblendungen erzeugt.

7 Speichern Sie das Projekt.

Einen Effekt aus Adobe After Effects verwenden

After Effects könnte auch als »Photoshop in Bewegung« betrachtet werden. Für das Arbeiten mit Standbildern entwickelt, belebt After Effects sie mit grenzenlosen Verbesserungen. Die Bewegungssteuerungen in Premiere Pro ähneln denen in After Effects. Dokumentarfilmer setzen häufig Nahaufnahmen von Fotografien ein, zoomen dort ein und aus und schwenken über die Fotografien, um so einen Beitrag mit Animationen zu illustrieren. Zu den eindruckvollsten Funktionen in After Effects zählt das Erstellen, Anpassen und Bearbeiten von Keyframes. Der Sequenz-Bereich ist sowohl vertikal als auch horizontal aufgebaut. Während Premiere Pro die Zeit horizontal darstellt, befindet sich jedes einzelne Media-Element auf einer eigenen vertikalen Ebene, die einer Schnittfensterspur in Premiere Pro entspricht.

Importieren Sie beispielsweise eine Photoshop-Komposition mit Ebenen und animieren Sie jede Ebene über die Zeit, exportieren Sie diese Bewegung in einen Film, den Sie dann mit anderen Filmen in Premiere Pro zu einem neuen Film zusammenstellen. Umgekehrt können Sie die Farbbalance zweier Premiere Pro-Dateien in After Effects angleichen und verbessern, bevor Sie sie in einem Premiere Pro-Projekt zusammenführen.

Adobe Premiere Pro enthält über 30 Effekte aus Adobe After Effects in der Effekte-Palette. Mit ein wenig Übung nutzen Sie diese Effekte und Plug-Ins als eindrucksvolle Entwicklungswerkzeuge in Ihren Video-Produktionen. Aus der Vielzahl der Effekte stellen wir Ihnen folgende fünf Effekte vor: Kanal-Weichzeichner, Überblenden, Blitz, Verlauf und Strudel:

Kanal-Weichzeichner

Mit diesem Effekt zeichnet Premiere Pro den Rot-, Grün-, Blau- oder Alpha-Kanal eines Clips einzeln weich. Verwenden Sie diese Option zum Erstellen von Leuchteffekten. Die Option »Kantenpixel wiederholen« unter »Kanten« dient zum Anpassen der Ränder eines weichgezeichneten Clips. Wenn diese Option aktiviert ist, werden die Pixel im Randbereich wiederholt, so dass die Ränder nicht dunkler erscheinen und nicht transparenter werden. Ist die Option deaktiviert, sind die Pixel außerhalb des Clips transparent und die Ränder des weichgezeichneten Clips semitransparent.

Überblenden

Mit diesem Effekt überblenden Sie zwei Clips in einem von fünf Modi. Voreingestellt ist der Crossfade-Modus. Dabei blendet der erste Clip aus, während der neue Clip einblendet. Die unterschiedlichen Modi beinhalten:

Überblendungsebene Gibt die Spur an, die den Clip zur Überblendung mit dem ersten Clip enthält.

Modus Gibt den Blendmodus an. Wählen Sie eine der folgenden Optionen:

- »Crossfade« überblendet den Original-Clip mit dem zweiten Clip.
- »Nur Farbe« passt die Farbe jedes Pixels des Original-Clips basierend auf dem entsprechenden Pixel im zweiten Clip an.
- »Nur Farbton« färbt nur die Pixel im Original-Clip, die bereits farbig sind.
- »Abdunkeln« dunkelt jedes Pixel im Original-Clip ab, das heller als das entsprechende Pixel im zweiten Clip ist.
- »Aufhellen« hellt jedes Pixel im Original-Clip auf, das dunkler als das entsprechende Pixel im zweiten Clip ist.

Mit Original mischen Diese Einstellung gibt den Überblendungsgrad zwischen dem Original-Clip und dem eingeblendeten Clip an. Die Einstellung »100%« zeigt nur den ersten Clip, während »0%« nur den zweiten Clip zeigt.

Bei unterschiedl. großen Ebenen Diese Auswahl bestimmt die Position der Clips.

So verwenden Sie den Effekt »Überblenden«:

1 Stellen Sie sicher, dass beide Originalelemente für die Überblendung in das Schnittfenster gezogen wurden.

2 Wenden Sie den Effekt auf den ersten Clip (A) an und wählen Sie dann aus dem Menü »Überblendungsebene« den Namen der Spur, auf der sich der zweite Clip befindet.

3 Blenden Sie den zweiten Clip aus, indem Sie auf den Video-Schalter für die Spur klicken, auf der er sich befindet.

Blitz

Mit dem Effekt »Blitz« erzielen Sie Blitzstrahlen und andere elektrische Effekte zwischen zwei bestimmten Punkten in einem Clip. Mit Start- und Endpunkten bestimmen Sie den Beginn und das Ende des Blitzes bzw. Effekts. Mit »Stabilität« und »Blitzstärke« erzeugen Sie Effekte wie in dem Film »Jacob's Ladder« (Jacob's Ladder – In der Gewalt des Jenseits), die sich automatisch ohne Keyframe über den Zeitbereich animieren lassen.

Verlauf

Mit diesem Effekt erstellen Sie lineare oder kreisförmige Verläufe, deren Farben und Positionen Sie über den Zeitraum ändern können. Den Farbverlauf erzeugen Sie dabei durch Überblendung mit dem Originalbild.

Strudel

Mit dem Effekt »Strudel« drehen Sie eine bestimmte Anzahl Pixel eines Bilds wie in einem Sog um einen bestimmten Punkt. Der Winkel gibt an, in welche Richtung das Bild um das Zentrum des Strudels drehen soll. Positive Werte drehen das Bild im Uhrzeigersinn, negative Werte gegen den Uhrzeigersinn. Der Radius gibt die Entfernung des Strudels vom Zentrum aus an.

Folgende Adobe After Effects-Effekte sind kompatibel mit Premiere Pro und lassen sich in Ihren Premiere Pro-Videoprojekten verwenden (falls Sie mindestens über eine Vollversion von Adobe After Effects 6.0 Standard verfügen): Farbbalance (*Colorbalance*), Ebenenübergreifender Weichzeichner, Gamma/Pedestal/Gain (*GPG*), Strahl (*Laser*), Verschieben, Eckpunkte (nur Adobe After Effects 6.0 Professional), Versetzen (nur Adobe After Effects 6.0 Professional) und Streuen (nur Adobe After Effects 6.0 Professional).

Den Effekt Radialer Weichzeichner zuweisen

Sie setzen jetzt zwei Premiere Pro-Effekte ein, die Ihnen auch in After Effects 6.0 Standard zur Verfügung stehen. Beim Drehen von *Books & Beans* musste das grelle Licht von außen mit Rosco, einem Baumwollmaterial, diffuser gemacht werden. Rosco ist wie ein Leinwandgeflecht, das Licht weich verteilt durchscheinen lässt, und wird meistens mit Gewebeband auf großen Rahmen befestigt. In der Sequenz *Entrance*, in der Dreams das Literaturcafé betritt, ist das Klebeband links und rechts auf den beiden mit Rosco bespannten Rahmen zu sehen.

Um die störenden Klebestreifen optisch zu eliminieren, weisen Sie diesem Clip den Effekt Radialer Weichzeichner zu. Damit erreichen Sie gleich zwei Ziele: Das Klebeband verschwimmt optisch und Dreams erhält einen strahlenden ätherischen Schimmer. Damit unterstreichen Sie Heros überzogene Vorstellung beim ersten Anblick seiner Traumfrau.

1 Markieren Sie den Clip *Entrance.avi* in der Sequenz *Entrance* in der Spur *Video 2* mit dem Auswahl-Werkzeug.

2 Trimmen Sie das Ende des Clips *Entrance.avi* auf den Anfang des Clips *Admire2.avi* in der Spur *Video 3*.

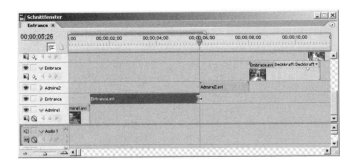

3 Markieren Sie den Clip *Entrance.avi* im Schnittfenster und doppelklicken Sie auf ihn, um die gegenwärtige Bearbeitungsversion in der Originalansicht im Monitorfenster zu sichern. Sie benötigen diese Version später noch zur Vervollständigung des Effekts.

4 Geben Sie in der Effekte-Palette in das Eingabefeld »Enthält« den Begriff **Weichzeichner** ein und suchen Sie nach dem Effekt »Radialer Weichzeichner«.

5 Der Clip *Entrance.avi* ist noch in der Sequenz *Entrance* markiert; ziehen Sie den Effekt »Radialer Weichzeichner« in das Effekteinstellungen-Fenster.

Premiere Pro ruft das Dialogfeld »Radialer Weichzeichner« auf.

6 Geben Sie in das Eingabefeld »Stärke« den Wert **9**, ein, wählen Sie für »Methode« die Option »Kreisförmig« und für »Qualität« die Option »Sehr gut«.

LEKTION 7
Adobe After Effects, Photoshop und Illustrator mit Premiere Pro

7 Klicken Sie auf OK.

Damit haben Sie den Effekt »Radialer Weichzeichner« zugewiesen.

Das Klebeband ist jetzt unsichtbar, während Dreams mit dem Hintergrund weichgezeichnet ist. Um dieses Problem zu beheben, maskieren Sie in der nächsten Übung den mittleren Bereich mit Dreams.

8 Speichern Sie das Projekt.

Den Bildmaske-Key zuweisen

Um den Effekt noch zu steigern, soll Dreams in scharfem Kontrast zum verschwommenen Hintergrund erscheinen; dafür verwenden Sie die kopierte Version des Clips *Entrance.avi* aus der Originalansicht.

1 Ziehen Sie den Clip *Entrance.avi* aus der Originalansicht in die Spur *Video 3* (mit dem Clip *Admire2.avi*) und platzieren Sie ihn genau über der ersten Version in Spur *Video 2* (mit dem Clip *Entrance*). Achten Sie darauf, dass das Ende von *Entrance.avi* am Beginn des Clips *Admire2.avi* einrastet.

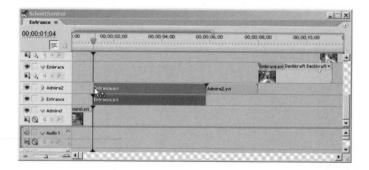

In allen vier in dieser Lektion angesprochenen Adobe-Grafikprogrammen – Premiere Pro, After Effects, Photoshop und Illustrator – ist das Maskieren (also das Verwenden von Masken) eine wichtige zu erlernende Technik. Sie maskieren nun den Hintergrund der zweiten Version des Clips *Entrance.avi* in Spur *Video 3*. Während Premiere Pro den Hintergrund dabei transparent macht, bleibt der Vordergrund deckend.

Für den Bildmaske-Key benötigen Sie eine Maske. Sie verknüpfen ihn deshalb mit einer vorbereiteten Maske, der Photoshop-Datei *Entrancematte.psd* im Ordner *07Lesson*.

2 Markieren Sie die Kopie des Clips *Entrance.avi* in der Spur *Video 3*.

3 Geben Sie in der Effekte-Palette in das Eingabefeld »Enthält« den Begriff **Maske** ein.

Premiere Pro blendet die Maske-Effekte ein, unter anderem den *Bildmaske-Key*.

4 Ziehen Sie den Bildmaske-Key aus der Effekte-Palette in das Effekteinstellungen-Fenster.

5 Klicken Sie auf das Symbol »Setup« ( ).

Premiere Pro ruft das Dialogfeld »Maskenbild auswählen« auf, mit dessen Hilfe Sie auf den Laufwerken Ihres Rechners nach der gewünschten Datei suchen können.

6 Suchen Sie im Ordner *07Lesson* nach der Datei *Entrancematte.psd* und klicken Sie auf »Öffnen«.

7 Klicken Sie im Effekteinstellungen-Fenster links vom Namen *Bildmaske-Key* auf das kleine blaue Dreieck.

LEKTION 7
Adobe After Effects, Photoshop und Illustrator mit Premiere Pro

8 Wählen Sie im Menü »Compositing mit« den Eintrag »Luminanzmaske«, damit die Vordergrundpixel deckend sind. Gleichzeitig sorgt Premiere Pro dafür, dass die Hintergrundpixel transparent sind, um sie zu maskieren oder »auszustanzen«.

Mit Entrancematte.psd *erreichen Sie, dass die weichgezeichneten Kanten zwischen Vordergrund und Hintergrund im Clip darunter erscheinen, während der Vordergrund deckend bleibt.*

9 Sehen Sie sich die beiden Effekte in der Vorschau an.

10 Speichern Sie das Projekt.

In Lektion 10, »Fortgeschrittene Techniken II: Verschachtelte Sequenzen« fügen Sie dem Projekt den Audioteil hinzu und arbeiten in Lektion 14, »DVDs erstellen mit Adobe DVD Encore«, mit einem weiteren Adobe-Programm.

Den Film exportieren

Nachdem Sie die Bearbeitung bzw. das Editing abgeschlossen haben, generieren Sie nun die Filmdatei.

1 Wählen Sie **Datei: Exportieren: Film**.

2 Klicken Sie im aufgerufenen Dialogfeld »Film exportieren« auf die Schaltfläche »Einstellungen«. Achten Sie darauf, dass im aufgerufenen Dialogfeld »Einstellungen für Filmexport« im Bereich »Allgemein« der Dateityp auf »Microsoft DV AVI« eingestellt ist.

3 Wählen Sie unter »Bereich« den Eintrag »Vollständige Sequenz«.

4 Vergewissern Sie sich, dass die Optionen »Video exportieren«, »Audio exportieren«, »Nach Abschluss dem Projekt hinzufügen« und »Vorgang mit Signalton beenden« eingeschaltet sind.

5 Wählen Sie im Bereich »Audio« für »Samplerate« den Eintrag »48000 Hz«, für »Sampletyp« den Eintrag »16 Bit« und für »Kanäle« den Eintrag »Stereo«.

6 Klicken Sie auf OK, um das Dialogfeld »Einstellungen für Filmexport« zu schließen und die Einstellungen zu übernehmen.

7 Legen Sie im Dialogfeld »Film exportieren« den Ordner *07Lektion* als Speicherort fest und geben Sie **07Done** als Dateinamen für den Film ein. Klicken Sie auf »Speichern«.

Während Premiere Pro den Film rendert, zeigt es in einem Statusdialogfeld die geschätzte verbleibende Zeit an. Sobald der Film fertig gerendert ist, zeigt es ihn im Projektfenster an.

8 Doppelklicken Sie auf den Film, um ihn in der Originalansicht im Monitorfenster zu öffnen.

9 Klicken Sie auf die Schaltfläche »Wiedergabe/Stopp« (▶), um sich den gerade erstellten Film anzusehen.

Ausführliche Informationen über alle in Adobe Premiere Pro verfügbaren Exportoptionen finden Sie in Lektion 13, »Ausgabe«.

Eigene Übungen mit Photoshop und Illustrator in Premiere Pro

Hier ein paar Anregungen für das Arbeiten mit Photoshop und Illustrator in Premiere Pro:

- Ebenen aus Adobe Photoshop- und Adobe Illustrator-Dateien lassen sich über einen Zeitraum animieren. Importieren Sie die einzelnen Ebenen als einzelne Clips. Fügen Sie sie anschließend in eine Sequenz ein und fügen Sie Effekte hinzu.

- Sehen Sie sich die Auswirkungen unterschiedlicher Masken auf den Inhalt eines Film-Clips an.

- Importieren Sie ein großes hoch aufgelöstes Bild. Schwenken und zoomen Sie mit Hilfe der Bewegungssteuerungen über das Bild. Diese Methode setzen Dokumentarfilmer gerne ein.

Fragen

1 Nennen Sie die drei anderen Möglichkeiten für Keying.

2 Welche Funktionen in Premiere Pro ähneln am ehesten denen in After Effects, Photoshop und Illustrator?

3 Wie ändern Sie eine Bilddatei in einen Film?

4 Nennen Sie zwei Methoden zum Erzeugen von Keyframes.

5 Wie erzeugen Sie eine Überblendung, ohne dafür eine der Überblendungen aus dem Ordner *Videoüberblendungen* der Effekte-Palette zu verwenden?

Antworten

1 Alpha-Masken erzeugen oder verwenden, Alpha-Kanäle und Maskieren sind drei weitere Möglichkeiten für das »Ausstanzen« von Bildbereichen aus überlagerten Clips.

2 Die Adobe-Video- und Grafikprogramme ähneln sich im Hinblick auf Ebenen (Spuren) und Masken.

3 Importieren Sie jede Ebene eines Bilds oder einer Zeichnung in einen eigenen Clip. Platzieren Sie die Clips im Schnittfenster und animieren Sie sie über einen Zeitraum.

4 Keyframes erzeugen Sie zum einen im Effekteinstellungen-Fenster mit Hilfe des Keyframe-Navigators und dem Schnittfensterbereich und zum anderen im Schnittfenster mit Hilfe des Zeichenstift-Werkzeugs.

5 Sie erzeugen Überblendungen mit Hilfe überlappender Clips und Änderungen der Deckkraft der jeweils überlappenden Frames. Dabei blenden die letzten Frames unter den ersten Frames des folgenden Clips, die wiederum weich einblenden, weich aus.

Lektion 8

8 | Grundlagen der Multipunkt-Bearbeitung

Bei der Schlussbearbeitung einer Szene müssen Sie die Audio- und Video-Teile häufig getrennt voneinander bearbeiten. Premiere Pro hält für diese Bearbeitung Ihrer Projekte viele unterschiedliche Methoden bereit.

LEKTION 8
Grundlagen der Multipunkt-Bearbeitung

In dieser Lektion führen Sie die Endbearbeitung für den Teil des Films aus, in dem der Sohn einen *Brownie* (Kuchen) bestellt. Dabei lernen Sie folgende Methoden:

- Dreipunkt- und Vierpunktbearbeitung
- Sechspunktbearbeitung
- Zielspuren für Video und Audio
- Video- und Audio-Clips verbinden, lösen und synchronisieren
- Eine Teilung (L-Schnitt) mit Hilfe des Werkzeugs »Verbindung überschreiben« erstellen
- Eine Lücke mit Hilfe des Befehls »Löschen und Lücke schließen« schließen

Vorbereitungen

In dieser Lektion öffnen Sie ein vorhandenes Projekt, in dem die notwendigen Clips bereits roh im Schnittfenster zusammengestellt sind. Stellen Sie sicher, dass Sie die benötigten Dateien für diese Lektion auf Ihren Rechner kopiert haben. Falls nötig, legen Sie die Buch-DVD-ROM ein. Weitere Informationen finden Sie unter »Die Classroom in a Book-Dateien kopieren« auf Seite 17 in diesem *Classroom in a Book*.

1 Starten Sie das Programm Premiere Pro.

2 Klicken Sie im Begrüßungsfenster von Premiere Pro auf die Schaltfläche »Projekt öffnen«.

3 Navigieren Sie mit Hilfe des Dialogfelds »Projekt öffnen« zum Ordner *08Lesson*, den Sie bereits von der Buch-DVD-ROM auf Ihre Festplatte kopiert haben.

4 Markieren Sie im Ordner *08Lesson* die Datei *08Lesson.prproj* und klicken Sie auf »Öffnen«. (Sie können auch auf die Datei *08Lesson.prproj* doppelklicken, um sie zu öffnen.)

5 Falls erforderlich, ordnen Sie Fenster und Paletten neu an, damit sie sich nicht überlappen, indem Sie **Fenster: Arbeitsbereich: Bearbeitung** wählen.

Den fertigen Film ansehen

Um einen Eindruck von dem zu bekommen, was Sie in dieser Lektion erstellen, sehen Sie sich erst einmal den fertigen Film an.

1. Wählen Sie im Projektfenster **Datei: Neu: Ablage**.

Premiere Pro erstellt eine neue Ablage im Projektfenster.

2. Falls der Name *Ablage 02* der neuen Ablage nicht bereits gewählt und für die Bearbeitung hervorgehoben ist, wählen Sie nun die neue Ablage und doppelklicken auf den Namen *Ablage 02*, um einen neuen Namen eingeben zu können.

3. Geben Sie den neuen Namen **Resources** ein und drücken Sie die Eingabetaste.

4. Klicken Sie neben dem Ablagesymbol der Ablage *Resources* auf das kleine blaue Dreieck.

5. Falls die Ablage *Resources* nicht bereits markiert ist, klicken Sie auf sie, um sie zu markieren.

6. Wählen Sie **Datei: Importieren** und doppelklicken Sie auf die Datei *08Final.wmv* im Ordner *Finished* im Ordner *08Lesson*.

Premiere Pro importiert den Film in die Ablage *Resources* im Projektfenster.

7. Doppelklicken Sie auf *08Final.wmv*, um den Film in der Originalansicht im Monitorfenster zu aktivieren.

8. Klicken Sie unten in der Originalansicht im Monitorfenster auf die Schaltfläche »Wiedergabe/Stopp« (▶), um sich den Film anzusehen.

9. Wenn Sie möchten, behalten Sie die Ablage *Resources* zum Vergleichen Ihrer Bearbeitungsfortschritte mit dem Original. Um die Ablage zu löschen, klicken Sie zuerst auf die Ablage und dann unten im Projektfenster auf das Symbol »Löschen« (🗑).

Das zusammengesetzte Projekt ansehen

Sehen Sie sich das in der aktuellen Phase zusammengestellte Projekt an. Bis jetzt wurden weder Überblendungen noch Effekte in diesem Projekt verwendet.

1 Achten Sie darauf, dass sich die Marke für die aktuelle Zeit im Schnittfenster am Anfang der Zeitleiste befindet.

2 Um sich das Projekt anzusehen, klicken Sie unter der Programmansicht im Monitorfenster auf die Schaltfläche »Wiedergabe/Stopp« (▶).

Auch wenn diese Projektversion schon beinahe wie der fertige Film aussieht, den Sie sich angesehen haben, sind Ihnen vielleicht einige kleine Problemstellen aufgefallen, die sich aber durch weitere Bearbeitung beheben lassen. Sie arbeiten in dieser Lektion mit Bearbeitungswerkzeugen, die besonders zum Anpassen von Video- und Audio-Clips aus verschiedenen Originaldateien nützlich sind.

Die in dieser Lektion behandelten Mehrpunktbearbeitungsmethoden behalten die Dauer eines Projekts bzw. einen Frame-Bereich bei.

Dreipunkt- und Vierpunktbearbeitung

Es gibt Situationen, in denen Sie einen Frame-Bereich im Videoprogramm durch einen Frame-Bereich aus einem Originalclip ersetzen müssten. In Premiere ist das mit der Dreipunkt- und Vierpunktbearbeitung möglich, beides Standard-Bearbeitungsverfahren für den Filmschnitt.

In den bisherigen Lektionen haben Sie mit *In- und Out-Points* in den Original-Clips gearbeitet – für den ersten und den letzten Frame eines Clips, die einem Videoprogramm hinzugefügt wurden. Sie sollten aber auch mit *In- und Out-Points* in den Programm-Clips umgehen können, also dort im Videoprogramm, wo Sie die Bearbeitungsmethoden anwenden. Durch die Möglichkeit, In- und Out-Points jeweils für Original und Programm festzulegen, lässt sich ein Videofilm sehr genau bearbeiten und damit besser steuern. Für die Dreipunkt- und Vierpunktbearbeitung in dieser Lektion müssen Sie sowohl im Original als auch im Programm In- und Out-Points festlegen.

Dreipunktbearbeitung Die Dreipunktbearbeitung sollten Sie verwenden, wenn mindestens ein Endpunkt (In oder Out) des zu ersetzenden Original- oder Programmmaterials unproblematisch ist. Die Dreipunktbearbeitung wird häufiger eingesetzt als die Vierpunktbearbeitung, weil lediglich drei Punkte bestimmt werden müssen und die Frame-Bereiche nicht die gleiche Länge haben müssen. Premiere Pro trimmt den nicht gesetzten Punkt automatisch, so dass Original-

und Programmmaterial anschließend wieder die gleiche Länge haben. Diese Methode wird als *Dreipunktbearbeitung* bezeichnet, da Sie drei Punkte festlegen müssen: den In- und Out-Point im Programmmaterial, das ersetzt werden soll, und den In-Point im Originalmaterial, das stattdessen eingesetzt werden soll.

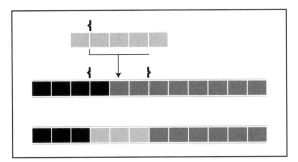

In einer Dreipunktbearbeitung setzen Sie drei Points; den vierten Point setzt Premiere automatisch für Sie.

Vierpunktbearbeitung Die Vierpunktbearbeitung verwenden Sie, wenn Sie einen Frame-Bereich im Programm durch einen Frame-Bereich derselben Dauer der Originaldatei ersetzen wollen. Der Name leitet sich von der Methode ab; hier müssen Sie alle vier Punkte bestimmen: die In- und Out-Points sowohl im Original- als auch im Programmmaterial.

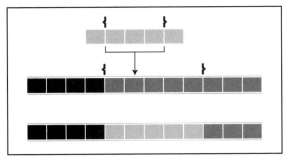

In einer Vierpunktbearbeitung setzen Sie alle vier Points. Wenn Original- und Programmmaterial unterschiedlich lang sind, kann Premiere Pro das Originalmaterial an den Zielbereich anpassen.

Stimmt die Länge des ausgewählten Originalmaterials nicht exakt mit der Länge des zu ersetzenden Materials überein, bietet Ihnen Premiere je nach Situation zwei Alternativen für das Ersetzen an: *Ausfüllend einpassen* oder *Ursprungsdatei trimmen*. Wenn Sie »Ausfüllend einpassen« wählen, ändert Premiere Pro Länge und Geschwindigkeit der Original-Frames so, dass sie mit den zu ersetzenden Frames übereinstimmen. Wenn Sie »Ursprungsdatei trimmen« wählen, ändert Premiere Pro den Out-Point der Original-Frames – und führt damit im Grunde genommen in dieser Situation eine Dreipunkt- statt einer Vierpunktbearbeitung durch.

In der nächsten Übung führen Sie eine Dreipunktbearbeitung aus.

Eine Dreipunktbearbeitung ausführen

Sie verwenden nun die Dreipunktbearbeitung, um einen Ton mit einem anderen Ton (*Dooropen.avi*) zu überlagern, der Teile von *Byebye.avi* innerhalb des Videoprogramms ersetzt. Während dieser Bearbeitung entfernen Sie ein unerwünschtes Dialogfragment am Ende von *Byebye.avi*. Zuerst öffnen Sie den Original-Clip in der Originalansicht, um ihn sich in der Vorschau anzusehen.

1   Passen Sie die Sequenz im Schnittfenster mit Hilfe der Schaltflächen »Einzoomen« bzw. »Auszoomen« an die Breite des Schnittfensters an.

2   Doppelklicken Sie im Projektfenster auf *Dooropen.avi* im Ordner *Bin 01*. Premiere Pro öffnet den Film in der Originalansicht im Monitorfenster.

3   Sehen Sie sich den Clip durch Klicken auf die Schaltfläche »Wiedergabe/Stopp« (▶) in der Vorschau an. Die problematischen Frames sind die mit dem Klang der öffnenden Tür, wenn der Vater das Literaturcafé verlässt. Der Ton erklingt, ohne dass die öffnende Tür zu sehen ist, daher sollten Sie nur den Audio-Teil erfassen.

Sie setzen nun den In-Point in *Dooropen.avi* an den Punkt, kurz bevor der Vater die Tür öffnet.

4   Navigieren Sie mit Hilfe des Shuttle-Reglers in der Originalansicht im Monitorfenster zum Frame kurz vor dem Öffnen der Tür. Sie hören die Tür und sehen den Lichtschein zwischen Tür und Türrahmen, wenn sie öffnet.

*In diesem Fall können Sie stattdessen auch in den Timecode der Originalansicht klicken, dort den Wert **220** (00;00;02;20) eingeben und die Eingabetaste drücken. In Ihren eigenen Projekten müssen Sie die entsprechenden In- und Out-Points selbst herausfinden. Weitere Informationen zur Verwendung der Shuttle- und Jog-Regler sowie zur exakten Bearbeitung finden Sie im* Adobe Premiere Pro Handbuch.

5   Klicken Sie in der Originalansicht im Monitorfenster auf die Schaltfläche »In-Point setzen« ({), um im Clip *Dooropen.avi* einen In-Point zu setzen.

6   Gehen Sie in der Originalansicht 22 Frames weiter (*00;00;03;12*).

7   Klicken Sie auf die Schaltfläche »Out-Point setzen« (}), um den zweiten Punkt für die Dreipunktbearbeitung zu setzen.

8   Passen Sie das Schnittfenster mit Hilfe der Zoom-Steuerung so an, dass Sie die Audio-Wellenform im Clip *Byebye.avi* gut sehen können.

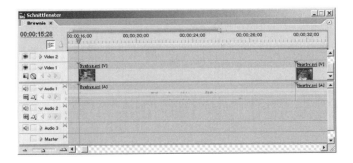

Als Nächstes suchen Sie nach dem entsprechenden Frame im Clip *Byebye.avi* im Schnittfenster, der zum dritten Punkt werden soll.

9   Suchen Sie im Schnittfenster nach dem Frame, an dem der Vater die Tür öffnet (etwa bei 00;00;30;08), und platzieren Sie die Marke für die aktuelle Zeit an diesem Punkt.

Damit haben Sie die drei Punkte für die Dreipunktbearbeitung gefunden.

An diesem Punkt zeigt der Timecode für die Programmdauer ( ) in der Originalansicht den Wert 00;00;00;23 an und gibt damit die Dauer vom Original-In-Point bis zum Original-Out-Point an.

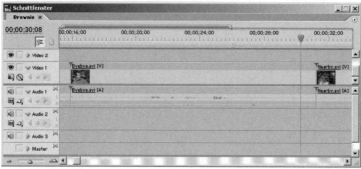

Wann immer Sie Clips mit Hilfe der Tastatur oder über die Steuerungen des Monitorfensters in das Schnittfenster einfügen (was Sie gerade tun), müssen Sie Premiere Pro mitteilen, welche Spuren Sie verwenden wollen. Dazu verwenden Sie die Schaltfläche »Aufnahme: Audio und Video aktivieren/deaktivieren« unten rechts in der Originalansicht, mit der Sie die Zielspur für die Bearbeitung festlegen und bestimmen, welcher Teil des Original-Clips eingefügt werden soll.

10 Klicken Sie im Schnittfenster auf den Spurkopfbereich der Spur *Audio 1*, um *Audio 1* als Zielspur für die Bearbeitung zu bestimmen.

Spur Audio 1 *ist als Zielspur für die Dreipunktbearbeitung gewählt.*

Da in der Spur *Video 1* bereits eine Videodatei vorhanden ist, übernehmen Sie nur den Audio-Teil des Clips *Dooropen.avi*, um die Spur *Video 1* nicht zu beeinträchtigen.

11 Klicken Sie unten rechts in der Originalansicht im Monitorfenster so oft auf die Schaltfläche »Aufnahme: Audio und Video aktivieren/deaktivieren«, bis das Symbol für »Nur Audio« ( ) gewählt ist.

Da Sie nun einen In-Point in der Quelle bzw. im Originalmaterial und einen In- und Out-Point im Programm (also drei Points) gesetzt und die Zielspur für Ihre Bearbeitungen festgelegt haben, können Sie jetzt das Programmmaterial durch das Originalmaterial ersetzen.

12 Klicken Sie in der Originalansicht im Monitorfenster auf die Schaltfläche »Überlagern« ( ).

Premiere Pro ersetzt den in der Audio-Spur von *Byebye.avi* markierten Frame-Bereich durch einen Frame-Bereich gleicher Länge aus *Dooropen.avi*.

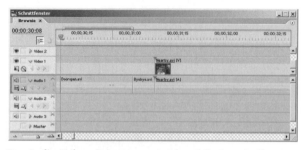

Der Audio-Teil von Dooropen.avi *zielt auf die Spur* Audio 1.

13 Sehen Sie sich die Dreipunktbearbeitung in der Vorschau an.

14 Speichern Sie das Projekt.

Weitere Informationen zum Bestimmen von Original- und Zielspuren finden Sie unter »Original- und Zielspuren angeben« im *Adobe Premiere Pro Handbuch*.

Clips verbinden und Verbindung von Clips aufheben

In Premiere können Sie einen Video- mit einem Audio-Clip verbinden, um beide Clips gemeinsam zu bewegen. Wenn Sie den Videoteil in das Schnittfenster ziehen, bewegt Premiere Pro den verbundenen Audio-Teil mit; entsprechend bewegt Premiere Pro den Videoteil mit, wenn Sie den Audio-Teil in das Schnittfenster ziehen. Verbundene Video- und Audio-Clips markiert Premiere Pro immer gemeinsam, unabhängig davon, welchen Teil Sie markieren. Premiere Pro zeigt die Namen von verbundenen Clips unterstrichen an.

Sie können eine Verbindung auch vorübergehend überschreiben, um verbundene Clips bearbeiten zu können, ohne die Verbindung lösen zu müssen. Wenn Sie einzelne verbundene Clips bearbeiten möchten, schalten Sie den Verbindungsmodus mit *Clip: Verbindung zwischen Audio und Video aufheben* oder durch Rechtsklick mit Hilfe des gleichlautenden Kontextmenüeintrags aus.

Ist dieser Modus eingeschaltet, verhalten sich beide Clips einer Verbindung wie eine Einheit. In diesem Modus wirken sich alle Schnittfenster-Werkzeuge auf beide Clips einer Verbindung aus und das Auswählen, Trimmen, Teilen, Löschen, Bewegen oder Ändern der Dauer bzw. der Geschwindigkeit eines Clips wirkt ebenfalls auf beide Clips einer Verbindung. Ist der Verbindungsmodus ausgeschaltet, lassen sich auch verbundene Clips unabhängig voneinander bearbeiten, so als ob sie nicht verbunden wären.

Der mit einem Camcorder aufgezeichnete Ton kann in Premiere Pro aufgenommen und in ein Premiere Pro-Projekt importiert werden, wobei der Video- und Audio-Teil automatisch verbunden werden. Das Auflösen einer Verbindung bietet sich an, wenn Sie verbundenes Audio ersetzen möchten oder um In- oder Out-Points unabhängig voneinander zu ändern. Sie haben in der vorherigen Lektion bereits mit dieser Technik einen L-Schnitt erstellt. (Siehe »L-Schnitt-Bearbeitung oder Teilung« auf Seite 351.)

Sie führen in dieser Übung drei verschiedene Aufgaben aus. Zuerst verbinden Sie einen Video-Clip mit einem Audio-Clip. Dann synchronisieren Sie ein paar bereits verbundene Clips neu. Schließlich verwenden Sie das Werkzeug »Verbindung überschreiben«, um eine *Teilung* zu erstellen. Die Teilung (auch L-Schnitt, J-Schnitt oder Sechspunktbearbeitung genannt) verlängert den Ton lediglich von einem Clip in den angrenzenden Clip. In unserem Fall beginnt der Ton bereits, bevor das entsprechende Videoprogramm erscheint.

Clips verbinden

Zuerst lösen Sie die Verbindung zwischen zwei Clips auf und löschen den Audio-Teil, weisen dem Video-Clip dann einen anderen Audio-Clip zu und verbinden die beiden Clips anschließend wieder. Obwohl der Clip *Pay.wav* länger als der Clip *Pay.avi* ist, sollen beide am selben Punkt beginnen.

1. Passen Sie die Sequenz im Schnittfenster mit Hilfe der Schaltflächen »Einzoomen« bzw. »Auszoomen« an die Breite des Schnittfensters an.

2. Klicken Sie unter der Programmansicht so oft auf die Schaltfläche »Zum vorherigen Schnittpunkt gehen« ( ), bis sich die Marke für die aktuelle Zeit am Beginn der Sequenz »Brownie« befindet. (Wenn kein Clip markiert ist, können Sie stattdessen auch die Taste Pos 1 drücken. Ist ein Clip markiert, bringen Sie die Marke für die aktuelle Zeit damit an den Beginn des markierten Clips.)

Der Clip *Pay.avi* befindet sich an der falschen Stelle in der Sequenz »Brownie«. Sie lösen nun die Verbindung zwischen Video- und Audio-Clip, löschen dann den Audio-Clip und verbinden den Video-Clip anschließend mit einem anderen Audio-Clip, bevor Sie den Hybrid-Clip schließlich an die richtige Stelle im Videoprogramm verschieben.

3. Markieren Sie im Schnittfenster den Clip *Pay.avi*.

4. Wählen Sie **Clip: Verbindung zwischen Audio und Video aufheben**.

5. Heben Sie die Markierung für beide Clips auf, indem Sie irgendwo außerhalb der beiden Clips ins Schnittfenster klicken. Die Clip-Namen sind nun nicht mehr unterstrichen und zeigen damit an, dass sie nicht mehr miteinander verbunden sind.

6. Markieren Sie nur den Audio-Teil von *Pay.avi* und wählen Sie **Bearbeiten: Löschen**.

7. Geben Sie in das Timecode-Eingabefeld der Sequenz den Wert **4329** ein, um die Marke für die aktuelle Zeit an diesen Punkt zu setzen.

8 Ziehen Sie den Audio-Clip *Pay.wav* aus der Ablage *Bin 01* im Projektfenster in die Spur *Audio 2*, so dass er an der Schnittlinie zu Beginn von *Pay.avi* (bei 00;00;43;29) einrastet.

9 Markieren Sie beide Clips, *Pay.avi* und *Pay.wav*, indem Sie beim Anklicken die Umschalttaste gedrückt halten.

10 Wählen Sie **Clip: Audio und Video verbinden**.

Pay.avi und *Pay.wav* sind nun miteinander verbunden. Sobald Sie einen von beiden Clips verschieben, bewegt Premiere Pro beide Clips gemeinsam. In der nächsten Übung lernen Sie mehr über verbundene Clips.

L-Schnitt-Bearbeitung oder Teilung

In dieser Übung positionieren Sie den Clip *Pay.avi/Pay.wav* im Schnittfenster neu, ohne dabei Audio- oder Video-Material zu verlieren.

1 Wählen Sie in der Werkzeug-Palette das Auswahl-Werkzeug (▶).

Um unbeabsichtigte Bearbeitungen zu vermeiden, sollten Sie grundsätzlich alle Werkzeuge mit Ausnahme des Auswahl-Werkzeugs nach der Benutzung deaktivieren. Am einfachsten deaktivieren Sie eingestellte Werkzeuge, indem Sie das Auswahl-Werkzeug wählen.

LEKTION 8
Grundlagen der Multipunkt-Bearbeitung

Da die Handlung in den gerade verbundenen Clips stattfinden soll, wenn der Vater für den Brownie seines Sohn bezahlt, müssen Sie beide Clips im Schnittfenster etwas früher anordnen.

Sie verschieben nun die Szene *Pay.avi* und ihre verbundene Audio-Datei, *Pay.wav*, an den Punkt, an dem der Sohn sagt »I want a brownie«. Genau in dem Moment beginnt der Vater, in seine Tasche zu greifen, um zu bezahlen (bei 00;00;12;16).

2   Setzen Sie die Marke für die aktuelle Zeit auf 00;00;12;16 und geben Sie dafür entweder den Wert **1216** in das entsprechende Timecode-Eingabefeld ein oder scrubben Sie mit der Marke für die aktuelle Zeit.

3   Markieren Sie im Schnittfenster den Clip *Pay.avi* (falls er nicht mehr ausgewählt ist).

4   Klicken Sie nun auf den Audio-Teil des verbundenen Clips, *Pay.wav*, und ziehen Sie ihn in der Spur *Audio 2* nach links, bis er auf der Schnittlinie einrastet. Achten Sie auf die Anfangs- und End-Frames der Clips, die Premiere Pro dabei in der Programmansicht anzeigt.

Damit erzeugen Sie eine Teilung (oder einen L-Schnitt), ohne dabei den Audio-Teil in der Spur *Audio 1* zu beeinträchtigen.

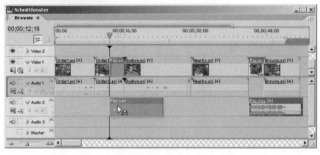

Pay.avi und *Pay.wav* überlagern sich nun bei 00;00;12;16, wobei *Pay.wav* einen L-Schnitt bzw. eine Teilung begründet.

Sie sehen, dass die übrigen Clips im Schnittfenster nicht nach links verschoben wurden, so dass zwischen *Nearby.avi* und *Browse.avi* eine Lücke von der Größe von *Pay.avi* verbleibt. Da Premiere Pro Clips standardmäßig beim Verschieben überlagert, hat der Videoteil den Clip *Order2.avi* hier überlagert. Sie brauchen sich allerdings keine Gedanken über die durch das Verschieben von *Pay.avi* entstandene Lücke zu machen – Sie korrigieren sie später.

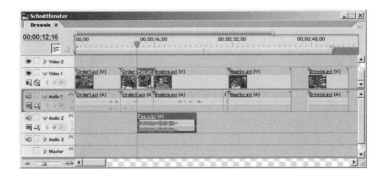

Durch Verschieben von Pay.avi *verbunden mit* Pay.wav *entstehen Lücken von der Länge von* Pay.avi*;* Pay.wav *wurde als verbundener Clip auf der Spur* Audio 2 *verschoben.*

5   Sehen Sie sich die Sequenz *Brownie* in der Vorschau an.

6   Speichern Sie das Projekt.

Nicht synchronisierte verbundene Clips

Für Video-Clips, die mit verbundenem Audio in ein Projekt importiert wurden, speichert Premiere Pro die Information der Synchronisation und versucht, diese Clips entsprechend synchron zu halten.

Im Projektfenster sehen Sie beispielsweise, dass *Dooropen.avi* eine eigene Audio-Spur besitzt. Wird ihre Synchronisation aufgehoben, zeigen beide Clips an ihrem In-Point eine weiße Markierung mit einer roten Ziffer und warnen damit, dass sie nicht mehr synchron sind. Die Ziffer zeigt den Zeitraum an, den der Clip von seinem entsprechenden Video- oder Audio-Clip abweicht.

Allerdings kann die Synchronisation bei verbundenen Clips in manchen Situationen während der Bearbeitung versehentlich aufgehoben werden. Dann können Sie die betroffenen Clips einfach neu synchronisieren.

Um eine nicht synchronisierte Situation zu erzeugen, verschieben Sie jetzt die Video- und Audio-Teile von *Nearby.avi*.

1 Markieren Sie im Schnittfenster entweder den Video-Clip oder den Audio-Clip namens *Nearby.avi*. Premiere Pro markiert automatisch beide Clips, weil sie miteinander verbunden sind.

2 Wählen Sie **Clip: Verbindung zwischen Audio und Video aufheben**.

Um sicherzustellen, dass die beiden Clips nicht mehr verbunden sind, heben Sie zunächst die Markierung beider Clips auf, indem Sie außerhalb der Clips ins Schnittfenster klicken, und klicken anschließend auf den Audio-Clip *Nearby.avi*. Premiere Pro sollte nur den Audio-Clip markieren, nicht den Video-Teil, da die Verbindung zwischen der Audio- und der Video-Spur gelöst wurde.

3 Ziehen Sie den Audio-Clip *Nearby.avi* etwa um die Hälfte des leeren Bereichs nach rechts.

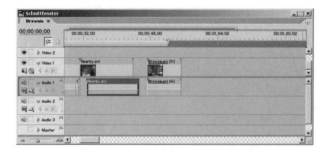

4 Markieren Sie sowohl den Audio- als auch den Video-Teil von *Nearby.avi*, indem Sie beim Anklicken die Umschalttaste gedrückt halten.

5 Wählen Sie **Clip: Audio und Video verbinden**.

6 Premiere Pro zeigt am In-Point jedes Clips rotweiße Markierungen (bzw. türkisschwarze Markierungen, falls die Clips gewählt sind) und warnt damit davor, dass der Audio- und Video-Teil von *Nearby.avi* um 00;00;01;15 von-

einander abweichen. (Ihre Ziffern können abhängig von Ihrer Verschiebung anders lauten.)

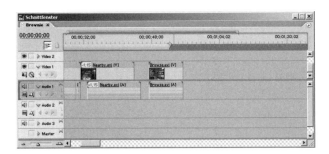

7 Um die nicht synchronisierten Clips wieder zu synchronisieren, klicken Sie mit der rechten Maustaste auf die rotweiße Markierung am In-Point des Audio- oder des Video-Teils von *Nearby.avi* und wählen im aufgerufenen Kontextmenü den Eintrag »In Synchronisierung verschieben«.

Nun ist der Audio-Teil von *Nearby.avi* wieder synchron zu seinem Video-Teil und die rotweißen Markierungen sind verschwunden. Um sicherzugehen, dass Video und Audio tatsächlich wieder synchron sind, sehen Sie sich *Nearby.avi* in der Vorschau an.

💡 *Um den Anfang der Arbeitsbereichsleiste zu bestimmen, halten Sie die Tasten Strg+Umschalt gedrückt und doppelklicken auf die Mitte der ockerfarbigen Arbeitsbereichsleiste. Damit passen Sie die Länge der Arbeitsbereichsleiste an den sichtbaren Bereich des Schnittfensters an. Um den Beginn (links) und das Ende (rechts) der Arbeitsbereichsleiste zu bestimmen, ziehen Sie die Arbeitsbereichsmarkierungen (an den Enden der Arbeitsbereichsleiste) entsprechend. Achten Sie darauf, tatsächlich die Arbeitsbereichsmarkierungen und nicht versehentlich die Marke für die aktuelle Zeit zu ziehen (siehe Abbildung nächste Seite).*

356 | LEKTION 8
Grundlagen der Multipunkt-Bearbeitung

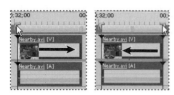

8   Wenn Sie die Länge der Arbeitsbereichsleiste an die Länge von *Nearby.avi* angepasst haben, drücken Sie die Eingabetaste, um sich das Programm in der Vorschau anzusehen.

Nun sehen Sie, dass die Clips wieder synchron sind. Stellen Sie die Lautstärke höher und vergrößern Sie die Programmansicht.

9   Verschieben Sie den Clip wieder an seine ursprüngliche Position, so dass sein In-Point am Out-Point von *Byebye.avi* einrastet (bei 00;00;31;08). Behalten Sie die Lücke bei, die bereits vorher durch das Neupositionieren von *Pay.avi* und *Pay.wav* erzeugt wurde.

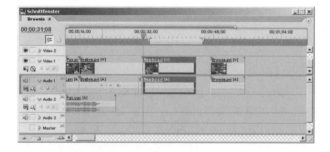

10 Speichern Sie das Projekt.

Eine Teilung (Split Edit) erstellen

Weiter vorn in dieser Lektion haben Sie eine Teilung, auch als L-Schnitt oder Sechspunktbearbeitung bezeichnet, erstellt, indem Sie die Verbindung zwischen Video- und Audio-Clips lösten. Jetzt verwenden Sie eine neue Technik für die Teilung, indem Sie eine Verbindung vorübergehend lösen. In dieser Teilung weiten Sie den Audio-Teil vor und nach dem Video-Clip aus, mit dem der Ton synchronisiert ist.

1 Passen Sie die gesamte Brownie-Sequenz mit Hilfe der Einzoomen/Auszoomen-Schaltflächen im Schnittfenster so an, dass Sie sie vollständig sehen können.

Sie bearbeiten nun einen Audio-Clip unabhängig von seinem verbundenen Video-Teil.

2 Markieren Sie den Clip *Pay.avi*/*Pay.wav*.

Sie positionieren den Audio-Clip *Pay.wav* nun so, dass er über beide Seiten des Video-Clips *Pay.avi* hinaus reicht.

3 Halten Sie die Alt-Taste gedrückt, während Sie den Audio-Clip *Pay.wav* nach links ziehen.

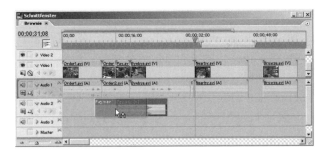

Damit haben Sie gerade einen verbundenen und synchronen Clip verschoben, ohne die Verbindung zwischen Audio und Video zu lösen. Die Clip-Namen sind nach wie vor unterstrichen und zeigen damit an, dass die Clips noch verbunden sind.

Sie stellen nun die Synchronisierung wieder her.

4   Wählen Sie **Bearbeiten: Rückgängig**.

5   Speichern Sie das Projekt.

Eine Lücke mit dem Befehl »Löschen und Lücke schließen« entfernen

Weiter vorne in dieser Lektion haben Sie *Pay.mov* verschoben und damit eine Lücke zwischen *Nearby.avi* und *Browse.avi* erzeugt. Sie entfernen diese Lücke nun mit dem Befehl »Löschen und Lücke schließen«. Mit dem Befehl entfernen Sie eine markierte Lücke, indem Sie alle Clips rechts der Lücke entsprechend verschieben. Anders als mit dem Werkzeug »Löschen und Lücke schließen« müssen Sie mit dem Befehl entweder eine Lücke oder einen oder mehrere Clips im Schnittfenster markieren, bevor Sie den Befehl anwenden können.

Wichtig ist, dass Sie den Befehl »Löschen und Lücke schließen« nur auf einen oder mehrere Clips oder eine Lücke anwenden können. Sie können den Befehl nicht dazu benutzen, einen mit In- und Out-Points markieren Frame-Bereich zu löschen – dafür verwenden Sie die Extrahieren-Schaltfläche (siehe nächste Lektion). Der Befehl »Löschen und Lücke schließen« hat außerdem keinen Einfluss auf Clips in geschützten Spuren.

Spuren schützen

Um zu verhindern, dass bestimmte Teile des Videoprogramms versehentlich mit dem Befehl »Löschen und Lücke schließen« bearbeitet werden, müssen Sie die entsprechenden Spuren schützen. Damit verhindern Sie alle weiteren Bearbeitungen, bis Sie den Schutz der Spur widerrufen.

1   Klicken Sie im Spurkopfbereich der Spur *Audio 1* rechts vom Lautsprechersymbol in das leere Kontrollkästchen. Premiere Pro zeigt mit dem Schloss-Symbol (🔒) an, dass die Spur nun geschützt ist. Die Spur selbst erscheint diagonal gestreift.

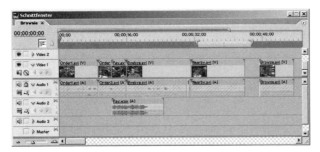

Spur Audio 1 *geschützt*

2 Markieren Sie in der Spur *Video 1* die Lücke zwischen *Nearby.avi* und *Browse.avi*.

3 Wählen Sie **Bearbeiten: Löschen und Lücke schließen**.

Premiere Pro hat die Lücke geschlossen und alle Clips in der Spur nach links verschoben, um die Lücke zu schließen. Da die Spur *Audio 1* geschützt ist, ist der Clip *Browse.avi* aus der Synchronisierung geraten.

Jetzt schließen Sie die Lücke in der Spur *Audio 1*.

4 Klicken Sie im Spurkopfbereich der Spur *Audio 1* auf das Schloss-Symbol, um den Schutz der Spur zu widerrufen.

5 Schützen Sie die Spur *Video 1*, indem Sie in ihrem Spurkopfbereich auf das leere Kontrollkästchen rechts vom Lautsprecher-Symbol klicken.

6 Markieren Sie im Schnittfenster in der Spur *Audio 1* die Lücke zwischen den Audio-Clips *Nearby.avi* und *Browse.avi*.

7 Wählen Sie **Bearbeiten: Löschen und Lücke schließen**. Premiere Pro löscht die Lücke zwischen den beiden Audio-Clips.

8 Heben Sie den Schutz der Spur *Video 1* wieder auf.

Hinweis: *Eventuell müssen Sie Browse.avi neu synchronisieren. Verwenden Sie dann dazu die in dieser Lektion erlernten Techniken.*

9 Sehen Sie sich Ihre Arbeit in der Vorschau an.

10 Speichern Sie das Projekt.

Den Film exportieren

Nun, da Sie die Bearbeitung Ihres Films abgeschlossen haben, sollten Sie eine Filmdatei generieren.

1 Falls Sie die Audio-Vorschau im Verlauf dieser Lektion ausgeschaltet haben, müssen Sie sie nun wieder einschalten. Klicken Sie dazu in den entsprechenden Spurkopfbereichen auf das Symbol ganz links außen neben den einzelnen Audio-Spuren, um dort wieder das Lautsprecher-Symbol ( ) einzublenden.

2 Wählen Sie **Datei: Exportieren: Film**.

3 Klicken Sie im Dialogfeld »Film exportieren« auf die Schaltfläche »Einstellungen« und achten Sie darauf, dass unter »Allgemein« der Dateityp auf »Microsoft DV AVI« eingestellt ist.

4 Wählen Sie für »Bereich« den Eintrag »Vollständige Sequenz«.

5 Vergewissern Sie sich, dass die Kontrollkästchen vor »Video exportieren«, »Audio exportieren«, »Nach Abschluss dem Projekt hinzufügen« und »Vorgang mit Signalton beenden« eingeschaltet sind.

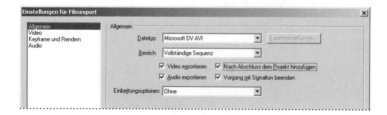

6   Wählen Sie im Bereich »Audio« für »Samplerate« den Eintrag »48000 Hz«, für »Sampletyp« den Eintrag »16 Bit« und für »Kanäle« den Eintrag »Stereo«.

7   Klicken Sie auf OK, um das Dialogfeld »Film exportieren« zu schließen.

8   Legen Sie im Dialogfeld »Film exportieren« den Ordner *08Lesson* als Speicherort fest und geben Sie **Brownie.avi** als Namen für den Film ein. Klicken Sie auf »Speichern«.

Premiere Pro erstellt den Film und zeigt in einem Statusfeld die noch verbleibende Zeit für den Vorgang an. Sobald der Film fertig gestellt ist, zeigt Premiere Pro ihn im Projektfenster an.

9   Doppelklicken Sie auf die Filmdatei, um sie in der Originalansicht im Monitorfenster zu öffnen.

10 Klicken Sie auf die Schaltfläche »Wiedergabe/Stopp« (▶), um den gerade erzeugten Film abzuspielen.

Eigene Übungen

Sie können nun mit dem Projekt experimentieren, das Sie gerade erstellt haben. Dazu einige Vorschläge:

- Führen Sie eine Vierpunktbearbeitung aus, in der das Originalmaterial kürzer als das Programmmaterial ist. Experimentieren Sie mit den Optionen, die Premiere Pro für eine abschließende Feinbearbeitung eines Programmes zur Verfügung stellt.

- Experimentieren Sie mit der Protokoll-Palette, indem Sie eine Änderung in einem beliebigen Teil des Projekts vornehmen und beobachten Sie, wie Premiere Pro den neuen Status des Projekts anschließend der Protokoll-Palette hinzufügt. Wenn Sie beispielsweise im Schnittfenster einen Clip hinzufügen, ihm einen Effekt zuweisen, dann kopieren und in eine andere Spur einfügen, führt Premiere Pro jeden dieser Vorgänge einzeln in der Protokoll-Palette auf. Sie können einen dieser Zustände auswählen, und Premiere Pro das Projekt wieder auf diesen Punkt der Bearbeitung springen lassen. Anschließend können Sie das Projekt von dort aus weiter bearbeiten.

- Versuchen Sie, den Namen eines Clips im Projektfenster zu ändern, ohne den Befehl *Clip: Umbenennen* zu verwenden. Hinweis: Sie brauchen dafür weder Menüelemente, noch Symbole oder Schaltflächen, aber das Projektfenster muss sich in der Ansicht »Liste« befinden. Beobachten Sie, welche Auswirkungen die Namensänderung auf die Elemente im Schnittfenster hat.

Fragen

1. In welchen zwei Premiere-Fenstern (neben dem Schnittfenster) können Sie die Marke für die aktuelle Zeit bewegen?
2. Worin besteht mindestens ein Vorteil der Dreipunktbearbeitung?
3. Was müssen Sie zu Beginn einer Bearbeitung ausführen, um verbundene Video- und Audio-Clips unabhängig voneinander zu bearbeiten, ohne dabei ihre Verbindung endgültig zu lösen?
4. Auf welche Weise verhindern Sie mühelos ungewollte Bearbeitungen?
5. Mit welchem Werkzeug ändern Sie die In- und Out-Points eines Clips unter Beibehaltung der Clip-Dauer?

Antworten

1. Sie können die Marke für die aktuelle Zeit im Monitorfenster mit Hilfe der Steuerungen in der Programmansicht und im Effektsteuerungen-Fenster durch Scrubben der Marke für die aktuelle Zeit in der Zeitansicht bewegen.
2. Bei einer Dreipunktbearbeitung übernimmt Premiere Pro das Trimmen des nicht festgelegten Points.

3   Halten Sie während der Bearbeitung des Clips die Alt-Taste gedrückt.

4   Die Abwahl eines Werkzeugs verhindert dessen unbeabsichtigte Anwendung. Das Schützen von Spuren ist eine weitere Möglichkeit, um ihre ungewollte Bearbeitung zu verhindern.

5   Sie können die Frame-Rate eines Clips entweder mit dem Dialogfeld »Clip-Geschwindigkeit/-Dauer« (über *Clip: Geschwindigkeit/Dauer*) oder mit dem Rate-ausdehnen-Werkzeug (↔) ändern.

Lektion 9

9 Fortgeschrittene Techniken I: Einzel-Frame-Technik

Einem Projekt den letzten Schliff zu geben bedeutet, Schnitte und Überblendungen zu verfeinern und dabei die Länge der einzelnen Clips und des Gesamtprogramms beizubehalten. Die in dieser Lektion vorgestellten Methoden helfen Ihnen, einem Projekt den ultimativen »Kick« zu geben.

LEKTION 9
Fortgeschrittene Techniken I: Einzel-Frame-Technik

Nun vervollständigen Sie den Teil des Films, in dem der Hauptdarsteller den neuen Freund New Boy seiner Ex-Freundin im Literaturcafé trifft. Beim Bearbeiten machen Sie sich mit folgenden Methoden vertraut:

- Frames mit Hilfe der Schaltflächen »Extrahieren« und »Herausnehmen« entfernen
- Einen Clip mit Hilfe des Befehls »Einfügen« einfügen
- Edits mit Hilfe der Unterschieben- und Verschieben-Werkzeuge anpassen
- Im Zuschneidefenster arbeiten
- Sound-Effekte einfügen

Vorbereitungen

In dieser Lektion öffnen Sie ein vorhandenes Projekt, in dem die notwendigen Clips bereits roh im Schnittfenster zusammengestellt sind. Stellen Sie sicher, dass Sie die benötigten Dateien für diese Lektion auf Ihren Rechner kopiert haben. Falls nötig, legen Sie die Buch-DVD-ROM ein. Weitere Informationen finden Sie unter »Die Classroom in a Book-Dateien kopieren« auf Seite 17 in diesem *Classroom in a Book*.

1. Starten Sie Premiere Pro.
2. Klicken Sie im Fenster »Willkommen bei Adobe Premiere Pro« auf die Schaltfläche »Projekt öffnen«.
3. Suchen Sie im Dialogfeld »Projekt öffnen« nach dem Ordner *09Lesson*, den Sie bereits von der Buch-DVD-ROM auf Ihre Festplatte kopiert haben.
4. Markieren Sie im Ordner *09Lesson* die Datei *09Lesson.prproj* und klicken Sie auf »Öffnen«. (Oder doppelklicken Sie auf die Datei *09Lesson.prproj*, um sie zu öffnen.)
5. Falls erforderlich, ordnen Sie Fenster und Paletten neu an, damit sie sich nicht überlappen, indem Sie **Fenster: Arbeitsbereich: Bearbeitung** wählen.

Den fertigen Film ansehen

Um einen Eindruck von dem zu bekommen, was Sie in dieser Lektion erstellen, sehen Sie sich nun den fertigen Film aus dieser Lektion an.

1. Erzeugen Sie eine neue Ablage, indem Sie entweder unten im Projektfenster auf das Symbol »Ablage« ( ) klicken oder oben rechts im Projektfenster auf das kleine schwarze Dreieck klicken und im aufgerufenen Projektfenstermenü den Eintrag »Neue Ablage« wählen.

2. Geben Sie für die neue Ablage den Namen **Resources** ein.

3. Wählen Sie **Datei: Importieren**, markieren Sie im Ordnerpfad *09Lesson/Finished* die Datei *09Final.wmv* und wählen Sie »Öffnen«.

Premiere Pro lädt die Datei *09Final.wmv* in die Ablage *Resources*.

4. Doppelklicken Sie auf die Datei *09Final.wmv*, um sie in der Originalansicht im Monitorfenster zu öffnen.

5. Klicken Sie in der Originalansicht des Monitorfensters auf die Schaltfläche »Wiedergabe/Stopp« (▶), um sich das Videoprogramm anzusehen.

6. Wenn Sie möchten, behalten Sie die Ablage *Resources* zum Vergleichen Ihrer Bearbeitungsfortschritte mit dem Original, oder Sie löschen sie, indem Sie unten im Projektfenster auf das Symbol »Löschen« ( ) klicken.

Das zusammengestellte Projekt betrachten

Schauen Sie sich das vorhandene Projekt an. Es enthält bisher weder Überblendungen, Filter noch andere Effekte.

1. Achten Sie darauf, dass sich die Marke für die aktuelle Zeit am Anfang des Schnittfensters befindet. Um die Schnittmarke schnell an den Beginn zu bringen, klicken Sie in die Titelleiste des Schnittfensters und drücken anschließend die Taste »Pos1«.

2. Um sich das Projekt anzusehen, klicken Sie im Monitorfenster unterhalb der Programmansicht auf die Schaltfläche »Wiedergabe/Stopp« (▶).

Premiere Pro spielt das Projekt in der Programmansicht ab. Obwohl das Projekt schon fast wie der fertige Film aussieht, müssen noch einige kleine Probleme gelöst werden. In dieser Lektion arbeiten Sie mit Bearbeitungswerkzeugen, die besonders für den Feinschliff bei der Endbearbeitung eines Projekts hilfreich sind.

In dieser Lektion geht es hauptsächlich um Funktionen, mit denen sich die Dauer eines Projekts oder eines Frame-Bereichs beibehalten lässt.

Die Funktionen *Extrahieren* und *Herausnehmen*

Premiere Pro bietet zwei Funktionen zum Entfernen eines Frame-Bereichs oder einer Lücke im Schnittfenster: *Extrahieren* und *Herausnehmen*.

Extrahieren entfernt Frames aus dem Schnittfenster und schließt die entstandene Lücke wie mit der Funktion »Löschen und Lücke schließen«. Diese Frames können sich innerhalb eines einzelnen Clips oder in mehreren Clips befinden. Wichtig dabei ist, dass *Extrahieren* den gewählten Frame-Bereich aus *allen ungeschützten Spuren* entfernt. Sie können aber auch eine Lücke im Schnittfenster bzw. in der Zeitleiste extrahieren. Diese Funktion lässt sich allerdings nur auf einen Frame-Bereich anwenden, den Sie in der Programmansicht mit In- und Out-Points markiert haben.

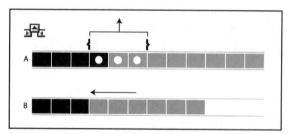

Frames sind in der Programmansicht mit In- und Out-Points markiert (**A**). Der markierte Programmbereich und die entstandene Lücke werden gelöscht (**B**).

Herausnehmen entfernt einen Frame-Bereich aus dem Schnittfenster und erzeugt eine Lücke, deren Länge der Dauer der entfernten Frames entspricht. Diese Frames können sich innerhalb eines einzelnen Clips oder in mehreren Clips befinden und werden *nur aus der Zielspur entfernt*. Wie beim Extrahieren wählen Sie die zu entfernenden Frames durch Setzen von In- und Out-Points in der Programmansicht im Monitorfenster. Die Herausnehmen-Schaltfläche hat keine Auswirkungen auf die übrigen Clips im Schnittfenster.

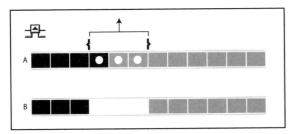

Frames sind in der Programmansicht mit In- und Out-Points markiert (A). Der markierte Programmbereich wird gelöscht und hinterlässt eine Lücke (B).

Frames mit der Extrahieren-Schaltfläche entfernen

Sie entfernen nun mit der Extrahieren-Funktion einige sich wiederholende Kamerabewegungen im Clip *Greet2.avi*. Dadurch teilt Premiere Pro den Clip in zwei einzelne Clips.

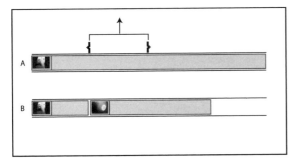

Clip vor (A) und nach (B) dem Extrahieren von Frames

Sie beginnen mit dem Setzen von In- und Out-Points in der Programmansicht, um den Teil von *Greet2.avi* zu markieren, der aus dem Schnittfenster entfernt werden soll.

1 Doppelklicken Sie im Projektfenster auf die Sequenz *Seeya.avi*, um sie in der Programmansicht im Monitorfenster zu aktivieren (falls sie dort nicht bereits aktiviert ist).

LEKTION 9
Fortgeschrittene Techniken I: Einzel-Frame-Technik

2   Sehen Sie sich *Greet1.avi* und *Greet2.avi* in der Echtzeitvorschau an oder scrubben Sie entsprechend im Schnittfenster. Achten Sie auf die sich wiederholende Szene in beiden Clips.

3   Suchen Sie im Clip *Greet2.avi* den Punkt, nach dem New Boy »Hey, dude« sagt, aber bevor Hero seine Hand ausstreckt, um New Boy zu begrüßen, und »Hey« sagt (bei 00;00;10;26). (Verwenden Sie dazu die Jog- oder die Shuttle-Steuerung im Monitorfenster, oder geben Sie **1026** im Monitorfenster-Timecode ein und drücken Sie die Eingabetaste.)

Die Marke für die aktuelle Zeit sollte sich nun an dem Punkt befinden, an dem Hero beginnt, seine Hand zu bewegen.

4   Klicken Sie in der Programmansicht auf die Schaltfläche »Out-Point setzen« ( ), um den Out-Point für die zu entfernenden Frames zu setzen.

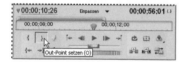

5   Suchen Sie nach dem ersten Frame des Clips *Greet2.avi*, indem Sie die Bild-nach-oben-Taste drücken (bei 00;00;06;12).

6   Klicken Sie in der Programmansicht auf die Schaltfläche »In-Point setzen« ( ), um den In-Point zu bestimmen.

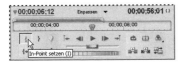

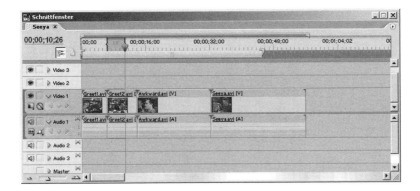

Jetzt entfernen Sie den gerade festgelegten Frame-Bereich aus dem Schnittfenster. Dabei legen Sie fest, ob Premiere Pro die Sequenzauswahl aus der Video- und der Audio-Spur oder nur aus einer von beiden extrahieren soll. In diesem Fall entfernen Sie sie aus beiden Spuren, da sich auch ein Teil des Dialogs wiederholt.

7   Falls die Spurkopfbereiche der Spuren *Video 1* und *Audio 1* nicht bereits dunkel eingefärbt und damit als Zielspuren definiert sind, klicken Sie jetzt im Schnittfenster in die Spurkopfbereiche *Video 1* und *Audio 1*, um beide Spuren als Zielspuren für den Befehl »Extrahieren« zu bestimmen.

Spurkopfbereiche im Schnittfenster
(links) Standard
(rechts) als Zielspuren markiert

8   Klicken Sie in der Programmansicht im Monitorfenster auf die Schaltfläche »Extrahieren« ( ).

Durch das Extrahieren entfernen Sie den durch In- und Out-Points markierten Frame-Bereich in *Greet2.avi*. Premiere Pro hat die Lücke in den Spuren geschlossen und das Programm dadurch entsprechend gekürzt.

9 Sehen Sie sich das gerade erzeugte Video in der Vorschau an.

10 Speichern Sie das Projekt.

💡 *Um eine Audio-Spur vorübergehend still zu schalten oder die Audio-Vorschau temporär abzuschalten, klicken Sie links neben der entsprechenden Audio-Spur auf das Lautsprecher-Symbol ( ), so dass Premiere Pro das Symbol nicht mehr anzeigt.*

Frames mit der Herausnehmen-Schaltfläche entfernen

Nun entfernen Sie den Endteil der Sequenz *Greet1.avi*, wo Hero »Hey« aus dem Off sagt, mit Hilfe der Schaltfläche »Entfernen« in der Programmansicht im Monitorfenster.

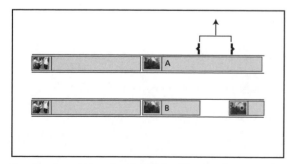

Greet1.avi *vor (A) und nach (B) dem Herausnehmen von Frames*

Zuerst bestimmen Sie den zu entfernenden Frame-Bereich.

1   Vergrößern Sie mit Hilfe der Einzoomen-/Auszoomen-Schaltflächen im Schnittfenster die Audio-Wellenformen in der Spur *Audio 1*.

Suchen Sie nun in *Greet1.avi* den Punkt, kurz bevor Hero »Hey« sagt.

2   Sehen Sie sich *Greet1.avi* in der Echtzeitvorschau an oder scrubben Sie entsprechend im Schnittfenster.

3   Benutzen Sie die Steuerelemente im Schnittfenster oder im Monitorfenster, um im Clip *Greet1.avi* den Punkt zu suchen, an dem New Boy gerade »Hey dude« gesagt hat und Hero noch nicht »Hey« sagt. An diesem Punkt verschwindet die Hand von Ex auch gerade aus dem Bildfeld (bei 00;00;04;26).

4   Klicken Sie in der Programmansicht auf die Schaltfläche »In-Point setzen« ({), um den In-Point in *Greet1.avi* festzulegen.

5   Bewegen Sie die Marke für die aktuelle Zeit an das Ende des Clips *Greet1.avi* (bei 00;00;06;12), indem Sie einmal die Bild-nach-unten-Taste drücken, und klicken Sie auf die Schaltfläche »Out-Point setzen« (}).

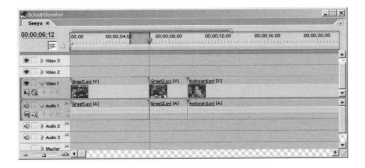

LEKTION 9
Fortgeschrittene Techniken I: Einzel-Frame-Technik

Nachdem Sie nun den zu entfernenden Frame-Bereich bestimmt haben, nehmen Sie ihn aus dem Schnittfenster heraus. Dabei legen Sie fest, ob Premiere Pro die Sequenzauswahl aus der Video- und der Audio-Spur oder nur aus einer von beiden extrahieren soll. In diesem Fall entfernen Sie sie aus beiden Spuren, da Hero in beiden Clips »Hey« sagt.

6 Die Spurkopfbereiche *Video 1* und *Audio 1* sind noch als Zielspuren für den Befehl »Herausnehmen« festgelegt, d. h. beide Spurkopfbereiche sind noch dunkel eingefärbt; anderenfalls klicken Sie sie nun beide an.

7 Klicken Sie in der Programmansicht auf die Schaltfläche »Herausnehmen« (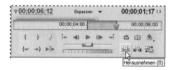).

Premiere Pro hat den von Ihnen markierten Teil von *Greet1.avi* entfernt – und die übrigen Clips unverändert belassen sowie die Programmdauer beibehalten. Als Nächstes schließen Sie die Lücke.

8 Speichern Sie das Projekt.

Eine Lücke schließen

Mit der Schaltfläche »Herausnehmen« behalten Sie beim Schneiden eines Videoprogramms die Programmdauer bei. Sie können auch im Schnittfenster vorhandene Clips durch Ausschneiden und Einfügen neu anordnen. Wenn Sie einen

Clip einfach nur einfügen, überlagert Premiere Pro ihn im ausgewählten Bereich im Schnittfenster und behält dabei die Projektdauer bei. Abhängig von der Länge des Clips kann durch die Überlagerung darunter liegendes Footage entfernt werden. Wenn Sie *Bearbeiten: Ergänzen* wählen, fügt Premiere Pro den hinzuzufügenden Clip in das Schnittfenster ein und verlängert die Projektdauer dabei um die Länge des einzufügenden Footage.

Es gibt zahlreiche Möglichkeiten, um Material in eine Lücke innerhalb eines Projekts einzufügen, einschließlich Dreipunkt- und Vierpunktbearbeitungen.

1 Wählen Sie im Schnittfenster die Lücke in der Spur *Video 1* oder *Audio 1*.

2 Wählen Sie **Bearbeiten: Löschen und Lücke schließen**; Premiere Pro entfernt die Lücke.

3 Spielen Sie das Projekt mit Hilfe der Echtzeitvorschau oder durch Scrubben im Schnittfenster ab.

Alle Clips im Projekt sind jetzt in der richtigen Reihenfolge platziert und ungefähr auf die richtige Länge getrimmt. In der nächsten Übung verfeinern Sie einige kritische Bearbeitungen.

4 Speichern Sie das Projekt.

Feinbearbeitung

Die restlichen Übungen in dieser Lektion beschäftigen sich mit dem Anpassen von Bearbeitungen, um die Aktionen innerhalb der Szenen in Übereinstimmung zu bringen. Bei der Feinbearbeitung eines Projekts muss häufig darauf geachtet werden, dass die Dauer eines Clips oder des Gesamtprojekts beibehalten wird. In diesem Projekt soll die Dauer der Clips *Awkward.avi* und *Seeya.avi* beibehalten werden, da Sie zwischen Szeneneinstellungen von zwei Kameras aus unterschiedlichen Winkeln schneiden und die Aktionen in diesen Szenen übereinstimmen sollen. In der folgenden Übung arbeiten Sie mit dem Verschieben-Werkzeug, dem Unterschieben-Werkzeug und im Zuschneidefenster, um Ihr Projekt in die Endfassung zu bringen.

Sie überarbeiten in den folgenden Übungen mehrere Bearbeitungen in der Reihenfolge von links nach rechts.

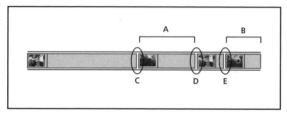

Um die In- und Out-Points und die Länge von Greet1.avi *(A) und* Awkward.avi *(B) beizubehalten, nehmen Sie die erste Bearbeitung mit dem Verschieben-Werkzeug (C), die zweite Bearbeitung mit dem Unterschieben-Werkzeug (D) und die dritte Bearbeitung im Zuschneidefenster (E) vor und gehen dabei von links nach rechts vor.*

Die Verschieben- und Unterschieben-Werkzeuge

Premiere Pro stellt für das Anpassen von Clips im Schnittfenster unter Beibehaltung der Clipdauer zwei Werkzeuge zur Verfügung: das Verschieben- und das Unterschieben-Werkzeug.

Verschieben-Werkzeug passt die Dauer der beiden benachbarten Clips an, die an den Ziel-Clip angrenzen, während es die enthaltenen In- und Out-Points unverändert erhält. Das Werkzeug behält außerdem die Dauer des Gesamtprojekts bei. Sie können sich dieses Bearbeitungsverfahren als ein »rollendes« Edit vorstellen, mit dem ein Clip zwischen zwei anderen Clips getrimmt wird. Das Verschieben-

Werkzeug behält auch die Dauer des markierten Clips. Während Sie den markierten Clip ziehen, verschiebt Premiere Pro den Clip im Schnittfenster nach links oder rechts.

Hinweis: Wie bei den Überblendungen können Sie das Verschieben-Werkzeug nur verwenden, wenn die angrenzenden Clips getrimmt wurden, so dass in diesen Clips noch »Extra«-Frames vorhanden sind.

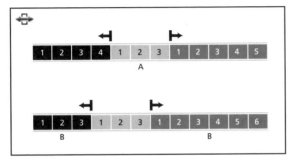

*Das Verschieben-Werkzeug lässt die Dauer des verschobenen Clips (**A**) unverändert, während es die In- oder Out-Points der angrenzenden Clips (**B**) verändert, allerdings nur dann, wenn in diesen beiden Clips noch getrimmte Frames verfügbar sind.*

Unterschieben-Werkzeug stellt die In- und Out-Points eines Clips ein und behält dabei die Dauer des Clips unverändert bei. Wenn Sie den Clip mit dem Unterschieben-Werkzeug ziehen, verschieben sich gleichzeitig auch die In- und Out-Points in dieselbe Richtung und behalten dabei die Clipdauer bei. Sie können sich das Unterschieben so vorstellen, als würde ein Clip auf der Spur hinter einem festen Fenster in die eine oder andere Richtung verschoben. Die Position des Clips im Schnittfenster verändert sich dabei nicht.

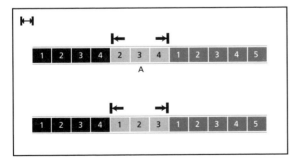

*Das Unterschieben-Werkzeug verändert die In- und Out-Points eines Clips (**A**) unter Beibehaltung seiner Dauer, vorausgesetzt, im Clip sind noch getrimmte Frames verfügbar.*

Hinweis: Sie können das Unterschieben-Werkzeug nur mit zugeschnittenen Clips verwenden, in denen noch über die gegenwärtigen In- und Out-Points hinaus Extra-Frames vorhanden sind.

Wenn Sie bei ausgewähltem Verschieben- oder Unterschieben-Werkzeug die Maustaste gedrückt halten, ändert sich das Monitorfenster, um die vier kritischen Frames anzuzeigen: den letzten Frame des angrenzenden linken Clips, den jeweils ersten und letzten Frame des ausgewählten Clips und den ersten Frame des angrenzenden rechten Clips.

Hinweis: Die Werkzeuge »Verschieben« und »Unterschieben« lassen sich nicht unmittelbar auf Audio-Clips anwenden. Wenn Sie diese Werkzeuge jedoch auf Video-Clips anwenden, passt Premiere Pro alle mit ihnen verbundenen Audio-Clips ebenfalls entsprechend an.

Mit den Unterschieben- und Verschieben-Werkzeugen arbeiten

Sie erzeugen nun mit Hilfe des Verschieben-Werkzeugs und mit einer Nahaufnahme einer als Lesezeichen dienenden Grußkarte von Ex sowie der peinlichen Distanz zwischen Hero und Ex einen Spannungsbogen. Dabei behalten Sie nach der Teilung die In- und Out-Points von *Awkward.avi* und von *Seeya.avi* bei. Mit dieser Bearbeitung verkürzen Sie den einen und verlängern den anderen angrenzenden Clip.

So wie Ihnen die Löschen-und-Lücke-schließen-Bearbeitung das Anpassen eines Schnitts zwischen zwei Clips ermöglicht, eignen sich die Unterschieben- und Verschieben-Werkzeuge gut zum Anpassen von zwei Schnitten in einer Reihe von drei Clips. Ziehen Sie den mittleren Clip mit dem Unterschieben- oder dem Verschieben-Werkzeug nach links oder rechts. Während der Verwendung der beiden Werkzeuge zeigt die Programmansicht die vier beteiligten Frames nebeneinander an (Ausnahme: bei der reinen Audio-Spur-Bearbeitung).

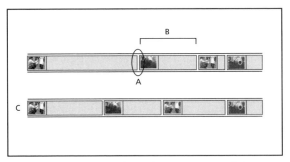

*Mit dem Verschieben-Werkzeug bringen Sie eine Aktion am Edit (**A**) zwischen Awkward.avi und Seeya.avi in Übereinstimmung, während Sie die In- und die Out-Points und die Dauer von Seeya.avi (**B**) beibehalten. Das Ergebnis zeigt (**C**).*

1 Zoomen Sie im Schnittfenster auf den Clip *Awkward.avi* ein, um mehr von ihm zu sehen.

2 Bewegen Sie die Marke für die aktuelle Zeit auf den Frame, an dem die Szene von der Nahaufnahme des Buchs wegblendet (bei 00;00;15;12).

Nun teilen Sie *Awkward.avi* in zwei Teile.

3 Wählen Sie **Sequenz: An aktueller Zeitposition durchschneiden**; Premiere Pro teilt den Clip *Awkward.avi* in zwei Teile.

Jetzt fügen Sie eine Reihe von Clips ein, die aus unterschiedlichen Winkeln aufgenommen wurden.

4 Doppelklicken Sie im Projektfenster auf die Sequenz *Reactions*, um sie im Schnittfenster zur aktiven Sequenz zu machen.

5 Wählen Sie **Bearbeiten: Alles auswählen**.

6 Halten Sie die Umschalttaste gedrückt, während Sie auf den letzten Clip in der Sequenz *Awkward2.avi* klicken, um seine Auswahl aufzuheben. Alle übrigen Clips bleiben ausgewählt. (Sie fügen *Awkward2.avi* später ein.)

7 Wählen Sie **Bearbeiten: Kopieren**.

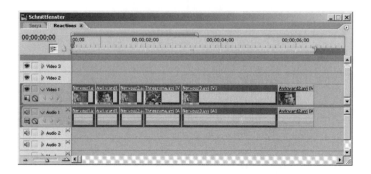

8 Klicken Sie im Schnittfenster auf den Reiter *Seeya*, um die Sequenz *Seeya* im Schnittfenster zu aktivieren.

9 Markieren Sie den zweiten Teil von *Awkward.avi*, das Segment nach der Nahaufnahme des Buchs, und wählen Sie **Bearbeiten: Löschen**.

10 Achten Sie darauf, dass die Marke für die aktuelle Zeit in der Sequenz *Seeya* auf die Lücke gesetzt ist, die durch das Entfernen des rechten Teils von *Awkward.avi* entstanden ist (bei 00;00;15;12). (Verwenden Sie dafür die Bild-nach-oben- und Bild-nach-unten-Tasten.)

11 Wählen Sie **Bearbeiten: Einfügen**. Premiere Pro fügt die Inhalte der Sequenz *Reactions* in das Schnittfenster ein.

12 Schließen Sie die Lücke, indem Sie *Seeya.avi* markieren und an den Out-Point der eingefügten Clips der Sequenz *Reactions* ziehen.

Hinweis: Sie können auch wahlweise die Lücke markieren und anschließend Bearbeiten: Löschen und Lücke schließen *wählen*.

13 Speichern Sie das Projekt.

Mit dem Verschieben-Werkzeug arbeiten

Die Sequenz *Seeya*, die aus mehreren fortlaufenden Clips besteht, ist jetzt für die Frame-genauen Bearbeitungen bereit, die Sie zum Abschluss der Lektion ausführen.

1 Zoomen Sie in die Sequenz *Seeya* ein, um die Clips *Nervous1.avi*, *Awkward1.avi* und *Nervous2.avi* besser sehen zu können.

2 Achten Sie darauf, dass das Auswahl-Werkzeug aktiv ist, und markieren Sie mit gedrückter Umschalttaste die Clips *Nervous1.avi*, *Awkward1.avi* und *Nervous2.avi*.

3 Wählen Sie **Marke: Sequenzmarke setzen: In und Out um Auswahl**.

Sie können sich die drei Clips mühelos in der Programmansicht ansehen.

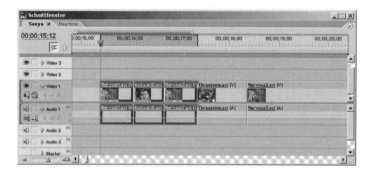

4   Klicken Sie in der Programmansicht auf die Schaltfläche »Von In bis Out abspielen« ( ), um das Footage zu betrachten.

Beachten Sie, dass das Timing am In-Point von *Nervous2.avi* nicht stimmt. Augenaufschlag und Kopf von Ex sollen am Schnitt nach oben gehen, damit die Clips dynamischer wirken. Sobald das Lesezeichen ins Bild kommt, soll Ex nach unten sehen, gefolgt von Heros Blick nach oben und anschließendem Augenaufschlag von Ex nach oben.

5   Bewegen Sie die Marke für die aktuelle Zeit in der Sequenz *Seeya* auf den Frame in *Nervous2.avi*, an dem Ex die Augenlider aufschlägt und Hero anblickt (etwa bei 00;00;17;02).

6   Klicken Sie im Schnittfenster auf die Schaltfläche »Ausrichten«, um sie auszuschalten. (Der weiße Hintergrund und die Umrahmung um die Schaltfläche »Ausrichten« ändern sich in Grau.)

7   Halten Sie die Umschalttaste gedrückt, während Sie auf die Clips *Nervous1.avi* und *Nervous2.avi* klicken, um ihre Auswahl aufzuheben. *Awkward1.avi* bleibt markiert.

8   Wählen Sie in der Werkzeug-Palette das Verschieben-Werkzeug ( ).

Hinweis: *Falls die Werkzeug-Palette nicht eingeblendet ist, wählen Sie in der Menüleiste Fenster: Werkzeuge.*

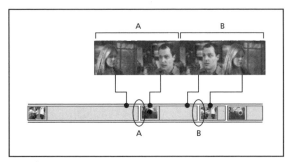

Sie können das Edit zwischen Nervous1.avi *und* Awkward1.avi *(A) sowie zwischen* Awkward1.avi *und* Nervous2.avi *(B) sehen. Hier bewegen Sie (A) auf einen bestimmten Frame in Richtung (B).*

Sie sollten das Monitorfenster hier in die einfache Ansicht ändern, indem Sie oben rechts im Monitorfenster auf die Menüschaltfläche (das kleine schwarze Dreieck im Kreis) klicken und den Menüeintrag »Einfache Ansicht« wählen. Vergrößern Sie das Monitorfenster so groß wie möglich, um die feinen Bewegungsänderungen in den kleinen Bereichen des Frames sehen zu können.

9   Platzieren Sie den Mauszeiger auf *Awkward1.avi*, halten Sie die Maustaste gedrückt und bewegen Sie die Maus ein wenig nach rechts oder links.

Die Programmansicht zeigt die kritischen Frames der drei Clips.

Sie sehen im Monitorfenster vier Frames: den Out-Point des angrenzenden Clips unten links (*Nervous1.avi*), die In- und Out-Points des Clips, in dem das Werkzeug verwendet wird (*Awkward1.avi*, in der oberen Zeile), und den In-Point des angrenzenden Clips unten rechts (*Nervous2.avi*).

LEKTION 9
Fortgeschrittene Techniken I: Einzel-Frame-Technik

10 Ziehen Sie im Schnittfenster nach rechts auf die Marke für die aktuelle Zeit (bei 00;00;17;02), wo Ex gerade vom Lesezeichen nach oben blickt. Damit verschieben Sie den Out-Point von *Nervous1.avi* und den In-Point von *Awkward1.avi* auf später.

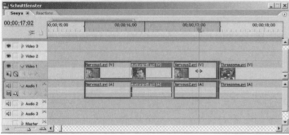

Hinweis: *Falls Ihre Programmansicht für die feinen Augenbewegungen zu klein ist, sollten Sie sich das Edit im Schnittfenster ansehen. Suchen Sie nach dem Punkt, an dem die Marke für die aktuelle Zeit den Out-Point von* Awkward1.avi *und den In-Point von* Nervous2.avi *teilt. Ist »Ausrichten« ausgeschaltet, können Sie das Edit an diesen Zeitpunkt anpassen.*

Hinweis: *Mit der Einzoomen/Auszoomen-Steuerung erzielen Sie präzisere Ergebnisse.*

11 Wählen Sie das Auswahl-Werkzeug ( ), um die Auswahl des Verschieben-Werkzeugs aufzuheben.

Beim Loslassen der Maustaste aktualisiert Premiere Pro die In- und Out-Points der benachbarten Clips und zeigt das Ergebnis im Monitorfenster. Die Dauer des Programms und des Clips *Awkward1.avi* bleiben unberührt. Sie haben die Position des rechten Clips im Schnittfenster zurück an den Projektbeginn verschoben, ohne seine Dauer zu ändern. Es ist beinahe so, als hätten Sie einen Filmstreifen nach »links« und »unter« den Clip *Awkward1.avi* geschoben, aber dabei die Laufzeit des Footage beibehalten. *Nervous2.avi* beginnt und endet nun später.

Sie haben gerade die Aktion zwischen dem Out-Point von Awkward1.avi *(C) und* Nervous2.avi *(D) angepasst und dabei die anderen zwei Frames ignoriert.*

12 Sehen Sie sich die Änderung in der Vorschau an.

13 Falls Sie die Programmansicht zum präziseren Arbeiten vergrößert haben, können Sie mit **Fenster: Arbeitsbereich: Bearbeitung** ihre ursprüngliche Arbeitsumgebung bequem wieder herstellen.

14 Speichern Sie das Projekt.

Mit dem Unterschieben-Werkzeug arbeiten

Mit dem Unterschieben-Werkzeug passen Sie die Aktion zwischen *Nervous3.avi* und *Seeya.avi* an. Dafür verschieben Sie den In-Point von *Nervous3.avi* und behalten seine Clip-Dauer bei. Die In- und Out-Points von *Nervous3.avi* erscheinen bei der Verwendung des Unterschieben-Werkzeugs in den beiden mittleren Frames des Monitorfensters. Die bearbeiteten Clips bleiben dabei im Schnittfenster an der gleichen Position, während sich der Bereich der sichtbaren Frames dabei in Position verschiebt (siehe Abbildung nächste Seite).

LEKTION 9
Fortgeschrittene Techniken I: Einzel-Frame-Technik

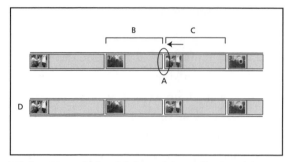

*Mit dem Unterschieben-Werkzeug bringen Sie eine Aktion am Edit (**A**) zwischen* Nervous3.avi *(**B**) und* Seeya.avi *(**C**) in Übereinstimmung. Das Werkzeug ändert die In- und Out-Points von* Nervous3.avi, *behält aber seine Dauer bei. Benachbarte Clips, zum Beispiel* Threesome.avi, *bleiben unberührt. Das Ergebnis zeigt (**D**).*

Beim Unterschieben ziehen Sie neun Frames nach rechts.

Da in diesem Clip keinerlei Bewegung vorhanden ist, steht Ihnen neben den vier Frames in der Programmansicht keine andere Referenz zur Verfügung. Sie können die in der Info-Palette angezeigte Mauszeigerposition während des Edits als Referenz nutzen.

1   Scrollen Sie durch den Clip *Nervous3.avi* und den ersten Teil des Clips *Seeya.avi*.

Sie sehen, dass Ex am Ende von *Nervous3.avi* und in *Seeya.avi* ihren Kopf an die Schulter von New Boy lehnt. Sie erzeugen nun mit dem Unterschieben-Werkzeug eine Überleitung in den Clip *Seeya.avi*, indem Sie die erste Aufnahme mit dem Kopf von Ex auf der Schulter von New Boy entfernen.

2   Platzieren Sie die Marke für die aktuelle Zeit auf den Frame in *Nervous3.avi*, an dem Ex damit beginnen will, sich an die Schulter von New Boy anzulehnen (bei 00;00;20;19).

3 Wählen Sie in der Werkzeug-Palette das Unterschieben-Werkzeug (⊢⊣).

4 Platzieren Sie das Unterschieben-Werkzeug auf dem Clip *Nervous3.avi* im Schnittfenster und halten Sie die Maustaste gedrückt.

Während Sie das Unterschieben-Werkzeug bewegen, zeigt das Monitorfenster den Out-Point von *Threesome.avi*, die In- und Out-Points von *Nervous3.avi* und den In-Point von *Seeya.avi*.

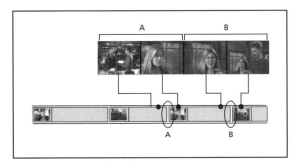

Sie können das Edit zwischen Threesome.avi *und* Nervous3.avi *(A) und das Edit zwischen* Nervous3.avi *und* Seeya.avi *(B) sehen. Hier ändern Sie das zweite Edit.*

LEKTION 9
Fortgeschrittene Techniken I: Einzel-Frame-Technik

5   Ziehen Sie nach rechts, bis die Aktion im dritten Frame (dem Out-Point von *Nervous3.avi*) zur Aktion im Frame an der Marke für die aktuelle Zeit passt. Dies führt zu neuen Schnittfenster-In- und Out-Points, die auf zeitlich früheres Footage im Original-Clip zurückzuführen sind. Der Timecode-Indikator ändert sich dabei in eine positive oder negative Frame-Anzahl. Verschieben Sie um plus sieben Frames (bewegen Sie nach oben rechts auf +00;00;00;07).

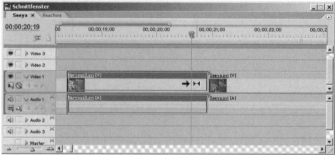

Der neue Frame-Out-Point (oben), nachdem die Maustaste losgelassen wurde (unten). Nach dem Ende des Edits verschiebt der Frame bei 00;00;20;19 auf den Out-Point von Nervous3.avi *bei 00;00;20;26.*

6   Lassen Sie die Maustaste los. Das Monitorfenster zeigt nun einen Frame.

7   Wählen Sie das Auswahl-Werkzeug (▸), um die Auswahl des Unterschieben-Werkzeugs aufzuheben.

8   Sehen Sie sich die Änderung in der Vorschau an.

Nun sollten die Aktionen im dritten und vierten Frame zueinander passen. Premiere Pro aktualisiert die Original-In- und Out-Points des Clips und zeigt das Ergebnis im Monitorfenster. Die Clip- und die Programmdauer bleiben unverändert und benachbarte Clips bleiben unberührt. Bevor Sie mit der nächsten Übung fortfahren, machen Sie das letzte Verschieben rückgängig und kehren zum vorigen Status zurück.

9 Wählen Sie **Bearbeiten: Rückgängig**, um das Schnittfenster wieder in seinen vorherigen Zustand zu versetzen.

10 Speichern Sie das Projekt.

Das Zuschneidefenster

Das Zuschneidefenster ist ein eigenständiges Fenster mit besonderen Steuerungsmöglichkeiten für die Feinabstimmung des Schnittpunkts zwischen zwei Clips. Es ist ähnlich aufgebaut wie die Doppelansicht im Monitorfenster, jedoch zeigen beide Ansichten Clips aus dem aktuellen Videoprogramm. Die linke Ansicht zeigt den Clip, der sich links vom Schnittpunkt befindet, während die rechte Ansicht den Clip rechts vom Schnittpunkt zeigt. Sie können an jedem Schnittpunkt in einer Sequenz die Bearbeitungsverfahren »Löschen und Lücke schließen« sowie »Rollen« verwenden und Premiere Pro aktualisiert die Sequenz während der Bearbeitung permanent.

Da Sie die Frames auf beiden Seiten der Marke für die aktuelle Zeit sehen, können Sie jeden Clip präzise zuschneiden. Diese Ansicht ist für die Feinabstimmung des Edits zwischen zwei Clips hilfreich, in dem eine Aktion exakt übereinstimmen muss oder das Timing (Zeitverhalten) kritisch ist. Premiere Pro aktualisiert das Schnittfenster beim Ausführen des Edits.

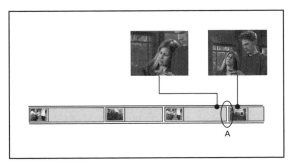

*Das Zuschneidefenster für Frame-weises »Löschen und Lücke schließen« sowie eine Ansicht beider Clips am Edit (**A**)*

»Löschen und Lücke schließen« im Zuschneidefenster

Jetzt erzeugen Sie mit Hilfe des Zuschneidefensters das gleiche Ergebnis wie mit dem Verschieben-Werkzeug. Sie schneiden *Nervous3.avi* so zu, dass Sie die Aktion mit der Aktion zu Beginn von *Seeya.avi* in Übereinstimmung bringen. Anschließend führen Sie eine Rollen-Bearbeitung aus, um das Edit zwischen den Clips zu verschieben und die gemeinsame Dauer der beiden Clips beizubehalten.

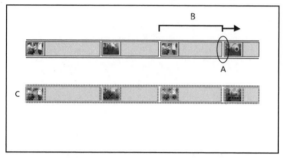

Im Zuschneidefenster bringen Sie Aktionen am Schnittpunkt zwischen Nervous3.avi *und* Seeya.avi *(A) in Übereinstimmung und behalten dabei die In- und Out-Points und die Dauer von* Nervous3.avi *bei (B). Das Ergebnis zeigt (C).*

1   Bringen Sie die Marke für die aktuelle Zeit in der Programmansicht mit Hilfe der Bild-nach-oben- und Bild-nach-unten-Taste zwischen *Nervous3.avi* und *Seeya.avi*.

2   Klicken Sie unten rechts in der Programmansicht auf die Schaltfläche »Zuschneiden« ( ), um das Zuschneidefenster einzublenden.

Premiere Pro zeigt im Zuschneidefenster zwei Frames: links den Out-Point von *Nervous3.avi* und rechts den In-Point von *Seeya.avi*. Außerdem sehen Sie unten im Zuschneidefenster die zugehörigen Schaltflächen.

A. Bewegung Out-Point **B.** Jog-Out-Point **C.** Edit abspielen **D.** Zuschneiden: Endlosschleife **E.** Rückwärts zuschneiden mit großer Verschiebung **F.** Rückwärts zuschneiden um einen Frame **G.** Jog-Roll-In- und -Out-Points **H.** Vorwärts zuschneiden um einen Frame **I.** Vorwärts zuschneiden mit großer Verschiebung **J.** Zum vorherigen Schnittpunkt gehen **K.** Zum nächsten Schnittpunkt gehen **L.** Jog-In-Point **M.** Sichere Ränder **N.** Bewegung In-Point

Nun passen Sie die Aktion in *Nervous3.avi* an die Aktion in *Seeya.avi* an.

Weiter vorne in dieser Lektion (in Schritt 2 auf Seite 388) haben Sie den Keyframe im Clip gefunden, an dem Ex frontal in Richtung Kamera sieht, als sie sich New Boy zuwendet. Dieser Keyframe befindet sich bei 00;00;20;19.

3 Mit 00;00;20;19 als Ziel-Out-Point im Zuschneidefenster platzieren Sie den Mauszeiger auf der linken Ansicht, die den gegenwärtig letzten Frame von *Nervous3.avi* zeigt.

Der Mauszeiger ändert sich in das Werkzeug »Löschen und Lücke schließen«, sobald er sich auf dem Bildbereich des Frames befindet.

4 Klicken und ziehen Sie mit der Maus nach links, bis der Frame bei 00;00;20;19 im mittleren Timecode-Feld und das Ziel-Keyframe-Bild links oberhalb von diesem Timecode erscheint (das linke Bild im Zuschneidefenster auf der nächsten Seite).

LEKTION 9
Fortgeschrittene Techniken I: Einzel-Frame-Technik

💡 *Falls Sie zu weit gezogen haben, kehren Sie den Zuschnitt mit Hilfe der Schaltflächen »-5« und »-1« um. Klicken Sie auf den linken Frame (Nervous3.avi) und verwenden Sie die Schaltflächen »+5« und »+1«, um Nervous3.avi so anzupassen, dass die Aktion im Nervous3.avi-Out-Point zu der Aktion im Seeya.avi-In-Point passt.*

Hinweis: *Die Schaltflächen »-5« und »-1« schneiden die Clips links zu und die Schaltflächen »+5« und »+1« schneiden die Clips rechts zu.*

Nun passen die Aktionen in beiden Clips zueinander.

5   Sehen Sie sich die Bearbeitung in der Vorschau an.

Der Schnitt von der Nahaufnahme von Ex in *Nervous3.avi* zu der Szene in der mittleren Einstellung zu Beginn von *Seeya.avi*, in der sie ihren Kopf an die Schulter von New Boy lehnt, ist nun knapper bemessen.

6   Speichern Sie das Projekt.

Rollen im Zuschneidefenster

Als Nächstes bearbeiten Sie das Edit zwischen Clips mit Hilfe des Rollen-Werkzeugs im Zuschneidefenster.

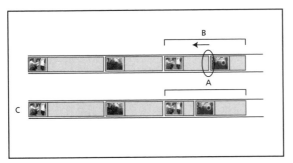

Sie verschieben nun mit dem Rollen-Werkzeug das Edit zwischen Nervous3.avi *und* Seeya.avi (**A**), *während Sie die gemeinsame Dauer beider Clips beibehalten* (**B**). *Das Ergebnis zeigt* (**C**).

Nun verkürzen Sie das Edit am Beginn von *Nervous3.avi* und entfernen den Lidschlag von Ex, so dass ihre Reaktion von ihrem nonverbalen Austausch mit Hero über das sensible Thema Grußkarte fließender erscheint.

Beim Arbeiten mit dem Zuschneidefenster müssen Sie auf zwei wichtige Punkte achten. Erstens: Ist die Marke für die aktuelle Zeit korrekt platziert? Zweitens: Der Clip muss im Schnittfenster markiert sein, bevor Sie das Rollen-Werkzeug verwenden.

1   Bewegen Sie die Marke für die aktuelle Zeit an den Beginn des Clips *Nervous3.avi* (zwischen *Threesome.avi* und *Nervous3.avi*). Vergewissern Sie sich, dass der Clip *Nervous3.avi* noch gewählt ist; falls nicht, markieren Sie ihn mit dem Auswahl-Werkzeug. Falls das Zuschneidefenster nicht mehr eingeblendet ist, klicken Sie auf die Schaltfläche »Zuschneiden«, um es einzublenden. Platzieren Sie den Mauszeiger in den Bereich zwischen der linken und der rechten Ansicht, so dass er sich in das Rollen-Werkzeug (⇄) ändert.

2 Ziehen Sie mit dem Rollen-Werkzeug nach rechts, bis der Ziel-Frame bei 00;00;18;20 zum In-Point im rechten Bild wird. Verwenden Sie die folgende Abbildung als Richtlinie.

Hinweis: *Führen Sie eine numerische Rollen-Bearbeitung aus, indem Sie in das Texteingabefeld zwischen der »-1«-Schaltfläche und der »+1«-Schaltfläche eine negative Zahl für die Bewegung nach links bzw. eine positive Zahl für die Bewegung nach rechts eingeben und die Eingabetaste drücken. Die Bewegung soll neun Frames umfassen (+00;00;00;09).*

3 Klicken Sie auf das Monitorfenster, um es in den Vordergrund zu holen.

4 Scrubben Sie in der Schnittfensterleiste, um sich die Änderungen in der Vorschau anzusehen.

5 Sehen Sie sich die letzten drei Clips in der Vorschau an.

6 Speichern Sie das Projekt.

Weitere Informationen über Rollen-Bearbeitungen im Zuschneidefenster finden Sie unter »Das Zuschneidefenster« im *Adobe Premiere Pro Benutzerhandbuch*.

Drei abschließende Edits hinzufügen

Um das Ende dieses Projekts abzuschließen, fügen Sie nun einen weiteren Clip und zwei Sound-Effekte hinzu.

Einen letzten Clip zur Verbesserung des Tempos hinzufügen

Sie fügen nun Footage von einer Sekunde Dauer hinzu, um die Aktion zwischen den Clips *Nervous3.avi* und *Seeya.avi* aufzubrechen und um das Tempo filmisch zu verbessern.

1 Schließen Sie das Zuschneidefenster.

2 Passen Sie die Clips *Nervous3.avi* und *Seeya.avi* mit der Einzoomen-/ Auszoomen-Schaltflächen im Schnittfenster so an, dass Sie beide sehen können.

3 Setzen Sie die Marke für die aktuelle Zeit auf den Schnittpunkt zwischen beiden Clips.

4 Klicken Sie im Schnittfenster auf das Register der Sequenz *Reactions*, um diese Sequenz zu aktivieren.

5 Markieren Sie den letzten Clip in der Sequenz *Awkward2.avi*.

6 Wählen Sie **Bearbeiten: Kopieren**.

7 Kehren Sie zur Sequenz *Seeya* zurück, indem Sie im Schnittfenster auf das zugehörige Register klicken.

8 Die Marke für die aktuelle Zeit befindet sich noch auf dem Schnittpunkt zwischen den Clips *Nervous3.avi* und *Seeya.avi*; wählen Sie **Bearbeiten: Einfügen**.

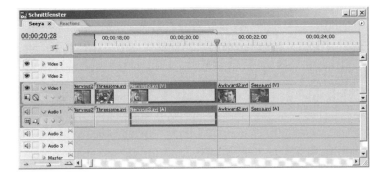

9 Sehen Sie sich die Auswirkung des neu eingefügten Clips und des umgebenden Footage auf das Timing der Szene in der Vorschau an.

Durch Einfügen eines weiteren Schnitts verbessern Sie den Ablauf zwischen der Aktion von *Nervous3.avi* und *Seeya.avi* noch mehr.

10 Speichern Sie das Projekt.

Zwei Sound-Effekte einfügen

Jetzt fügen Sie in diese Sequenz zwei Sound-Effekte ein. In der gesamten Szene spielt New Boy mit einem Taschencomputer. Sie fügen der Sequenz nun den Spiele-Sound hinzu, um der Szene zu mehr Authentizität zu verhelfen. Anschließend fügen Sie an dem Punkt, an dem Ex und New Boy das Literaturcafé verlassen, das Geräusch einer zuschlagenden Tür ein.

1 Öffnen Sie im Projektfenster die Ablage *Bin 01*. Doppelklicken Sie auf *Game.wav*, um die Datei in der Originalansicht im Monitorfenster zu öffnen.

2 Suchen Sie in der Originalansicht in der Clip-Anzeige 00;00;29;04.

3 Klicken Sie in der Originalansicht auf die Schaltfläche »Out-Point setzen« ( ).

4 Stellen Sie die Sequenz *Seeya* mit Hilfe der Auszoomen-Schaltfläche im Schnittfenster so ein, dass Sie die gesamte Sequenz im Schnittfenster sehen können.

5 Setzen Sie die Marke für die aktuelle Zeit im Schnittfenster an den Beginn des Projekts, indem Sie die Pos1-Taste drücken, ohne dass dabei Clips im Schnittfenster markiert sind, oder so oft auf die Bild-nach-oben-Taste drücken, bis der Timecode im Schnittfenster 00;00;00;00 zeigt. (Achten Sie außerdem darauf, vorher alle Sequenzmarkierungen zu entfernen, indem Sie mit der rechten Maustaste in die Schnittfensterzeitleiste klicken und im Kontextmenü den Eintrag **Sequenzmarke löschen: In und Out** wählen).

6 Vergewissern Sie sich nochmals, dass keine Clips mehr markiert sind. Klicken Sie in den Spurkopfbereich der Spur *Audio 2*, um diese Spur zur Zielspur zu machen. Klicken Sie im Spurkopfbereich der Spur Audio 2 auf das kleine blaue Dreieck links neben der Spurbezeichnung, um die Spur aufzufalten.

7 Klicken Sie in der Originalansicht im Monitorfenster auf die Schaltfläche »Überlagern« ( ).

8 Premiere Pro platziert den Clip *Game.wav* an den Beginn der Sequenz auf der Spur *Audio 2*.

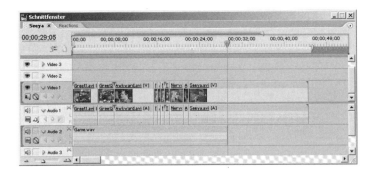

9 Hören Sie sich den Sound-Effekt in der Vorschau an.

10 Speichern Sie das Projekt.

Als Letztes fügen Sie das Geräusch der vor Heros Nase zufallenden Tür ein, der letzte Nadelstich zu Heros verletztem Stolz.

11 Suchen Sie nach dem letzten Frame, in dem die Tür zufällt (bei 00;00;38;27). (Scrubben Sie, ziehen Sie den Shuttle-Regler oder klicken Sie auf die Pfeiltasten im Schnittfenster oder in der Programmansicht.)

12 Gehen Sie fünf Frames zurück auf 00;00;38;22.

Hinweis: *Nachdem Sie den Sound-Effekt platziert haben, müssen Sie seine Position eventuell noch anpassen, damit er der Aktion im Video entspricht.*

13 Doppelklicken Sie im Projektfenster in der Ablage *Bin 01* auf den Clip *Doorslam.wav*.

14 Wählen Sie **Clip: Überlagern** und passen Sie das Schnittfenster mit Hilfe der Einzoomen-/Auszoomen-Schaltflächen so an, dass Sie den Clip Doorslam.avi im Schnittfenster besser sehen können.

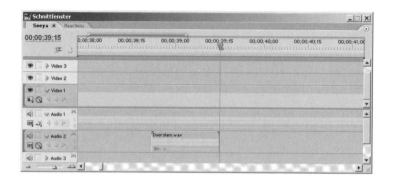

15 Sehen Sie sich das Projekt in der Vorschau an.

16 Speichern Sie das Projekt.

Damit haben Sie fortgeschrittene Frame-weise Bearbeitungsfunktionen abgeschlossen. In den nächsten beiden Lektionen setzen Sie unter Verwendung verschachtelter Sequenzen und dynamischer Sound-Funktionen von Adobe Premiere Pro den gesamten Film zusammen. Danach lernen Sie das Erstellen von Titeln und Vor- bzw. Abspanntexten kennen. In den letzten beiden Lektionen erfahren Sie mehr über die vielen in Adobe Premiere Pro verfügbaren Ausgabeformate für Video und Audio.

Den Film exportieren

Wenn Sie Ihre Bearbeitung abgeschlossen haben, erzeugen Sie nun eine Filmdatei.

1 Falls Sie die Audio-Vorschau im Verlauf dieser Lektion ausgeschaltet hatten, müssen Sie sie nun wieder einschalten, indem Sie in jeder betroffenen Audio-Spur links oben auf die Schaltfläche »Spurausgabe aktivieren/deaktivieren« klicken, um wieder das Lautsprecher-Symbol (◄) einzublenden.

2 Wählen Sie **Datei: Exportieren: Film**.

3   Klicken Sie im Dialogfeld »Film exportieren« auf die Schaltfläche »Einstellungen«. Achten Sie darauf, dass im aufgerufenen Dialogfeld »Einstellungen für Filmexport« unter »Allgemein« für »Dateityp« der Eintrag »Microsoft DV AVI« gewählt ist.

4   Wählen Sie für »Bereich« den Eintrag »Vollständige Sequenz«.

5   Achten Sie darauf, dass die Kontrollkästchen vor »Video exportieren«, »Audio exportieren«, »Nach Abschluss dem Projekt hinzufügen« und »Vorgang mit Signalton beenden« eingeschaltet sind.

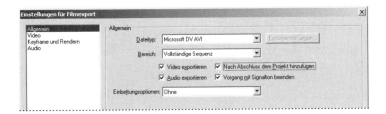

6   Wählen Sie unter »Audio« für »Samplerate« den Eintrag »48000 Hz«, für »Sampletyp« den Eintrag »16 Bit« und für »Kanäle« den Eintrag »Stereo«.

7   Klicken Sie auf OK, um das Dialogfeld »Einstellungen für Filmexport« zu schließen.

8   Legen Sie im Dialogfeld »Film exportieren« den Ordner *09Lesson* als Speicherort fest und geben Sie **Seeya.avi** als Namen für den Film ein. Klicken Sie auf »Speichern«.

Während Premiere Pro den Film erstellt, informiert eine Statusleiste über die verbleibende Zeit bis zur Fertigstellung. Sobald der Film fertig ist, öffnet Premiere Pro ihn im Projektfenster.

9 Doppelklicken Sie auf den Film, um ihn in der Originalansicht im Monitorfenster zu öffnen.

10 Klicken Sie auf die Schaltfläche »Wiedergabe/Stopp« (▶), um sich den Film anzusehen, den Sie soeben erzeugt haben.

Fragen

1 Der Befehl »Löschen und Lücke schließen« und die Schaltfläche »Extrahieren« bieten ähnliche Funktionen. Worin liegt der Hauptunterschied?

2 Mit welchem Werkzeug würden Sie die In- und Out-Points eines Clips unter Beibehaltung seiner Länge ändern?

3 Worin unterscheiden sich das Verschieben-Werkzeug und das Unterschieben-Werkzeug?

4 Welche Möglichkeiten bietet das Zuschneidefenster, und warum ist dieses Fenster so ideal für die Feinbearbeitung von Bearbeitungen?

5 Nennen Sie zwei Funktionen, mit denen Sie Aktionen zwischen dem Ende eines Clips und dem Anfang des nächsten Clips anpassen.

Antworten

1 »Löschen und Lücke schließen« funktioniert bei einem oder mehreren vollständigen Clips und mit einer Lücke; die Extrahieren-Funktion arbeitet mit einem Frame-Bereich in einem oder mehreren Clips.

2 Das Unterschieben-Werkzeug verändert die In- und Out-Points eines Clips, und behält dabei die Clipdauer bei.

3 Das Verschieben-Werkzeug behält die Dauer des Ziel-Clips bei, ändert aber die Dauer der beiden benachbarten Clips.

4 Das Zuschneidefenster ermöglicht Ihnen, einzelne Frames auf jeder Seite eines Edits (Punkt, an dem bearbeitet wird) zuzuschneiden, und zeigt die Frames zugleich in der Ansicht an.

5 Das Unterschneiden-Werkzeug und die Zuschneidefenster-Steuerelemente bieten Ihnen zwei Funktionen zum realistischen und nahtlosen Anpassen von Aktionen zwischen zwei benachbarten Clips.

10 | Fortgeschrittene Techniken II: Verschachtelte Sequenzen

Mit verschachtelten Sequenzen und Clip-Kopien verfügen Sie über mächtige Werkzeuge für das Zusammenstellen von Videoprogrammen in Premiere Pro.

Sequenzen erlauben Ihnen die Organisation gewaltiger Mengen digitaler Videoinformationen. Mit verschachtelten Sequenzen kombinieren Sie einen oder mehrere Clips, Effekte und Überblendungen in einem einzelnen Clip, gestalten so das Schnittfenster übersichtlicher und steigern Ihre Flexibilität und Ihren Arbeitsfluss. Effekte und Überblendungen können Sie demselben Originalmaterial auch mehrfach zuweisen.

LEKTION 10
Fortgeschrittene Techniken II: Verschachtelte Sequenzen

Die Bearbeitung von Clips und Footage in einem Premiere Pro-Projekt lässt sich mit Hilfe verschachtelter Sequenzen und Clip-Kopien deutlich verbessern. Nun lernen Sie den Einsatz verschachtelter Sequenzen und Clip-Kopien kennen, indem Sie bis auf einige wenige alle Teile des Kurzfilms *Books & Beans* zusammenstellen, mit denen Sie in den bisherigen Lektionen dieses Buchs gearbeitet haben.

In dieser Lektion lernen Sie Folgendes:

- Clip-Kopien erzeugen und umbenennen
- Clip-Kopien in einem Projekt verwenden
- Verschachtelte Sequenzen erzeugen, verschachteln und bearbeiten
- Eine verschachtelte Sequenz in einen Clip kompilieren
- Sequenzen als Clips verwenden
- Mehrere verschachtelte Sequenzen bearbeiten

Vorbereitungen

In dieser Lektion öffnen Sie ein vorhandenes Projekt ohne zusammengestellte Clips im Schnittfenster. Stellen Sie sicher, dass Sie die benötigten Dateien für diese Lektion auf Ihren Rechner kopiert haben. Falls nötig, legen Sie die Buch-DVD-ROM ein. Weitere Informationen finden Sie unter »Die Classroom in a Book-Dateien kopieren« auf Seite 17.

1   Starten Sie Premiere Pro.

2   Klicken Sie im Fenster »Willkommen bei Adobe Premiere Pro« auf die Schaltfläche »Projekt öffnen«.

3   Suchen Sie im Dialogfeld »Projekt öffnen« nach dem Ordner *10Lesson*, den Sie bereits von der Buch-DVD-ROM auf Ihre Festplatte kopiert haben.

4   Markieren Sie im Ordner *10Lesson* die Datei *10Lesson.prproj* und klicken Sie auf »Öffnen«. (Oder doppelklicken Sie auf die Datei *10Lesson.prproj*, um sie zu öffnen.)

5   Falls erforderlich, ordnen Sie Fenster und Paletten neu an, damit sie sich nicht überlappen, indem Sie **Fenster: Arbeitsbereich: Bearbeitung** wählen.

Den fertigen Film ansehen

Um einen Eindruck von dem zu bekommen, was Sie in dieser Lektion erstellen, sehen Sie sich nun den fertigen Film aus dieser Lektion an. Da das Ergebnis der Übungen aus dieser Lektion bis auf wenige Tonelemente und den Abspann der gesamte Film *Books & Beans* sein wird, sehen Sie sich dazu den fertigen Film an.

1. Erzeugen Sie eine neue Ablage, indem Sie entweder unten im Projektfenster auf das Symbol »Ablage« ( ) oder oben rechts im Projektfenster auf das kleine schwarze Dreieck klicken und im aufgerufenen Projektfenstermenü den Eintrag »Neue Ablage« wählen.
2. Geben Sie für die neue Ablage den Namen **Finished** ein.
3. Wählen Sie **Datei: Importieren** und navigieren Sie zum Hauptverzeichnis, das Sie von der Buch-DVD auf Ihre Festplatte kopiert haben.
4. Markieren Sie das Verzeichnis *Movies* und klicken Sie auf »Öffnen«.
5. Markieren Sie die Datei *Books&Beans.wmv* und klicken Sie auf »Öffnen«.

Premiere Pro hat die Datei *Books&Beans.wmv* in die Ablage *Finished* importiert.

6. Doppelklicken Sie auf die Datei *Books&Beans.wmv*, um sie in der Originalansicht im Monitorfenster zu öffnen.
7. Klicken Sie in der Originalansicht im Monitorfenster auf die Schaltfläche »Wiedergabe/Stopp« (▶), um sich das Videoprogramm anzusehen.
8. Wenn Sie möchten, behalten Sie die Ablage *Finished* zum Vergleichen Ihrer Bearbeitungsfortschritte mit dem Original, oder löschen Sie sie, indem Sie unten im Projektfenster auf das Symbol »Löschen« ( ) klicken.

Mit mehreren Sequenzen arbeiten

Ein einzelnes Projekt kann mehrere Sequenzen enthalten, die Premiere Pro in der Programmansicht im Monitorfenster und im Schnittfenster mit Reitern anzeigt. Mit Hilfe von Reitern können Sie problemlos zwischen Sequenzen wechseln. Um eine Sequenz in einem eigenen Fenster anzuzeigen, klicken Sie auf den entsprechenden Sequenz-Reiter.

Alle Sequenzen in einem Projekt müssen dieselbe Timebase verwenden; die Timebase definiert, wie Zeit in Adobe Premiere Pro berechnet wird, und kann nach der Erstellung eines Projekts nicht mehr geändert werden.

Hinweis: Sie können ein Projekt in ein anderes Projekt mit einer anderen Timebase importieren. Allerdings spiegelt die Ausrichtung der Schnittpunkte in den importierten Sequenzen nach wie vor die Timebase des Originalprojekts wider. Da nicht übereinstimmende Timebases zu Frame-Fehlabgleichen führen können, sollten Sie Schnittpunkte in importierten Projekten überprüfen und wenn nötig ändern.

Sequenzen verschachteln

Sie können Sequenzen in andere Sequenzen einfügen bzw. darin verschachteln. Eine verschachtelte Sequenz erscheint als einzelner verknüpfter Video-/Audio-Clip – auch wenn die Originalsequenz möglicherweise mehrere Video- und Audiospuren enthält. Sie können verschachtelte Sequenzen genauso auswählen, verschieben, zuschneiden und mit Effekten versehen wie jeden anderen Clip. Alle an der Originalsequenz vorgenommenen Änderungen übernimmt Premiere Pro in alle aus der Originalsequenz erstellten verschachtelten Sequenzen. Darüber hinaus können Sie Sequenzen beliebig tief in Sequenzen verschachteln, um so komplexe Gruppierungen und Hierarchien zu erstellen. Dank verschachtelter Sequenzen können Sie eine Reihe zeitsparender Funktionen anwenden und Effekte schaffen, die anderenfalls nur schwierig oder gar nicht zu realisieren wären. Das Verschachteln bietet Ihnen folgende Möglichkeiten:

- Sequenzen erneut verwenden. Wenn Sie eine Sequenz wiederholen möchten, können Sie sie einmal erstellen und dann einfach beliebig oft in einer anderen Sequenz verschachteln. Dies ist besonders bei komplexen Sequenzen von Vorteil.

- Unterschiedlichen Kopien einer Sequenz verschiedene Einstellungen zuweisen. Wenn eine Sequenz zum Beispiel mehrmals abgespielt werden soll, bei jeder Wiedergabe jedoch ein anderer Effekt angewendet werden soll, wenden Sie einfach auf jede Instanz der verschachtelten Sequenz einen anderen Effekt an.

- Den Bearbeitungsbereich optimieren. Erstellen Sie komplexe, aus mehreren Ebenen bestehende Sequenzen getrennt, und fügen Sie sie anschließend als einen Clip zur Hauptsequenz hinzu. Damit verhindern Sie nicht nur, zahlreiche Spuren in der Hauptsequenz verwalten zu müssen, sondern verringern auch das potenzielle Risiko, dass Sie versehentlich Clips während der Bearbeitung verschieben und dadurch die Synchronisation verloren geht.
- Komplexe Gruppierungen und verschachtelte Effekte erstellen. Obwohl Sie beispielsweise nur eine Überblendung auf einen Schnittpunkt anwenden können, haben Sie die Möglichkeit, Sequenzen zu verschachteln und auf jeden verschachtelten Clip eine neue Überblendung anzuwenden, wodurch Überblendungen innerhalb von Überblendungen entstehen. Sie können auch Bild-im-Bild-Effekte erzeugen, bei denen jedes Bild eine verschachtelte Sequenz ist, die eigene Clips, Überblendungen und Effekte enthält.

Beachten Sie beim Verschachteln von Sequenzen Folgendes:

- Sie können eine Sequenz nicht in sich selbst verschachteln.
- Da verschachtelte Sequenzen Verweise auf viele andere Clips enthalten können, ist es möglich, dass Vorgänge, in die eine verschachtelte Sequenz involviert ist, mehr Bearbeitungszeit benötigen, weil Adobe Premiere Pro diese Vorgänge auf alle dazugehörigen Clips anwendet.
- Eine verschachtelte Sequenz stellt stets den aktuellen Zustand der Originalsequenz dar. Ändert sich der Inhalt der Originalsequenz, spiegelt sich dies im Inhalt der verschachtelten Instanzen wider. Die Dauer wird nicht unmittelbar beeinflusst.
- Die ursprüngliche Dauer eines verschachtelten Sequenzclips wird vom Original bestimmt. Dabei wird Leerraum am Anfang der Originalsequenz mit eingerechnet, nicht jedoch am Sequenzende. Spätere Änderungen an der Dauer der Originalsequenz wirken sich allerdings nicht auf die Dauer bestehender verschachtelter Instanzen aus. Um die Dauer der verschachtelten Instanzen zu verlängern und Material anzuzeigen, das der Originalsequenz hinzugefügt wurde, können Sie standardmäßige Zuschneideverfahren verwenden. Umgekehrt führt eine verkürzte Originalsequenz dazu, dass die verschachtelte Instanz schwarze Video- und stille Audioabschnitte enthält, die Sie durch Zuschneiden aus der verschachtelten Sequenz entfernen können.

- Sie können die In- und Out-Points verschachtelter Sequenzen genauso setzen wie die von anderen Clips.

Clip-Kopien

Jede Komponente innerhalb eines Videoprogramms verfügt über einen Namen, der die Funktion und den Ort im Premiere-Arbeitsbereich beschreibt.

Original-Clip Ein *Original-Clip* ist eine Referenz auf eine Datei, die digitalisierte Video-Informationen enthält. Alle aktuell im Projektfenster des Projekts angezeigten Dateien sind Original-Clips.

Instanz Sie können beliebig viele Kopien eines Original-Clips aus dem Projektfenster in das Schnittfenster ziehen. Jede auf diese Weise erzeugte Kopie wird als *Instanz* bezeichnet.

Clip-Kopie Sie können von einem Original-Clip im Projektfenster auch eine *Clip-Kopie* erstellen. Premiere Pro zeigt Clip-Kopien wie Original-Clips im Projektfenster an, und zwar mit demselben Namen ergänzt um den Zusatz *Kopieren*. Sie können eine beliebige Anzahl von Instanzen einer Clip-Kopie innerhalb eines Projekts erzeugen.

Hinweis: Verwechseln Sie eine Clip-Kopie keinesfalls mit Aliasname. Wenn ein Clip mit einem Aliasnamen versehen wird, ändert sich nur der Name – ein neuer Clip wird dabei nicht erstellt.

Um von einem Original-Clip eine Clip-Kopie zu erzeugen, müssen Sie zuerst eine Instanz des Original-Clips in der Originalansicht öffnen, um neue In- und Out-Points für die Clip-Kopie zu setzen. Sie behält die neuen In- und Out-Points bei, die Sie in der Originalansicht anpassen können.

Hinweis: Wenn Sie den Original-Clip aus dem Projektfenster löschen, löschen Sie damit auch die Instanzen und Clip-Kopien dieses Original-Clips aus dem Projektfenster und dem Schnittfenster.

Verschachtelte Sequenzen

Beim Erstellen von Clip-Kopien erzeugen Sie mehrere Clips von einem einzelnen Original-Clip. Beim Erzeugen verschachtelter Sequenzen erstellen Sie einen einzelnen Clip aus einem vorher festgelegten Bereich einer Sequenz im Schnittfenster; dieser Sequenzbereich kann dabei eine beliebige Anzahl von Clips umfassen. Eine verschachtelte Sequenz ähnelt mehr einem separaten Projekt mit mehreren Clips, Spuren, Effekten und Überblendungen, das Sie in einem Videoprogramm beliebig oft verwenden können. Premiere Pro behandelt eine verschachtelte Sequenz wie einen einzelnen Clip. Daher können Sie sie bearbeiten und ihr Einstellungen zuweisen wie jedem beliebigen Original-Clip auch. Der Einsatz verschachtelter Sequenzen spart beim Verwalten und Gruppieren von Sequenzen beim Bearbeiten komplexer Videoprogramme Zeit.

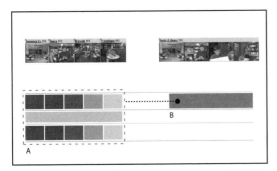

Mehrere Sequenzen (A) lassen sich zu einer verschachtelten Sequenz (B) kombinieren.

Wenn Sie beispielsweise eine kurze Sequenz mit vier überlagerten Videospuren und drei gemischten Audiospuren erstellen, die Sie in Ihrem Projekt zehnmal verwenden möchten, brauchen Sie die Sequenz nur einmal zusammenzustellen, erstellen daraus eine verschachtelte Sequenz und fügen anschließend zehn *Instanzen* dieser verschachtelten Sequenz in das Schnittfenster ein.

Sie können den Original-Clips, die eine verschachtelte Sequenz bilden, Effekte, Überblendungen und andere Einstellungen zuweisen, um gleichzeitig globale Änderungen an allen Instanzen der verschachtelten Sequenz im Schnittfenster vorzunehmen. Sie können demselben Clip Einstellungen auch mehrfach zuweisen. Manche Effekte lassen sich beispielsweise nur durch die Kombination mehrerer Überblendungen erzielen – allerdings können Sie an derselben Stelle nur jeweils eine Überblendung zuweisen. Mehrere überlappende Überblendungen lassen sich nur mit Hilfe verschachtelter Sequenzen erstellen.

Sie können unterschiedlichen Kopien einer Sequenz auch verschiedene Einstellungen zuweisen. Möchten Sie beispielsweise eine Sequenz wiederholt abspielen und dabei jedes Mal einen anderen Effekt verwenden, erstellen Sie eine verschachtelte Sequenz und kopieren sie für jede Instanz, die mit einem anderen Effekt erscheinen soll. Wie auch bei den Clip-Kopien bezieht sich jeder Clip im Originalbereich, der in eine verschachtelte Sequenz aufgenommen wurde, auf eine Original-Sequenz im Projektfenster.

Hinweis: *Sobald Sie den Original-Clip oder den Clip im Originalbereich für die verschachtelte Sequenz löschen, wird auch der entsprechende Teil jeder Instanz der verschachtelten Sequenz gelöscht.*

Weitere Informationen zur Verwendung verschachtelter Sequenzen finden Sie unter »Mit mehreren Sequenzen und verschachtelten Sequenzen arbeiten« im *Adobe Premiere Pro Handbuch.*

Verschachtelte Sequenzen erzeugen

In dieser Übung erstellen Sie eine verschachtelte Sequenz, die Sie anschließend mit anderen Clips für das fertige Projekt kombinieren. Bevor Sie eine verschachtelte Sequenz erstellen können, müssen Sie zunächst die Original-Clips und Sequenzen für diese verschachtelte Sequenz zusammenstellen.

Originalsequenzen und -Clips zusammenstellen

Sie stellen nun die Original-Clips zusammen, mit denen Sie dann eine neue verschachtelte Sequenz erzeugen. Diese verschachtelte Sequenz kombiniert dann Sequenzen und Clips aus vorigen Lektionen zu einem Ganzen.

Sehen Sie sich zunächst das Projektfenster an, das im Projektordner *10Lesson* auf der *Classroom in a Book*-DVD-ROM zusammengestellt wurde.

Dort sind die Sequenzen, die Sie in den vorigen Lektionen erzeugt haben, im Projektfenster zusammengestellt.

Hinweis: Die Ablage Resources *enthält alle Clips, die aus unterschiedlichen Sequenzen bestehen. Sie verwenden diese Sequenzen genau wie Clips. Schließen Sie die Ablage* Resources, *wenn Sie mit dem Betrachten fertig sind.*

1   Klicken Sie im Projektfenster auf *Sequence 01* und wählen Sie **Clip: Umbenennen**. Geben Sie **Master** ein, um *Sequence 01* in *Master* umzubenennen.

2   Markieren Sie mit gedrückter Strg-Taste im Projektfenster nacheinander folgende Einträge: *Sequence Ex*, *Seeya*, *Brownie* und *Transitions*. Es ist wichtig, dass Sie dabei die vorgegebene Reihenfolge einhalten.

3   Ziehen Sie sie im Schnittfenster in der Sequenz *Master* an den Beginn der Spur *Video 1*, so dass Premiere Pro sie in der vorgegebenen Reihenfolge anordnet.

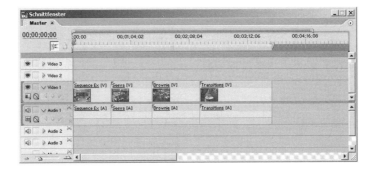

LEKTION 10
Fortgeschrittene Techniken II: Verschachtelte Sequenzen

Die komplexen Sequenzen aus den vorigen Lektionen sind nun auf ein einfaches »flaches« Schnittfenster reduziert. Das Farbschema für Sequenzen, die als Clips eingesetzt werden, unterscheidet sich vom Farbschema normaler Clips.

Aufbau einer zu verschachtelnden Sequenz

Die ersten 00;03;39;06 des Films befinden sich auf der Spur *Video 1*. Sie bauen jetzt die zu importierende Endsequenz auf. Dabei lernen Sie, wie Änderungen an einer Sequenz andere Sequenzen ohne Wiederholung von Schritten beeinflussen können.

1. Wählen Sie im Projektfenster **Datei: Neu: Sequenz**.
2. Geben Sie im Dialogfeld »Neue Sequenz« in das Textfeld »Sequenzname« **Ending** als Name ein und klicken Sie auf OK.

Die Grundelemente für *Ending* befinden sich in der Ablage *Ending* in der Ablage *Resources* im Projektfenster.

3. Suchen Sie im Projektfenster in der Ablage *Resources* nach der Ablage *Ending*.
4. Öffnen Sie die Ablage *Ending* und markieren Sie mit gedrückter Strg-Taste folgende Clips in dieser Reihenfolge: *Dejection.avi*, *Alone.avi*, *Exchange.avi* und *Resolve.avi*.
5. Fügen Sie die Clips mit Hilfe der Schaltfläche »Automatisch in Sequenz umwandeln …« ( ) in die Sequenz *Ending* im Schnittfenster ein. Achten Sie darauf, sie in der Auswahlreihenfolge ohne aktive Überblendungen zu platzieren.
6. Wählen Sie im Dialogfeld »Automatisch zur Sequenz« unter »Anordnung« den Eintrag »Auswahlreihenfolge«, unter »Platzierung« den Eintrag »Nacheinander«, unter »Methode« den Eintrag »Überlagern«, geben Sie für »Clipüberlappung« den Wert **0** ein und klicken Sie auf OK.

Jetzt bereiten Sie diese grobe Zusammenstellung von *Ending* für das Platzieren am Ende des Videoprogramms in der Sequenz *Master* vor. Dafür erzeugen Sie eine Lücke in der Sequenz *Ending*.

7. Setzen Sie die Marke für die aktuelle Zeit auf 00;00;53;11.

8 Wählen Sie in der Werkzeug-Palette das Spurauswahl-Werkzeug ( ) und klicken Sie damit auf *Exchange.avi*.

Premiere Pro markiert alle Clips rechts von *Exchange.avi* (einschließlich *Exchange.avi*).

9 Ziehen Sie die markierten Clips nach rechts, so dass der Beginn von *Exchange.avi* auf der Marke für die aktuelle Zeit einrastet und eine Lücke zwischen den Clips *Alone.avi* und *Exchange.avi* entsteht.

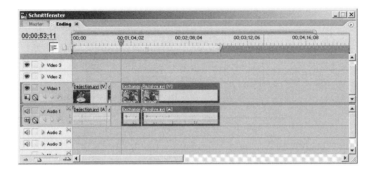

Als Nächstes sehen Sie sich die Sequenz *Ending* in der Sequenz *Master* an.

10 Aktivieren Sie die Sequenz *Master*, indem Sie im Schnittfenster auf den zugehörigen Reiter klicken.

LEKTION 10
Fortgeschrittene Techniken II: Verschachtelte Sequenzen

11 Navigieren Sie im Projektfenster zur Sequenz *Ending* und ziehen Sie sie mit dem Auswahl-Werkzeug aus dem Projektfenster in die Sequenz *Master* an das Ende von *Transitions*.

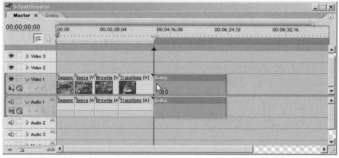

12 Spielen Sie den Film ab.

So können Sie die Lücke, die Sie gerade in der Sequenz *Ending* erzeugt haben, in einem anderen Schnittfenster beobachten.

Änderungen in einer Sequenz in einem verschachtelten Original betrachten

Wenn Sie als Nächstes *Alone.avi* in der Sequenz *Ending* bearbeiten, lernen Sie, wie die beiden Schnittfenster miteinander verbunden sind.

1 Klicken Sie im Schnittfenster auf den Reiter der Sequenz *Ending*, um sie zu aktivieren.

Sie füllen die Lücke mit einer Kopie von *Alone.avi*.

2 Suchen Sie im Projektfenster in der Ablage *Resources* nach der Ablage *Ending* und öffnen Sie sie.

3 Markieren Sie den Clip *Alone.avi* und wählen Sie **Bearbeiten: Duplizieren**.

Mit dem Befehl »Duplizieren« erzeugt Premiere Pro eine Kopie von *Alone.avi* in der Ablage *Ending*.

4 Benennen Sie *Alone.avi Kopieren* in **Alone2.avi** um.

5 Achten Sie darauf, dass sich die Marke für die aktuelle Zeit in der Sequenz *Ending* bei 00;00;53;11 befindet.

6 Ziehen Sie den Clip *Alone2.avi* aus dem Projektfenster in die Sequenz *Ending*, so dass das Ende des Clips an der Marke für die aktuelle Zeit einrastet.

7 Wählen Sie in der Werkzeug-Palette das Werkzeug »Rate ausdehnen« ( ).

Mit dem Werkzeug »Rate ausdehnen« ändern Sie die Clip-Geschwindigkeit.

8 Vergrößern Sie die Ansicht im Schnittfenster mit Hilfe der Einzoomen-/Auszoomen-Schaltflächen, um den Clip *Alone2.avi* besser sehen zu können.

LEKTION 10
Fortgeschrittene Techniken II: Verschachtelte Sequenzen

9. Markieren Sie mit dem Werkzeug »Rate ausdehnen« den Beginn des Clips *Alone2.avi* und ziehen Sie ihn nach links, bis die Lücke gefüllt ist.

10. Sehen Sie sich nun die Ergebnisse Ihrer Bearbeitungen der Sequenz *Ending* in der Vorschau der Sequenz *Master* an.

Sie sehen, dass die Änderungen der Sequenz *Ending* auch in der Instanz der Sequenz *Ending* in der Sequenz *Master* erscheinen.

11. Klicken Sie in der Werkzeug-Palette auf das Auswahl-Werkzeug.
12. Speichern Sie das Projekt.

Den ersten von zwei Spezialeffekten hinzufügen

Jetzt erzeugen Sie zwei weitere Spezialeffekte: Einen fügen Sie der Sequenz *Ending* und den zweiten der Sequenz *Master* hinzu.

1. Setzen Sie im Schnittfenster der Sequenz *Ending* die Marke für die aktuelle Zeit auf den In-Point von *Alone2.avi* bei 00;00;41;29.

2. Markieren Sie den Spurkopfbereich der Spuren *Video 2* und *Audio 2*, um sie als Zielspuren zu bestimmen. (Premiere Pro ändert die Farbe der Spuren von Hellgrau in Dunkelgrau.) Falten Sie anschließend die beiden Spuren auf, indem Sie jeweils auf das kleine blaue Dreieck links neben der Spurbezeichnung klicken, und falten Sie die Spuren *Video 1* und *Audio 1* zusammen, um das Schnittfenster übersichtlicher zu halten.

3   Ziehen Sie den Clip *Loveyou.avi* aus der Ablage *Ending* aus dem Projektfenster so in das Schnittfenster, dass sein Anfang in der Spur *Video 2* an der Marke für die aktuelle Zeit einrastet.

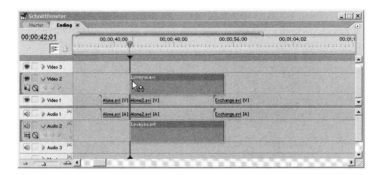

4   *Loveyou.avi* ist im Schnittfenster noch markiert; wählen Sie im Effekteinstellungen-Fenster den Eintrag »Deckkraft«.

5   Klicken Sie im Effekteinstellungen-Fenster links neben »Deckkraft« auf das kleine blaue Dreieck, um die entsprechenden Einstellungen einzublenden.

6   Stellen Sie für den Clip *Loveyou.avi* eine Deckkraft von **50%** ein.

Jetzt blenden Sie die letzte Sekunde im Clip *Loveyou.avi* von 50% auf 0% Deckkraft aus.

7   Verschieben Sie die Marke für die aktuelle Zeit im Schnittfenster auf 00;00;53;18.

8   Fügen Sie einen Keyframe hinzu, indem Sie im Effekteinstellungen-Fenster in der Deckkraft-Einstellung auf die Schaltfläche »Keyframe hinzufügen/entfernen« ( ) klicken.

9   Drücken Sie einmal die Bild-nach-unten-Taste, um an das Ende des Clips *Loveyou.avi* zu gelangen (bei 00;00;54;20).

10 Klicken Sie auf die Schaltfläche »Keyframe hinzufügen/entfernen«, um am Ende einen weiteren Keyframe einzufügen.

11 Ändern Sie im Effekteinstellungen-Fenster die Deckkraft für den End-Keyframe von 50% in **0%**.

12 Klicken Sie auf den Reiter der Sequenz *Master*, um die Sequenz im Schnittfenster zu aktivieren.

13 Schauen Sie sich den mit dem Werkzeug »Rate ausdehnen« erzeugten Effekt des überlagerten Clips *Loveyou.avi* über dem Clip *Alone2.avi* an.

Premiere Pro hat die von Ihnen an der Sequenz *Ending* vorgenommenen Änderungen in der Sequenz *Master* aktualisiert.

14 Speichern Sie das Projekt.

Einer verschachtelten Sequenz einen Effekt hinzufügen

In der vorigen Übung haben Sie einer aus Clips bestehenden Originalsequenz einen Effekt zugewiesen. Jetzt fügen Sie der Sequenz *Master* eine Reihe von Effekten hinzu.

1 Klicken Sie auf den Reiter der Sequenz *Master*, um sie im Schnittfenster zu aktivieren (falls sie nicht bereits aktiviert ist).

2 Bestimmen Sie Spur *Video 2* als Ziel, indem Sie in ihren Spurkopfbereich im Schnittfenster klicken, und falten Sie sie auf.

3 Verschieben Sie die Marke für die aktuelle Zeit auf den In-Point der Clip-Sequenz *Transitions* (bei 00;02;20;01).

4 Öffnen Sie im Projektfenster den Ablagepfad *Resources/Transitions/Bin01* und doppelklicken Sie auf den Clip *Vignette.psd*. Premiere Pro zeigt den Clip in der Originalansicht im Monitorfenster.

5 Wählen Sie **Clip: Überlagern**.

6 Verschieben Sie im Schnittfenster die Marke für die aktuelle Zeit an das Ende der ersten Fantasieszene, in der Hero am Schluss aus dem Bild flüchtet (bei 00;02;29;29).

7 Ziehen Sie den Out-Point des Clips *Vignette.psd* mit dem Auswahl-Werkzeug auf die Marke für die aktuelle Zeit. (Vergrößern Sie dazu die Ansicht mit Hilfe der Einzoomen-Schaltfläche.)

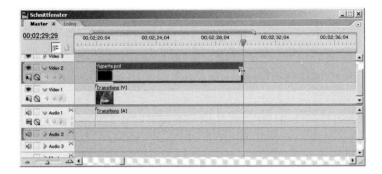

8 Drücken Sie die Bild-nach-oben-Taste, um die Marke für die aktuelle Zeit auf dem Beginn von *Vignette.psd* zu platzieren.

9 Der Clip *Vignette.psd* ist noch markiert; aktivieren Sie das Effekteinstellungen-Fenster.

Sie blenden jetzt den Clip *Vignette.psd* mit dem Tempo der Überblendung »Additive Blende« ein.

10 Fügen Sie an der Marke für die aktuelle Zeit einen Keyframe hinzu, indem Sie links neben »Deckkraft« auf das kleine blaue Dreieck klicken, um die zugehörigen Einstellungen einzublenden, und klicken Sie dann auf die Schaltfläche »Keyframe hinzufügen/entfernen« ( ).

11 Suchen Sie im Schnittfenster nach dem ersten Auftreten der Fantasieszene, an dem die Additive Blende endet (bei 00;02;21;29).

12 Klicken Sie im Effekteinstellungen-Fenster auf die Schaltfläche »Keyframe hinzufügen/entfernen« ( ), um einen weiteren Keyframe hinzuzufügen (bei 00;02;21;29).

13 Um den Clip *Vignette.psd* einzublenden, klicken Sie auf die Schaltfläche »Zum vorherigen Keyframe gehen« (◀), ziehen den Regler »Deckkraft« auf null oder ändern den Deckkraftwert in **0**.

14 Sehen Sie sich den Effekt im Effekteinstellungen-Fenster an, indem Sie mit der Marke für die aktuelle Zeit scrubben.

Vignette.psd blendet mit der Geschwindigkeit der darunter liegenden Additiven Blende ein und die Szene wird von einem verträumten Schimmer umrahmt.

15 Speichern Sie das Projekt.

Jetzt wiederholen Sie diesen Vorgang für die übrigen drei Fantasiesegmente.

16 Suchen Sie im Schnittfenster nach dem Beginn der Überblendung zur zweiten Fantasieszene (00;02;34;27). Wenn Sie Frame-weise vorwärts gehen, können Sie sehen, dass die Überblendung an diesem Punkt beginnt. Platzieren Sie die Marke für die aktuelle Zeit bei 00;02;34;27.

17 Markieren Sie den Clip *Vignette.psd* in der Spur *Video 2* und wählen Sie **Bearbeiten: Kopieren**.

18 Heben Sie die Markierung von *Vignette.psd* auf.

19 Vergewissern Sie sich, dass Spur **Video 2** die Zielspur ist und wählen Sie **Bearbeiten: Einfügen**.

Die zweite Instanz von *Vignette.psd* wird an der Marke für die aktuelle Zeit überlagert.

20 Platzieren Sie die Marke für die aktuelle Zeit am Out-Point der Blumenbukett-Fantasieszene (bei 00;02;40;29).

21 Schneiden Sie den Out-Point des zweiten Clips *Vignette.psd* mit dem Auswahl-Werkzeug auf die Marke für die aktuelle Zeit zu.

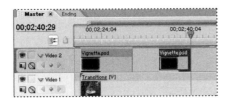

22 Wiederholen Sie den Einfügevorgang für die dritte Instanz of *Vignette.psd* (bei 00;02;44;14) und die vierte Instanz (bei 00;03;05;01).

23 Passen Sie die Out-Points der dritten und vierten Instanz von *Vignette.psd* bei 00;02;53;05 und 00;03;15;19 an. (Mit dem vierten Zuschneiden erhöhen Sie die Dauer.)

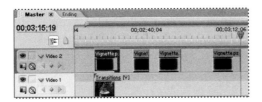

24 Sehen Sie sich die vier Fantasieszenen in der Vorschau an.

Hinweis: Um der Sequenz Transitions *die gleichen Effekte zuzuweisen, müssen Sie sie kopieren und in sie einfügen. Wenn Sie sie in der Sequenz* Transitions *aufbauen, aktualisiert Premiere Pro sie in der Sequenz* Master.

25 Speichern Sie das Projekt.

Die verschachtelte Sequenz aufbereiten und verfeinern

Nachdem Sie die Originalsequenzen zusammengestellt haben, können Sie die Bearbeitungen Ihrer verschachtelten Sequenz in einem Film verfeinern.

In dieser Übung führen Sie Folgendes aus:

- Sich wiederholende Segmente entfernen, die von der Verwendung desselben Clips am Ende einer Sequenz und dem Beginn der nächsten Sequenz in einer einzelnen Lektion herrühren. Sie reparieren zwei dieser Instanzen.
- Die Eingangssequenz von Dreams und Heros Freudentanz (»Yes«), als er herausfindet, dass Dreams nicht zu Fathers und Sons Familie gehört, hinzufügen.
- Eine Überblendung zwischen zwei Sequenzen einfügen.
- Der Spur *Audio 2* in der Sequenz *Master* die überwiegende Anzahl der Musik-Clips hinzufügen.

In Lektion 12, »Audio«, fügen Sie noch mehr Musik hinzu.

Verschachtelte Sequenzen bearbeiten und zuschneiden

Bis zu diesem Punkt haben Sie Effekte in die Sequenz *Master* eingefügt. Jetzt führen Sie einige Bearbeitungen aus, mit denen Sie einen Schnitt auf die Sequenz *Ex* erzeugen, und entfernen die wiederholenden Sequenzen im Schnitt zwischen der Sequenz *Ex* und *Seeya* und im Schnitt zwischen *Transitions* und *Ending*.

1 Suchen Sie zunächst im Projektfenster nach der Sequenz *Sequence Ex* und doppelklicken Sie auf sie, um sie im Schnittfenster zu aktivieren.

Hinweis: Sie können auch auf den Reiter der Sequenz Sequence Ex *klicken, falls er im Schnittfenster sichtbar ist.*

2 Verschieben Sie in der Sequenz *Sequence Ex* die Marke für die aktuelle Zeit an den Punkt, an dem das Buch unter Heros Achsel herunterzurutschen beginnt (bei 00;00;09;26).

3 Wählen Sie in der Werkzeug-Palette das Werkzeug »Löschen und Lücke schließen« ( ).

4 Klicken Sie auf den Clip *Pieplease.avi*, um ihn zu aktivieren. Ziehen Sie vom In-Point nach rechts, um die Lücke im Clip zu löschen und ihn auf die Marke für die aktuelle Zeit zu verschieben.

5 Verschieben Sie die Marke für die aktuelle Zeit mit Hilfe der Bild-nach-oben-Taste auf den Out-Point von *Opening.avi* (bei 00;00;06;05).

6 Markieren Sie im Projektfenster im Ablagepfad *Resources/Ex/Bin 01* den Clip *Cup.avi*.

7 Wählen Sie **Clip: Einfügen**.

Damit haben Sie der Szene *Pieplease* einen neuen Blickpunkt hinzugefügt.

8 Aktivieren Sie die Sequenz *Master* im Schnittfenster und sehen Sie sich das neue Footage an.

Nun passen Sie den Moment an, in dem Hero und New Boy aufeinander treffen.

9. Spielen Sie die letzten Sekunden des Clips *Sequence Ex* in der Sequenz *Master* ab, um den jetzt zu bearbeitenden Bereich kennen zu lernen: die Wörter »You two know each other« (bei 00;00;42;17).

10. Setzen Sie die Marke für die aktuelle Zeit jetzt auf den Einsatzpunkt in *Seeya* (bei 00;00;46;12).

11. Ziehen Sie die verschachtelte Sequenz *Seeya* im *Master*-Schnittfenster mit dem Werkzeug »Löschen und Lücke schließen« vom In-Point nach rechts auf die Marke für die aktuelle Zeit.

12. Sehen Sie sich eine Vorschau der Bearbeitung an, um sicherzugehen, dass der Schnitt weich verlaufen ist.

13. Speichern Sie das Projekt.

Ähnlich müssen Sie das Ende der verschachtelten Sequenz *Transitions* und den ersten Frame der Sequenz *Ending* anpassen.

14. Verschieben Sie die Marke für die aktuelle Zeit im *Master*-Schnittfenster an den Punkt, an dem Hero seine Sachen zusammenpackt und geht (bei 00;03;59;01).

15. Schneiden Sie die Sequenz *Ending* mit dem Werkzeug »Löschen und Lücke schließen« von links bis zur Marke für die aktuelle Zeit zu.

16. Sehen Sie sich Ihre Bearbeitung in der Vorschau an, um sicherzugehen, dass der Schnitt weich verlaufen ist und speichern Sie das Projekt.

Eine Sequenz in verschachtelte Sequenzen einfügen

Im ersten Rohschnitt der Sequenz *Master* fehlt versehentlich Dreams' strahlender erster Auftritt im Literaturcafé.

1 Verschieben Sie die Marke für die aktuelle Zeit in der Sequenz *Master* auf den Schnitt zwischen *Seeya* und *Brownie*.

2 Markieren Sie im Schnittfenster den Spurkopfbereich der Spuren *Video 1* und *Audio 1*, um sie als Zielspuren zu bestimmen.

3 Markieren Sie im Projektfenster die Sequenz *Entrance*.

4 Vergewissern Sie sich, dass das Auswahlwerkzeug gewählt ist.

5 Wählen Sie **Clip: Einfügen**.

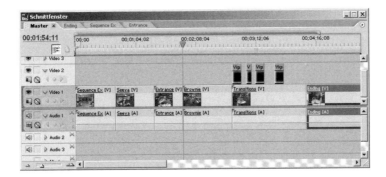

6 Sehen Sie sich Ihre Änderungen in der Vorschau an.

7 Speichern Sie das Projekt.

Jetzt fügen Sie der Sequenz *Brownie* den triumphierenden Clip *Yes.avi* hinzu, um die Sequenz *Master* zu aktualisieren.

8 Doppelklicken Sie im Projektfenster auf die Sequenz *Brownie*, um sie im Schnittfenster zu aktivieren.

9 Suchen Sie im Schnittfenster nach der Szene in der Sequenz *Brownie*, nach der Father und Son das Café verlassen und Dreams »Bye bye now« sagt (bei 00;00;28;09).

10 Markieren Sie im Projektfenster im Ablagepfad *Resources/Brownie/Bin01* den Clip *Yes.avi*.

11 Vergewissern Sie sich, dass die Spuren *Video 1* und *Audio 1* als Zielspuren markiert sind. Wählen Sie **Clip: Überlagern**, um die Dauer der Sequenz beizubehalten.

12 Kehren Sie zur Sequenz *Master* zurück, um diese Anpassung in der Vorschau zu betrachten.

13 Speichern Sie das Projekt.

Verschachtelten Sequenzen eine Überblendung hinzufügen

Überblendungen können Sie wie jeden anderen Effekt auch zwischen zwei Sequenzen einfügen, die in einer weiteren verschachtelt sind. In diesem Fall fügen Sie eine Additive Blende zwischen den Abgang von Ex und New Boy sowie die Szene ein, in der Hero später in seinem Buch liest und an seinem Drink nippt.

1 Geben Sie in der Effekte-Palette in das Textfeld »Enthält« den Suchbegriff **Additive Blende** ein. (Um die Effekte-Palette einzublenden, wählen Sie *Fenster: Effekte*.)

2 Achten Sie darauf, dass *Additive Blende* die Standardüberblendung ist. (Das Symbol muss rot umrahmt sein.)

3 Klicken Sie oben rechts in der Effekte-Palette auf die Menüschaltfläche (das kleine schwarze Dreieck im Kreis) und wählen Sie den Eintrag »Dauer der Standardüberblendung«.

4 Vergewissern Sie sich, dass im Dialogfeld »Voreinstellungen« unter »Allgemein« die »Standarddauer der Videoüberblendung« auf **60** Frames eingestellt ist, und klicken Sie auf OK.

5 Legen Sie in der Sequenz *Master* die Spur *Video 1* als Zielspur fest, indem Sie in ihren Spurkopfbereich klicken.

6   Suchen Sie mit Hilfe der Bild-nach-oben- und der Bild-nach-unten-Taste nach dem Schnitt zwischen *Seeya* und *Entrance*.

7   Wählen Sie **Sequenz: Videoüberblendung anwenden**.

Premiere Pro hat die Additive Blende zwischen den beiden Sequenzen eingefügt. Da am Ende von *Seeya* kein Platz mehr zum Zuschneiden ist, hat Premiere Pro die Überblendung an den Beginn von *Entrance* platziert. (Vergrößern Sie das Schnittfenster mit Hilfe der Einzoomen-Schaltfläche zur besseren Ansicht.)

8   Markieren Sie die Überblendung im Schnittfenster.

9   Zentrieren Sie die Überblendung im Effekteinstellungen-Fenster zwischen den beiden Sequenzen *Seeya* und *Entrance* mit Hilfe der Einzoomen-/Auszoomen-Schaltflächen.

Wenn Sie die Überblendungen zugewiesen haben, können Sie die Marke für die aktuelle Zeit im Effekteinstellungen-Fenster auf eine Sekunde vor dem Schnitt platzieren und die Überblendung dann ziehen, bis sie auf der Marke für die aktuelle Zeit einrastet. Damit zentrieren Sie sie perfekt. Die Kreuzschattierung zeigt an, wo sich die Überblendung aus der Sequenz Seeya Frames »leihen« muss, damit sie als Mittelpunkt des Überblendungsschnitts fungieren kann. (Siehe Abbildung nächste Seite.)

LEKTION 10
Fortgeschrittene Techniken II: Verschachtelte Sequenzen

10 Sehen Sie sich die Überblendung in der Vorschau an.

11 Speichern Sie das Projekt.

Verschachtelten Sequenzen Audio hinzufügen

Wie Sie in diesen Übungen feststellen konnten, gehen Sie mit verschachtelten Sequenzen genau wie mit jedem anderen Clip um. Jetzt fügen Sie der Spur *Audio 2* Musik für die erste Hälfte des Films hinzu. In den Übungen in der Lektion 12, »Audio«, balancieren Sie dann die Musik und die Sound-Effekte für den gesamten Film aus.

Wenn Sie die Auftaktmusik für den Film einfügen und mit dem ersten Wort von Hero, »Hello«, synchronisieren, erzeugen Sie eine Lücke. In der nächsten Lektion, »Titel und Abspann«, fügen Sie den Videoteil der Titelszene hinzu.

1 Aktivieren Sie die Sequenz *Master* im Schnittfenster.

2 Bringen Sie die Marke für die aktuelle Zeit mit Hilfe der Bild-nach-oben- oder der Pos1-Taste an den Beginn des Films.

3 Klicken Sie in den Spurkopfbereich der Spur *Audio 2*, um sie als Zielspur festzulegen, und falten Sie sie auf.

4 Suchen Sie im Projektfenster im Ablagepfad *Resources/Ex/Bin 01* nach dem Clip *Title.wav* und markieren Sie ihn.

5 Wählen Sie **Clip: Einfügen**.

Das Ergebnis ist eine Videolücke, so dass der überwiegende Teil des Clips *Title.wav* auf schwarzem Hintergrund abgespielt wird.

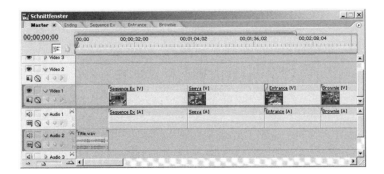

6   Navigieren Sie zu den ersten paar Sekunden der Sequenz *Ex*, wo Hero anfängt, mit dem Angestellten zu sprechen (bei 00;00;26;05), und platzieren Sie die Marke für die aktuelle Zeit dort.

7   Markieren Sie *Title.wav* und ziehen Sie den Clip nach rechts, bis sein Out-Point auf der Marke für die aktuelle Zeit einrastet.

8   Markieren Sie die Lücke links vom Clip *Title.wav* am Beginn der Spur *Audio 2*.

9   Wählen Sie **Bearbeiten: Löschen und Lücke schließen**.

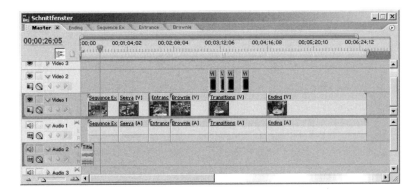

LEKTION 10
Fortgeschrittene Techniken II: Verschachtelte Sequenzen

10 Hören und sehen Sie sich die Eröffnungsmusik und den ersten Dialog in der Vorschau an.

11 Speichern Sie das Projekt.

Sie fügen nun noch drei weitere Musik-Clips hinzu, um diese Lektion über verschachtelte Sequenzen zu vervollständigen.

12 Navigieren Sie mit der Marke für die aktuelle Zeit an den Punkt, an dem Hero gerade sagen will »Not much« und die Szene auf einen einsamen Berghügel wechselt (bei 00;00;40;08).

13 Suchen Sie im Projektfenster im Ablagepfad *Resources/Ex/Bin 01* nach dem Clip *Gothic.wav*.

14 Die Spur *Audio 2* ist noch die Zielspur; wählen Sie **Clip: Überlagern**.

15 Navigieren Sie mit Hilfe der Jog- oder der Shuttle-Steuerung oder gehen Sie Frame-weise zurück auf den letzten Frame des Berggipfels und platzieren Sie die Marke für die aktuelle Zeit dort (bei 00;00;43;20).

16 Schneiden Sie *Gothic.wav* auf die Marke für die aktuelle Zeit zu, indem Sie vom Out-Point nach links ziehen, bis der Clip auf ihr einrastet.

17 Der Clip *Gothic.wav* ist noch markiert; wählen Sie im Effekteinstellungen-Fenster den Effekt »Lautstärke«.

18 Klicken Sie auf das kleine blaue Dreieck links von »Lautstärke« und dann auf das kleine blaue Dreieck links von »Pegel«, um den Lautstärkeregler einzublenden.

19 Verringern Sie die Lauststärke mit Hilfe des Lautstärkereglers auf -10,37dB.

Hinweis: *In Lektion 12, »Audio«, lernen Sie, wie Sie die Lautstärke interaktiv anpassen, während die Musik abspielt.*

20 Sehen Sie sich den der Szene hinzugefügten Effekt *Gothic.wav* in der Vorschau an.

21 Speichern Sie das Projekt.

Das dritte Musikstück umfasst den Abgang von Ex und New Boy. Der Einsatzpunkt für diese melancholische Passage ist Ex, die »Seeya around sometime, maybe« sagt.

22 Platzieren Sie die Marke für die aktuelle Zeit unmittelbar an dem Punkt, nachdem Ex »Maybe« gesagt hat (bei 00;01;19;11).

23 Markieren Sie im Projektfenster im Ablagepfad *Resources/Seeya/Bin 01* den Clip *Seeyablues.wav*.

24 Wählen Sie **Clip: Überlagern**.

25 Sehen und hören Sie sich das Beziehungsende mit der unterlegten Musik in der Vorschau an.

26 Speichern Sie das Projekt.

Abschließend fügen Sie jetzt die Chormusik ein, die das »mystische« Eintreten von Dreams begleitet.

LEKTION 10
Fortgeschrittene Techniken II: Verschachtelte Sequenzen

27 Navigieren Sie mit Hilfe der Jog- oder der Shuttle-Steuerung oder gehen Sie Frame-weise vor auf den Frame, an dem Hero Dreams im offenen Türbogen erblickt und die Kamera auf sie einzoomt, und platzieren Sie die Marke für die aktuelle Zeit dort (bei 00;01;42;11).

28 Markieren Sie im Projektfenster im Ablagepfad *Resources/Entrance/Bin 01* den Clip *Chorale.wav*.

29 Wählen Sie **Clip: Überlagern**.

30 Sehen und hören Sie sich die durch die Musik dramatisch gesteigerten Gefühle in der Vorschau an.

31 Speichern Sie das Projekt.

Herzlichen Glückwunsch, damit haben Sie die Lektion über verschachtelte Sequenzen erfolgreich abgeschlossen.

Den Film exportieren

Nachdem Sie Ihre Bearbeitungen beendet haben, erzeugen Sie nun eine Filmdatei.

1 Falls Sie die Audio-Vorschau im Verlauf dieser Lektion ausgeschaltet hatten, müssen Sie sie nun wieder einschalten, indem Sie in jeder betroffenen Audio-Spur links oben auf die Schaltfläche »Spurausgabe aktivieren/deaktivieren« klicken, um wieder das Lautsprecher-Symbol (🔊) einzublenden.

2 Wählen Sie **Datei: Exportieren: Film**.

3   Klicken Sie im Dialogfeld »Film exportieren« auf die Schaltfläche »Einstellungen«. Achten Sie darauf, dass im aufgerufenen Dialogfeld »Einstellungen für Filmexport« unter »Allgemein« für »Dateityp« der Eintrag »Microsoft DV AVI« gewählt ist.

4   Wählen Sie für »Bereich« den Eintrag »Vollständige Sequenz«.

5   Achten Sie darauf, dass die Kontrollkästchen vor »Video exportieren«, »Audio exportieren«, »Nach Abschluss dem Projekt hinzufügen« und »Vorgang mit Signalton beenden« eingeschaltet sind.

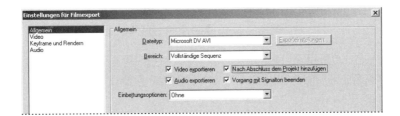

6   Wählen Sie unter »Audio« für »Samplerate« den Eintrag »48000 Hz«, für »Sampletyp« den Eintrag »16 Bit« und für »Kanäle« den Eintrag »Stereo«.

7   Klicken Sie auf OK, um das Dialogfeld »Einstellungen für Filmexport« zu schließen.

8   Legen Sie im Dialogfeld »Film exportieren« den Ordner *10Lesson* als Speicherort fest und geben Sie **Nested.avi** als Namen für den Film ein. Klicken Sie auf »Speichern«.

Während Premiere Pro den Film erstellt, informiert eine Statusleiste über die verbleibende Zeit bis zur Fertigstellung. Sobald der Film fertig ist, öffnet Premiere Pro ihn im Projektfenster.

9 Doppelklicken Sie auf den Film, um ihn in der Originalansicht im Monitorfenster zu öffnen.

10 Klicken Sie auf die Schaltfläche »Wiedergabe/Stopp« (▶), um sich den Film anzusehen, den Sie soeben erzeugt haben.

Eigene Übungen

Experimentieren Sie mit dem in dieser Lektion erzeugten Projekt. Dazu einige Vorschläge:

- Teilen Sie eine der verschachtelten Sequenzen mit dem Rasierklinge-Werkzeug in mehrere Segmente und weisen Sie jedem Segment einen anderen Effekt zu.
- Fügen Sie der zuletzt erstellten verschachtelten Sequenz einen Stroboskop-Effekt hinzu und experimentieren Sie mit den verschiedenen Einstellungen.

Fragen

1 Welche beiden Möglichkeiten kennen Sie, um einen Clip umzubenennen?
2 Welche Vorteile bieten verschachtelte Sequenzen beim Erzeugen von Effekten und Überblendungen?
3 Würden Sie für einen neuen Clip im Projektfenster eine Clip-Kopie, einen Alias oder eine verschachtelte Sequenz verwenden?
4 Welche Vor- und Nachteile bietet eine verschachtelte Sequenz?
5 Kann eine Clip-Kopie mehr als einen Original-Clip enthalten?
6 Kann eine verschachtelte Sequenz mehr als einen Original-Clip enthalten?
7 Auf welche drei Arten verändern Sie die Dauer eines Standbilds?

Antworten

1 Wählen Sie *Clip: Umbenennen* oder ändern Sie den Namen in der Listenansicht im Projektfenster.
2 Sie können demselben Material Überblendungen und Effekte mehr als einmal zuweisen.

3   Eine Clip-Kopie.

4   Das Kompilieren einer verschachtelten Sequenz schützt sie vor versehentlichen Änderungen, verkürzt die Vorschauzeit und macht die Notwendigkeit des Originalmaterials im Projekt überflüssig. Nach dem Kompilieren einer verschachtelten Sequenz können Sie sie nur noch durch Ändern des Originalmaterials ändern.

5   Eine Clip-Kopie kann nicht mehr als einen Original-Clip enthalten.

6   Eine verschachtelte Sequenz kann aus mehr als einem Original-Clip bestehen. Sie kann sogar aus mehr als einer verschachtelten Sequenz bestehen.

7   Die Dauer eines Standbilds ändern Sie folgendermaßen:

   - Ändern Sie die Anzahl der Frames für die »Standarddauer der Videoüberblendung« im Dialogfeld »Voreinstellungen Allgemein«, bevor Sie den Clip in das Projekt importieren.

   - Wählen Sie nach dem Import des Clips *Clip: Geschwindigkeit/Dauer*, und geben Sie im Dialogfeld »Clip-Geschwindigkeit/-Dauer« eine neue Dauer ein.

   - Platzieren Sie das Auswahl-Werkzeug im Schnittfenster an den Rand des Clips und ziehen Sie an die neue Position.

Lektion 11

11 | Titel, Vor- und Nachspann

Text und Grafiken spielen bei der Vermittlung von Informationen in einem Videoprogramm eine wichtige Rolle. Mit dem Adobe Title Designer in Premiere Pro erzeugen Sie Text und Grafiken, die Sie in vorhandenes Videomaterial importieren und überlagern oder als eigenständige Clips abspielen können.

Dieses Title-Designer-Programm umfasst zahlreiche Grafikwerkzeuge, mit denen Sie ein breites Spektrum von statischen, rollenden und kriechenden Vor- und Abspanntiteln erzeugen können.

In dieser Lektion arbeiten Sie mit dem Title Designer in Premiere Pro, um den Eröffnungstitel und den Abspann für *Books & Beans* zu erzeugen, und verwenden dafür Text, Rolltext und Grafikwerkzeuge. Anschließend importieren Sie die Titel und überlagern mit ihnen Film-Clips im Projekt-Schnittfenster. Dabei machen Sie sich insbesondere mit folgenden Techniken vertraut:

- Text eingeben und Textattribute, wie z. B. Kerning, ändern
- Schatten und Farbe hinzufügen
- Grafiken erzeugen
- Grafiken und Text Deckkraftwerte, Texturen, Verläufe und Glanz zuweisen
- Rolltext erzeugen und in der Vorschau betrachten
- Einem Projekt Titel hinzufügen
- Einen Video-Clip mit einem Titel überlagern
- Titel für Timing, Position und Effekt bearbeiten

Titel und der Title Designer

Mit dem Adobe Title Designer erzeugen Sie Titelsequenzen mit Text- und Grafikelementen in Sendequalität. Gleichgültig, ob Sie eine künstlerische Eröffnungssequenz mit Text- und Grafikelementen und überschiebenden Untertiteln oder nur einen einfachen Abspann erzeugen möchten, können Sie nun hoch qualitative Ergebnisse mit Hilfe der zeitsparenden Funktionen direkt in Adobe Premiere Pro erzielen. Dazu gehören neben vielen anderen auch folgende Funktionen:

Professionelle typographische Steuerung Durchschuss, Kerning, Grundlinienversatz, gedrehter Text, echte Kursivschrift und vieles mehr bedeutet, dass Sie Ihre Titel nun mit der von Adobe Illustrator gewohnten Präzision anpassen können. Außerdem können Sie besondere Kantenglättungen durchführen, beispielsweise Kontur-, Prägeschrift und hervorgehobene Schrift, um einen Titel gleichsam aus dem Bildschirm springen zu lassen.

Zeichenwerkzeuge (z.B. Adobe-Standardzeichenstift-Werkzeug) Mit dem Stift-Werkzeug zeichnen Sie freie Vektorformen von einfach bis komplex, oder nutzen Sie die übrigen Zeichenwerkzeuge, um einfache regelmäßige Formen wie Kreise, Polygone, Rechtecke und Linien zu erzeugen.

Stile für Text und Formen Arbeiten Sie mit vorbereiteten Text- und Objektstilen oder erzeugen Sie eigene Stile, die Sie mühelos verwalten und für andere Titelprojekte speichern und laden können.

Zeitsparende Vorlagen Erstellen Sie eigene Vorlagen oder ändern Sie die mehr als einhundert Vorlagen, die Sie mit Adobe Premiere Pro erhalten, um ein eigenständig angepasstes Aussehen zu erzielen.

Präzise Animationssteuerung Nachdem Sie Ihre Titel formatiert haben, können Sie ihnen mit Hilfe der Rollen- und Kriechen-Optionen im Adobe Title Designer oder durch Animation der gesamten Titel-Datei im Premiere-Schnittfenster Bewegung zuweisen.

Müheloser Import aus anderen Programmen Erstellen Sie mit Hilfe einer beliebigen Grafik- oder Titelanwendung Titel, die Sie in einem Premiere-kompatiblen Format speichern, z.B. pict (.pct), TIFF (.tif), Photoshop (.psd) oder Illustrator (.ai oder .eps), und importieren Sie sie in Ihr Premiere Pro-Projekt.

Den Adobe Title Designer können Sie jederzeit aufrufen, beim Programmstart von Premiere Pro – bei geöffnetem Projektfenster – oder aus vorhandenen oder neuen Projekten. Außerdem können Sie bis zu vier Title-Designer-Fenster gleichzeitig öffnen.

Den fertigen Film betrachten

Um einen Eindruck von dem zu bekommen, was Sie in dieser Lektion erstellen, sehen Sie sich nun den fertigen Film an.

1 Starten Sie Premiere Pro und klicken Sie im Dialogfenster »Willkommen bei Premiere Pro« auf die Schaltfläche »Projekt öffnen«.

2 Doppelklicken Sie im Ordner *11Lesson*, den Sie bereits auf Ihre Festplatte kopiert haben, auf die Datei *11Lesson.prproj*, um die vorhandene Datei zu öffnen.

3   Falls erforderlich, ordnen Sie Fenster und Paletten neu an, damit sie sich nicht überlappen, indem Sie **Fenster: Arbeitsbereich: Bearbeitung** wählen.

4   Wählen Sie im Projektfenster **Datei: Importieren** und markieren Sie die Datei *Books&Beans.wmv* im Ordner *Movies* im Hauptverzeichnis Ihrer CIB-Lektionsdateien.

Premiere Pro öffnet den Film im Projektfenster.

5   Doppelklicken Sie auf *Books&Beans.wmv*, um den Film in der Originalansicht im Monitorfenster aufzurufen.

6   Klicken Sie in der Originalansicht auf die Schaltfläche »Wiedergabe/Stopp« (▶), um sich das Videoprogramm anzusehen. Am Ende des Films bleibt der letzte Frame im Videofenster sichtbar.

Mit der vorhandenen Projektdatei arbeiten

In dieser Lektion setzen Sie die Arbeit an dem Projekt aus der vorigen Lektion über verschachtelte Sequenzen fort. Alle benötigten Videodateien und die meisten Audio-Dateien befinden sich bereits am richtigen Platz. Sie fügen nun noch den Abspann und die Vorspanntitel hinzu. Der fertige Film verwendet die Schrift *Myriad Pro*; falls diese Schrift auf Ihrem System nicht zur Verfügung steht, wählen Sie eine andere passende Schrift für diese Art Film.

Sie können jetzt sofort damit beginnen, Titel einzufügen.

1   Wählen Sie **Datei: Neu: Titel**, um das Fenster »Adobe Title Designer« zu öffnen.

Premiere Pro ruft den Adobe Title Designer auf.

ADOBE PREMIERE PRO | 445
Classroom in a Book

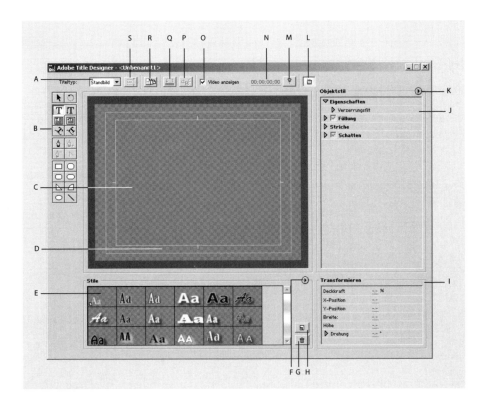

Title-Designer-Fenster
A. Einblendmenü »Titeltyp«
B. Werkzeuge
C. Titelbereich
D. Geschützter Titelbereich
E. Schriftstil-Bereich
F. Einblendmenü »Schriftstiloptionen«
G. Schaltfläche »Stil löschen«
H. Schaltfläche »Neuer Stil«
I. Transformieren-Bereich
J. Objektstil-Bereich
K. Einblendmenü »Objektstiloptionen«
L. Schaltfläche »Frame an externen Monitor senden«
M. Schaltfläche »Mit Schnittfenster-Timecode synchronisieren«
N. Timecode für Hintergrundvideo
O. Video anzeigen/ausblenden
P. Schaltfläche »Durchsuchen« für Einblendmenü »Schriftbrowser«
Q. Schaltfläche »Tabstopps«
R. Schaltfläche für Einblendmenü »Vorlagen«
S. Rollen-/Kriechen-Optionen

Überblick über das Title-Designer-Fenster

Einblendmenü Titletyp Wählen Sie hier Standbild, rollende oder kriechende Titel.

Werkzeuge Hier hält Premiere Pro für Sie zahlreiche Text-, Vektor- und Bitmap-grafikwerkzeuge bereit.

A. Auswahl-Werkzeug
B. Drehen-Werkzeug
C. Text-Werkzeug
D. Vertikales Text-Werkzeug
E. Bereichstext-Werkzeug
F. Vertikales Bereichstext-Werkzeug
G. Pfadtext-Werkzeug
H. Vertikales Pfadtext-Werkzeug
I. Zeichenstift-Werkzeug
J. Ankerpunkt-hinzufügen-Werkzeug
K. Ankerpunkt-löschen-Werkzeug
L. Ankerpunkt-umwandeln-Werkzeug
M. Rechteck-Werkzeug
N. Abgerundetes Rechteck
O. Rechteck mit zugeschnittenen Ecken (Werkzeug)
P. Rechteck mit abgerundeten Ecken (Werkzeug)
Q. Keil-Werkzeug
R. Bogen-Werkzeug
S. Ellipse-Werkzeug
T. Linienzeichner

Titelbereich ist praktisch Ihre Leinwand zum Arbeiten mit dem Title Designer.

Geschützter Titelbereich Monitore, Fernseher und Bildschirme verfügen nicht immer über den gleichen Sichtbereich. Durch Platzieren der Schlüsselelemente innerhalb der geschützten Bereiche gewährleisten Sie die Darstellung auf nahezu jedem denkbaren Anzeigegerät. Das innere Rechteck ist der geschützte Textbereich, das äußere Rechteck ist der geschützte Bildbereich. Diese Hilfslinien können Sie über **Titel: Ansicht** ein- bzw. ausblenden. Mehr darüber erfahren Sie unter »Overscan und geschützte Bereiche« auf Seite 34 in diesem Buch.

Hinweis: Um die geschützten Titel- bzw. Aktionsbereiche ein- bzw. auszuschalten, wählen Sie Titel: Ansicht: Rand für geschützten Titel bzw. Titel: Ansicht: Rand für geschützte Aktion. Der Rand ist eingeschaltet, wenn Premiere Pro links vom entsprechenden Eintrag ein Häkchen anzeigt.

Schriftstil-Bereich Hier zeigt der Premiere Pro Title Designer alle verfügbaren Systemschriften zur Verwendung in Titeln an.

Einblendmenü Schriftstiloptionen Hier fügen Sie Schriftstile hinzu, ändern und speichern sie.

Transformieren-Bereich Hier bewegen, drehen und skalieren Sie Objekte und ändern ihre Deckkraft im Title Designer.

Objektstil-Bereich In diesem Bereich des Title Designers passen Sie Eigenschaften an, ändern Farben und das Erscheinungsbild von Objekten. Die verfügbaren Eigenschaften in diesem Bereich hängen vom gewählten Objekt ab. Versehen Sie Text mit Texturen, weisen Sie mehrfarbige Verläufe zu, prägen oder flachen Sie Kanten ab, erzeugen Sie zarte Schlagschatten und modellieren Sie Transparenzen.

Einblendmenü Vorlagen Hier können Sie aus Dutzenden vorbereiteter Titelsequenzvorlagen in Sendequalität wählen, einschließlich Standbild-Layouts, rollenden und kriechenden Vorlagen. Alternativ erstellen Sie Ihre eigenen Vorlagen und speichern und verteilen sie.

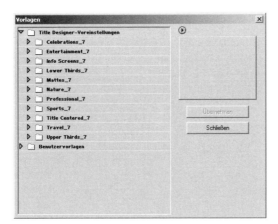

Im Title Designer arbeiten

1. Platzieren Sie das Title-Designer-Fenster so, dass es das Projektfenster nicht verdeckt.
2. Passen Sie das Title-Designer-Fenster durch Ziehen an der unteren rechten Ecke nach Ihren Wünschen an.

Der Haupt-Titelarbeitsbereich ist von zwei weißen konzentrischen Rechtecken umrahmt. Der innere Rahmen ist der *Bereich geschützter Titel*; der äußere Rahmen steht für den *Bereich geschützter Aktionen*. Text, der außerhalb des Bereichs geschützter Titel platziert wird, kann auf manchen NTSC-Fernsehbildschirmen verschwommen oder verzerrt erscheinen, während Grafiken außerhalb des Bereichs geschützter Aktionen auf manchen Fernsehbildschirmen eventuell nicht sichtbar sind. Oben links im Title-Designer-Fenster befinden sich zahlreiche gruppierte Werkzeuge.

Linienstärke, Objekt- und Schattenfarben legen Sie im Objektstil-Bereich fest, wie auch *Verlaufs- und Transparenzeinstellungen* und den *Schattenversatz. Positionen und Drehungen* passen Sie im Transformieren-Bereich an.

Für die meisten Übungen in dieser Lektion verwenden Sie die Transformationen-Bereiche im Title-Designer-Fenster. Sobald Sie ein neues Title-Designer-Fenster öffnen, fügt Premiere Pro seiner Programmmenüleiste am oberen Bildschirmrand das Menü *Titel* hinzu. In diesem Menü finden Sie beispielsweise Befehle zum Einstellen von Schrift, Größe, Stil, Ausrichtungstyp, Laufrichtung und Rollen/Kriechen-Optionen.

Klicken Sie in der Premiere Pro-Menüleiste auf »Titel« und sehen Sie sich die verfügbaren Menüelemente an.

💡 *Auf die Hauptoptionen dieses Menüs können Sie auch unmittelbar aus dem Titelfenster zugreifen, indem Sie mit der rechten Maustaste auf beliebige Text- oder Grafikobjekte klicken.*

Einen neuen Titel erstellen

Nachdem Sie das Adobe-Title-Designer-Fenster aufgerufen haben, können Sie entweder einen Titel von Grund auf neu aufbauen oder eine der vorhandenen Vorlagen laden. Der Zeichenbereich im Adobe Title Designer entspricht der im Dialogfeld »Projekteinstellungen« eingestellten Frame-Größe.

Vorlagen verwenden

Der Adobe Title Designer enthält viele Vorlagen, die Ihnen Titelbereichskonfigurationen für den problemlosen Aufbau von Titeln bieten. Manche Vorlagen enthalten beispielsweise Zeichnungen und Bilder, die zu Ihren Projektthemen passen könnten. Andere Vorlagen verfügen über besondere Designs, zum Beispiel briefkasten- oder säulenförmige Zeichenbereiche. Geänderte Titel-Dateien können Sie als neue Titel-Dateien speichern und als Vorlagen zur Verwendung in anderen Projekte importieren. Sie können jeden gespeicherten Titel als Vorlage einsetzen.

Vorlagen lassen sich plattformübergreifend und zwischen beliebigen Anwendern austauschen. Achten Sie beim Austauschen von Vorlagen darauf, dass die beteiligten Systeme über alle in den Vorlagen verwendeten Schriften, Texturen/Strukturen, Logos und Bilder verfügen. Weitere Informationen über Texturen finden Sie unter »Strukturen laden« im *Adobe Premiere Pro Benutzerhandbuch*.

Einen einfachen Titel erstellen

Sie erstellen zunächst einen einfachen, nur aus Text bestehenden Titel. Dazu fügen Sie einen Referenz-Frame in das Titelfenster ein, fügen Text hinzu, ändern die Textattribute, versehen den Text mit einem Schatten und stellen das *Kerning* (den Zeichenausgleich) ein.

Grafiken und Titel importieren

Sie können Grafiken für Ihre Titel auch aus anderen Programmen importieren, beispielsweise Adobe Photoshop oder Adobe Illustrator. Außerdem können Sie vollständige Titelsequenzen aus anderen Anwendungen wie zum Beispiel Adobe After Effects oder sogar eine einzelne Ebene aus einer Photoshop-Datei mit mehreren Ebenen importieren.

Weitere Informationen zum Importieren von Grafiken und Animationen für Titel finden Sie im Abschnitt »Original-Clips aufnehmen und importieren« im *Premiere Pro Benutzerhandbuch*.

Ein Alpha-Kanal ist ein zusätzlicher Kanal, zum Beispiel der vierte Kanal in einem RGB-Bild, mit dem Sie bestimmen, welche Teile eines Bilde transparent bzw. halbtransparent sein sollen. Viele Programme, beispielsweise Adobe Illustrator und Adobe Photoshop, verwenden Alpha-Kanäle. Premiere Pro behält Alpha-Kanäle in importierten Grafiken bei.

Weitere Informationen über die Verwendung von Alpha-Kanälen in Titeln finden Sie unter »Titel zu einem Projekt hinzufügen« im *Premiere Pro Benutzerhandbuch*.

Mit dem Befehl »Original bearbeiten« in Premiere Pro können Sie Clips in den Programmen öffnen, mit denen sie erstellt wurden, beispielsweise in Adobe After Effects, um sie dort zu bearbeiten und die Änderungen automatisch in das aktuelle Projekt einzufügen, ohne dazu Premiere Pro schließen oder Dateien ersetzen zu müssen.

Weitere Informationen finden Sie unter »Clips in dem Programm bearbeiten, mit dem sie erstellt wurden« im *Premiere Pro Benutzerhandbuch*.

Einen Referenz-Frame einblenden

Bevor Sie Text eingeben, hat Premiere Pro den Beispielhintergrund-Frame bereits standardmäßig in den Titelbereich eingeblendet. Dieser Referenz-Frame hilft beim Festlegen der am besten geeigneten Komplementärfarben für den Titel. Referenz-Frames sind nur ein Bezug und werden nicht Bestandteil eines Titels. Premiere Pro speichert den Referenz-Frame beim Speichern und Schließen des Titels nicht mit.

Wenn Sie die Datei *11Lesson.prproj* öffnen, blendet der Title Designer in Premiere Pro den Frame an der Marke für die aktuelle Zeit aus dem Schnittfenster im Titelbereich ein. Das Kontrollkästchen links von »Video anzeigen« oben im Title-Designer-Fenster ist eingeschaltet. Der erste Frame ist schwarz und wird von Premiere Pro im Hintergrund des Titelbereichs angezeigt. Sie beginnen in dieser Lektion damit, den Abspann zu erstellen, da er ausschließlich aus Text besteht.

1   Um die erste Zeile des Abspanns mit einem Hintergrund-Frame als Referenz zu erzeugen, sehen Sie sich das Kontrollkästchen links von »Video anzeigen« oben im Title-Designer-Fenster an.

2   Achten Sie darauf, dass es standardmäßig eingeschaltet ist, was Premiere Pro durch ein Häkchen im Kontrollkästchen anzeigt.

3   Rechts von »Video anzeigen« befindet sich das Timecode-Eingabefeld. Setzen Sie den Timecode darin auf 00;05;57;00.

Premiere Pro setzt den Frame bei 00;05;57;00 als Hintergrund für den Entwurf des Abspanns ein.

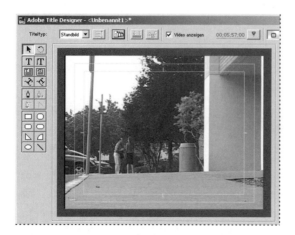

Text erstellen und Textattribute ändern

Premiere Pro ermöglicht Ihnen, Textattribute von Wörtern und einzelnen Zeichen zu ändern und dabei jede auf Ihrem System verfügbare Schrift anzuwenden.

1   Wählen Sie im Werkzeugbereich das Text-Werkzeug (T) und klicken Sie mitten in den Titelbereich.

2   Wählen Sie im Title Designer **Objektstil: Eigenschaften: Schrift**, um die Schriftfamilie festzulegen. Klicken Sie oben im Einblendmenü auf den Eintrag »Durchsuchen«.

Premiere Pro blendet das Dialogfeld »Schriftbrowser« ein.

3 Wählen Sie die Schrift »Myriad Pro Bold«.

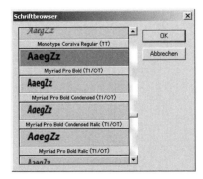

4 Klicken Sie auf OK.

Werte mit Hot-Text-Steuerelementen anpassen

Hot Text-Steuerelemente bieten eine dynamische Bedieneroberfläche mit leicht anpassbaren Eingabefeldern, ohne dass Sie Werte über die Tastatur eingeben müssen.

Sie können beispielsweise die Schriftgröße bestimmen, indem Sie im Objektstil-Bereich entweder auf die Zahl rechts neben »Schriftgröße« klicken und den Wert in das Eingabefeld tippen oder den Mauszeiger auf die gepunktete Unterstreichung unter der Zahl führen, bis er sich in einen ausgestreckten Zeigefinger mit Doppelpfeil nach links und rechts ändert.

1 Halten Sie die Maustaste auf dem Eingabefeld »Schriftgröße« gedrückt und ziehen Sie nach links oder rechts, bis Premiere Pro die Zahl **42** für die Schriftgröße anzeigt.

Hinweis: *Die Schriftgröße für Video sollte mindestens 16 Punkt betragen. Kleinere Schriftgrößen sind auf einem Fernsehgerät kaum noch lesbar.*

2   Geben Sie an der Einfügemarke im Titelbereich den Text **Books & Beans** ein. Falls der Text nicht zentriert ist, werden Sie später in dieser Lektion noch lernen, wie Sie den Text zentrieren.

3   Wählen Sie **Datei: Speichern unter,** öffnen Sie den Ordner *11Lesson* (falls erforderlich) und geben Sie als Namen **Credits.prtl** ein; klicken Sie anschließend auf »Speichern«.

Die Textfarbe ändern

Die Standardfarbe für Text ist Weiß. Eine Objektfarbfeld-Schaltfläche (▬) und eine Farbaufnahme-Pipette-Schaltfläche (✒) im Füllung-Abschnitt des Objektstil-Bereichs erleichtern das Erkennen und Ändern von Objektfarben.

Durch Klicken auf die Schaltfläche »Objektfarbfeld« rufen Sie das Dialogfeld »Farbe wählen« auf.

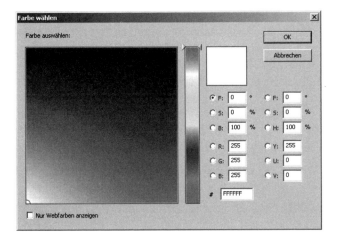

Die Farben wählen Sie im Farbwähler im Farbfeld oder durch die Eingabe von Werten in die Textfelder neben »Rot«, »Grün« und »Blau«. Die Werte für Schwarz, Weiß und Grau finden Sie am linken Rand des großen Farbfelds.

Mit der Pipette können Sie außerdem eine der Farben aus der Title-Designer-Bedieneroberfläche wählen. Experimentieren Sie mit der Pipette, rufen Sie sie auf und fahren Sie damit über die verschiedenen Farben. Das Ergebnis sehen Sie jeweils in der Farbfeld-Schaltfläche. Um die Pipette wieder zu deaktivieren, klicken Sie erneut darauf.

Sie ändern nun die Farbe der Wörter »Books & Beans«.

1   Wählen Sie mit dem Auswahl-Werkzeug (⬥) die Wörter »Books & Beans« (falls sie nicht bereits markiert sind). Nach dem Markieren des gesamten Textobjekts zeigt Premiere Pro insgesamt acht Anfasser am Objektrahmen (je einen an jeder der vier Ecken und jedem Linien-Mittelpunkt).

2   Klicken Sie im Objektstil-Bereich rechts neben »Füllung« auf die Objektfarbfeld-Schaltfläche.

Premiere Pro blendet das Dialogfeld »Farbe wählen« mit der ursprünglichen (voreingestellten) Farbe Weiß als aktuelle Farbe etwa in der Mitte oben ein.

3   Klicken Sie im schmalen Farbbereich auf ein dunkles Blau, um diese Farbe zu wählen. Premiere Pro stellt nun oben in der Mitte im Dialogfeld »Farbe

wählen« die von Ihnen neu gewählte Farbe unterhalb der ursprünglichen Farbe dar.

4   Um eine passende Farbe für Ihren fertigen Film festzulegen, geben Sie **51** für Rot, **0** für Grün und **176** für Blau ein.(Im Beispielfilm auf der DVD-ROM wurde Weiß verwendet.)

Hinweis: Der Adobe Premiere Pro Title Designer zeigt im Farbwähler RGB-Farben an. Manche Volltonfarben können eine Farbumfang-Warnung auslösen, die Premiere Pro durch ein Warnsymbol im Farbwähler anzeigt (⚠). Diese Warnung weist auf nicht NTSC-sichere Farben hin. Wenn Sie auf das Warnsymbol klicken, wählt Premiere automatisch eine Farbe aus, die der ursprünglich von Ihnen gewählten Farbe nahe kommt und sich im NTSC-Farbumfang befindet.

Nicht-NTSC-sichere Farben können auf einem NTSC-Monitor überstrahlen oder verschwimmen. Da der Film, den Sie gerade erstellen, nur auf einem Computermonitor abgespielt wird, brauchen Sie sich wegen der RGB-Werte keine Gedanken zu machen. Falls Sie jedoch einen Film erstellen würden, der tatsächlich auf einem NTSC-Monitor abgespielt werden sollte, müssten Sie NTSC-sichere Farben verwenden, um ein optimales Abspielen zu gewährleisten. Wenn Sie PAL- oder SECAM-Videos erstellen, brauchen Sie dem Skalen-Warnsymbol keine Beachtung zu schenken, da diese Systeme eine größere Farbskala unterstützen.

5   Klicken Sie anschließend auf OK, um die Farbe zu übernehmen, oder klicken Sie auf »Abbrechen«, um die Farbe Weiß beizubehalten.

6   Speichern Sie den Titel, indem Sie **Datei: Speichern** wählen.

Einen Schatten hinzufügen

Sie können jedes Bild und jedes Textobjekt im Title-Designer-Fenster mit einem Schatten versehen. Dazu markieren Sie das gewünschte Objekt und schalten im Objektstil-Bereich des Title-Designer-Fensters das Kontrollkästchen vor »Schatten« ein. (Eventuell müssen Sie im Objektstil-Bereich nach unten rollen, um das Kontrollkästchen vor »Schatten« sehen zu können.)

1 Die Wörter »Books & Beans« sind noch markiert; schalten Sie das Kontrollkästchen vor »Schatten« ein, so dass Premiere Pro dort ein Häkchen zeigt.

Jetzt ändern Sie die Schattenfarbe von Schwarz (der Standardschattenfarbe) in Gelb.

2 Die Wörter »Books & Beans« sind immer noch markiert; erweitern Sie den Schatten-Bereich im Objektstil-Bereich, indem Sie auf das kleine Dreieck links vom Kontrollkästchen »Schatten« klicken.

3 Klicken Sie auf das Schattenfarbfeld.

4 Um eine Farbe passend zum Hintergrund zu wählen, geben Sie folgende Werte ein: **211** für Rot, **163** für Grün und **60** für Blau. Klicken Sie auf OK.

5 Der Standard-Schattenwinkel beträgt 155°, ein Winkel von 120° ist hier allerdings besser geeignet. Sie ändern jetzt den Winkel in 120° und können dafür aus drei Möglichkeiten wählen: mit der Hot-Text-Steuerung, indem Sie ihn im Schatten-Bereich mit dem Mauszeiger auf der gepunkteten Linie einstellen, Sie können in das Textfeld »Winkel« den Wert **120** eingeben oder auf das Dreieck links vom Wort »Winkel« klicken und mit dem aufgerufenen Winkelrad den Winkel 120 eindrehen.

6 Stellen Sie jetzt noch den »Abstand« **5** ein.

7 Klicken Sie irgendwo in den Titelbereich, um die Auswahl des Textes aufzuheben.

8 Speichern Sie den Titel.

Deckkraft ändern

Mit der *Deckkraft*-Steuerung im Title Designer legen Sie unterschiedliche Transparenzen für Grafik, Text und Schatten fest. Um die Deckkraft von Text- und Grafikobjekten einzustellen, klicken Sie im Objektstil-Bereich auf das Dreieck links vom Kontrollkästchen »Füllung«. Legen Sie die Transparenz anschließend mit Hilfe des Hot-Text-Steuerelements »Deckkraft« fest oder geben Sie einen Wert in das entsprechende Textfeld ein.

Der Standardtransparenzwert eines Schattens in Premiere beträgt 54%. Sie verstärken jetzt die Gesamtdeckkraft des Schattens und machen ihn damit weniger durchscheinend.

1 Markieren Sie mit dem Auswahl-Werkzeug die Wörter »Books & Beans« (falls sie nicht bereits markiert sind).

2 Ändern Sie die Schattendeckkraft im Schattenabschnitt des Objektstil-Bereichs in **75%**.

3 Speichern Sie den Titel.

Weitere Informationen zum Ändern der Deckkraft im Title-Designer-Fenster finden Sie unter »Adobe Title Designer« im *Premiere Pro Benutzerhandbuch*.

Textzeichenabstand ausgleichen (Kerning)

Zeichenabstand ausgleichen bzw. *Kerning* bedeutet Anpassen des Abstands zwischen zwei Zeichen innerhalb eines Wortes. Um gewählten Text im Titelbereich zu *kernen*, markieren Sie den gewünschten Text mit dem Text-Werkzeug und passen den Abstand mit Hilfe des Hot-Text-Steuerelements »Kerning« im Eigenschaften-Abschnitt im Objektstil-Bereich an. Dazu wählen Sie entweder das Text-Werkzeug und markieren damit die beiden benachbarten Buchstaben, die Sie kernen möchten, oder Sie wählen das Text-Werkzeug und platzieren die Texteinfügemarke zwischen den beiden zu kernenden Buchstaben. In beiden Fällen führen Sie das Kerning so oft aus, bis der gewünschte Abstand erreicht ist.

In die linke Kerning-Richtung rücken Sie die Zeichen dichter zusammen, in die rechte Kerning-Richtung schieben Sie die Zeichen räumlich weiter auseinander.

Das Text-Werkzeug und das Auswahl-Werkzeug beeinflussen ausgewählten Text unterschiedlich:

Auswahl-Werkzeug wählt immer das gesamte Textobjekt (d.h. alles innerhalb des durch die Anfasser gekennzeichneten Begrenzungsrahmens). Premiere wendet Änderungen für Schrift, Farbe, Deckkraft, Schatten oder Verlauf auf das gesamte Textobjekt an.

Text-Werkzeug lässt Sie einzelne ausgewählte Zeichenpaare kernen bzw. bearbeiten, um nur deren Schriftart bzw. Schriftattribute zu ändern.

1 Wählen Sie das Text-Werkzeug (T), klicken Sie hinter das »s« in »Books« und ziehen Sie nach rechts, um auch das &-Zeichen und die Leerzeichen zu beiden Seiten zu markieren.

2   Erweitern Sie im Objektstil-Bereich den Eigenschaften-Bereich. Ziehen Sie den Mauszeiger auf der Hot-Text-Steuerung für »Kerning« nach rechts auf den Wert **3**.

3   Mit dem Kerning haben Sie die Leerzeichen erweitert, ohne den übrigen Text zu verändern.

Text ausrichten

Das Title-Designer-Fenster von Premiere Pro bietet zwei Möglichkeiten der Textausrichtung. Sie können Text innerhalb des zugehörigen Begrenzungsrahmens ausrichten oder den Textbegrenzungsrahmen selbst innerhalb des Titelbereichs ausrichten. Sie richten nun die Wörter mit beiden Methoden aus.

Zuerst richten Sie den Text innerhalb des Begrenzungsrahmens aus. Das ist nicht besonders auffällig.

1   Achten Sie darauf, dass der gesamte Titel markiert ist, und wählen Sie **Titel: Ausrichtungstyp: Mitte**.

Premiere Pro zentriert die Wörter im Begrenzungsrahmen.

Bevor Sie nun den Begrenzungsrahmen zentrieren, verschieben Sie ihn innerhalb des geschützten Titelbereichs nach oben.

2   Ziehen Sie den Titel mit dem Auswahl-Werkzeug innerhalb des Fensters so nach oben, dass sich die Buchstaben gerade noch im geschützten Titel-

bereich befinden (Sie können den Titel auch mit Hilfe der Pfeiltasten im Titelfenster neu positionieren).

Nun können Sie den Begrenzungsrahmen im Titelbereich zentrieren.

3   Der Text ist noch markiert; wählen Sie **Titel: Position: Horizontale Mitte**. Premiere Pro verschiebt den gesamten Begrenzungsrahmen des Textobjekts oben in die Mitte des geschützten Titelbereichs.

4   Speichern Sie den Titel.

Mehr Text hinzufügen

Sie fügen dem Titel nun zusätzlichen Text hinzu.

1   Markieren Sie den Begrenzungsrahmen mit dem Auswahl-Werkzeug.

2   Halten Sie die Alt-Taste gedrückt und ziehen Sie den Begrenzungsrahmen unmittelbar nach unten. Halten Sie beim Ziehen zusätzlich die Umschalt-

taste gedrückt, um die Transformation auf 0° zu beschränken; damit erzeugen Sie ein neues Textobjekt.

3   Erweitern Sie im Title Designer **Objektstil: Eigenschaften: Schriftgröße** und ändern Sie die Schriftgröße des kopierten Textobjekts in den Wert **24**.

4   Ändern Sie den Text in **from Adobe Press** und klicken Sie auf das Auswahl-Werkzeug.

Da dieser Text keinen Schatten benötigt, entfernen Sie ihn nun.

5   Das kleinere Textobjekt mit den Wörtern »from Adobe Press« ist noch markiert; schalten Sie das Kontrollkästchen vor »Schatten« im Objektstil-Bereich aus.

6   Verschieben Sie den neuen Text mit dem Auswahl-Werkzeug in das obere Drittel des Titel-Fensters unmittelbar unterhalb der Wörter »Books & Beans«.

💡 *Markierte Objekte können Sie auch mit den Pfeiltasten verschieben.*

7   Speichern Sie den Titel und schließen Sie ihn. Premiere Pro zeigt *Credits.prtl* im Projektfenster an.

8   Erzeugen Sie im Projektfenster eine neue Ablage namens **Titles** und verschieben Sie *Credits.prtl* in die neue Ablage.

Weitere Informationen finden Sie unter »Adobe Title Designer« im *Premiere Pro Benutzerhandbuch*.

Im Titelbereich von Premiere Pro können Sie einfache Grafiken erstellen. Mit den entsprechenden Werkzeugen erzeugen Sie Rechtecke, Quadrate, abgerundete Ecken, Kreise, Ellipsen, Linien und Polygone und sowohl Rahmen als auch gefüllte Flächen.

Einen Titel als Hintergrund-Frame für einen neuen Titel nutzen

Als Erstes benutzen Sie eine Grafik als Vorlage-Frame.

1. Erzeugen Sie im Projektfenster eine neue Sequenz und geben Sie ihr den Namen **Titles**.

2. Doppelklicken Sie auf die Sequenz *Titles*, um sie im Schnittfenster zu aktivieren falls sie nicht bereits von Premiere Pro automatisch im Schnittfenster geöffnet wurde).

3. Markieren Sie im Projektfenster wieder die Ablage *Titles* und wählen Sie **Datei: Importieren**.

4. Markieren Sie im Ordner *11Lesson* die Datei *Ampersand.psd* und klicken Sie auf »Öffnen«.

5. Wählen Sie im aufgerufenen Dialogfeld »Importierte Ebenendatei:Ampersand.psd« im Bereich »Ebenen-Optionen« im Einblendmenü »Ebene auswählen« den Eintrag »Layer 1« und im Einblendmenü »Aufnahme-Abmessungen« den Eintrag »Ebenengröße«, und klicken Sie auf OK.

6. Ziehen Sie *Layer1/Ampersand.psd* so aus der Ablage *Titles* im Projektfenster in die Spur *Video 1* im Schnittfenster, dass der In-Point auf dem ersten Frame des Projekts einrastet (bei 0;00;00;00).

7. Wählen Sie **Datei: Neu: Titel**.

Ampersand.psd erscheint als Hintergrund-Frame für Ihren neuen Titel. Das Hintergrund-Footage wird nicht zum Bestandteil Ihres neuen Titels, weil es nur eine Referenz ist und keine gespeicherte Komponente der Titel-Datei.

8   Wählen Sie **Datei: Speichern unter**. Achten Sie darauf, dass der Ordner *11Lesson* geöffnet ist. Geben Sie **Ampersand.prtl** als Namen der neuen Titel-Datei ein und klicken Sie auf »Speichern«.

Als Nächstes fügen Sie in *Ampersand.prtl* einige Grafiken ein und verwenden *Ampersand.psd* dabei als Vorlage.

Ein Polygon mit dem Zeichenstift-Werkzeug zeichnen

Mit dem *Zeichenstift-Werkzeug* ( ) erstellen Sie unregelmäßige Formen und Kurven. Dazu wählen Sie das Zeichenstift-Werkzeug und klicken in den Titelbereich, um einen Start-Punkt für die zu zeichnende Form zu erzeugen. Durch Bewegen des Werkzeugs in beliebige Richtungen und Klicken erstellen Sie verbundene Endpunkte für jede Linie Ihrer gewünschten Form. Um das Polygon zu schließen, klicken Sie auf den ersten erstellten Punkt, sobald Sie das kleine kreisförmige Symbol (zum Abschließen der Form) neben dem Mauszeiger sehen.

Jetzt zeichnen Sie mit dem Zeichenstift-Werkzeug einen Kaffeebecher.

1   Wählen Sie das Zeichenstift-Werkzeug ( ) im Title-Designer-Fenster.

2   Platzieren Sie den Mauszeiger in die untere linke Ecke des Kaffeebechers im Hintergrundbild und klicken Sie für den ersten Punkt.

3   Bewegen Sie den Mauszeiger am linken Rand des Bechers nach oben zur linken oberen Ecke und klicken Sie für den zweiten Punkt.

4　Fahren Sie mit dem Klicken am oberen rechten Rand und am unteren rechten Rand der Bechergrundform fort, um den Becher zu zeichnen. Dabei können Sie sich an der folgenden Abbildung orientieren.

Hinweis: *Falls Ihnen dabei ein Fehler unterläuft, können Sie mit dem Hinzufügen von Punkten fortfahren, statt von vorn zu beginnen. Klicken Sie, um die Form zu schließen, und passen Sie einzelne Punkte anschließend mit dem Auswahl-Werkzeug an. Fehlerhafte Punkte entfernen Sie noch durch Anklicken mit dem Ankerpunkt-Löschen-Werkzeug ( ), zusätzliche Punkte fügen Sie mit dem Ankerpunkt-Hinzufügen-Werkzeug ( ) hinzu.*

5　Um die Form zu schließen, platzieren Sie den Mauszeiger über Ihrem ersten Punkt, so dass Sie das kleine kreisförmige Symbol (zum Abschließen der Form) neben dem Mauszeiger sehen, und klicken für den letzten Punkt.

Premiere Pro zeichnet, wenn Sie nicht zuvor doppelklicken, automatisch eine Linie zwischen dem ersten und dem letzten Punkt und schließt das Objekt.

Sie entfernen jetzt den weißen Rand und füllen das Polygon mit einer Flächenfarbe.

6　Das Bild ist noch markiert; erweitern Sie die »Eigenschaften« im Objektstil-Bereich.

7　Wählen Sie im Einblendmenü »Grafiktyp« den Eintrag »Bezier ausgefüllt«. Premiere Pro ändert den Wert für die Linienbreite für ein ausgefülltes Bézier-Element standardmäßig in **0**.

8　Klicken Sie im Objektstil-Bereich auf das kleine graue Dreieck links neben »Füllung«, um die zugehörigen Einstellungen einzublenden.

9　Klicken Sie auf die Objektfarbfeld-Schaltfläche.

10 Ändern Sie die Farbwerte im Dialogfeld »Farbe wählen« wie folgt: Rot **52**, Grün **0** und Blau **226** und klicken Sie auf OK.

11 Das Becher-Objekt ist noch markiert; ziehen Sie das Hot-Text-Steuerelement »Deckkraft« nach links auf **50%**. (Alternativ klicken Sie auf das Eingabefeld und geben dort **50%** ein.)

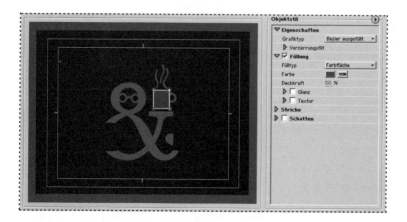

12 Klicken Sie mit dem Auswahl-Werkzeug außerhalb des Becher-Objekts im Titelbereich, um die Auswahl aufzuheben.

13 Speichern Sie die Titel-Datei.

Objekte neu anordnen

Sie können Text und Grafiken im Titelfenster im Vorder- oder Hintergrund anordnen. Sie zeichnen jetzt eine weitere Formengruppe mit anderer Deckkrafteinstellung und ordnen sie dann im Hintergrund an.

1 Wählen Sie im Title-Designer-Fenster das Zeichenstift-Werkzeug ( ).

2 Um den ersten Punkt Ihrer neuen Form zu erzeugen, klicken Sie auf den unteren Anfang des linken Dampfkringels über dem Becher, ziehen Sie ein wenig nach oben und erzeugen Sie dabei Winkelanfasser, mit deren Hilfe Sie aufwändigeren Kurvenformen folgen können.

3 Klicken Sie und ziehen Sie wieder ein wenig nach oben, um den zweiten Punkt zu erzeugen, und folgen Sie dabei immer der Vorlagen-Kurvenform.

4 Vervollständigen Sie den ersten Dampfkringel mit zwei weiteren Punkten.

5 Um ein neues Objekt anzufangen, müssen Sie das Zeichenstift-Werkzeug zunächst abwählen (beispielsweise indem Sie auf das Auswahlwerkzeug klicken und außerhalb des Dampfkringels in die Zeichenfläche klicken) und anschließend erneut auf das Zeichenstift-Werkzeug klicken.

6 Erzeugen Sie die beiden weiteren Dampfkringel und achten Sie darauf, das Zeichenstift-Werkzeug erst abzuwählen und dann wieder zu wählen, bevor Sie mit dem dritten Kringel beginnen. Falls Sie mit dem zweiten und dritten Kringel Schwierigkeiten haben, versuchen Sie jeweils oben bzw. unten zu beginnen.

7 Markieren Sie alle drei Dampf-Objekte, indem Sie sie mit gedrückter Strg-Taste nacheinander anklicken; ziehen Sie das Hot-Text-Steuerelement »Deckkraft« im Bereich »Füllung« im Objektstil-Bereich auf **25%**. (Klicken Sie auf die gepunktete Linie und ziehen Sie nach links. Alternativ klicken Sie in das Eingabefeld und geben dort **25%** ein.)

Um den Becherhenkel zu zeichnen, müssen Sie zunächst das Becher-Objekt vorübergehend ein wenig verschieben; anderenfalls stören die zugehörigen Punkte beim Zeichnen mit dem Zeichenstift-Werkzeug.

8   Markieren Sie das Becher-Objekt mit dem Auswahl-Werkzeug und verschieben Sie es etwa um die Hälfte seiner Breite nach links.

9   Folgen Sie dem Becherhenkel mit dem Zeichenstift-Werkzeug.

10 Ändern Sie dann die Farbe des Henkel-Objekts. Geben Sie folgende Werte ein: **51** für Rot, **0** für Grün und **176** für Blau. Konvertieren Sie die Linie nicht in ein geschlossenes Objekt.

11 Ändern Sie die Deckkraft des Becherhenkels in **50%**.

12 Wählen Sie im Premiere Pro-Hauptmenü **Titel: Anordnen: In den Hintergrund**.

13 Markieren Sie das Becher-Objekt und verschieben Sie es wieder an seine ursprüngliche Position auf der Vorlage.

Der Henkel befindet sich optisch hinter dem Kaffeebecher und scheint ein wenig durch.

14 Schalten Sie die Hintergrundbildvorlage aus, um sich Ihre bisherige Arbeit anzusehen. (Schalten Sie das Kontrollkästchen links von »Video anzeigen« im Title Designer aus.)

Da die Illustration nicht perfekt abgepaust sein soll, können Sie ihr auch ein leicht abweichendes Aussehen geben.

15 Speichern Sie den Titel.

Ein geglättetes Polygon erzeugen

Jetzt zeichnen Sie mit dem Zeichenstift-Werkzeug den Umriss des &-Zeichens. Diesmal glätten Sie die Linien, da das Zeichen abgerundet und nicht eckig ist.

1 Schalten Sie zunächst wieder das Kontrollkästchen links von »Video anzeigen« im Title Designer ein.

2 Klicken Sie mit dem Auswahl-Werkzeug irgendwo im Titelbereich (aber außerhalb der gezeichneten Objekte), um die Auswahl aufzuheben.

3 Wählen Sie das Zeichenstift-Werkzeug ( ).

4 Setzen Sie Ihren ersten Punkt in die invertierte »V«-Form unterhalb der Brille und der umgebenden Kreisform, etwa in der Mitte des Titelbereichs. Klicken Sie und ziehen Sie in Richtung links unten in dieser Kurve.

5 Klicken Sie und ziehen Sie den Ankerpunkt nach unten links. Zeichnen Sie Ihr eigenes &-Zeichen und orientieren Sie sich dabei an den folgenden Bildern. (Falls Sie mit dem Vektorzeichnen noch nicht vertraut sind, benötigen Sie vermutlich mehrere Anläufe.)

6 Schließen Sie die Form, indem Sie auf Ihren ersten Punkt klicken. Achten Sie dabei auf das »o«-Symbol, um sicherzugehen, dass sich Ihr Mauszeiger tatsächlich unmittelbar über dem ersten Punkt befindet.

Um das Objekt anzupassen, wählen Sie einzelne Ankerpunkte mit dem Auswahl-Werkzeug und ziehen sie an die gewünschte Position. Drehen Sie die Richtungsanfasser, um die Glättung bzw. die Richtung der Kurven zu ändern. Nehmen Sie sich für diesen Vorgang ausreichend Zeit und arbeiten Sie so sorgfältig wie möglich.

7 Erweitern Sie im Objektstil-Bereich den Eintrag »Eigenschaften« und wählen Sie im Einblendmenü »Grafiktyp« den Eintrag »Bezier ausgefüllt«.

8 Markieren Sie die soeben erzeugte &-Form und klicken Sie auf die Objektfarbfeld-Schaltfläche.

9 Wählen Sie am rechten Rand des Farbwähler-Fensters ein sattes Goldorange. Oder geben Sie folgende Werte ein: **186** für Rot, **136** für Grün und **56** für Blau. Klicken Sie anschließend auf OK.

10 Stellen Sie die Deckkraft auf 100% ein, also vollständig deckend.

11 Speichern Sie den Titel.

Dem &-Zeichen einen Schatten hinzufügen

Jetzt fügen Sie dem &-Zeichen einen hellgrünen Schatten hinzu.

1 Markieren Sie das &-Zeichen mit dem Auswahl-Werkzeug, falls es nicht bereits markiert ist.

2 Schalten Sie im Objektstil-Bereich das Kontrollkästchen links von »Schatten« ein.

Jetzt ändern Sie die Schattenfarbe von der Standardfarbe Schwarz in Grün.

3 Das &-Zeichen ist noch gewählt; erweitern Sie den Schatten-Bereich im Objektstil-Bereich, indem Sie auf das kleine graue Dreieck links vom Kontrollkästchen »Schatten« klicken.

4 Klicken Sie auf die Schattenfarbfeld-Schaltfläche.

5 Klicken Sie im Dialogfeld »Farbe wählen« im Farbwahlbalken auf ein Hellgrün. Oder geben Sie folgende Werte ein: **72** für Rot, **156** für Grün und **56** für Blau. Klicken Sie dann auf OK.

6 Der Standardschattenwinkel beträgt 155°. Ändern Sie den Winkel in 120°, indem Sie ihn mit dem Mauszeiger auf der gepunkteten Linie eindrehen oder in das Eingabefeld »Winkel« im Schatten-Bereich den Wert **120** eingeben. Oder Sie klicken links vom Wort »Winkel« auf das kleine graue Dreieck und drehen den Winkel mit Hilfe des Drehrads ein.

7 Geben Sie für »Abstand« den Wert **10** ein.

8 Klicken Sie irgendwo im Titelbereich außerhalb der Objekte, um die Auswahl der Grafik aufzuheben.

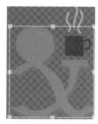

Kontrollkästchen links von »Video anzeigen« ausgeschaltet

9 Speichern Sie den Titel.

Mit dem Ellipse-Werkzeug arbeiten

Mit dem Ellipse-Werkzeug zeichnen Sie Ellipsen und Kreise beliebiger Größe. Um mit dem Ellipse-Werkzeug einen Kreis zu erzeugen, halten Sie beim Zeichnen die Umschalttaste gedrückt. Ebenso können Sie Quadrate, abgerundete Quadrate und 45-Grad-Linien zeichnen, indem Sie beim Arbeiten mit den Werkzeugen »Rechteck«, »Abgerundetes Rechteck« und »Linie« die Umschalttaste drücken.

Jetzt fügen Sie der Brille im Logo noch einen Nasenbogen und eine Fassung hinzu, kopieren diese Zeichnungen anschließend und fügen sie ein, um ein zweites Logo zu erzeugen.

1 Schalten Sie das Kontrollkästchen links von »Video anzeigen« ein, markieren Sie das &-Zeichen und verschieben Sie es nach rechts, so dass Sie die Brille auf dem Hintergrundbild sehen können.

2   Wählen Sie das Zeichenstift-Werkzeug und zeichnen Sie eine kleine Kurve mit zwei Punkten, die dem Nasenbogen der Brille folgen.

3   Wählen Sie das Ellipse-Werkzeug.

4   Halten Sie die Umschalttaste gedrückt, um einen Kreis zu erzwingen, und zeichnen Sie einen kleinen Kreis auf dem linken Brillenglas.

5   Wählen Sie im Hauptmenü **Bearbeiten: Kopieren** und anschließend **Bearbeiten: Einfügen**. Premiere Pro fügt unmittelbar auf dem Original eine Kreiskopie ein.

6   Platzieren Sie das Auswahl-Werkzeug auf den Kreisen und ziehen Sie den Mittelpunkt des neuen Kreises nach rechts neben den ersten Kreis.

7   Halten Sie die Umschalttaste gedrückt, während Sie beide Kreise nacheinander anklicken.

8   Ändern Sie den Grafiktyp unter »Eigenschaften« im Objektstil-Bereich dann in »Bezier geschlossen«.

9 Stellen Sie die Deckkraft auf 100% ein (falls nicht bereits voreingestellt).

💡 *Sollten Sie versehentlich den Kreis dehnen, statt ihn zu bewegen, wählen Sie* **Bearbeiten: Rückgängig.** *Heben Sie die Markierung des Kreises auf und markieren Sie ihn erneut. Bewegen Sie ihn dann mit Hilfe der Pfeiltasten.*

10 Klicken Sie in einem leeren Bereich des Titelbereichs, um etwaige Auswahlen aufzuheben.

11 Zeichnen Sie mit dem Ellipse-Werkzeug die innere Ellipse des &-Zeichens. Beginnen Sie oben in der Mitte und ziehen Sie nach unten und leicht nach links oder rechts, um die ovale Form zu erstellen. (Eventuell benötigen Sie mehrere Anläufe.)

Die Standardfüllfarbe der Ellipse ist Weiß.

Hinweis: *Vielleicht hilft es Ihnen, das Hintergrundbild beim Zeichnen auszuschalten, um besser erkennen zu können, was Sie im Vordergrund zeichnen.*

12 Erweitern Sie im Objektstil-Bereich den Eintrag »Füllung« und klicken Sie dort rechts neben »Farbe« auf die Farbwahlschaltfläche. Ändern Sie die Ellipsenfarbe im Dialogfeld »Farbe wählen« in dieselbe wie die Schattenfarbe, allerdings mit 100% Deckkraft. Geben Sie folgende Werte ein: **72** für Rot, **156** für Grün und **56** für Blau und klicken Sie auf OK

13 Wählen Sie im Premiere Pro-Hauptmenü **Titel: Anordnen: In den Hintergrund**.

14 Markieren Sie mit dem Auswahl-Werkzeug das &-Zeichen und verschieben Sie es zurück an seine ursprüngliche Position. Wählen Sie anschließend **Titel: Anordnen: In den Hintergrund**, um es in der Stapelreihenfolge ganz nach hinten zu bringen.

15 Speichern Sie die Titel-Datei.

Lassen Sie die Datei *Ampersand.prtl* geöffnet; Sie fügen ihr in den nächsten Abschnitten noch weitere Effekte hinzu.

Eine Textur-Füllung abbilden

Mit Hilfe des Objektstil-Bereichs des Title Designer entwickeln Sie ebenenbasierte pseudo-realistische Texte und Grafiken. In der *Special Effects*-Industrie ist dieser Vorgang unter dem Begriff der Oberflächenabbildung (*Mapping*) bzw. Oberflächenbearbeitung bekannt.

Jetzt fügen Sie dem &-Zeichen eine »grobe« Textur hinzu und lassen es anschließend mit einem radialen Verlaufseffekt kugelförmiger erscheinen. Schließlich fügen Sie noch einen Glanz hinzu, um die Reflexion von hellem Licht zu simulieren.

1   Markieren Sie mit dem Auswahl-Werkzeug das &-Zeichen-Bild.

2   Klicken Sie, wenn nötig, im Objektstil-Bereich auf das kleine graue Dreieck links neben dem Wort »Füllung«.

3   Klicken Sie, wenn nötig, auf das kleine graue Dreieck links neben dem Wort »Textur«.

4   Schalten Sie das Kontrollkästchen links von »Textur« ein.

Der größere quadratische Bereich in der nächsten Zeile namens »Textur« ist die Texturbild-Schaltfläche. (Eventuell müssen Sie das Adobe Title Designer-Fenster vergrößern, um die Einträge im Objektstil-Bereich vollständig lesen zu können.)

Die beiden Textur-Abschnitte oben: Kontrollkästchen »Textur«
rechts darunter: Texturbild-Schaltfläche

Klicken Sie auf die Texturbild-Schaltfläche (das graue Quadrat neben »Textur«).

Hinweis: *Premiere Pro ruft das Dialogfeld »Texturbild auswählen« mit einer Standardliste mit Dutzenden voreingestellten Texturen zur Verwendung in Ihren Projekten auf.*

5   Navigieren Sie im Dialogfeld »Texturbild auswählen« zu Ihrem Ordner *11Lesson* und markieren Sie dort die Datei *Beans.psd*. Klicken Sie auf »Öffnen«, um sie in den Title Designer zu laden.

ADOBE PREMIERE PRO | **477**
Classroom in a Book

Das &-Zeichen ist jetzt mit einer Kaffeebohnen-Textur versehen; allerdings ist diese Textur zu aufdringlich, so dass Sie sie mit der ursprünglichen orangegoldenen Bézier-Füllung mischen.

6 Klicken Sie im Objektstil-Bereich im Textur-Bereich auf das kleine graue Dreieck neben »Füllmethode«.

7 Ändern Sie den Wert rechts neben »Mischen« in **13**.

Eine Verlaufsfüllung erstellen

Um das &-Zeichen kugelrunder wirken zu lassen, fügen Sie der Bézier-Füllung mit der gemischten Textur nun einen radialen Verlauf hinzu.

1 Klicken Sie im Objektstil-Bereich im Füllung-Abschnitt auf das Einblendmenü »Fülltyp« und wählen Sie dort den Eintrag »Radialer Verlauf«.

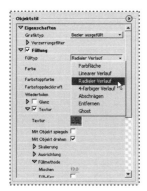

2 Schieben Sie das linke Farbsymbol ( ) ganz nach links auf 100% Deckkraft. Um der Grundfarbe des &-Zeichens zu entsprechen, sollten Sie folgende Farbwerte einstellen: **186** für Rot, **136** für Grün und **56** für Blau.

3   Das rechte Farbsymbol, das für die Mittelfarbe eines radialen Verlaufs steht, müssen Sie in Weiß ändern (falls Weiß nicht bereits gewählt ist).

Hinweis: *Erzeugen Sie eigene Mischfarben und experimentieren Sie auch mit beiden – also mit radialen und linearen – Verläufen.*

4   Passen Sie das rechte Farbsymbol und den Wert für »Wiederholen« vorsichtig an, bis der mittlere Bereich des &-Zeichens ein schimmerndes rundes Licht zeigt. (Wert für »Wiederholen« **1.0**.)

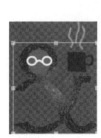 

Dem Objekt einen Glanz hinzufügen

Abschließend setzen Sie noch einen Glanzpunkt oben auf das Objekt, um eine Lichtquelle von oben zu simulieren.

1   Schalten Sie im Objektstil-Bereich im Füllung-Abschnitt das Kontrollkästchen vor »Glanz« ein, um einen voreingestellten Glanz hinzuzufügen.

2   Erweitern Sie »Glanz« und ändern Sie den Wert für »Deckkraft« in **75%**.

3   Ändern Sie den Wert für »Größe« in **22**.

4   Der Wert für »Winkel« beträgt in diesem Beispiel **90**.

5   Ändern Sie den Wert für »Offset« in **77**.

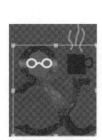 

Damit haben Sie das Textur-Mapping und die Oberflächenbearbeitung abgeschlossen.

6 Speichern Sie *Ampersand.prtl* und schließen Sie die Datei. Premiere Pro zeigt *Ampersand.prtl* im Projektfenster an; von dort können Sie es jederzeit in Ihr Projekt einfügen.

Rollende und kriechende Titel

In Adobe Premiere Pro können Sie Text *rollen* (vertikal über den Bildschirm verschieben) oder *kriechen* lassen (horizontal verschieben). Rollender Text bewegt sich nach oben oder nach unten und kriechender Text nach links oder nach rechts.

Einen rollenden Titel erstellen

Einen rollenden Titel erstellen Sie mit dem *Text-Werkzeug*, indem Sie Text in einen Rolltitelrahmen eingeben. In dieser Lektion erzeugen Sie einen rollenden Titel, der sich nach oben bewegt.

1 Aktivieren Sie die Sequenz *Titles* im Schnittfenster.

2 Öffnen Sie mit **Datei: Neu: Titel** ein neues Title-Designer-Fenster.

3 Wählen Sie links oben im Titelbereich im Einblendmenü »Titeltyp« den Eintrag »Rollen«.

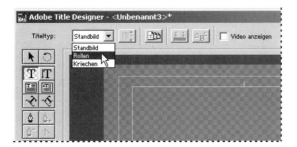

4 Wählen Sie das Text-Werkzeug (T).

5 Klicken Sie mit dem Text-Werkzeug in den geschützten Titelbereich und ziehen Sie einen *Rolltitelrahmen* auf. Beginnen Sie oben links und ziehen Sie etwa ein Drittel der Titelbereichshöhe nach ganz rechts. Achten Sie darauf, dass der Rahmen im geschützten Titelbereich bleibt; orientieren Sie sich dabei an der folgenden Abbildung.

Premiere Pro zeigt einen Textrahmen mit blinkender Einfügemarke.

6 Vergewissern Sie sich, dass die Schrift »Myriad Pro Regular« eingestellt ist. (Falls Sie sich für eine andere Schrift entschieden haben, achten Sie darauf, dass die entsprechenden Schriftinformationen korrekt nach Ihren Wünschen gewählt sind.)

7 Ändern Sie die Schriftgröße in **24**.

8 Jetzt richten Sie den Text linksbündig aus. Wählen Sie im Hauptmenü **Titel: Ausrichtungstyp: Linksbündig**.

9 Um die Lesbarkeit zu verbessern, verwenden Sie die Standard-Objektfarbe Weiß.

10 Dieser Text soll keinen Schatten besitzen, achten Sie also darauf, dass das Kontrollkästchen links von »Schatten« ausgeschaltet ist.

Die meisten Filme zeigen im Abspann mit Doppel-Tabulatoren versehenen Text für die Funktionen und die zugehörigen Namen in derselben Textzeile. Bei Doppel-Tabulatoren ist der linke Teil des Textes an einem rechtsbündigen Tabulator ausgerichtet, während der rechte Textteil rechts davon an einem linksbündigen Tabulator ausgerichtet ist. Somit stehen sich die Funktionen und die zugehörigen Namen an einer schmalen Lücke in der Mitte gegenüber.

Jetzt geben Sie die erste von drei Textzeilen im Doppel-Tabulatorstil ein.

11 Drücken Sie zu Beginn einmal die Tabulator-Taste.

12 Geben Sie **Edited by** ein und drücken Sie die Tabulator-Taste.

13 Geben Sie **Your Name** (oder auch Ihren eigenen Namen) in derselben Zeile ein und drücken Sie die Eingabetaste.

14 Markieren Sie die Wörter »Your Name« und ändern Sie die Schrift in »Myriad Pro Bold«.

Links: Original-Eingabe Rechts: »Your Name« in Myriad Pro Bold geändert

Hinweis: *Bei der Texteingabe wird das Texteingabefeld größer und Premiere Pro passt den vertikalen Rollbalken am rechten Rand des Titelbereichs entsprechend an. Falls Sie ein Wort berichtigen müssen, können Sie es mit gedrückter Maustaste überstreichen, um es zu markieren und dann zu korrigieren.*

15 Achten Sie darauf, dass sich der Mauszeiger irgendwo im Text befindet.

16 Wählen Sie im Hauptmenü **Titel: Tabstopps**.

Premiere Pro ruft das Dialogefeld »Tabstopps« auf.

17 Platzieren Sie das Dialogfeld »Tabstopps« so, dass seine »0«-(Null-)Marke mit der linken Kante des Textfelds übereinstimmt.

18 Schalten Sie die rechtsbündige Tabstopp-Pfeil-Schaltfläche ein und klicken Sie links von der Mitte im Title-Designer-Fenster bei etwa »**280**« in das Tabstopp-Lineal. Achten Sie auf die feine graue vertikale Linie, die Premiere Pro im Textfeld als Richtlinie für die Platzierung anzeigt.

19 Klicken Sie etwa zweieinhalb Zentimeter rechts vom ersten Tabstopp-Pfeil in das Tabstopp-Lineal. Premiere Pro fügt dort einen zweiten rechtsbündigen Tabstopp-Pfeil ein.

20 Der zweite (neue rechtsbündige) Tabstopp ist noch markiert; klicken Sie im Dialogfeld »Tabstopp« auf die linksbündige Tabstopp-Pfeil-Schaltfläche, um den zweiten Tabstopp in einen linksbündigen Tabstopp zu konvertieren.

21 Platzieren Sie den zweiten Tabstopp mit den Wörtern »Your Name« etwas rechts von der Mitte im geschützten Titelbereich im Title-Designer-Fenster.

Premiere Pro richtet die Wörter an den neuen Tabstopps an gegenüberliegenden Positionen aus.

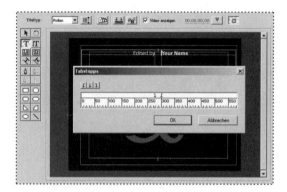

22 Klicken Sie auf OK, um die Positionen zu übernehmen.

23 Speichern Sie die Titel-Datei in Ihrem Ordner *11Lesson* und geben Sie ihr den Namen **Creditslist.prtl**.

Fügen Sie zwei weitere Textzeilen ein und passen Sie den Inhalt an die Vorgaben der ersten Zeile an: Normalschrift (*Regular*) für die Funktion und Fettschrift (*Bold*) für den Namen.

24 Platzieren Sie den Mauszeiger an das Ende der Textzeile und drücken Sie die Eingabetaste.

25 Geben Sie in die zweite Zeile in Normalschrift die Wörter **Produced by** und in Fettschrift die Wörter **Adobe Systems** ein.

26 Formatieren Sie die zweite Zeile wie die erste, indem Sie die Texte mit Hilfe der Tabulator-Taste ausrichten.

27 Platzieren Sie den Mauszeiger an das Ende der zweiten Textzeile und drücken Sie die Eingabetaste.

28 Der Text für die dritte Zeile lautet: **Directed by** in Normalschrift und **Classroom in a Book** in Fettschrift.

29 Speichern Sie das Projekt.

Den Bildlauf von Titeln festlegen

Die Geschwindigkeit eines rollenden oder kriechenden Titels in einem Videoprogramm bestimmen Sie durch die Einstellung der Dauer im Schnittfenster. Wenn Sie beispielsweise eine Dauer von 20 Sekunden für einen rollenden Titel festgelegt haben und die Dauer später auf nur zehn Sekunden reduzieren, muss der Titel doppelt so schnell abrollen, um die gleiche Anzahl von Zeilen in der Hälfte der Zeit zu bewegen.

Um rollende bzw. kriechende Bewegungen in Ihrem Videoprogramm besser steuern zu können, geben Sie entsprechende Werte im Dialogfenster »Rollen/Kriechen-Optionen« ein. Wählen Sie Rollen oder Kriechen im Title Designer (neben Titeltyp). Wählen Sie (bei markiertem Text bzw. markierter Grafik im Title-Designer-Fenster) im Hauptmenü **Titel: Rollen-/Kriechen-Optionen** und nehmen Sie die entsprechenden Einstellungen vor.

In Bildschirm herein Legt fest, dass sich der Text vom nicht sichtbaren Bereich in den sichtbaren Bereich bewegt.

Aus Bildschirm heraus Legt fest, dass der Bildlauf fortgesetzt wird, bis die Objekte nicht mehr sichtbar sind.

Vorspann Legt die Anzahl an Frames fest, die abgespielt werden, bevor der Textlauf beginnt.

Langsam einschwenken Legt die Anzahl an Frames fest, während derer sich der Titel mit langsam steigernder Geschwindigkeit bewegt, bis er die Wiedergabegeschwindigkeit erreicht hat. Geben Sie 0 (Null) ein, um den Titel sofort mit der Wiedergabegeschwindigkeit zu beginnen. Um langsamer zu beginnen, geben Sie mehr Frames ein.

Langsam ausschwenken Legt die Anzahl an Frames fest, während derer sich der Titel mit langsam abnehmender Geschwindigkeit bewegt, bis der Textlauf beendet ist. Für ein abrupteres Abbremsen legen Sie weniger Frames fest. Geben Sie 0 (Null) ein, um den Titel sofort zu beenden. Um langsamer abzubremsen, geben Sie mehr Frames ein.

Nachspann Legt die Anzahl an Frames fest, die nach dem Textlauf abgespielt werden (beginnend mit dem Frame, in dem der Titel anhält, und endend mit dem Out-Point des Titel-Clips).

1   Wählen Sie im Hauptmenü **Titel: Rollen/Kriechen-Optionen**, um das Dialogfeld »Rollen/Kriechen-Optionen« aufzurufen.

2   Achten Sie darauf, dass das Kontrollkästchen vor »In Bildschirm herein« ein- und das Kontrollkästchen vor »Aus Bildschirm heraus« ausgeschaltet ist. Klicken Sie anschließend auf OK.

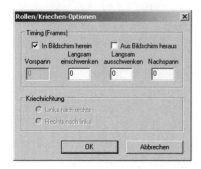

3   Speichern Sie den Titel.

Einen kriechenden Titel erstellen

Um einen kriechenden Titel zu erzeugen, bei dem sich der Text horizontal über den Bildschirm bewegt, setzen Sie die gleichen Werkzeuge ein, wählen jedoch als Titeltyp »Kriechen«.

1. Wählen Sie **Datei: Neu: Titel**, um ein neues Title-Designer-Fenster zu öffnen.
2. Wählen Sie im Einblendmenü »Titeltyp« den Eintrag »Kriechen«.
3. Wählen Sie das Text-Werkzeug.
4. Ziehen Sie mit dem Text-Werkzeug im geschützten Titelbereich einen entsprechend großen *Rolltitelrahmen* auf, der den kriechenden Text aufnehmen soll.
5. Übernehmen Sie die Einstellungen des Objektfarbfelds und wählen Sie die Schrift *Myriad Pro Bold*, die Schriftgröße *24* und die Einstellungen linksbündige Textausrichtung.
6. Geben Sie folgenden Text ein:

Books & Beans was Written for the Screen, Produced, and Directed by special arrangement with Adobe Press.

Diesmal drücken Sie nicht die Eingabetaste nach jedem Abschnitt; geben Sie den Text einfach fortlaufend ein.

Hinweis: Während der Texteingabe passt sich das Texteingabefeld und der horizontale Rollbalken am unteren Rand des Titelbereichs entsprechend an; auf diese Weise können Sie den Text weiter eingeben und sich vollständig ansehen. Falls ein Wort berichtigt werden muss, können Sie es mit gedrückter Maustaste überstreichen, um es zu markieren.

7. Wählen Sie im Hauptmenü **Titel: Rollen/Kriechen-Optionen**, um das Dialogfenster »Rollen/Kriechen-Optionen« aufzurufen.
8. Achten Sie darauf, dass das Kontrollkästchen links von »In Bildschirm herein« eingeschaltet und das Kontrollkästchen links von »Aus Bildschirm heraus« ausgeschaltet ist.

9 Wählen Sie für »Kriechrichtung« die Option »Links nach rechts« und klicken Sie auf OK.

10 Wählen Sie **Datei: Speichern unter**, öffnen Sie den Ordner *11Lesson* (falls nicht bereits geschehen) und geben Sie als Namen **Crawl.prtl** ein. Klicken Sie auf »Speichern«.

11 Speichern und schließen Sie alle Titeldateien. Premiere hat sie automatisch als Clips in das Projektfenster importiert, von wo aus Sie sie in Ihrer Produktion einsetzen können.

Titel in einem Premiere-Projekt verwenden

Nach dem Speichern eines Titels im Title Designer übernimmt Premiere Pro ihn automatisch in das geöffnete Projektfenster, von wo aus Sie ihn in das Schnittfenster einfügen können. Wenn Sie ihn in das Schnittfenster in Spur *Video 2* oder höher einfügen, überlagert Premiere Pro mit ihm einen Video-Clip in Spur *Video 1*. *Überlagern* bedeutet, einen Clip, beispielsweise einen Titel, ein Standbild oder einen Video-Clip, über einem anderen Clip anordnen, so dass beide gleichzeitig abgespielt werden. Clips in diesen Überlagerungsspuren spielen über Clips in den entsprechenden darunter liegenden Spuren ab.

Wenn Sie Titel verwenden, weist Premiere Pro automatisch Transparenz und Maskierungswerte zu, so dass Clips auf darunter liegenden Spuren durch den Titel-Hintergrund durchscheinen.

Wie Sie einen Clip in ein Premiere Pro-Projekt einfügen, hängt davon ab, ob Sie einen neuen Clip erzeugen oder einen vorhandenen Clip in ein Projekt einfügen möchten.

Einen neuen Clip einfügen Sie können einen neuen Titel-Clip in ein neues oder in ein vorhandenes Projekt einfügen.

- Öffnen Sie ein neues oder ein vorhandenes Projekt, für das Sie einen neuen Titel-Clip erstellen möchten. Erstellen Sie den Titel mit Hilfe des Title-Designer-Fensters. Geben Sie der neuen Titel-Datei einen Namen und speichern Sie sie. Beim Speichern des neuen Titels fügt Premiere Pro ihn automatisch in das gegenwärtige Projekt ein und führt ihn im Projektfenster auf. Denken Sie daran, anschließend das Projekt zu speichern, damit der Titel auch im Projekt gespeichert wird.
- Öffnen Sie ein neues Projekt (*Ohne Titel*) und erstellen Sie mit Hilfe des Title-Designer-Fensters einen neuen Titel. Beim Speichern des neuen Titel-Clips fügt Premiere Pro ihn automatisch dem neuen Projekt (*Ohne Titel*) hinzu. Schließen Sie das Projekt (*Ohne Titel*), ohne es zu speichern; der neue Titel-Clip steht Ihnen anschließend für beliebige Projekte zur Verfügung, weil Sie ihn mit einem Namen versehen und gespeichert haben.

Einen vorhandenen Clip hinzufügen Ein vorhandener Titel-Clip lässt sich sowohl in ein neues als auch in ein vorhandenes Projekt einfügen.

- Öffnen Sie ein vorhandenes Projekt oder erstellen Sie ein neues und wählen Sie **Datei: Importieren: Datei**, suchen Sie nach der gewünschten Titel-Datei und klicken Sie auf »Öffnen«. Mit dieser Methode fügt Premiere den Titel-Clip (wie jede andere Datei auch) dem Projekt hinzu, ohne ihn vorher zu öffnen.

Titel zum Schnittfenster hinzufügen

Bisher haben Sie in dieser Lektion einige Titel-Clips erzeugt, die Premiere Pro automatisch dem Projekt hinzugefügt hat. Sie überlagern nun mit zwei der Titel die Video-Sequenz *Master*; dafür müssen Sie im Schnittfenster eine weitere Überlagerungsspur einrichten.

Einen rollenden oder kriechenden Titel können Sie sich in der Vorschau ansehen, indem Sie ihn in eine Schnittfenster-Sequenz platzieren. Nach dem Speichern verhält sich der Clip wie jeder andere Clip und erscheint im Projektfenster. Premiere Pro spielt das rollende oder kriechende Textobjekt im Monitorfenster ab.

1 Aktivieren Sie die Sequenz Master im Schnittfenster (falls nicht bereits geschehen) und bewegen Sie die Marke für die aktuelle Zeit an den Punkt, wo Hero Dreams nach ihrer Szene im Auto abfängt (bei 00;05;58;23).

LEKTION 11
Titel, Vor- und Nachspann

2   Markieren Sie mit dem Auswahl-Werkzeug die Datei *Creditslist.prtl* im Projektfenster des Projekts *11Lesson.prproj*. Ziehen Sie sie in Spur *Video 2* der Sequenz *Master*, so dass ihr In-Point an der Marke für die aktuelle Zeit einrastet.

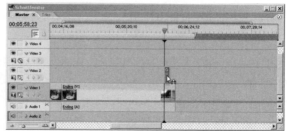

3   Sehen Sie sich eine Vorschau an, indem Sie entweder die Eingabetaste drücken oder die Alt-Taste beim Scrubben mit der Marke für die aktuelle Zeit im Schnittfenster gedrückt halten.

Dauer und Timing von Vor- und Abspann

Sie können die Geschwindigkeit eines rollenden Titels durch Ändern seiner Dauer ändern. Je kürzer die Dauer, desto schneller, je länger die Dauer, desto langsamer spielt der Titel ab.

Als Sie mit der Vorschau begonnen haben, befand sich der Text am Anfang des Rollens außerhalb des sichtbaren Bildschirmbereichs. Zum Ende des Rollens verschwand die letzte Zeile am oberen Bildschirmrand.

Titel sind Clips und Bilder mit einer Standarddauer von fünf Sekunden. Sie können die Dauer eines Titel-Clips ändern. Dazu markieren Sie den Titel und wählen **Clip: Geschwindigkeit/Dauer** und legen eine neue Dauer fest. Sie können seine Dauer auch durch einmaliges Zuschneiden im Schnittfenster ändern, nachdem Sie ihn dort platziert haben.

Hinweis: *Wenn Sie den auf der DVD vorgegebenen Abspann für den Film* Books & Beans *einsetzen möchten, müssen Sie für sein Rollen etwa eine Minute einplanen. Experimentieren Sie und lassen Sie den Abspann wie im Beispielfilm rollen. Verwenden Sie dafür die Datei* End credits.prtl, *die den richtigen Abspann dafür enthält.*

Informationen zum Ändern der Standbilddauer-Voreinstellungen finden Sie in Lektion 10, »Fortgeschrittene Bearbeitung II: Verschachtelte Sequenzen« in diesem Classroom in a Book.

1. Markieren Sie *Creditslist.prtl* im Schnittfenster und wählen Sie **Clip: Geschwindigkeit/Dauer.**
2. Ändern Sie die Dauer in **1000** (00;00;10;00).
3. Sehen Sie sich eine Vorschau an, um zu beobachten, wie die Änderung der Dauer das Rollen des Titels verlangsamt.
4. Verlängern Sie nun die Dauer von *Creditslist.prtl* bis zum Ende des Projekts.
5. Platzieren Sie *Ampersand.prtl* so in der Spur *Video 2*, dass sein In-Point am Out-Point von *Creditslist.prtl* einrastet.
6. Ändern Sie die Dauer von *Ampersand.prtl* in zehn Sekunden (00;00;10;00).
7. Fügen Sie *Credits.prtl* so in die Spur *Video 3* ein, dass sein In-Point auf dem In-Point von *Ampersand.prtl* einrastet.
8. Verlängern Sie *Credits.prtl* auf die Dauer von *Ampersand.prtl*.

9 Sehen Sie sich das Abspann-Segment der Sequenz in der Vorschau an.

Einen rollenden Abspann überlagern

Sie können den Abspann noch weiter ändern, indem Sie ihn vor dem &-Zeichen und hinter den beiden Titel-Textzeilen anordnen und dort rollen.

1 Markieren Sie mit dem Auswahl-Werkzeug den Clip *Credits.prtl* in der Spur *Video 3* im Schnittfenster und verschieben Sie ihn in die Spur *Video 4*.

2 Verschieben Sie jetzt *Creditslist.prtl* an die Stelle in der Spur *Video 3*, an der sich vorher *Credits.prtl* befand.

3 Passen Sie die In-Points und die Dauer von *Ampersand.prtl*, *Creditslist.prtl* und *Credits.prtl* auf die gleiche Länge an.

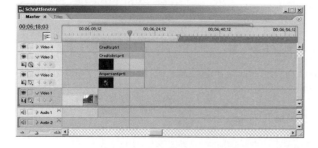

Da in Premiere Pro erstellte Titel automatisch transparente Hintergründe besitzen, brauchen Sie keine Deckkraftwerte zuzuweisen.

4 Sehen Sie sich das Abspann-Segment in der Vorschau an. Der rollende Abspann bewegt sich vor *Ampersand.prtl* und hinter *Credits.prtl*.

5 Speichern Sie das Projekt.

Einen kriechenden Titel platzieren

Jetzt tauschen Sie *Creditslist.prtl* gegen *Crawl.prtl* aus.

1   Markieren Sie *Crawl.prtl* im Projektfenster.
2   Ziehen Sie den Clip in das Schnittfenster, so dass er *Creditslist.prtl* überlagert.
3   Markieren und löschen Sie *Creditslist.prtl*.
4   Ziehen Sie *Crawl.prtl* so, dass seine Dauer der von *Creditslist.prtl* entspricht.

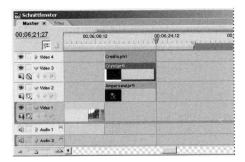

5   Sehen Sie sich das kriechende Titel-Segment in der Vorschau an. Passen Sie seine vertikale Position nötigenfalls im Title Designer an.
6   Wenn Sie mit der Position zufrieden sind, sehen Sie sich das Segment noch einmal in der Vorschau an.
7   Speichern Sie das Projekt.

Einen Titel im Title-Designer-Fenster anpassen

Sie können das Title-Designer-Fenster automatisch öffnen, um einen Titel zu aktualisieren, indem Sie auf den Titel entweder im Schnittfenster oder im Projektfenster doppelklicken. Sobald Sie Ihre Änderungen an der Titel-Datei speichern, aktualisiert Premiere Pro alle zugehörigen Referenzen in Ihrem Projekt.

Andere Programme zum Erstellen von Titeln verwenden

Das Logo in der Eröffnungs-Titelsequenz für *Books & Beans* wurde in Photoshop erzeugt. In der vorigen Lektion haben Sie zu Beginn der Sequenz *Master* eine Videolücke für den Eröffnungstitel freigelassen.

LEKTION 11
Titel, Vor- und Nachspann

1. Importieren Sie in die Ablage *Titles* im Projektfenster die Dateien *Adobe.prtl*, *Presents.prtl* und *Logo.psd* aus Ihrem Ordner *11Lesson* auf Ihrer Festplatte. Premiere Pro ruft für die Datei *Logo.psd* das Dialogfeld »Importierte Ebenendatei:Logo.psd« auf. Importieren Sie die Ebene als »Filmmaterial«. Wählen Sie »Layer 2« und »Dokumentgröße«.

2. Markieren Sie in der Ablage *Titles* im Projektfenster die Datei *Adobe.prtl*. Wählen Sie **Clip: Geschwindigkeit/Dauer.**

3. Ändern Sie die »Dauer« in **600** (00;00;06;00) und klicken Sie auf OK.

4. Markieren Sie in der Ablage *Titles* im Projektfenster die Datei *Presents.prtl* und wählen Sie **Clip: Geschwindigkeit/Dauer.**

5. Ändern Sie die »Dauer« in **300** (00;00;03;00) und klicken Sie auf OK.

6. Markieren Sie in der Ablage *Titles* im Projektfenster die Datei *Layer2/Logo.psd* und wählen Sie **Clip: Geschwindigkeit/Dauer.**

7. Ändern Sie die »Dauer« in **611** (00;00;06;11) und klicken Sie auf OK.

8. Setzen Sie die Marke für die aktuelle Zeit an den Beginn der Sequenz *Master* (bei 00;00;00;00).

9. Ziehen Sie *Adobe.prtl* so in die Spur *Video 1*, dass sein In-Point am Beginn des Projekts einrastet.

10. Verschieben Sie die Marke für die aktuelle Zeit auf 00;00;03;00.

11. Markieren Sie in der Ablage *Titles* im Projektfenster die Datei *Presents.prtl* und ziehen Sie sie so in Spur *Video 2*, dass ihr In-Point auf der Marke für die aktuelle Zeit einrastet.

12. Markieren Sie in der Ablage *Titles* im Projektfenster den Clip *Layer2/Logo.psd* und ziehen Sie ihn so in die Spur *Video 2*, dass sein In-Point auf dem Out-Point von *Presents.prtl* einrastet.

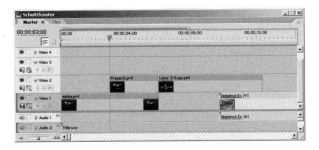

13 Spielen Sie den Rohschnitt des Eröffnungstitels ab.

14 Um die Änderungen für *Adobe.prtl* weniger abrupt erscheinen zu lassen, versuchen Sie eine weiche Einblendung über 45 Frames (00;00;01;15) von **0%** Deckkraft am In-Point bis **100%** Deckkraft bei 00;00;01;15. Erzeugen Sie entsprechende Keyframes an beiden Timecodes.

15 Fügen Sie *Presents.prtl* eine 15 Frames (00;00;00;15) lange weiche Einblendung von **0%** Deckkraft am In-Point (00;00;03;00) bis **100%** Deckkraft bei 00;00;03;15 hinzu, indem Sie an beiden Timecodes entsprechende Keyframes erzeugen.

16 Fügen Sie *Logo.psd* eine 41 Frames (00;00;01;11) lange weiche Ausblendung hinzu, indem Sie am In-Point der Sequenz *Ex* (00;00;09;22) die Deckkraft auf **100%** einstellen und bis zu ihrem Out-Point (00;00;10;33) auf **0%** reduzieren, indem Sie an beiden Timecodes entsprechende Keyframes erzeugen.

17 Sehen Sie sich Ihre Titel- und Abspann-Clips in der Vorschau an.

18 Speichern Sie das Projekt.

Den Film exportieren

Jetzt erzeugen Sie wieder eine Filmdatei.

1 Wählen Sie **Datei: Exportieren: Film**.

2 Klicken Sie im Dialogfeld »Film exportieren« auf die Schaltfläche »Einstellungen«. Achten Sie darauf, dass im aufgerufenen Dialogfeld »Einstellungen für Filmexport« unter »Allgemein« für »Dateityp« der Eintrag »Microsoft DV AVI« gewählt ist.

3 Wählen Sie für »Bereich« den Eintrag »Vollständige Sequenz«.

4 Achten Sie darauf, dass die Kontrollkästchen vor »Video exportieren«, »Audio exportieren«, »Nach Abschluss dem Projekt hinzufügen« und »Vorgang mit Signalton beenden« eingeschaltet sind.

5 Wählen Sie unter »Audio« für »Samplerate« den Eintrag »48000 Hz«, für »Sampletyp« den Eintrag »16 Bit« und für »Kanäle« den Eintrag »Stereo«.

6 Klicken Sie auf OK, um das Dialogfeld »Einstellungen für Filmexport« zu schließen.

7 Legen Sie im Dialogfeld »Film exportieren« den Ordner *11Lesson* als Speicherort fest und geben Sie einen Namen für den Film ein (Premiere Pro fügt die Dateinamenerweiterung ».avi« selbstständig hinzu). Klicken Sie auf »Speichern«.

Während Premiere Pro den Film erstellt, informiert eine Statusleiste über die verbleibende Zeit bis zur Fertigstellung. Sobald der Film fertig ist, öffnet Premiere Pro ihn im Projektfenster.

8 Doppelklicken Sie auf den Film, um ihn in der Originalansicht im Monitorfenster zu öffnen.

9 Klicken Sie auf die Schaltfläche »Wiedergabe/Stopp« (▶), um sich den Film anzusehen, den Sie soeben erzeugt haben.

Eigene Übungen

Nehmen Sie sich etwas Zeit, um mit dem Titelfenster und dem Projekt *11Lesson.prproj* zu experimentieren. Dazu einige Vorschläge:

- Experimentieren Sie mit den gelieferten Vorlagen von Adobe Premiere Pro.
- Versehen Sie das &-Zeichen in der Titel-Datei *Ampersand.prtl* mit einem Farbverlauf. Erzielen Sie durch Anpassen des linken und rechten Farbsymbols ein Glimmen um die Farbe.
- Verwenden Sie die Rollen-/Kriechen-Optionen, um kriechendem Text spezielle Timing-Optionen zuzuweisen, so dass er beim Herauslaufen aus dem Bildschirm langsamer wird.
- Erzeugen Sie ein Grafikobjekt in Adobe Illustrator oder Photoshop, importieren Sie es in ein Premiere Pro-Projekt und verwenden Sie dann den Befehl »Original bearbeiten«, um das Grafikobjekt wieder im Originalprogramm zu ändern. Sehen Sie sich anschließend an, wie Ihre Bearbeitung die Titelsequenz beeinflusst hat.

Fragen

1. Wie erzeugen Sie einen neuen Titel?
2. Wie ändern Sie die Farbe eines Titeltextes?
3. Wie fügen Sie einen Schatten hinzu?
4. Wie ändern Sie die Deckkraft von Text oder einer Grafik?
5. Wie bestimmen Sie die Geschwindigkeit eines Rolltitels?
6. Was ist ein Referenz-Frame?
7. Worin besteht der Unterschied zwischen rollenden und kriechenden Text-Titeln?
8. Wie fügen Sie einen Titel in ein Videoprogramm ein?

Antworten

1. Wählen Sie *Datei: Neu: Titel*.
2. Markieren Sie den Text, klicken Sie auf das Objektfarbfeld und bestimmen Sie im Farbwähler eine neue Farbe.
3. Schalten Sie das Kontrollkästchen vor »Schatten« ein.

4. Markieren Sie den Text oder die Grafik und ziehen Sie den rechten Transparenz-Schieberegler auf eine neue Einstellung.

5. Indem Sie die Dauer eines Titel-Clips nach dem Platzieren im Schnittfenster eines Projekts ändern.

6. Ein Referenz-Frame ist ein Frame aus einem anderen Titel, einem Standbild oder einem Video-Clip, den Sie in Ihren Titel kopieren und als Hilfe für die Farbwahl, die Textanordnung über einem Bild oder das Zeichnen einer Grafik verwenden.

7. Rollender Text bewegt sich vertikal (von unten nach oben oder von oben nach unten) über den Bildschirm. Kriechender Text bewegt sich horizontal über den Bildschirm (von links nach rechts oder von rechts nach links).

8. Premiere fügt einen neuen Titel in das geöffnete Projekt ein, sobald Sie die neue Titel-Datei benennen und speichern. Um einen vorhandenen Titel bei geöffneter Projektdatei zu importieren, wählen Sie *Datei: Importieren: Datei* und bestimmen einen bereits vorher gespeicherten Titel, der in das Projekt importiert werden soll.

Lektion 12

12 | Audio

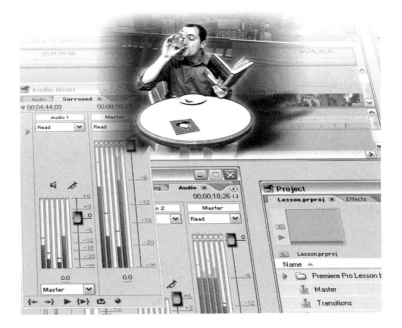

Mit der richtigen Musik und den passenden Sound-Effekten können Sie die Wirkung Ihres Videos verstärken. Mit Adobe Premiere Pro fügen Sie problemlos zusätzliches Audiomaterial hinzu, mischen den Sound neu ab und regeln den Lautstärkepegel für einen maximalen Effekt.

Der Film ist nun beinahe fertig, es fehlt nur noch etwas Musik, Audiomaterial und Sound-Effekte, die Sie in dieser Lektion hinzufügen. Insbesondere lernen Sie dabei Folgendes:

- Im Premiere Pro-Audio-Arbeitsbereich navigieren
- Audiomaterial manuell angleichen und das Abmischen automatisieren
- Musik und Sound-Effekte hinzufügen
- 5.1-Surround-Audio erzeugen
- Audiopegel angleichen, Tonschwenk und Balanceregelung, Crossfade, Marken zum Synchronisieren von Clips verwenden und andere ähnliche Vorgänge

Vorbereitungen

Bevor Sie beginnen, müssen Sie die Projektdatei für diese Lektion öffnen. Stellen Sie sicher, dass Sie die benötigten Dateien für diese Lektion auf Ihren Rechner kopiert haben. Falls nötig, legen Sie die Buch-DVD-ROM ein. Weitere Informationen finden Sie unter »Die Classroom in a BookDateien kopieren« auf Seite 17 in diesem Classroom in a Book.

1 Starten Sie Premiere Pro.

2 Klicken Sie im Fenster »Willkommen bei Adobe Premiere Pro« auf die Schaltfläche »Projekt öffnen«.

3 Suchen Sie im Dialogfeld »Projekt öffnen« nach dem Ordner *12Lesson*, den Sie bereits von der Buch-DVD-ROM auf Ihre Festplatte kopiert haben.

4 Markieren Sie im Ordner *12Lesson* die Datei *12Lesson.prproj* und klicken Sie auf »Öffnen«. (Oder doppelklicken Sie auf die Datei *12Lesson.prproj*, um sie zu öffnen.)

5 Falls erforderlich, ordnen Sie Fenster und Paletten neu an, damit sie sich nicht überlappen, indem Sie **Fenster: Arbeitsbereich: Audio** wählen.

Hinweis: 12Lesson.prproj ähnelt zwar dem Projekt, dass Sie in Lektion 11 fertig *gestellt haben, allerdings sollten Sie trotzdem die Projektdatei* 12Lesson.prproj *verwenden, damit die In- und Out-Points den exakten Anweisungen in den folgenden Übungen entsprechen.*

Um das Projektfenster übersichtlich zu halten, erzeugen Sie nun eine Ablage für Sound-Dateien und verschieben die Audio-Dateien dann in die neue Ablage.

6   Erzeugen Sie eine neue Ablage, indem Sie entweder unten im Projektfenster auf das Symbol »Ablage« ( ) oder oben rechts im Projektfenster auf das kleine schwarze Dreieck klicken und im aufgerufenen Projektfenstermenü den Eintrag »Neue Ablage« wählen.

7   Ändern Sie den Namen der Ablage in **Audio**.

8   Die Ablage *Audio* ist noch markiert; wählen Sie **Datei: Importieren**.

9   Halten Sie die Strg-Taste gedrückt und klicken Sie nacheinander auf die Dateien *Credits.wav, Dooropen.wav, Doorslam.wav, Earlymusic.wav, Excuseme.wav, Footsteps.wav, Gazeapproach.wav* und *Sigh.wav*. Klicken Sie anschließend auf »Öffnen«.

Nun befinden sich alle für diese Lektion benötigten Audio-Dateien in der Ablage *Audio*.

Hinweis: Premiere Pro konvertiert importierte Dateien automatisch in die aktuelle Projekt-Samplerate (in dieser Lektion also 32-Bit-Qualität). Damit sorgt Premiere Pro dafür, dass die Qualität der importierten Audio-Dateien mit den übrigen Audio-Dateien im Projekt übereinstimmt und dass sie ohne weitere Bearbeitung mit hoher Qualität abgespielt werden können. Allerdings kann der Konvertierungsprozess einige Minuten dauern. (Premiere Pro zeigt den Vorgang mit einem Fortschrittsbalken an.) Die allgemeine Verarbeitungsgeschwindigkeit Ihres Systems kann sich während des Vorgangs verlangsamen; außerdem kann die Konvertierung zu sehr großen Audio-Dateien führen, die auf Ihrem System gespeichert und verwaltet werden müssen.

Schließlich speichern Sie das Projekt.

10 Wählen Sie **Datei: Speichern**.

Der Audio-Arbeitsbereich

In Adobe Premiere Pro können Sie weit über 100 Audiospuren bearbeiten, ihnen Effekte zuweisen und sie mischen; außerdem verfügt Premiere über mehrere Bearbeitungsfunktionen für Audio-Clips. Sie können die Lautstärke und die Tonschwenk-/Balance-Einstellungen von Audiospuren unmittelbar im Schnittfenster steuern oder im Fenster »Audiomixer« Änderungen in Echtzeit vornehmen.

Mit dem Audiomixer können Sie auch einen Submix erzeugen, der Audiosignale aus bestimmten Audiospuren oder Spur-Sends in derselben Sequenz kombiniert. Submixe eignen sich gut, wenn Sie mit mehreren Audiospuren einheitlich verfahren möchten. Weitere Informationen über Submixe finden Sie im Abschnitt »Mit Submixen arbeiten« im *Adobe Premiere Pro Benutzerhandbuch*.

Den Audio-Arbeitsbereich können Sie während der Arbeit an einem Projekt beinahe jederzeit auswählen. Der Audio-Arbeitsbereich verwendet Ihren gegenwärtigen Arbeitsbereich (Einzelspurbearbeitung), Premiere zeigt jedoch neben dem geöffneten Fenster »Audiomixer« keine weiteren Paletten an. Sie können den Audio-Arbeitsbereich anpassen, indem Sie die Fenster neu anordnen und ihre

ADOBE PREMIERE PRO | 503
Classroom in a Book

Einstellungen ändern. Beim Speichern des Arbeitsbereichs behält Premiere die Positionen des Projektfensters, des Monitorfensters, des Schnittfensters und des Audio-Mixerfensters bei.

1 Beginnen Sie, indem Sie den Audio-Arbeitsbereich öffnen. Wählen Sie **Fenster: Arbeitsbereich: Audio**.

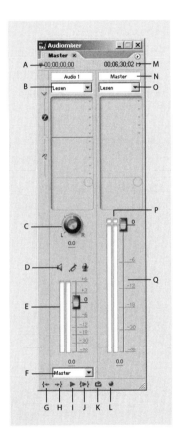

A. Timecode
B. Automatisierungsoptionen
C. Tonschwenk-/Balanceregler
D. Schaltflächen für Stumm/»Solo-Spur«/Aufnahme aktivieren
E. VU-Anzeige und Fader (Lautstärke)
F. Ausgang
G. Zu In-Point gehen
H. Zu Out-Point gehen
I. Abspielen
J. Von In bis Out abspielen
K. Endlosschleife aktivieren
L. Sequenzaufnahme aktivieren
M. Fenstermenü
N. Programmdauer (In/Out)
O. Spurnamen
P. Übersteuerungsanzeige
Q. Master-VU-Anzeige und Fader (Lautstärke)

Hinweis: *Falls das Fenster »Audiomixer« ausgeblendet oder verborgen sein sollte, können Sie es jederzeit mit* Fenster: Audiomixer *wieder einblenden bzw. in den Vordergrund bringen.*

LEKTION 12
Audio

Wie ein professionelles Studio-Mischpult enthält das Audio-Mixerfenster zahlreiche Steuerelemente für jede Audiospur, die entsprechend der zugehörigen Audiospur im Schnittfenster nummeriert sind. Das Fenster verfügt zudem über einen Lautstärkeregler bzw. Fader mit der Bezeichnung »Master«, mit dem Sie die Gesamtlautstärke des Projekts steuern.

Außerdem können Sie im Audio-Mixerfenster den Lautstärkepegel und die Tonschwenk-/Balance-Einstellungen von mehreren Audiospuren anpassen, während Sie sich die Audio- und Video-Spuren anhören bzw. ansehen. Premiere Pro zeichnet diese Anpassungen auf und wendet sie dann beim Abspielen des Clips automatisch an. Im Verlauf dieser Lektion erfahren Sie mehr über das Automatisieren des Abmischens.

Sie passen nun den Lautstärkepegel mit Hilfe des Lautstärkereglers im Audiomixerfenster an.

2   Klicken Sie im Schnittfenster auf das kleine Dreieck links von der Spur *Audio 3*, um sie zu erweitern.

3   Klicken Sie oben rechts im Audiomixerfenster auf die Menü-Schaltfläche und wählen Sie den Eintrag »Spuren anzeigen/ausblenden«.

Premiere Pro blendet das Dialogfeld »Spuren anzeigen/ausblenden« ein.

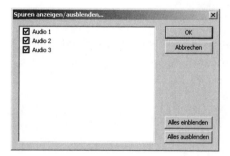

4 Achten Sie darauf, dass im Dialogfeld »Spuren anzeigen/ausblenden« alle drei Spuren eingeschaltet sind. Falls das nicht der Fall ist, klicken Sie auf die Schaltfläche »Alle einblenden« und anschließend auf OK.

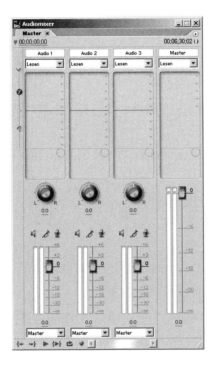

Hinweis: Sie können Audiospuren auch einblenden, indem Sie das Audiomixerfenster unten rechts anklicken und nach rechts aufziehen.

5 Suchen Sie in der Sequenz *Master* nach dem Punkt am Ende von Heros Fantasien, an dem er seufzt, kurz vor dem Ende des Clips *Transitions* (etwa bei 00;03;53;03; Ihr Timecode kann abweichen).

6 Markieren Sie in der Ablage *Audio* im Projektfenster den Clip *Sigh.wav*.

7 Ziehen Sie *Sigh.wav* so auf die Marke für die aktuelle Zeit in der Spur *Audio 2*, dass sein In-Point auf der Marke für die aktuelle Zeit einrastet.

8 Markieren Sie *Sigh.wav* im Schnittfenster.

9 Wählen Sie **Marke: Sequenzmarke setzen: In und Out um Auswahl**.

Mit dieser Option setzen Sie die In- und Out-Points für *Sigh.wav*.

10 Klicken Sie unten im Audiomixerfenster auf die Schaltfläche »Endlosschleife« ( ).

11 Klicken Sie unten im Audiomixerfenster auf die Schaltfläche »Von In- bis Out-Point abspielen« ( ).

Da Sie auch die Schaltfläche »Endlosschleife« eingeschaltet haben, spielt Premiere Pro die Auswahl so lange wiederholt ab, bis Sie zum Stoppen wieder auf die Schaltfläche »Abspielen« klicken.

12 Stellen Sie den Lautstärkepegel des Audio-2-Mixers mit einer der folgenden Methoden ein, während Premiere Pro den Clip *Sigh.wav* abspielt:

- Ziehen Sie den Lautstärkeregler nach unten oder oben, um den Lautstärkepegel zu verstärken oder zu verringern.

- Klicken Sie unmittelbar unterhalb des Lautstärkereglers auf den blauen editierbaren Dezibel-Wert (dB) und geben Sie einen neuen dB-Wert zwischen +6 und −100 ein.

- Ändern Sie den dB-Wert mit Hilfe der Hot-Text-Steuerung (der gepunkteten Linie unmittelbar unter dem editierbaren dB-Wert).

Hinweis: Premiere Pro zeigt den Audiopegel optisch über die segmentierte Aussteuerungsanzeige (VU-Anzeige) links vom Lautstärkeregler an. Wenn der Pegel so hoch ist, dass es zu einer Übersteuerung oder Verzerrung kommt, leuchtet die kleine LED-Anzeige über der VU-Anzeige rot auf. Um dies zu vermeiden, passen Sie den Lautstärkepegel so an, dass die VU-Anzeige zu keiner Zeit rot aufleuchtet.

13 Klicken Sie zum Stoppen unten im Audiomixerfenster auf die Schaltfläche »Abspielen«, die jetzt ein Stopp-Symbol zeigt.

Als Nächstes passen Sie die Verstärkung für einen ganzen Clip an. Eine solche Anpassung ist sinnvoll, um die Lautstärkepegel unterschiedlicher Clips auszugleichen oder um das Audio-Signal eines Clips anzupassen, das zu hoch oder zu niedrig ist.

14 Markieren Sie im Schnittfenster in der Spur *Audio 2* den Audio-Clip *Sigh.wav.* (Falls Sie den Clip nicht aktivieren können, weil er ausgegraut und damit deaktiviert ist, klicken Sie mit dem Auswahl-Werkzeug erst auf einen anderen Clip und markieren anschließend *Sigh.wav.*)

15 Wählen Sie **Clip: Audio-Optionen: Audioverstärkung**.

16 Führen Sie im Dialogfeld »Clip-Verstärkung« einen der folgenden Schritte aus:

- Klicken Sie auf den blauen, editierbaren Dezibelwert (dB) und geben Sie einen Verstärkungswert ein. Werte über 100% verstärken den Clip, Werte unter 100% schwächen den Clip ab und machen ihn leiser.

- Ändern Sie den dB-Wert mit Hilfe der Hot-Text-Steuerung (der gepunkteten Linie unmittelbar unter dem editierbaren dB-Wert).

- Klicken Sie auf die Schaltfläche »Normalisieren«, damit Premiere Pro die Verstärkung automatisch optimiert. Dieser Verstärkungswert entspricht dem erforderlichen Prozentsatz, um den lautesten Teil des Clips auf die höchste Lautstärke zu verstärken (die Ihr System produzieren kann), ohne dabei zu übersteuern.

17 Klicken Sie auf OK.

Automatisierungsoptionen im Audiomixerfenster

Mit Hilfe der Automatisierungsfunktionen im Audiomixerfenster können Sie die Lautstärkepegel und den Tonschwenk bzw. die Balance mehrerer Audiospuren in Echtzeit regeln, während Sie sich die Audiospur anhören und die Videospur ansehen. Premiere Pro zeichnet diese Anpassungen automatisch auf und weist sie dem Clip beim Abspielen wieder zu. Diese automatische Aufzeichnung können Sie über die Transportsteuerungen unten im Audiomixerfenster an jedem Punkt der Audiospur starten und anhalten.

Jede Audiospur verfügt im Einblendmenü »Automatisierungsoptionen« über vier Einstellungen, die den Status der Automatisierung bestimmen:

Aus (⊘) ignoriert die gespeicherten Lautstärke- und Tonschwenk-/Balancedaten bei der Wiedergabe und ermöglicht eine Echtzeitverwendung der Mixersteuerungen ohne Überlagerung aus den Linien im Schnittfenster.

Lesen (👁) liest die für Lautstärke und Tonschwenk/Balance gespeicherten Daten und steuert damit den Audiopegel der Spur während der Wiedergabe. Der Standardmodus in Premiere Pro.

Schreiben (👁) liest die für eine Audiospur gespeicherten Daten für die Pegel- und Tonschwenk-/Balance-Einstellungen und zeichnet alle Anpassungen auf, die Sie im Audiomixerfenster mit den Reglern für Lautstärke und Tonschwenk/Balance vornehmen. Wenn Sie im Spurheader-Bereich die Option »Spurumfang einblenden« einschalten, speichert Premiere Pro diese Anpassungen im Schnittfenster in jedem Clip als neue Anfasser auf den Lautstärke- und Tonschwenk-/Balancelinien. Die Standardeinstellung für »Schreiben« ist »Nach Schreiben zu »Touch« wechseln«; Sie können diese Einstellung im Audiomixerfenster-Menü ausschalten.

Latch (👁) ist identisch mit »Schreiben« bis auf die Ausnahme, dass die Automatisierung erst startet, wenn Sie mit der Änderung eines Werts begonnen haben, und dass der Wert so, wie er bei Abschluss der Änderung war, erhalten bleibt.

Touch (👁) ist identisch mit »Schreiben« bis auf die Ausnahme, dass die Automatisierung erst startet, wenn Sie mit der Änderung eines Werts begonnen haben. Wenn Sie die Änderung einer Eigenschaft beenden, setzt Premiere Pro den Wert auf den Status vor der Aufzeichnung der aktuellen automatisierten Änderungen zurück. Um wie viel Premiere Pro den Wert zurücksetzt, wird durch die Audiovoreinstellung »Zeit automatisch abstimmen« bestimmt.

Audio-Pegel mit Hilfe der Audiomixersteuerung anpassen

Jetzt passen Sie die Audio-Pegel im Audiomixerfenster mit Hilfe der Automatisierung an. In dieser Übung passen Sie die Audio-Pegel für die *Approach*-Fantasieszenen an.

1 Ziehen Sie die Marke für die aktuelle Zeit in der Sequenz *Master* im Schnittfenster auf den Punkt, an dem Father und Son das Literaturcafé verlassen haben und Hero sich fröhlich den Kuchen in den Mund stopft (bei 00;02;34;11).

2 Markieren Sie in der Ablage *Audio* im Projektfenster den Clip *Gazeapproach.wav* und ziehen Sie ihn in die Spur *Audio 3*. Achten Sie darauf,

dass der Anfang von *Gazeapproach.wav* auf der Marke für die aktuelle Zeit einrastet.

3   Markieren Sie *Gazeapproach.wav* im Schnittfenster und wählen Sie **Marke: Sequenzmarke setzen: In und Out um Auswahl**.

Mit dieser Option setzen Sie die In- und Out-Points für *Gazeapproach.wav*.

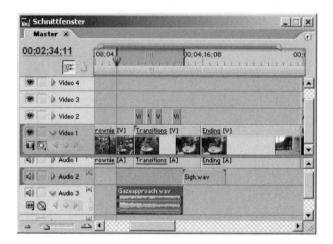

4   Klicken Sie im Spurheader-Bereich von *Audio 3* auf die Schaltfläche »Keyframes anzeigen« und wählen Sie im Menü den Eintrag »Spurumfang einblenden«.

5   Falls das Audiomixerfenster nicht bereits geöffnet ist, wählen Sie **Fenster: Audiomixer**.

6   Suchen Sie im Audiomixerfenster nach der Mixerspur *Audio 3*, die der Spur *Audio 3* im Schnittfenster entspricht.

7   Wählen Sie Audiomixer im Automatisierungsmenü der Mixerspur *Audio 3* die Option »Schreiben« (falls diese Option nicht bereits gewählt ist).

Um das Timing für die nächsten Schritte herauszuarbeiten, sehen Sie sich die Szenen sehr genau an und entscheiden Sie selbst, wann das Timing passt. Die Timecodes sind hier nur ungefähre Werte. So werden auch Live-Übertragungen für das Fernsehen aus Theatern und von Konzerten gesteuert. Ihre Timecodes werden vermutlich von den hier angegebenen abweichen.

8   Ziehen Sie den Lautstärkeregler in der Spur *Audio 3* im Audiomixerfenster auf **0**.

9   Klicken Sie auf die Schaltfläche »Von In- bis Out-Point abspielen« ( ), um das Programm vom In-Point bis zum Out-Point abzuspielen. Ziehen Sie den *Audio 3*-Lautstärkeregler während des Abspielens an dem Punkt, an dem Hero das erste Mal auf Dreams zugeht, nach unten auf **-18** (bei etwa 00;02;55;09).

10 Als Hero sagt: »Sorry to bother you« (bei etwa 00;03;05;09), ziehen Sie den *Audio 3*-Lautstärkeregler langsam und gleichmäßig wieder zurück auf **0**.

11 Bevor Hero die Blumen präsentiert und sagt: »Da-daa!« (bei etwa 00;03;10;07), ziehen Sie den *Audio 3*-Lautstärkeregler langsam und gleichmäßig wieder nach unten auf **-18**.

12 Nachdem Hero gesagt hat: »Da-daa!« (bei etwa 00;03;11;07), ziehen Sie den *Audio 3*-Lautstärkeregler langsam und gleichmäßig wieder zurück auf **0**.

13 Nach der Blumen-Sequenz, wenn Hero das dritte Mal auf Dreams zugeht und sagt: »Hey« (bei etwa 00;03;19;24), ziehen Sie den *Audio 3*-Lautstärkeregler langsam und gleichmäßig wieder nach unten auf **-18**.

14 Wenn Hero und Dreams damit beginnen, sich zu küssen (bei etwa 00;03;28;15), ziehen Sie den *Audio 3*-Lautstärkeregler langsam und gleichmäßig wieder zurück auf **0**.

15 Wenn Hero das vierte Mal auf Dreams zugeht und seine Hand die Rückenlehne des Stuhls berührt (bei etwa 00;03;40;09), ziehen Sie den *Audio 3*-Lautstärkeregler so weit es geht nach unten, um die Musik auszublenden.

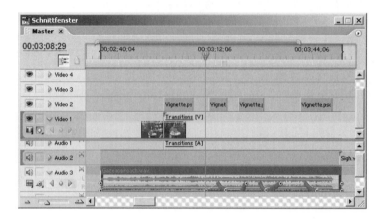

Premiere Pro stoppt die Aufzeichnung automatisch, sobald die Marke für die aktuelle Zeit den Out-Point erreicht; im *Audio 3*-Automatisierungsmenü wechselt die Option »Schreiben« standardmäßig auf »Touch«.

16 Um zu verhindern, dass bereits zugewiesene Automatisierung überschrieben wird, wählen Sie im *Audio 3*-Automatisierungsmenü die Option »Lesen«.

17 Hören Sie sich Ihre Lautstärkepegel-Änderungen in der Vorschau an.

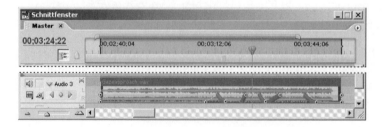

18 Nachdem die Anpassungen aufgezeichnet wurden, können Sie Ihre Änderungen noch unmittelbar im Schnittfenster verfeinern, indem Sie die Anfasser auf den Keyframe-Linien im Clip *Gazeapproach.wav* ziehen. Um die Keyframe-Linien einzublenden, klicken Sie auf das kleine blaue Dreieck links neben der Spurbezeichnung *Audio3* im Spurheader-Bereich und falten die Spur so auf.

19 Speichern Sie das Projekt.

Tonschwenk und Balanceregelung

Durch die Tonschwenkfunktion positionieren Sie eine Monoaudiospur innerhalb einer Spur mit mehreren Kanälen. Durch die Balanceregelung verteilen Sie die Kanäle einer Mehrkanal-Audiospur (Stereo oder 5.1 Surround) neu auf die Kanäle anderer Mehrkanalspuren.

In dieser Übung experimentieren Sie mit dem Tonschwenk. Sie zeichnen Ihre Tonschwenk-Angleichungen jetzt nicht auf, aber Premiere Pro bietet Ihnen grundsätzlich die Möglichkeit dazu.

1 Klicken Sie im Schnittfenster im Spurheader-Bereich links von der Spur *Audio 2* auf das kleine blaue Dreieck, um sie aufzufalten.

2 Ziehen Sie die Marke für die aktuelle Zeit in die Spur *Audio 2* auf den Punkt, an dem Hero von Dreams' ersten Auftritt im Literaturcafé begeistert ist (bei 00;01;42;11).

3 Wählen Sie **Marke: Sequenzmarke setzen: In**.

4 Drücken Sie in der Spur *Audio 2* die Bild-nach-unten-Taste einmal, um die Marke für die aktuelle Zeit auf das Ende des Audio-Clips *Chorale.wav* zu verschieben.

5 Wählen Sie **Marke: Sequenzmarke setzen: Out**.

6 Falls das Audiomixerfenster nicht bereits geöffnet ist, wählen Sie **Fenster: Audiomixer**.

7 Suchen Sie im Audiomixerfenster nach der *Audio 2*-Mixerspur, die der Spur *Audio 2* im Schnittfenster entspricht.

8 Klicken Sie im Audiomixerfenster auf die Schaltfläche »Von In- bis Out-Point abspielen« (▶), um das Videoprogramm vom In-Point bis zum Out-Point abzuspielen.

9 Klicken Sie, während der Clip abspielt, auf den Tonschwenkregler in der *Audio 2*-Mixerspur, halten Sie die Maustaste gedrückt und ziehen Sie nach rechts oder links. Ziehen Sie nach rechts, um den Tonschwenk nach rechts auszuführen, oder ziehen Sie nach links, um ihn nach links auszuführen.

Sie können den Tonschwenk in einer Spur auch auf folgende Weise ausführen:

- Klicken Sie auf den blauen editierbaren Tonschwenkwert unmittelbar unterhalb des Tonschwenkreglers und geben Sie einen neuen Wert zwischen -100 und 100 ein.

- Ändern Sie den Tonschwenkwert mit Hilfe der Hot-Text-Steuerung, die Premiere Pro mit der gepunkteten Linie unmittelbar unterhalb des editierbaren Tonschwenkwerts anzeigt.

Mit den Schaltflächen »Stumm«, »Solo-Spur« und »Spur zur Aufnahme aktivieren« arbeiten

Jetzt legen Sie mit den Schaltflächen »Stumm« und »Solo-Spur« im Audiomixerfenster die Spur bzw. die Spuren fest, die Sie hören möchten. Außerdem lernen Sie, wie Sie mit der Schaltfläche »Spur zur Aufnahme aktivieren« eine Audioquelle aufnehmen bzw. erfassen können.

»**Stumm**« ( ) ermöglicht das vorübergehende Stummschalten von ausgewählten Spuren.

»**Solo-Spur**« ( ) erlaubt die Überwachung ausgewählter Spuren. Wenn Sie für eine Spur auf die Schaltfläche »Solo-Spur« klicken, schaltet Premiere Pro die übrigen Spuren stumm, wenn Sie für die diese Schaltfläche nicht aktiviert haben.

»**Spur zur Aufnahme aktivieren**« ( ) ermöglicht die Verwendung von Audiodaten, die noch nicht in digitaler Form vorliegen, beispielsweise eine analoge Kassette oder einen gesprochenen Filmkommentar.

Audioeffekte erzeugen und angleichen

Premiere Pro verfügt über verbesserte Audiofunktionen zum Erzeugen von Surround-Sound und weiteren Mehrkanal-Audioeffekten. Sie können im Audiomixerfenster bis zu fünf Effekte auf eine Audiospur anwenden.

Verbindung zwischen Video- und Audiomaterial lösen

Im Normalfall erfassen Sie beim Aufnehmen mit Ihrer Videokamera gleichzeitig sowohl das Video- als auch das Audiomaterial. Beim Digitalisieren des Footage werden Video und Audio zu einer Datei verbunden, was auch als »Hard Link« bezeichnet wird. Diese Verbindung können Sie lösen, um Audio- und Videomaterial unabhängig voneinander zu bearbeiten.

LEKTION 12
Audio

Wenn Sie in ein Videoprogramm einen Clip mit Video- und Audiomaterial einfügen und festgelegt haben, dass sowohl das Video- als auch das Audiomaterial übernommen werden soll, platziert Premiere Pro das Videomaterial in einer Videospur und das Audiomaterial in einer Audiospur. Video- und Audiomaterial des Clips sind verbunden, so dass Sie beim Ziehen des Videomaterials im Schnittfenster das Audiomaterial mitziehen. Wenn Sie den Clip teilen, bleiben Video- und Audiomaterial innerhalb der beiden resultierenden Clips immer noch verbunden. Videomaterial kann nur mit Audiomaterial verbunden werden – ein Video-Clip lässt sich nicht mit einem anderen Video-Clip verbinden.

In vielen Situationen kann es hilfreich sein, Clips von Hand zu verbinden bzw. deren Verbindung zu lösen, wenn Sie beispielsweise vormals nicht verbundene Audio- und Video-Clips präziser aneinander ausrichten oder den In- bzw. Out-Point des Video- oder Audiomaterials eines Clips unabhängig voneinander bearbeiten möchten. Falls Sie einen der Clips lediglich löschen möchten, brauchen Sie die Verbindung vorher nicht zu lösen.

Sie beginnen, indem Sie dem Projekt einen Video-Clip hinzufügen.

1 Markieren Sie in der Sequenz *Master* im Schnittfenster die verschachtelte Sequenz *Seeya*.

2 Wählen Sie **Clip: Verbindung zwischen Audio und Video aufheben**.

Premiere Pro hat die Unterstreichung von *Seeya.avi* sowohl in der Spur *Video 1* als auch in der Spur *Audio 1* entfernt und zeigt damit an, dass das Audio- und das Videomaterial nicht mehr verbunden sind. Jetzt können Sie die Audio- und Video-Clips unabhängig voneinander markieren.

3 Verbinden Sie die beiden Audio- und Video-Clips von *Seeya.avi* wieder miteinander.

4 Speichern Sie das Projekt.

Weitere Informationen über das Verbinden und Lösen von Clips finden Sie in Lektion 8 in diesem Buch auf Seite 348.

Clips mit Hilfe von Marken synchronisieren

Beim Arbeiten mit Audio-Clips, die nicht mit Videomaterial verbunden sind, treffen Sie gelegentlich auf Situationen, in denen Sie das Audiomaterial mit dem Video-Clip synchronisieren müssen. Am einfachsten gelingt das, wenn Sie an bestimmten übereinstimmenden Punkten in beiden Clips Marken einfügen.

> ### *Marken*
> *Marken kennzeichnen bestimmte wichtige Zeitpunkte und helfen Ihnen bei der Positionierung und Anordnung von Clips. Jede einzelne Sequenz und jeder einzelne Clip kann bis zu 100 nummerierte Marken (von 0 bis 99) und beliebig viele nicht nummerierte Marken enthalten. Im Monitorfenster werden Marken in der Zeitleiste der Ansichten als kleine Symbole angezeigt. Clipmarken werden ebenfalls innerhalb des Clips dargestellt, wenn dieser im Schnittfenster erscheint, und Sequenzmarken werden in der Zeitleiste der Sequenz angezeigt. Generell gilt: Verwenden Sie Clipmarken, um bestimmte wichtige Punkte innerhalb eines einzelnen Clips zu kennzeichnen (z.B. um eine bestimmte Bewegung oder einen bestimmten Ton zu identifizieren), und verwenden Sie Sequenzmarken, um bestimmte signifikante Zeitpunkte in einer Sequenz anzugeben.*

Weitere Informationen über das Synchronisieren von Clips mit Hilfe von Marken finden Sie unter »Marken« im *Adobe Premiere Pro Handbuch*.

Audio-Pegel im Schnittfenster angleichen

Wenn Sie die Audiospur im Schnittfenster erweitern, sehen Sie den durch eine Wellenform dargestellten Clip. Quer durch die Mitte der Wellenform zieht sich eine weiße Linie, die *Keyframe-Linie,* mit deren Hilfe sich der Lautstärkepegel an jedem Punkt des Clips anpassen lässt. Angleichungen führen Sie mit den Keyframe-Bearbeitungsfunktionen im Schnittfenster oder mit dem Effektsteuerung-Fenster aus. Der Pegel eines Segments zwischen zwei Keyframes kann dann einzeln angepasst werden.

Wenn ein Keyframe erzeugt wurde, können Sie seinen Anfasser nach unten oder oben ziehen, um den Audio-Pegel zu ändern. Sie können auch zwei aufeinander folgende Audio-Clips auf derselben Spur automatisch ineinander überblenden lassen (Crossfade), wobei der eine aus- und der andere gleichzeitig einblendet. Das durch die Keyframe-Linie im Schnittfenster geformte Diagramm entspricht dem Lautstärkeregler im Audiomixerfenster und dient demselben Zweck. Um im Schnittfenster Überblendungen zu erzeugen, gleichen Sie die Pegel optisch an. Für jede Spur im Schnittfenster ist eine Keyframe-Linie pro Clip vorhanden.

Zunächst blenden Sie das Ende der mit dem Video-Clip *Sigh.avi* verbundenen Audiospur aus.

1 Wählen Sie **Marke: Sequenzmarke löschen: In und Out**.
2 Falls die Spur Audio 2 nicht bereits aufgefaltet ist, klicken Sie im Schnittfenster im Spurheader-Bereich auf das kleine blaue Dreieck links von der Spurbezeichnung *Audio 2*, um sie aufzufalten, und suchen Sie nach dem Audio-Clip *Sigh.avi*.

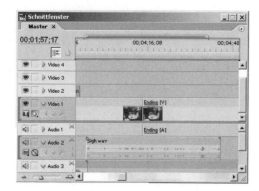

3 Passen Sie die Wellenform mit Hilfe der Einzoomen-/Auszoomen-Steuerung unten links im Schnittfenster so an, dass sie vollständig sichtbar ist.

4   Klicken Sie im *Audio 2*-Spurheader-Bereich auf die Schaltfläche »Keyframes anzeigen« ( ) und wählen Sie den Eintrag »Clipumfang einblenden«.

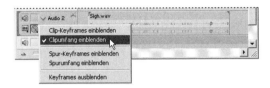

5   Markieren Sie den Clip *Sigh.wav*.

6   Verschieben Sie die Marke für die aktuelle Zeit auf den Punkt, an dem Hero stoppt und durch das Caféfenster zurück in Richtung Dreams blickt.

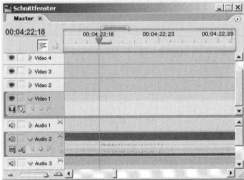

Audioeinheiten-Anzeige in der Sequenz verwenden

Sie können das Raster in der Schnittfensterleiste auch in Audioeinheiten anzeigen, die in Audio-Samples statt in Video-Frames (der Standardanzeige) unterteilt sind. Mit der Audioeinheiten-Anzeige können Sie Audio-Clips sehr viel präziser bearbeiten. Weitere Informationen über Anzeigeoptionen finden Sie im *Adobe Premiere Pro Handbuch*.

1   Klicken Sie oben rechts im Schnittfenster auf die Menü-Schaltfläche und wählen Sie den Eintrag »Audioeinheiten«.

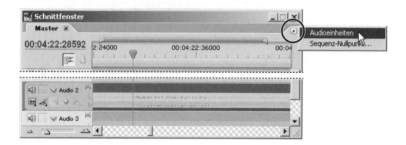

Premiere Pro ändert Folgendes im Schnittfenster:

- Die Timecode-Anzeige zählt jetzt Audioeinheiten.
- Die Schnittfensterleiste zeigt nun Audioeinheiten an. 100.000 Audioeinheiten entsprechen einem Frame.

2   Klicken Sie oben rechts im Schnittfenster auf die Menü-Schaltfläche und wählen Sie erneut »Audioeinheiten«, um diese Anzeigeoption wieder auszuschalten.

Den Lautstärkepegel einer Auswahl erhöhen

Jetzt erhöhen Sie den Lautstärkepegel der Musik, die abspielt, als Hero sich vom Literaturcafé entfernt.

1   Achten Sie darauf, dass sich die Marke für die aktuelle Zeit immer noch an dem Punkt befindet, an dem Hero zurück in das Literaturcafé blickt.

2   Wählen Sie **Marke: Sequenzmarke setzen: In**.

3 Klicken Sie in der Spur *Audio 2* auf die Schaltfläche »Keyframe hinzufügen/entfernen« (◊).

Premiere Pro fügt an der Marke für die aktuelle Zeit einen Keyframe ein.

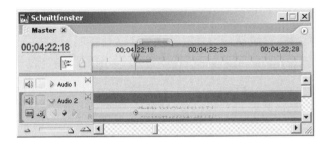

4 Verschieben Sie die Marke für die aktuelle Zeit drei Frames zurück.

5 Klicken Sie auf die Schaltfläche »Keyframe hinzufügen/entfernen« (◊), um drei Frames links vom In-Point-Keyframe einen zweiten Keyframe einzufügen.

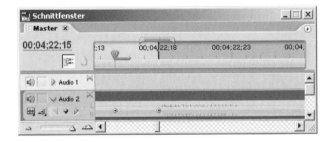

6 Verschieben Sie die Marke für die aktuelle Zeit acht Sekunden vorwärts.

7 Wählen Sie **Marke: Sequenzmarke setzen: Out**.

8 Klicken Sie in der Spur *Audio 2* auf die Schaltfläche »Keyframe hinzufügen/entfernen« ( ), um an der Marke für die aktuelle Zeit einen Keyframe einzufügen.

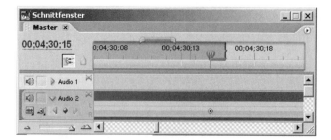

9 Verschieben Sie die Marke für die aktuelle Zeit drei Frames vorwärts.

10 Klicken Sie in der Spur *Audio 2* auf die Schaltfläche »Keyframe hinzufügen/entfernen« ( ), um an der Marke für die aktuelle Zeit drei Frames nach dem Out-Point einen Keyframe einzufügen.

11 Passen Sie die Ansicht im Schnittfenster so an, dass Sie den Clip vom ersten Keyframe bis zum letzten Keyframe sehen können.

12 Schieben Sie die Marke für die aktuelle Zeit etwa drei Sekunden nach hinten.

13 Klicken Sie in der Spur *Audio 2* auf die Schaltfläche »Keyframe hinzufügen/entfernen« ( ), um an der Marke für die aktuelle Zeit einen fünften Keyframe einzufügen.

14 Halten Sie die Umschalttaste gedrückt und klicken Sie nacheinander auf die beiden inneren Keyframes, so dass sie goldorange markiert sind. Die nicht markierten Keyframes bleiben weiß.

15 Sie halten die Umschalttaste immer noch gedrückt; klicken Sie auf den mittleren Keyframe, den Sie gerade zwischen dem In- und dem Out-Point eingefügt haben, und ziehen Sie nach oben auf 2,41 Dezibel. Premiere Pro verschiebt die drei inneren Keyframes gleichzeitig mit.

Sie sehen, dass Premiere Pro die Keyframes am In- und Out-Point ebenfalls auf diese Ebene verschiebt.

16 Spielen Sie den Clip *Sigh.wav* mit den Änderungen ab.

17 Speichern Sie das Projekt.

Audio im Schnittfenster ausblenden

Jetzt blenden Sie die Musik im Clip *Sigh.waw* an der Stelle aus, an der Dreams und Hero sich endlich begegnen.

1 Verschieben Sie die Marke für die aktuelle Zeit im Schnittfenster auf etwa 00;04;36;14.

2 Klicken Sie in der Spur *Audio 2* auf die Schaltfläche »Keyframe hinzufügen/entfernen« ( ), um an der Marke für die aktuelle Zeit einen Keyframe einzufügen.

3 Verschieben Sie die Marke für die aktuelle Zeit an das Ende von *Sigh.wav*.

4 Klicken Sie in der Spur *Audio 2* auf die Schaltfläche »Keyframe hinzufügen/entfernen« ( ), um an der Marke für die aktuelle Zeit einen Keyframe einzufügen.

5 Klicken Sie auf den soeben eingefügten Keyframe und ziehen Sie ihn im Clip *Sigh.wav* in die untere rechte Ecke der Clip-Spur. Premiere Pro zeigt neben

dem Zeigefinger eine numerische Anzeige an, die dem gegenwärtigen Lautstärkepegel entspricht.

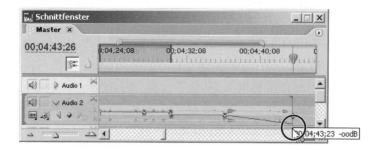

Damit haben Sie am Ende des Audio-Clips *Sigh.wav* eine abfallende Keyframe-Linie erzeugt. Mit einer abfallenden Keyframe-Linie vermindern Sie den Lautstärkepegel. Da Sie den Anfasser so weit wie möglich heruntergezogen haben, blendet der Ton ganz aus.

Hinweis: *Wenn Sie vor dem Ziehen eines Audio-Keyframes die Informationen-Palette einblenden, können Sie dort das Aktualisieren des Lautstärkepegels beim Ziehen beobachten.*

6   Wählen Sie **Marke: Sequenzmarke löschen: In und Out**.

7   Spielen Sie den Clip *Sigh.wav* mit den Änderungen ab.

8   Speichern Sie das Projekt.

Den Film mit Audioeffekten und Musik fertig stellen

Jetzt fügen Sie Ihrem Film den letzten Schliff hinzu. In diesen Übungen konzentrieren Sie Ihre Aufmerksamkeit auf die letzten Szenen von Heros niedergeschlagenem Verlassen von *Books & Beans* bis zu seinem triumphierenden Durchbruch, als er davonhastet, um sich Dreams formvollendet vorzustellen.

Sie wissen aus den bisherigen Lektionen, die von der fortgeschrittenen Bearbeitung handelten, dass in diesen Szenen viele Videoebenen eingesetzt wurden. Jetzt arbeiten Sie mit drei Audioebenen: Musik, Soundeffekte und Dialog.

Sie führen die folgenden Übungen in Stereo aus. Anschließend bearbeiten Sie im nächsten Abschnitt die gleichen Effekte in 5.1-Surround-Audio.

Einen Soundeffekt hinzufügen

1. Platzieren Sie die Marke für die aktuelle Zeit in der Sequenz *Master* an dem Punkt, an dem Hero beim Verlassen des Literaturcafés anhält und seine Hände in die Taschen steckt. Sie sehen, dass die Tür genau in dem Moment ins Schloss fällt, in dem er die Hände in seine Taschen steckt.
2. Markieren Sie in der Ablage *Audio* im Projektfenster den Clip *Doorslam.wav*.
3. Ziehen Sie den Clip *Doorslam.wav* in der Sequenz *Master* so in die Spur *Audio 3*, dass er auf der Marke für die aktuelle Zeit einrastet.
4. Zoomen Sie in das Schnittfenster ein, um mit Hilfe der Audio-Wellenformen das Geräusch der zufallenden Tür synchronisieren zu können.
5. Passen Sie die Platzierung des Soundeffekts an die entsprechende Videobewegung an.
6. Spielen Sie den Effekt im Schnittfenster oder in der Programmansicht im Monitorfenster ab.
7. Speichern Sie das Projekt.

Den Laustärkepegel für einen kurzen Moment erhöhen

In dieser Übung suchen Sie nach dem Punkt, an dem Hero seine Fantasien aufgibt und akzeptierend seufzt. Der Lautstärkepegel des Seufzers ist zu niedrig, um deutlich hörbar zu sein; Sie erhöhen deshalb den Lautstärkepegel an diesem Punkt.

Als Erstes isolieren Sie den Seufzer, indem Sie In- und Out-Points für ihn erzeugen, und erhöhen anschließend den Lautstärkepegel.

1. Verschieben Sie die Marke für die aktuelle Zeit in der Sequenz *Master* auf den Punkt, an dem Hero seine Fantasien aufgibt (bei etwa 00;03;50;27).
2. Klicken Sie in der Programmansicht im Monitorfenster auf die Schaltfläche »In-Point setzen«, um den In-Point zu markieren.
3. Klicken Sie im *Audio 1*-Spurheader-Bereich auf die Schaltfläche »Keyframes anzeigen« und wählen Sie den Eintrag »Spurumfang einblenden«.

4 Klicken Sie in der Spur *Audio 1* im Keyframe-Navigator auf die Schaltfläche »Keyframe hinzufügen/entfernen« ( ), um am In-Point einen Keyframe einzufügen.

5 Verschieben Sie die Marke für die aktuelle Zeit um einen Frame zurück und fügen Sie dort einen Keyframe ein.

6 Verschieben Sie die Marke für die aktuelle Zeit mit Hilfe der Jog-Steuerung in der Programmansicht an das Ende von Heros Seufzer (bei 00;03;52;26).

7 Klicken Sie in der Programmansicht im Monitorfenster auf die Schaltfläche »Out-Point setzen«, um den Out-Point zu markieren.

8 Klicken Sie im Keyframe-Navigator auf die Schaltfläche »Keyframe hinzufügen/entfernen« ( ), um am Out-Point einen Keyframe einzufügen.

9 Klicken Sie in der Programmansicht auf die Schaltfläche »Von In- bis Out-Point abspielen«, um sich den Seufzer anzuhören.

10 Klicken Sie im Spurheader-Bereich der Spur *Audio 1* auf die Menü-Schaltfläche »Keyframes anzeigen« und wählen Sie den Eintrag »Clipumfang einblenden«.

11 Verschieben Sie die Marke für die aktuelle Zeit einen Frame hinter den Out-Point.

12 Klicken Sie im Keyframe-Navigator auf die Schaltfläche »Keyframe hinzufügen/entfernen« ( ), um an der Marke für die aktuelle Zeit einen Keyframe einzufügen.

13 Wählen Sie in der Werkzeug-Palette das Zeichenstift-Werkzeug ( ).

14 Erhöhen Sie in der Spur *Audio 1* den Lautstärkepegel des Seufzers, indem Sie nach oben auf 6,02 dB ziehen.

Sie können für diese Lautstärkepegeländerung auch die Lautstärkeregler im Effekteinstellungen-Fenster oder im Audiomixerfenster verwenden.

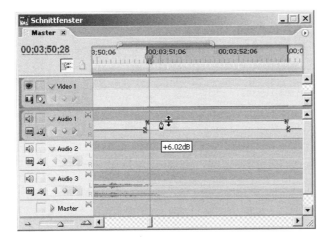

15 Klicken Sie im Audiomixer auf die Schaltfläche »Von In- bis Out-Point abspielen« (▶|), um das Videoprogramm vom In-Point bis zum Out-Point abzuspielen.

16 Speichern Sie das Projekt.

Mehrere Audioeffekte in einem Clip

Während des Übergangs von Heros Seufzer bis zum Treffen mit Dreams am Auto treten fünf Audioelemente gleichzeitig auf:

Dialog Sie haben in Lektion 10 den Satz von Dreams »I love you« (in Heros Vorstellung) eingefügt.

Überschneidender Dialog Sie fügen noch Dreams' Satz ein, in dem sie »Excuse me« zu Hero sagt.

Audioeffekte Sie fügen Dreams' Satz »I love you« noch Hall und Echo hinzu.

Musik Sie haben die Musik (*Sigh.wav*) eingefügt, die diese Episode im Film begleitet, und ihren Lautstärkepegel angeglichen.

Sound-Effekt Sie fügen noch Dreams' Schritte hinzu, wenn sie hinter Hero herläuft, um ihn einzuholen.

Audio Tiefe verleihen

Hero geht niedergeschlagen zu seinem Auto und tagträumt von Dreams. Er hört »I love you« wie ein Echo in seinem Kopf.

1 Doppelklicken Sie im Projektfenster auf die Sequenz *Ending*, um sie im Schnittfenster zu aktivieren.

2 Markieren Sie *Loveyou.avi* in der Spur *Video 2*.

3 Wählen Sie **Fenster: Effekte** und erweitern Sie **Audioeffekte: Stereo**.

4 Markieren Sie den Effekt »Verzögerung« und ziehen Sie ihn in das Effekteinstellungen-Fenster.

5 Markieren Sie den Effekt »Reverb« und ziehen Sie ihn in das Effekteinstellungen-Fenster.

6 Aktivieren Sie im Effekteinstellungen-Fenster den Effekt »Verzögerung«, indem Sie links neben der Bezeichnung auf das kleine blaue Dreieck klicken.

7 Erweitern Sie das Feld »Verzögerung«, um den Verzögerung-Regler einzublenden.

8 Verschieben Sie den Regler auf **0.33** Sekunden.

9 Klicken Sie rechts von der Bezeichnung »Reverb« auf das Einblendmenü und wählen Sie den Eintrag »church«.

10 Erweitern Sie das Feld »Reverb« und dann »Benutzerdefiniert«, um die benutzerdefinierten »church«-Einstellungen einzublenden.

Premiere Pro zeigt dort die Einstellungen für die Vorgabe »church« als 3D-Modell an. Wenn Sie mögen, verändern Sie die Werte noch ein wenig, anderenfalls übernehmen Sie die Standardwerte.

11 Kehren Sie wieder zur Sequenz *Master* zurück, um die dem Clip *Loveyou.avi* hinzugefügten Effekte »Verzögerung« und »Reverb« in der verschachtelten Sequenz *Ending* in der Vorschau anzusehen und anzuhören. (Eventuell müssen Sie die In- und Out-Sequenz-Marken anpassen und verschieben.)

12 Speichern Sie das Projekt.

Überschneidende Kommentare

Dreams versucht tatsächlich, Hero einzuholen. Sie sagt aber nicht »I love you«, sondern »Excuse me«. Sie fügen diesen Satz nun in den in der Sequenz *Master* verschachtelten Clip *Ending* ein.

1. Aktivieren Sie wieder die Sequenz *Ending* im Schnittfenster.
2. Ziehen Sie den Clip *Excuseme.wav* aus der Ablage *Audio* im Projektfenster so in die Spur *Audio 3*, dass sein In-Point auf dem In-Point von *Loveyou.avi* einrastet.
3. Setzen Sie die Marke für die aktuelle Zeit auf den Punkt, kurz bevor Dreams das erste Mal »I love you« sagt.
4. Schneiden Sie den Clip *Excuseme.wav* mit dem Auswahl-Werkzeug von links auf den In-Point zu, bis er auf der Marke für die aktuelle Zeit einrastet.
5. Sehen und hören Sie sich die Sequenz *Master* in der Vorschau an.

Hinweis: Eventuell müssen Sie die Lautstärkepegel der Clips Loveyou.avi *und* Excuseme.wav *im Audiomixer unabhängig voneinander angleichen, damit sie Ihrem Hörempfinden entsprechen. Wenn Sie so vorgehen, verwenden Sie den Befehl »Schreiben« und schalten Sie ihn anschließend wieder auf »Lesen« zurück.*

Überlagerungen in einem Soundeffekt

Jetzt kommen Sie zum fünften Puzzlestück, dem Klang von Dreams' Schritten bei der Verfolgung von Hero.

1. Verschieben Sie die Marke für die aktuelle Zeit im Schnittfenster an den Beginn von *Excuseme.wav*.
2. Ziehen Sie den Clip *Footsteps.wav* aus der Ablage *Audio* im Projektfenster unter die Spur *Audio 3*, um automatisch die Spur *Audio 4* hinzuzufügen. Achten Sie darauf, dass der Clip *Footsteps.wav* tatsächlich auf der Spur *Audio 4* platziert ist und dort auf der Marke für die aktuelle Zeit einrastet.

3 Schneiden Sie das Ende des Clips *Footsteps.wav* so zu, dass er die gleiche Dauer wie der Clip *Excuseme.wav* hat.

4 Klicken Sie in der Sequenz *Master* auf die Schaltfläche »Wiedergabe/Stopp« und hören bzw. sehen Sie sich die zahlreichen Sound-Elemente an, die gleichzeitig auftreten.

5 Speichern Sie das Projekt.

Die Schluss- und Abspann-Musik hinzufügen

Jetzt fügen Sie der letzten Szene und dem Abspann noch Musik hinzu.

1 Verschieben Sie die Marke für die aktuelle Zeit in der Sequenz *Master* im Schnittfenster unmittelbar hinter den Punkt, an dem Hero die Karte zerknüllt (bei etwa 00;05;42;00).

2   Ziehen Sie den Clip *Credits.wav* aus der Ablage *Audio* im Projektfenster so in die Spur *Audio 2*, dass der Beginn des Clips auf der Marke für die aktuelle Zeit einrastet.

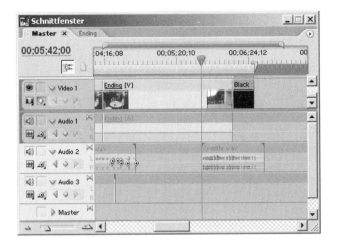

3   Speichern Sie das Projekt.

Herzlichen Glückwunsch! Damit haben Sie Ihre Version des Films *Books & Beans* abgeschlossen.

4   Aktivieren Sie das Schnittfenster *Master*.

5   Drücken Sie die Doppelkreuz-Taste (#), um den gesamten Film im Schnittfenster anzuzeigen.

6   Doppelklicken Sie auf die Arbeitsbereichsleiste, um den gesamten Film zu markieren.

7 Verschieben Sie die Marke für die aktuelle Zeit an den Beginn auf 00;00;00;00.

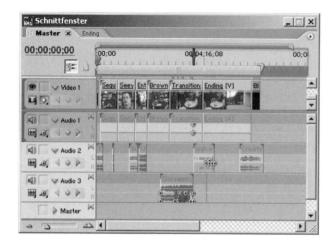

8 Drücken Sie die Eingabetaste, um den gesamten Film abzuspielen. Genießen Sie die Show!

Mit 5.1-Audiodateien arbeiten

Mit Hilfe von 5.1-Surround-Audio können Sie die Audiodaten Ihres Films auf fünf Lautsprecher verteilen: vorne links, vorne mitte, vorne rechts, hinten links, hinten rechts und Subwoofer. Wie Sie in den folgenden Übungen feststellen werden, können Sie mit Premiere Pro das Abmischen Ihrer 5.1-Audiodaten vollständig steuern.

Premiere Pro ist mit vielen 5.1-Dateien kompatibel, einschließlich WAV-Dateien, die mit sechs Spuren kompiliert wurden. Beim Importieren einer 5.1-Datei weist Premiere Pro die Surround-Lautsprecher automatisch zu. Auf diese

Weise brauchen Sie eine 5.1-Datei nur zu importieren, im Schnittfenster zu platzieren, mit der Video-Bewegung zu synchronisieren und über Ihre 5.1-Lautsprecher abzuspielen.

Hinweis: Für den Betrieb von 5.1-Surround-Audio benötigen Sie auf Ihrem System Surround-Lautsprecher, eine entsprechende Audio-Karte und einen Gerätetreiber, der den Spezifikationen des ASIO-Standard (Audio Stream Input Output) entspricht.

Eine 5.1-Stilbearbeitung erzeugen

In dieser Übung lernen Sie, wie Sie einen 5.1-Effekt erzeugen, wenn Sie weder über eine 5.1-Datei verfügen noch eine 5.1-Datei erzeugen können (weil Ihr Rechner nicht über die erforderlichen Hardware- und Software-Voraussetzungen verfügt). Sie beginnen, indem Sie eine Surround-Sequenz erzeugen.

1   Wählen Sie **Datei: Neu: Sequenz**.

2   Geben Sie im aufgerufenen Dialogfeld »Neue Sequenz« in das Feld »Sequenzname« den Namen **Surround** ein.

3   Wählen Sie im Audio-Bereich des Dialogfelds im Einblendmenü »Master« den Eintrag »5.1«.

4   Wählen Sie im Einblendmenü »Mono« den Wert **5** oder geben Sie den Wert **5** unmittelbar in das Eingabefeld ein.

5   Wählen Sie im Einblendmenü »Stereo« den Wert **1** oder geben Sie den Wert **1** unmittelbar in das Eingabefeld ein.

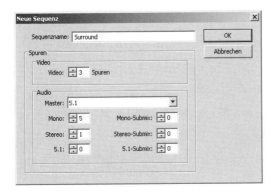

6   Klicken Sie auf OK, um die Eingaben zu übernehmen und das Dialogfeld »Neue Sequenz« zu schließen.

Den 5.1-Mix zusammenstellen

Jetzt bereiten Sie das Importieren der fünf Audiodateien vor, aus denen Ihr 5.1-Mix bestehen soll.

1   Markieren Sie im Projektfenster das Symbol der Sequenz *Ending* und wählen Sie **Bearbeiten: Duplizieren**.

2   Geben Sie der duplizierten Sequenz *Ending Kopieren* den neuen Namen **5.1 Source**.

Premiere Pro hat die Sequenz *Surround* im Schnittfenster aktiviert.

3   Doppelklicken Sie im Projektfenster auf die Sequenz *5.1 Source*, um sie im Schnittfenster zu aktivieren.

4   Suchen Sie in der Sequenz *5.1 Source* nach der Instanz *Doorslam.wav*, die Sie weiter vorne in dieser Lektion eingefügt haben.

Auf diesen Clip können Sie erst zugreifen, wenn Sie seinen Status von »Spurumfang einblenden« in »Clipumfang einblenden« ändern.

5   Klicken Sie im *Audio 2*-Spurheader-Bereich auf die Schaltfläche »Keyframes anzeigen« und wählen Sie den Eintrag »Clipumfang einblenden«.

6   Wählen Sie **Bearbeiten: Löschen**. Sie fügen den Clip gleich wieder als Surround-Sound-Komponente ein.

7   Markieren Sie als Nächstes den Clip *Loveyou.avi*, eine weitere 5.1-Sound-Komponente.

8   Wählen Sie **Clip: Verbindung zwischen Audio und Video aufheben**.

9   Klicken Sie mit gedrückter Umschalttaste auf den Videoteil des Clips *Loveyou.avi*, um seine Markierung aufzuheben.

10 Wählen Sie **Bearbeiten: Löschen**, um das Audiomaterial von *Loveyou.avi* zu entfernen.

11 Klicken Sie nacheinander mit gedrückter Umschalttaste auf *Excuseme.wav* und auf *Footsteps.wav*, um beide Clips zu markieren.

12 Wählen Sie **Bearbeiten: Löschen**, um beide zu entfernen.

13 Aktivieren Sie das Projektfenster und wählen Sie **Datei: Neu: Ablage**. Geben Sie der neuen Ablage im Projektfenster den Namen **5.1 Files**.

14 Die Ablage *5.1 Files* ist noch aktiv; wählen Sie **Datei: Importieren**.

15 Halten Sie die Strg-Taste gedrückt und klicken Sie im aufgerufenen Dialogfeld »Importieren« nacheinander auf die Dateien *Doorslam-mono.wav*, *Excuseme-mono.wav*, *Footsteps-mono.wav*, *Loveyou-mono.wav* und *Sigh-mono.wav*. Klicken Sie anschließend auf »Öffnen«.

Diese Dateien enthalten Musik, zwei sich überschneidende Dialoge und zwei Sound-Effekte.

Eine Surround-Sound-Sequenz aufbauen

Die folgenden Bearbeitungen ähneln denen, die Sie weiter vorne in dieser Lektion beim Einfügen der Clips *Sigh.wav* und *Doorslam.wav* ausgeführt haben.

1 Ziehen Sie die Sequenz *5.1 Source* aus dem Projektfenster in die Spur *Video 1* in der Sequenz *Surround* im Schnittfenster auf 0.

Premiere Pro platziert das mit dem Videomaterial verbundene Stereo-Audiomaterial in der sechsten Audiospur. (Sie müssen das Schnittfenster eventuell vergrößern, um alle Audiospuren gleichzeitig sehen zu können.)

Die ersten fünf Spuren sind Mono, die Spur Audio 6 *erhält das Stereo-Audiomaterial aus dem platzierten Clip.*

2   Aktivieren Sie die Sequenz *5.1 Source* und verschieben Sie die Marke für die aktuelle Zeit an ihren Beginn, etwa an den Punkt, an dem Hero seine Träume mit Dreams aufgibt und zum Ende seiner Fantasien zum großen Seufzer ansetzt.

3   Ziehen Sie den Clip *Sigh-mono.wav* aus der Ablage *5.1 Files* im Projektfenster in die Spur *Audio 1* und achten Sie darauf, dass der Anfang des Clips auf der Marke für die aktuelle Zeit einrastet.

4   Verschieben Sie die Marke für die aktuelle Zeit auf den Punkt, an dem Hero seinen Blick von Dreams abwendet, nachdem er das Literaturcafé verlassen hat – die Szene, in der er seine Hände in die Taschen seiner Hose schiebt.

5   Ziehen Sie den Clip *Doorslam-mono.wav* aus der Ablage *Audio* im Projektfenster in die Spur *Audio 2* und achten Sie darauf, dass der Anfang des Clips auf der Marke für die aktuelle Zeit einrastet.

6   Verschieben Sie die Marke für die aktuelle Zeit auf den Punkt, an dem Dreams in Heros Vorstellung beginnt, »I love you« zu sagen.

7   Ziehen Sie den Clip *Loveyou-mono.wav* aus der Ablage *Audio* im Projektfenster in die Spur *Audio 3* und achten Sie darauf, dass der Anfang des Clips auf der Marke für die aktuelle Zeit einrastet.

8   Verschieben Sie die Marke für die aktuelle Zeit auf den Punkt, an dem Dreams anfängt, hinter Hero herzulaufen, nachdem sie das erste Mal »I love you« gemurmelt hat.

9   Ziehen Sie den Clip *Footsteps-mono.wav* aus der Ablage *Audio* im Projektfenster in die Spur *Audio 4* und achten Sie darauf, dass der Anfang des Clips auf der Marke für die aktuelle Zeit einrastet.

10 Verschieben Sie die Marke für die aktuelle Zeit auf den Punkt, an dem Dreams »Excuse me« sagen will, während ihre Schritte bei der Verfolgung von Hero zu hören sind.

11 Ziehen Sie den Clip *Excuseme-mono.wav* aus der Ablage *Audio* im Projektfenster in die Spur *Audio 5* und achten Sie darauf, dass der Anfang des Clips auf der Marke für die aktuelle Zeit einrastet.

12 Schneiden Sie den Clip *Excuseme-mono.wav* so zu, dass er am Ende des Out-Points des Clips *Loveyou-mono.wav* aufhört.

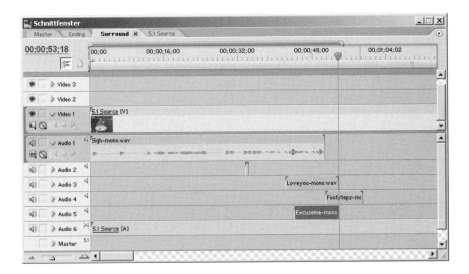

13 Sehen und hören Sie sich Ihre fünf Bearbeitungen in der Vorschau an.

Achten Sie darauf, dass »I love you« mit der Videobewegung synchronisiert ist. Achten Sie außerdem darauf, dass die Schritte und »Excuse me« im Hintergrund zu hören sind, aber dabei nicht die Musik übertönen. Etwaige Angleichungen am Audiomaterial nehmen Sie in der nächsten Übung vor.

14 Speichern Sie das Projekt.

Mit dem Audiomixer die 5.1-Lautsprecherpositionen zuweisen

Jetzt gleichen Sie den Lautstärkepegel der soeben eingefügten Spuren an und platzieren die Sounds in den 5.1-Feldern. In dieser Übung mischen Sie einen Teil Ihres Films in echtem 5.1-Surround-Audio ab.

1 Wählen Sie **Fenster: Audiomixer**.

2 Ziehen Sie das Audiomixerfenster so weit nach rechts auf, dass Sie alle sechs Audio-Spuren und den Master-Fader zugleich sehen können.

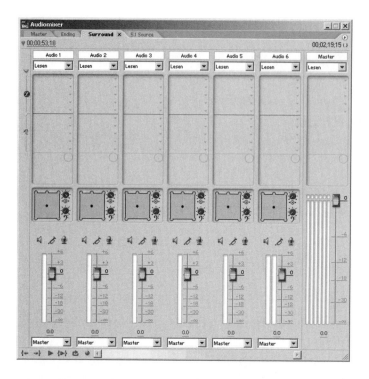

Oberhalb eines jeden Reglers sehen Sie ein quadratisches Feld, den 5.1-Panner. Die fünf Ausbuchtungen an jeder Ecke und in der Mitte oben im Quadrat stehen für die fünf Surround-Lautsprecher. Beispielsweise steht die Ausbuchtung oben in der Mitte für den mittleren vorderen Lautsprecher und die obere rechte Ausbuchtung für den Lautsprecher vorne rechts. Durch Verschieben des kleinen schwarzen Punkts (dem *Puck*) innerhalb des Quadrats schwenken bzw. balancieren Sie das Audiomaterial zwischen den Surround-Lautsprechern.

Mit dem Regler *Prozentwert für Mitte* oben rechts neben dem Quadrat im 5.1-Panner steuern Sie den prozentualen Anteil einer Surround-Audiospur, den Premiere Pro dem Mitte-Lautsprecher zuweist. Mit dem Regler *LFE-Lautstärke* unten rechts neben dem Quadrat im 5.1-Panner steuern Sie den Lautstärkepegel des Subwoofer-Sounds für die Spur.

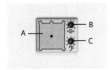

A. 5.1-Panner
B. Regler Prozentwert für Mitte
C. Regler LFE-Lautstärke

3 Ziehen Sie im Audiomixer den Puck im 5.1-Panner der Spur *Audio 1* auf die obere mittlere Ausbuchtung.

Mit dieser Einstellung schwenken Sie die Musik auf den vorderen mittleren Lautsprecher.

4 Ziehen Sie im Audiomixer den Puck im 5.1-Panner der Spur *Audio 2* auf die untere linke Ausbuchtung.

Damit schwenken Sie das Geräusch der zuschlagenden Tür auf den hinteren linken Lautsprecher.

5 Ziehen Sie im Audiomixer den Puck im 5.1-Panner der Spur *Audio 3* auf die obere linke Ausbuchtung.

Mit dieser Einstellung schwenken Sie »I love you« auf den vorderen linken Lautsprecher.

6 Ziehen Sie im Audiomixer den Puck im 5.1-Panner der Spur *Audio 4* auf die untere rechte Ausbuchtung.

Damit schwenken Sie die Schritte auf den hinteren rechten Lautsprecher.

7 Ziehen Sie im Audiomixer den Puck im 5.1-Panner der Spur *Audio 5* auf die obere rechte Ausbuchtung.

Mit dieser Einstellung schwenken Sie »Excuse Me« auf den vorderen rechten Lautsprecher.

LEKTION 12
Audio

Damit haben Sie jetzt einen 5.1-Audiomix eingestellt, mit dem die Musik aus dem vorderen mittleren Lautsprecher, Dreams' Stimme aus den vorderen und die Sound-Effekte aus den hinteren Lautsprechern erklingt.

Wenn Sie mögen, können Sie Ihrem 5.1-Mix durch Verschieben der Pucks in den fünf 5.1-Pannern und der Regler *Prozentwert für Mitte* und *LFE-Lautstärke* noch den letzten Feinschliff geben.

Herzlichen Glückwunsch! Damit haben Sie Ihrem Film 5.1-Surround-Audio hinzugefügt.

Den Film als 5.1-Audiodatei exportieren

Nun haben Sie Ihre Bearbeitungen abgeschlossen, aber Ihr Videoprogramm besteht immer noch aus zahlreichen Video- und Audiodateien und einer Premiere Pro-Projektdatei. Um Ihr Videoprogramm als eine einzige Datei verteilen zu können, müssen Sie es in eine Filmdatei exportieren. In Lektion 13 lernen Sie zahlreiche entsprechende Ausgabemethoden kennen.

In dieser Übung erzeugen Sie eine 5.1-Audiodatei des Filmabschnitts, an dem Sie im Verlauf der vorangegangenen 5.1-Übungen gearbeitet haben.

1 Verschieben Sie die Marke für die aktuelle Zeit im *Surround*-Schnittfenster mit Hilfe der Bild-nach-oben- und Bild-nach-unten-Tasten an das Ende des Clips *Excuseme-mono.wav*.

2 Wählen Sie **Marke: Sequenzmarke setzen: Out**.

3 Verschieben Sie die Marke für die aktuelle Zeit im *Surround*-Schnittfenster mit Hilfe der Bild-nach-oben- und Bild-nach-unten-Tasten an den Anfang des Clips *Sigh-mono.wav*.

4 Wählen Sie **Marke: Sequenzmarke setzen: In**.

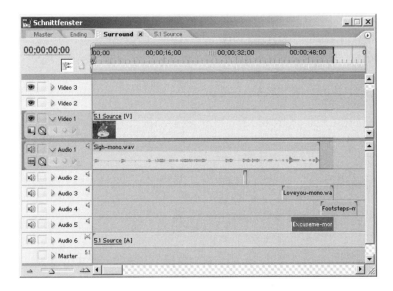

5   Um den Arbeitsbereich auf die In- und Out-Points zu setzen, doppelklicken Sie zuerst auf den farbigen Teil in der Mitte der Arbeitsbereichsleiste.

Damit bringen Sie die Klammern in den sichtbaren Bereich des Schnittfensters.

6   Ziehen Sie die linke Klammer, bis sie auf dem In-Point am Beginn des Clips *Sigh-mono.wav* einrastet.

7   Ziehen Sie die rechte Klammer, bis sie auf dem Out-Point am Ende des Clips *Excuseme-mono.wav* einrastet.

Jetzt sind Sie bereit, ausschließlich den 5.1-Teil des Films zu exportieren.

8   Wählen Sie **Datei: Exportieren: Audio**.

Premiere Pro ruft das Dialogfeld »Audio exportieren« auf.

9   Geben Sie unter »Dateiname« den Namen **Exercise.wav** ein.

10 Klicken Sie im Dialogfeld »Audio exportieren« auf die Schaltfläche »Einstellungen«. Achten Sie darauf, dass im aufgerufenen Dialogfeld »Einstellungen für Audioexport« für »Allgemein« unter »Bereich« der Eintrag »Arbeitsbereichsleiste« gewählt ist und das Kontrollkästchen links von »Nach Abschluss dem Projekt hinzufügen« eingeschaltet ist.

11 Klicken Sie links im Dialogfeld auf den Eintrag »Audio«. Premiere Pro blendet im selben Dialogfeld den Bereich »Audio« der Audioexport-Einstellungen ein.

12 Wählen Sie im Einblendmenü »Kanäle« den Eintrag »5.1«.

13 Klicken Sie auf OK, um die Einstellungen zu übernehmen und das Dialogfeld »Einstellungen für Audioexport« zu schließen.

14 Klicken Sie auf »Speichern«, um das Dialogfeld »Audio exportieren« und Ihre Änderungen zu übernehmen. Achten Sie darauf, in Ihren Ordner *12Lesson* zu speichern, und klicken Sie auf »Speichern«.

Premiere Pro beginnt mit dem Rendern des Films und blendet eine Statusleiste mit der ungefähren Dauer des Vorgangs ein. Sobald der Film vollständig gerendert wurde, zeigt Premiere Pro ihn im Projektfenster.

Ihre 5.1-Audiodatei überprüfen

Jetzt lernen Sie, wie Sie den 5.1-Teil des Films abspielen.

1 Klicken Sie in der Sequenz *Surround* auf den Spurheader-Bereich links in der Spur *Audio 1*.

2 Klicken Sie mit der rechten Maustaste auf den *Audio 1*-Spurheader-Bereich und wählen Sie im Kontextmenü den Eintrag »Spuren hinzufügen«.

Premiere Pro ruft das Dialogfeld »Spuren hinzufügen« auf.

3 Übernehmen Sie im Abschnitt »Audiospuren« im Eingabefeld »Hinzufügen Audiospur(en)« den Wert **1** und wählen Sie im Einblendmenü »Platzierung« den Eintrag »Vor erster Spur«. Im Einblendmenü »Spurtyp« wählen Sie den Eintrag »5.1«.

4 Klicken Sie auf OK.

Premiere Pro fügt der Sequenz *Surround* eine 5.1-Audiospur als Spur *Audio 1* hinzu und blendet das Attribut 5.1 oben rechts im Spurheader-Bereich ein.

5   Die Marke für die aktuelle Zeit befindet sich immer noch am In-Point von *5.1 Exercise*; ziehen Sie *Exercise.wav* aus dem Projektfenster und achten Sie darauf, dass der Clip auf der Marke für die aktuelle Zeit einrastet.

6   Klicken Sie auf die Lautsprechersymbole in den Spuren *Audio 2* bis *Audio 6*, um die Audioausgabe für diese Spuren zu unterbinden. Auf diese Weise hören Sie nur die Datei *5.1 Exercise.wav*.

7   Im Audiomixer sehen Sie, dass die Spur *Audio1* nun eine 5.1-Spur ist.

8   Klicken Sie im Audiomixer auf die Schaltfläche »Von In- bis Out-Point abspielen« ( ).

Sehen und hören Sie sich Ihre 5.1-Übung an.

9   Speichern Sie das Projekt.

Herzlichen Glückwunsch! Damit haben Sie die Audio-Lektion abgeschlossen.

Eigene Übungen

Experimentieren Sie frei mit dem soeben von Ihnen erzeugten Projekt. Weitere Informationen über die Steuerung des Audiomaterials in Ihrem Film finden Sie im Kapitel »Audiomischung« im *Adobe Premiere Pro Handbuch*. Außerdem verfügt Premiere Pro über zahlreiche integrierte Audio-Steuerelemente.

Fragen

1   Wie blenden Sie den Audio-Arbeitsbereich ein?

2   Was ist der Unterschied zwischen Tonschwenk- und Balanceregelung?

3   Wann sollten Sie die Verbindung zwischen einem Video-Clip und einem Audio-Clip lösen?

4   Was ist die Audioeinheiten-Anzeige?

5   Welche Lautsprecher werden für 5.1-Surround-Audio benötigt?

Antworten

1. Wählen Sie **Fenster: Arbeitsbereich: Audio**.

2. Durch die Tonschwenkregelung positionieren Sie eine Monoaudiospur in einer Spur mit mehreren Kanälen. Mit der Balanceregelung verteilen Sie die Kanäle einer Stereo- oder einer 5.1-Audiospur auf die Kanäle einer anderen Mehrkanalspur.

3. Sie lösen das Video- und das Audiomaterial, wenn Sie beides unabhängig voneinander bearbeiten oder eines von beiden ersetzen möchten.

4. Die Audioeinheiten-Anzeige zeigt die Skalen in Zeitleisten in Sample-basierten Audioeinheiten und nicht in Video-Frames. Diese Anzeige ist hilfreich, wenn Sie Audio-Clips präzise bearbeiten möchten.

5. Vorne links, vorne mitte, vorne rechts, hinten links, hinten rechts und Subwoofer.

13 | Ausgabe

Ob Sie eine Sequenz auf DVD exportieren oder eine Datei für das Internet anlegen möchten – Adobe Premiere Pro stellt Ihnen zahlreiche Optionen zum Erstellen Ihres fertigen Films zur Verfügung.

LEKTION 13
Ausgabe

Diese Lektion beschreibt die zum Exportieren von Filmen mit Adobe Premiere Pro verfügbaren Techniken. Dabei lernen Sie Folgendes:

- Auf Videoband exportieren
- Den Befehl *Datei: Exportieren: Film* verwenden
- Eine CD-ROM mit Hilfe des Adobe Media Encoder erzeugen
- Auf DVD exportieren
- Nur Audio exportieren und einen Frame exportieren

Ausgabe

Im Anschluss an das Zusammenstellen und Bearbeiten Ihres Videoprojekts bietet Adobe Premiere Pro zahlreiche flexible Ausgabeoptionen. Mit diesen Optionen können Sie:

- Ihre Produktion direkt auf DV- oder Analog-Videoband aufnehmen, indem Sie Ihren Computer mit einem Video-Camcorder oder einem Videorecorder verbinden. Wenn Ihre Kamera bzw. Ihr Videorecorder die Gerätesteuerung unterstützt, können Sie den Aufnahmevorgang automatisieren und Timecode-Markierungen für die selektive Aufzeichnung Ihres Videoprogramms einsetzen.

- Eine digitale Videodatei auf eine Computer-Festplatte, eine externe Festplatte, eine CD-ROM oder eine DVD exportieren. Adobe Premiere Pro exportiert Advanced Windows Media-, Real Media-, AVI-, QuickTime- und MPEG-Dateien; weitere Dateiformate stellt möglicherweise Ihre Videoschnittkarte oder zusätzliche Plug-In-Software in Premiere Pro zur Verfügung.

- Verwenden Sie die Adobe Media Encoder-Exportoptionen für exakt kodierte Videodateien zur Verteilung im Internet oder in Ihrem Intranet. Adobe Premiere Pro exportiert in QuickTime-, Real Media- und Windows Media-Formaten für das Herunterladen, progressiv herunterladbare Videos und Streaming Video.

- Geben Sie einen einzelnen Frame als Standbild in einem von zahlreichen Formaten aus.

- Exportieren Sie das Audiomaterial in QuickTime-, AVI- oder WAV-Format.
- Erzeugen Sie eine AAF-Datei (Advanced Authoring Format), um Offline-Bearbeitung auf der Grundlage eines Rohschnitts auszuführen. Das ist besonders hilfreich, wenn Sie in einer Qualität ausgeben möchten, die Ihr System nicht bieten kann.
- Wenn Sie über einen Kinofilmrekorder verfügen, können Sie Kinofilme auf Film oder Videoband ausgeben; wenden Sie sich anderenfalls an einen Händler, der Ihnen entsprechende Geräte oder den Service anbieten kann.

Mit den Übungen in dieser Lektion fortfahren

Es gibt sehr viele Ausgabeformate. Viele von ihnen wurden in dieser Lektion angesprochen und beschrieben. Die Übungen in dieser Lektion können Sie mit beliebigen Projekten ausführen. Bevor Sie nun beginnen, suchen Sie sich ein Projekt für die Bearbeitung aus und öffnen es.

Der Befehl »Auf Band ausgeben«

1 Vergewissern Sie sich, dass Ihr Camcorder oder Ihr Videorecorder korrekt an Ihren Computer angeschlossen ist.

2 Klicken Sie auf das Schnittfenster, um es zu aktivieren.

3 Wählen Sie **Datei: Exportieren: Auf Band ausgeben**.

4 Wenn Ihr Aufnahmegerät die Gerätesteuerung unterstützt, achten Sie darauf, dass im Dialogfeld »Auf Band aufgeben« das Kontrollkästchen links von »Aufnahmegerät aktivieren« eingeschaltet ist.

Hinweis: *Wenn Ihr Aufnahmegerät keine Gerätesteuerung unterstützt, müssen Sie die Aufname von Hand starten.*

5 Klicken Sie auf »Aufnehmen«.

Premiere Pro rendert alle benötigten Abschnitte und überspielt sie auf Ihr Videoband.

Den Befehl »Datei: Exportieren: Movie« verwenden

Beim Exportieren des Films in eine Datei sind viele Optionen verfügbar. Eine ausführliche Beschreibung finden Sie im Kapitel »Produktion des fertigen Videos« im *Adobe Premiere Pro Handbuch*.

Um das Videoprojekt in diesem Buch als voll aufgelöstes DV AVI auszugeben, führen Sie folgende Schritte aus:

1 Klicken Sie auf das Schnittfenster, um es zu aktivieren.
2 Wählen Sie **Datei: Exportieren: Film**.
3 Klicken Sie unten rechts im aufgerufenen Dialogfeld »Film exportieren« auf die Schaltfläche »Einstellungen«.

4 Achten Sie darauf, dass im aufgerufenen Dialogfeld »Film exportieren« im Einblendmenü »Dateityp« der Eintrag »Microsoft DV AVI« gewählt ist.

5 Vergewissern Sie sich, dass im Einblendmenü »Bereich« der Eintrag »Vollständige Sequenz« gewählt ist. (Sie können auch den Bereich der gegenwärtigen Arbeitsleiste wählen.)

6 Achten Sie darauf, dass die Kontrollkästchen links von »Video exportieren« und »Audio exportieren« eingeschaltet sind.

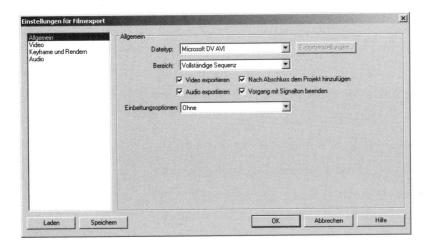

7 Sie können die Standardeinstellungen für »Video«, »Keyframe und Rendern« und »Audio« übernehmen.

Hinweis: *Links unten im Dialogfeld »Film exportieren« können Sie Exporteinstellungen-Dateien speichern und laden.*

8 Klicken Sie auf OK, um zurück zum Dialogfeld »Film exportieren« zu gelangen.

9 Geben Sie Ihrem Film im Dialogfeld »Film exportieren« einen Namen und legen Sie den Speicherort fest.

10 Klicken Sie auf »Speichern«.

Die erzeugte AVI-Datei können Sie in Adobe DVD Encore, in After Effects oder in zahlreiche andere Programme zur weiteren Bearbeitung oder zur Vorführung laden.

CD-ROM

Um eine Datei speziell für das Abspielen von CD-ROM zu erstellen, müssen Sie die besonderen Anforderungen Ihres Projekts und die von Ihrem Zielpublikum verwendete Hardware genau kennen. Dazu müssen Sie Bildgröße und Bildqualität gegen Datenrate und Dateigröße abwägen. Häufig ist »Trial and Error« der einzige Weg, um das optimale Gleichgewicht zwischen diesen Vorgaben zu finden; allerdings ist ein QuickTime-Film mit den Maßen 320 x 240 Pixel meist eine gute Wahl für eine plattformübergreifende Datei, die sich auf einer Vielzahl von Geräten abspielen lassen sollte.

Um eine CD-ROM mit Ihrem Videoprogramm zu erzeugen, führen Sie folgende Schritte aus:

1   Klicken Sie auf das Schnittfenster, um es zu aktivieren.
2   Wählen Sie **Datei: Exportieren: Film**.
3   Klicken Sie auf die Schaltfläche »Einstellungen«.
4   Wählen Sie im Einblendmenü »Dateityp« den Eintrag »QuickTime«.
5   Vergewissern Sie sich, dass im Einblendmenü »Bereich« der Eintrag »Vollständige Sequenz« gewählt ist.
6   Klicken Sie links im Dialogfeld »Einstellungen für Filmexport« auf den Eintrag »Video« und wählen Sie im Abschnitt »Video« im Einblendmenü »Kompressor« den Eintrag »Motion JPEG A«. Stellen Sie für »Framegröße« »320 H« und »240 V« ein und wählen Sie im Einblendmenü »Framerate« den Eintrag »15.00 fps«.
7   Wählen Sie im Einblendmenü »Pixel-Seitenverhältnis« den Eintrag »Quadratische Pixel (1.0)« und stellen Sie für »Qualität« den Wert »60%« ein.
8   Schalten Sie im Abschnitt »Datenrate« das Kontrollkästchen vor »Begrenzen auf« ein und geben Sie in das Eingabefeld rechts daneben den Wert **200 KB/s** ein.
9   Schalten Sie das Kontrollkästchen vor »Neu komprimieren« ein und achten Sie darauf, dass im zugehörigen Einblendefeld der Eintrag »Datenrate beibehalten« gewählt ist.

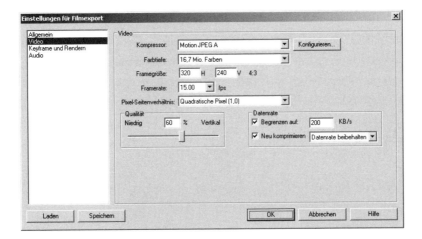

10 Klicken Sie links im Dialogfeld »Einstellungen für Filmexport« auf den Eintrag »Audio« und wählen Sie rechts im Einblendmenü »Kompressor« den Eintrag »IMA 4:1«.

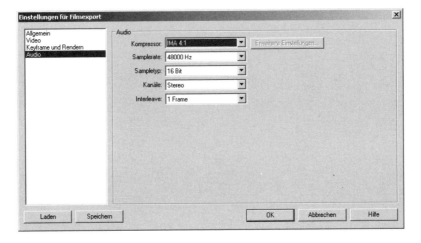

11 Klicken Sie auf OK, um Ihre Einstellungen zu übernehmen und um zurück zum Dialogfeld »Film exportieren« zu gelangen.

12 Geben Sie Ihrem Film im Dialogfeld »Film exportieren« einen Namen und legen Sie einen Speicherort fest.

13 Klicken Sie auf »Speichern«.

Eine CD-ROM mit Hilfe des Adobe Media Encoder erzeugen

Zusätzlich zur Möglichkeit der manuellen Ausgabe verfügt Adobe Premiere Pro über den Adobe Media Encoder, der zahlreiche Voreinstellungen für die Ausgabe in eine Vielzahl von Formaten und Datenraten bietet. Um eine Datei für CD-ROM zu erzeugen, sollten Sie eine höhere Bandbreitenoption wählen.

1   Klicken Sie auf das Schnittfenster, um es zu aktivieren.

2   Wählen Sie **Datei: Exportieren: Adobe Media Encoder**.

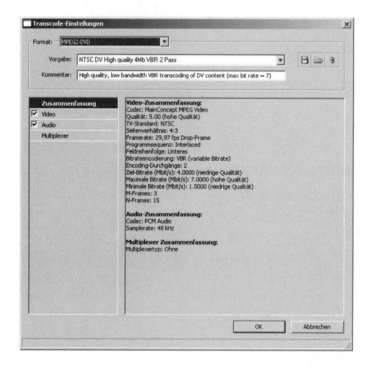

3   Wählen Sie im aufgerufenen Dialogfeld »Transcode-Einstellungen« im Einblendmenü »Format« den Eintrag »QuickTime«.

Hinweis: Die Voreinstellungen hängen von vielen Faktoren ab. Auch hier sollten Sie experimentieren, um die besten Einstellungen zu erzielen.

4   Klicken Sie auf OK.

5   Geben Sie Ihrer Datei einen Namen und suchen Sie nach einem Speicherort.

6   Klicken Sie auf »Speichern«.

Eine Videodatei ins Internet

Dateien zur Betrachtung im World Wide Web zu erzeugen, folgt in Bezug auf Datenrate und Dateigröße weitaus strengeren Vorgaben als das Erzeugen von Dateien für CD-ROMs. Adobe Premiere Pro stellt Ihnen daher den Adobe Media Encoder zur Verfügung, der die überwältigende Ansammlung der verfügbaren Optionen vereinfacht.

Hohe Bandbreite/niedrige Bandbreite Mit der Ausbreitung von DSL- und Kabelmodems haben mittlerweile viele Menschen Zugang zu recht schnellen Internetverbindungen. Trotzdem sollten Sie neben einer Filmversion für hohe Bandbreite auch immer eine Version für niedrige Bandbreite zur Verfügung stellen; es sind immer noch viele Internet-Nutzer mit Modem oder ISDN unterwegs.

Windows Media, QuickTime und Real Media Für das Abspielen im Internet stehen hauptsächlich drei Formate zur Verfügung: Windows Media, QuickTime und Real Media. Für alle drei Formate muss Ihr Publikum ein eigenständiges Abspielprogramm installiert haben. Daher kann es sinnvoll sein, Ihren Film in mehr als einem Format anzubieten, damit Ihre Zielgruppe nicht zusätzliche Abspielprogramme herunterladen muss, die auf ihren Systemen nicht vorhanden sind.

Streaming/progressiv herunterladbare Videos Ein Webserver kann die Videoinformationen hauptsächlich auf zwei Wegen an die Browser Ihres Publikums senden: Streaming oder progressiv herunterladbare Videos. Beim Streaming Video sendet der Webserver die Datei Frame-weise, wie bei einer Fernsehübertragung, ohne dass dabei erst eine riesige Filmdatei geladen werden muss. Beim progressiven Herunterladen muss die Filmdatei dagegen heruntergeladen werden; allerdings kann das Abspielprogramm normalerweise bereits mit dem Abspielen des Films beginnen, bevor die gesamte Datei heruntergeladen ist, indem es die Dateigröße und die Verbindungsgeschwindigkeit berücksichtigt. Um Streaming-Dateien versenden zu können, benötigt Ihr Webserver meistens spezielle Streaming-Software, die für das progressive Herunterladen nicht notwendig ist.

Für den Einsatz des Media Encoder:

1 Klicken Sie auf das Schnittfenster, um es zu aktivieren.

2 Wählen Sie **Datei: Exportieren: Adobe Media Encoder**.

3 Wählen Sie im Einblendmenü »Format« den Eintrag »Windows Media«.

4 Wählen Sie im Einblendmenü »Vorgabe« den Eintrag »Windows Media Video 8 for dial-up modems (56 Kbps)« für eine niedrige Bandbreitenanforderung.

5 Klicken Sie auf OK.

6 Geben Sie Ihrer Datei einen Namen und suchen Sie nach einem Speicherort.

Hinweis: Sie sollten beim Exportieren einer Datei für das Web Informationen über die Exporteinstellungen in den Dateinamen aufnehmen, z.B. meinFilm_56k.wmv.

7 Klicken Sie auf »Speichern«.

8 Wenn Sie möchten, können Sie diese Schritte wiederholen und diesmal eine hohe Bandbreitenoption oder andere Medienformate wählen.

Der Befehl »Auf DVD ausgeben«

Falls Ihr Computer mit einem DVD-Brenner ausgerüstet ist, können Sie unmittelbar aus Adobe Premiere Pro heraus eine DVD erstellen. Diese DVDs spielen nach dem Einlegen in handelsübliche DVD-Abspielgeräte automatisch ab. Mit Marken erzeugen Sie dafür Kapitel auf der DVD.

Um eine DVD unmittelbar aus Adobe Premiere Pro heraus zu erstellen, führen Sie folgende Schritte aus:

1   Klicken Sie auf das Schnittfenster, um es zu aktivieren.

2   Wählen Sie **Datei: Exportieren: Auf DVD ausgeben**.

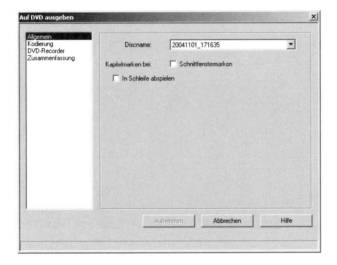

3   Premiere Pro vergibt für die DVD standardmäßig die Datum-Zeit-Kombination als Name. Um einen anderen Namen zu wählen, wählen Sie im Einblendmenü »Benutzerdefiniert« den Eintrag »Benutzername« und geben im aufgerufenen Dialogfeld »Discname« einen neuen Namen ein.

4   Wählen Sie, ob Sie Kapitelmarken erzeugen wollen und ob Sie die DVD endlos in einer Schleife abspielen möchten.

5   Klicken Sie links im Dialogfeld »Auf DVD ausgeben« auf den Eintrag »Kodierung« und achten Sie darauf, dass rechts im Einblendmenü »Exportbereich« der Eintrag »Vollständige Sequenz« gewählt ist.

6 Für dieses Projekt können Sie die übrigen Standardeinstellungen übernehmen.

7 Klicken Sie links im Dialogfeld »Auf DVD ausgeben« auf den Eintrag »DVD-Recorder« und vergewissern Sie sich, dass Ihr DVD-Brenner von Premiere Pro erkannt wurde und sich ein leerer DVD-Rohling in Ihrem Brenner befindet.

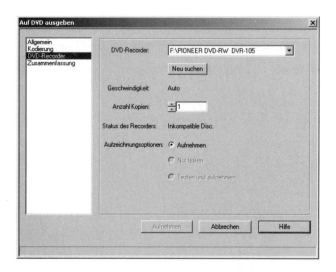

8 Klicken Sie auf »Aufnehmen«.

Premiere Pro rendert alle benötigten Abschnitte und beginnt mit dem Brennen der DVD.

Immer mehr Computer sind mit DVD-Brennern ausgestattet. Es gibt zwei Hauptarten: DVD-R und DVD+R. Achten Sie unbedingt darauf, dass Sie den richtigen Rohling-Typ für Ihren DVD-Brenner einsetzen. Computer von Dell, Hewlett-Packard und Compaq sind meistens mit »+«-Brennern ausgestattet, während die Rechner von Sony und Gateway überwiegend mit »-«-Brennern geliefert werden.

VCD/SVCD

Mit Hilfe des Adobe Media Encoder können Sie außerdem Dateien erzeugen, mit denen Sie Video-CDs (VCD) oder SVCDs erstellen können. VCD und SVCD ähneln DVDs, sind allerdings auf normalen CD-R-Medien und nicht auf DVD-R- oder DVD+R-Medien geschrieben – und Sie können sie mit einem normalen CD-Brenner erstellen. Da eine CD etwa ein Sechstel der Datenmenge einer DVD aufnehmen kann, passen längere Videoprogramme wahrscheinlich nicht auf einen Rohling. Außerdem ist die Qualität geringer als die einer DVD und entspricht eher der Qualität von VHS oder S-VHS und nicht alle DVD-Player können VCDs und SVCDs abspielen.

1 Klicken Sie auf das Schnittfenster, um es zu aktivieren.

2 Wählen Sie **Datei: Exportieren: Adobe Media Encoder**.

3 Wählen Sie im Einblendmenü »Format« den Eintrag »MPEG1-VCD« oder »MPEG2-SVCD«.

4 Übernehmen Sie die übrigen Standardeinstellungen und klicken Sie auf OK.

5 Geben Sie Ihrer Datei einen Namen und suchen Sie nach einem Speicherort.

6 Klicken Sie auf »Speichern«.

7 Premiere Pro schreibt eine MPEG-Datei, die Sie anschließend auf eine CD-ROM brennen können.

Nur Audio exportieren

Um nur das Audiomaterial Ihres Films als WAV-Datei (Microsoft Waveform) zu exportieren, führen Sie folgende Schritte aus:

1 Klicken Sie auf das Schnittfenster, um es zu aktivieren.

2 Wählen Sie **Datei: Exportieren: Audio**.

3 Übernehmen Sie die Standardeinstellungen.

4 Geben Sie Ihrer Datei einen Namen und suchen Sie einen Speicherort.

5   Klicken Sie auf »Speichern«.

Hinweis: Sie können Audio auch allein exportieren, indem Sie Datei: Exportieren: Film *wählen und im Dialogfeld »Einstellungen für Filmexport« das Kontrollkästchen vor »Video exportieren« ausschalten.*

Einen Frame exportieren

1   Legen Sie den zu exportierenden Frame fest, indem Sie die Marke für die aktuelle Zeit im Schnittfenster an die gewünschte Stelle verschieben.

2   Wählen Sie **Datei: Exportieren: Frame**.

3   Klicken Sie im Dialogfeld »Frame exportieren« auf die Schaltfläche »Einstellungen«. Der Standard-Dateityp ist Windows Bitmap (.bmp). Wählen Sie im zugehörigen Einblendmenü außerdem zwischen Compuserve GIF (.gif), Targa (.tga) oder TIFF (.tif). Klicken Sie auf OK.

4   Wenn Sie mögen, wählen Sie für die auszugebende Datei eine geringere Auflösung.

5   Legen Sie einen Namen und einen Speicherort für die Datei fest.

6   Klicken Sie auf »Speichern«.

In das AAF-Format exportieren

Mit Premiere Pro können Sie ein Projekt als AAF-Datei (Advanced Authoring Format) exportieren. AAF ist ein Industriestandard für den High-End-Austausch von Daten. Eine AAF-Datei ermöglicht die optimale Erhaltung der Projektintegrität bei der Übertragung auf ein anderes System.

Um ein Projekt in das AAF-Format zu exportieren, führen Sie folgende Schritte aus:

1   Klicken Sie auf das Projektfenster, um es zu aktivieren.

2   Wählen Sie **Projekt: Projekt exportieren als AAF**.

3   Bestimmen Sie einen Namen und einen Speicherort für die Datei.

4   Klicken Sie auf »Speichern«.

Lektion 14

14 | DVDs erstellen mit Adobe Encore DVD

Das Erstellen von DVDs gehört zu den wichtigsten Themen in der Multimedia-Produktionsausgabe. Durch die Koordinierung Ihrer Filmprojekte mit DVD-Autorensystemen wie Adobe Encore DVD ermöglichen Sie Anderen, Ihre Arbeit in vielen unterschiedlichen Umgebungen zu betrachten. Das Wissen um die Aufbereitung Ihrer Dateien mit minimalen Anforderungen für maximalen Sehgenuss gehört zu den wünschenswerten Fähigkeiten.

LEKTION 14
DVDs erstellen mit Adobe Encore DVD

In dieser Lektion lernen Sie, DVDs mit Hilfe von Adobe Encore DVD zu erstellen. Dabei lernen Sie insbesondere Folgendes:

- Sequenzmarken in Premiere Pro setzen
- Eine Premiere Pro-Sequenz als *DVD-legal MPEG2*-Datei exportieren
- Eine Premiere Pro-Sequenz als *DVD-legal AVI*-Datei exportieren
- Thumbnail-Schaltflächen aus Kapitelmarken erzeugen
- Projektinformationen in eine AVI-Datei einbetten
- Den Befehl »Edit Original« (Original bearbeiten) in Encore DVD verwenden

Das fertige Encore DVD-Projekt ansehen

In dieser Lektion müssen Sie sowohl mit Adobe Premiere Pro als auch mit Adobe Encore DVD arbeiten.

Hinweis: Adobe Encore DVD ist zurzeit nicht als deutsche Version, sondern nur in der amerikanischen Fassung erhältlich, so dass alle Menübefehle, Bezeichnungen und einige Dialogfelder in Adobe Encore DVD in Englisch gehalten sind. Daher sind auch alle Menübefehle und Bezeichnungen für Encore DVD in den Übungen in dieser Lektion in der Originalsprache des Programms bezeichnet. An den entscheidenden Stellen fügen wir eine kurze Übersetzung der Befehle und Bezeichnungen in Klammern ein.

Sie werden im Verlauf der Arbeit in den Übungen entsprechend aufgefordert, zwischen den Programmen zu wechseln.

Um zu sehen, was Sie in dieser Lektion erstellen, sehen Sie sich nun das fertige Projekt an.

1 Starten Sie Encore DVD.

2 Wählen Sie **File: Open Project** (Datei: Projekt öffnen).

3 Wählen Sie im Dialogfeld »Open« im Ordnerpfad *PrPro_CIB\14Lesson\14LessonDVD.ncor* und klicken Sie auf »Öffnen«.

4 Wählen Sie **File: Preview** (Datei: Vorschau).

Encore DVD öffnet das Fenster »Project Preview« (Projektvorschau) und zeigt darin ein DVD-Menü mit zwei Schaltflächen – *Chapters* und *Excerpt*.

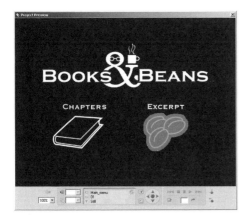

5   Klicken Sie auf die DVD-Schaltfläche *Chapters* (Kapitel). Klicken Sie auf die verschiedenen Thumbnail-Schaltflächen im aufgerufenen DVD-Menü und kehren Sie wieder in das DVD-Hauptmenü zurück, wenn Sie damit fertig sind.

6   Klicken Sie auf die DVD-Schaltfläche *Excerpt* (Ausschnitt).

7   Wenn der Filmausschnitt zu Ende abgespielt hat, schließen Sie das Fenster »Project Preview« und das Projektfenster »14Lesson:DVD« (Quittieren Sie das eventuell aufgerufene Dialogfeld mit dem Text »Save changes to 14LessonDVD?«, übersetzt etwa *Änderungen an 14LessonDVD speichern?*, durch Klicken auf die Schaltfläche »Nein«.)

Marken in Premiere Pro erzeugen

1   Starten Sie Premiere Pro.

2 Klicken Sie im Startbildschirm auf die Schaltfläche »Projekt öffnen«.

3 Wählen Sie im Ordner *14Lesson* die Datei *Trailer.prproj* und klicken Sie auf »Öffnen«.

Premiere Pro öffnet das Projekt. Dieses einfache Projekt besteht aus einer AVI-Datei im Schnittfenster.

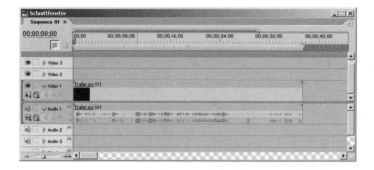

4 Schauen Sie sich die Datei in der Programmansicht in der Vorschau an, indem Sie auf die Schaltfläche »Wiedergabe/Stopp« klicken. Sie fügen jetzt in Premiere Pro Sequenzmarken hinzu und exportieren die Sequenz dann als MPEG2-Datei. Beim Importieren der Datei konvertiert Encore DVD diese Sequenzmarken in Kapitelmarken.

5 Setzen Sie die Marke für die aktuelle Zeit auf **3:21** (00;00;03;21).

6 Wählen Sie **Marke: Sequenzmarke setzen: Nicht nummeriert**.

Damit platzieren Sie im Schnittfenster an der Marke für die aktuelle Zeit eine Sequenzmarke.

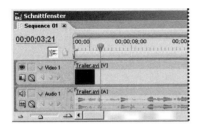 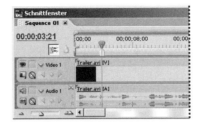

Vor und nach dem Einfügen einer Sequenzmarke

7 Verschieben Sie die Marke für die aktuelle Zeit auf **12:20** (00;00;12;20).

8 Wählen Sie **Marke: Sequenzmarke setzen: Nicht nummeriert**.

9 Platzieren Sie zwei weitere Sequenzmarken bei **17:19** (00;00;17;19) und bei **21:15** (00;00;21;15).

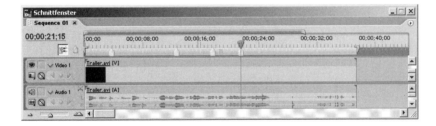

10 Speichern Sie das Projekt.

Eine MPEG2-Datei aus Premiere Pro exportieren

1 Wählen Sie **Datei: Exportieren: Adobe Media Encoder**.

Premiere Pro ruft das Dialogfeld »Transcode-Einstellungen« auf.

2 Wählen Sie im Einblendmenü »Format« den Eintrag »MPEG2-DVD«.

3 Achten Sie darauf, dass im Einblendmenü »Vorgabe« der Eintrag »NTSC DV High Quality 4Mb VBR 2 Pass« gewählt ist.

4 Klicken Sie auf OK.

5 Navigieren Sie im Dialogfeld »Datei speichern« zu Ihrem Ordner *14Lesson*, geben Sie der Datei den Namen **14Lesson Marken.m2v** und klicken Sie auf »Speichern«.

Premiere Pro benötigt für den Rendervorgang abhängig von Ihrer Systemgeschwindigkeit einige Minuten.

Premiere Pro exportiert das Schnittfenster als MPEG2-Datei, die Sie in Encore DVD laden können. Im Adobe Media Encoder arbeitet im Wesentlichen der gleiche Encoder wie in Encore DVD.

6   Nachdem die Datei gerendert wurde, speichern und schließen Sie das Premiere Pro-Projekt.

Eine MPEG2-Datei mit Marken importieren

Mit Premiere Pro können Sie MPEG2-Dateien exportieren, die Sie in Encore DVD importieren können.

1   Öffnen Sie Encore DVD und wählen Sie **File: New Project** (Datei: Neues Projekt).

2   Klicken Sie im Dialogfeld »New Project Settings« (Neue Projekteinstellungen) auf OK, um die Standardvorgabe »NTSC« als Projekteinstellung zu übernehmen. (Sie übernehmen den US-amerikanischen Video-Standard NTSC hier nur deshalb, weil das Premiere-Projekt aus Lektion 14 nach diesem Standard vorbereitet wurde. Für eigene DVD-Projekte für den europäischen Markt würden Sie hier den europäischen Standard PAL wählen.)

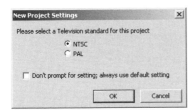

3   Wählen Sie **File: Import as Asset** (Datei: Als Asset importieren).

Premiere Pro hat beim Exportieren des Schnittfensters zwei Dateien erzeugt: eine MPEG2-Datei mit dem Videomaterial und eine WAV-Datei mit dem Audiomaterial.

4 Markieren Sie mit gedrückt gehaltener Strg-Taste die Dateien *14Lesson Marken.m2v* und *14Lesson Marken.wav* und klicken Sie auf »Öffnen«.

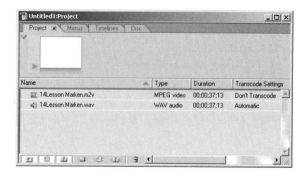

5 Markieren Sie im Projektfenster »Untitled1:Project« die Datei *14Lesson Marken.m2v*.

6 Wählen Sie **Timeline: New Timeline** (Schnittfenster: Neues Schnittfenster).

Encore DVD öffnet ein neues Schnittfenster, in dessen Spur *Video* die Datei *14Lesson Marken* platziert ist. Zugleich mit dem Schnittfenster hat Encore DVD das Monitor-Fenster (Programmansicht) aufgerufen.

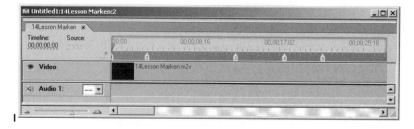

Sie sehen im Schnittfenster, dass die Marken, die Sie in Premiere Pro erzeugt haben, mit importiert wurden. Diese Marken sind nummeriert, obwohl die Marken in Premiere Pro nicht nummeriert eingefügt wurden.

7 Eventuell müssen Sie das Schnittfenster mit Hilfe der Einzoomen-/Auszoomen-Schaltflächen unten links so anpassen, dass Sie die Video- und Audio-Spuren und alle Marken zugleich sehen können.

Außerdem sind im Schnittfenster fünf Marken zu sehen, obwohl Sie in Premiere Pro nur vier Marken eingefügt haben. Der Grund: In Encore DVD verfügt jedes Schnittfenster über eine Marke am ersten Frame.

8   Klicken Sie im Projektfenster auf die Datei *14Lesson Marken.wav* und ziehen Sie sie in die Spur *Audio 1* im Schnittfenster.

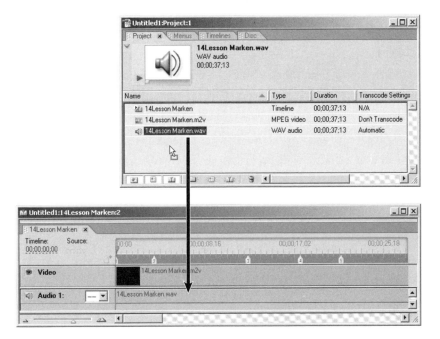

9   Klicken Sie in der Programmansicht auf die Schaltfläche »Play« (Wiedergabe/Stopp), um sich das Asset anzusehen.

10 Speichern Sie das Projekt mit **File: Save As** (Datei: Speichern als) als **14LessonDVD_CIB** in Ihren Ordner *14Lesson*.

Hinweis: Um zu lernen, wie Sie QuickTime- und Macintosh-generierte Assets mit Hilfe von Premiere Pro in Encore DVD importieren können, sehen Sie im Adobe Encore DVD User Guide *(Handbuch) nach.*

Die Thumbnail-Schaltflächen für die Kapitelmarken verknüpfen

1 Das Projektfenster ist markiert; wählen Sie **File: Import as Menu** (Datei: Als Menü importieren). Markieren Sie im Dialogfeld »Import as Menu« die Datei *Chapters_menu.psd* und klicken Sie auf »Öffnen«.

Encore DVD öffnet die Datei im Menu-Fenster (Menü-Fenster). Jede der vier Kaffeetassen ist eine Schaltfläche, außerdem ist eine Back-Schaltfläche (Zurück-Schaltfläche) vorhanden. Sie verknüpfen nun jede der Kaffeetassen-Schaltflächen mit einer der Kapitelmarken. Wenn Sie die DVD abspielen und eine Schaltfläche aktivieren, spielt das Video von der mit der Schaltfläche verknüpften Kapitelmarke an ab.

2 Achten Sie darauf, dass sowohl das Schnittfenster »14Lesson Marken« als auch das Menü-Fenster sichtbar sind.

3 Klicken Sie auf die Marke 2 und ziehen Sie sie auf die elliptische Innenform in der oberen linken Kaffeetasse.

Encore DVD zeigt in der Tasse ein Thumbnail-Bild an und erzeugt automatisch eine Verknüpfung zwischen der Schaltfläche und der Kapitelmarke im Schnittfenster.

4   Ziehen Sie die Marke Drei auf die obere rechte Tasse.

5   Wiederholen Sie diesen Vorgang für die beiden übrigen Marken, und ziehen Sie die Marke Vier auf die untere linke Tasse und die Marke Fünf auf die untere rechte Tasse.

Wenn Sie auf eine der Schaltflächen klicken, spielt das Video im Schnittfenster vom Punkt der zugehörigen Marke bis zum Ende des Schnittfensters ab. Da das Kapitelmenü nach dem Abspielen wieder einblenden soll, legen Sie jetzt eine Ende-Aktion für das Schnittfenster fest.

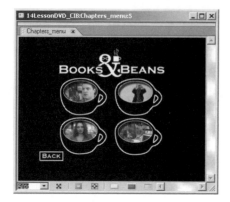

6   Klicken Sie im Projektfenster auf *14Lesson Marken* (nicht *14Lesson Marken.m2v*).

7   Falls das Fenster »Properties« (Eigenschaften) nicht eingeblendet ist, wählen Sie **Window: Properties** (Fenster: Eigenschaften).

Im Fenster »Properties« zeigt Encore DVD Informationen und Einstellungen des Schnittfensters »14Lesson Marken«.

8   Klicken Sie im Fenster »Properties« im Einblendmenü »End Action« rechts auf die Menü-Schaltfläche (das kleine Dreieck) und wählen Sie die Eintragfolge »Chapters_menu: 1«.

Jetzt blendet das Menü ein, sobald das Schnittfenster fertig abgespielt wurde.

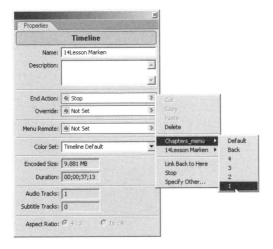

9   Speichern Sie das Projekt (mit **File: Save**).

Das Projekt in der Vorschau betrachten

1   Klicken Sie mit der rechten Maustaste im Projektfenster auf die Datei *Chapters_menu* und wählen Sie im Kontextmenü »Preview from Here« (Vorschau von hier).

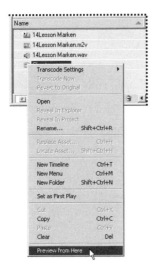

Encore DVD öffnet das Fenster »Project Preview« (Projektvorschau) und zeigt *Chapters_menu* an. Eine der Tassen ist hervorgehoben.

2   Bewegen Sie den Mauszeiger auf die anderen Tassen. Klicken Sie auf eine der Tassen.

Sobald Sie den Mauszeiger auf eine der Tassen bewegen, ist sie hervorgehoben. Wenn Sie auf eine der Tassen klicken, spielt das Video von der mit der Schaltfläche verknüpften Kapitelmarke an ab. Ist das Video fertig abgespielt, blendet wieder das Menü ein.

3   Schließen Sie das Fenster »Project Preview«.

Eine AVI-Datei aus Premiere Pro exportieren

1   Starten Sie Premiere Pro.

2   Klicken Sie im Begrüßungsfenster auf die Schaltfläche »Projekt öffnen«.

3   Markieren Sie die Datei *Scene01.prproj* im Ordner *14Lesson* und klicken Sie auf »Öffnen«. Falls Premiere Pro Sie nach fehlenden Dateien fragt (z. B. *Clip01*), suchen Sie im Ordnerpfad *14Lesson/Premiere Source* nach ihnen.

4   Klicken Sie in der Programmansicht auf die Schaltfläche »Wiedergabe/Stopp«.

In diesem Projekt befinden sich mehrere Clips im Schnittfenster; es ist zum Exportieren bereit.

5   Achten Sie darauf, dass das Schnittfenster aktiviert ist, und wählen Sie **Datei: Exportieren: Film**.

6   Geben Sie der Datei im Dialogfeld »Film exportieren« den Namen **Scene01**.

7   Klicken Sie auf die Schaltfläche »Einstellungen«.

8   Wählen Sie im Dialogfeld »Einstellungen für Filmexport« im Einblendmenü »Dateityp« den Eintrag »Microsoft DV AVI« und im Einblendmenü »Bereich« den Eintrag »Arbeitsbereichsleiste«.

9   Achten Sie darauf, dass die Kontrollkästchen links von »Video exportieren« und »Audio exportieren« eingeschaltet sind.

10 Wählen Sie im Einblendmenü »Einbettungsoptionen« den Eintrag »Projekt«.

Premiere Pro schließt beim Rendern Informationen über das Premiere Pro-Projekt in die AVI-Datei mit ein. In Encore DVD (oder in After Effects) kann dann mit dem Befehl »Edit Original« (Original bearbeiten) das Premiere Pro-Projekt, aus dem die AVI-Datei erstellt wurde, wieder in Premiere Pro geladen werden.

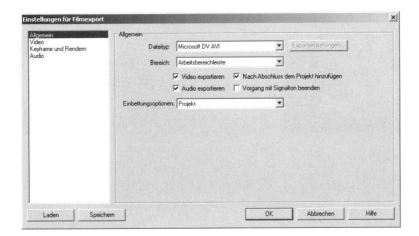

11 Klicken Sie auf OK, um das Dialogfeld »Einstellungen für Filmexport« zu schließen.

12 Klicken Sie auf »Speichern«.

Falls Premiere Pro Sie mit Warndialogfeldern darauf hinweist, dass die Datei Scene01 bereits vorhanden ist und/oder dass das Premiere Pro-Projekt zunächst gespeichert werden muss, klicken Sie jeweils auf »Ja«.

13 Wenn Premiere Pro mit dem Rendern der Datei fertig ist, schließen Sie das Projekt.

Den Befehl »Edit Original« in Encore DVD verwenden

1 Falls nötig, öffnen Sie das Encore DVD-Projekt.

2 Wählen Sie **File: Import as Asset** (Datei: Als Asset importieren) und wählen Sie die Datei *Scene01.avi*.

3   Markieren Sie *Scene01.avi* im Projektfenster und klicken Sie unten im Projektfenster auf die Schaltfläche »Create a new Timeline« (Neues Schnittfenster).

Premiere erzeugt ein neues Schnittfenster, in dem die AVI-Datei bereits platziert ist.

 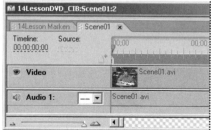

4   Sehen Sie sich die Datei in der Programmansicht in der Vorschau an.

Sie müssen die Datei zuschneiden und ein paar Sekunden entfernen. Mit Encore DVD können Sie den In-Point und den Out-Point eines Asset im Schnittfenster zuschneiden, falls Sie jedoch einen Teil in der Mitte eines Clips entfernen wollen, müssen Sie wieder mit Premiere Pro arbeiten.

5   Wählen Sie im Projektfenster die Datei *Scene01.avi*. (Wählen Sie nicht versehentlich *Scene01* im Schnittfenster.)

6   Wählen Sie **Edit: Edit Original** (Bearbeiten: Original bearbeiten).

Da Sie beim Rendern der AVI-Datei in Premiere Pro Projektinformationen in die AVI-Datei eingebettet haben, öffnet das Projekt, das die AVI-Datei erstellt hat, nun in Premiere Pro. Falls Premiere Pro nicht schon läuft, startet es automatisch.

Das Werkzeug »Löschen und Lücke schließen« verwenden

1   Achten Sie in Premiere Pro darauf, dass das Schnittfenster aktiviert ist.

2   Verschieben Sie die Marke für die aktuelle Zeit im Schnittfenster auf 00;00;20;19 (kurz vor der Szene mit den Grabsteinen).

Der Clip soll dort enden, daher entfernen Sie die Grabsteine.

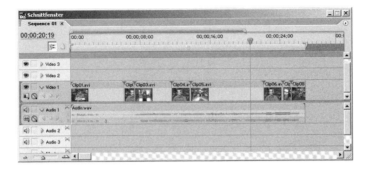

3   Wählen Sie in der Werkzeug-Palette das Werkzeug »Löschen und Lücke schließen« ( ) und platzieren Sie den Mauszeiger unmittelbar vor dem rechten Rand von *Clip05* im Schnittfenster. Sobald sich der Mauszeiger in eine rote Klammer mit einem Doppelfeil ( ) ändert, klicken Sie, halten die Maustaste gedrückt und ziehen nach links. Ziehen Sie den Out-Point des Clips auf die Marke für die aktuelle Zeit.

Mit »Löschen und Lücke schließen« schneiden Sie einen Clip zu und verschieben nachfolgende Clips in der Spur entsprechend.

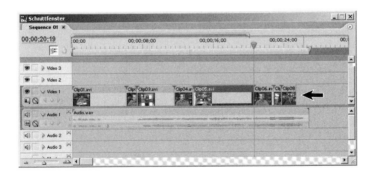

4   Wählen Sie in der Werkzeug-Palette das Auswahl-Werkzeug.

5 Platzieren Sie den Mauszeiger auf dem rechten Rand der Spur *Audio 1* und schneiden Sie den Clip auf die Länge der Spur *Video 1* zu.

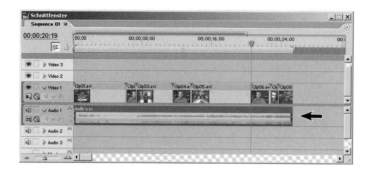

6 Speichern Sie das Projekt.

Die AVI-Datei in Encore DVD aktualisieren

1 Das Schnittfenster ist immer noch aktiv; wählen Sie **Datei: Exportieren: Film**.

2 Der Name der Datei sollte im Dialogfeld »Film exportieren« *Scene01.avi* lauten; falls notwendig, geben Sie diesen Dateinamen ein. Es muss sich um denselben Namen handeln und die Datei muss in denselben Ordner gespeichert werden wie die AVI-Datei, die Sie in Encore DVD importiert haben.

3 Verwenden Sie dieselben Einstellungen wie beim letzten Mal.

4 Klicken Sie auf »Speichern«.

5 Premiere Pro macht Sie mit einem Warndialogfeld darauf aufmerksam, dass bereits eine gleichnamige Datei existiert, und fragt Sie, ob Sie diese Datei ersetzen möchten. Klicken Sie auf »Ja«.

6 Schließen Sie das Projekt, nachdem die Datei gerendert wurde.

7 Aktivieren Sie wieder Encore DVD.

Encore DVD sollte die AVI-Datei automatisch aktualisieren.

8 Spielen Sie das Schnittfenster in der Programmansicht ab.

Encore DVD hat die AVI-Datei aktualisiert und zeigt die in Premiere Pro ausgeführte Bearbeitung korrekt an.

Verknüpfungen und Verhalten erzeugen

1   Wählen Sie **File: Import as menu** (Datei: Als Menü importieren), markieren Sie die Datei *Main_menu.psd* und klicken Sie auf »Öffnen«.

Encore DVD ruft im Menu-Fenster ein neues Menü mit zwei Schaltflächen auf.

2   Wählen Sie mit dem »Selection Tool« (Auswahl-Werkzeug) die Schaltfläche »Excerpt«.

3   Blenden Sie das Fenster »Properties« (Eigenschaften) ein.

4   Wählen Sie dort im Einblendmenü »Link« die Eintragsfolge »Scene01: Chapter 1«.

Sobald die Schaltfläche »Excerpt« aktiviert wird, spielt das *Scene01*-Schnittfenster ab.

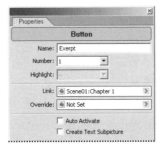

5   Wählen Sie mit dem »Selection Tool« (Auswahl-Werkzeug) die Schaltfläche »Chapters« (Kapitel).

6   Wählen Sie im Fenster »Properties« (Eigenschaften) im Einblendmenü »Link« die Eintragsfolge »Chapters_menu: 1«.

Sobald die Schaltfläche »Chapters« (Kapitel) aktiviert wird, blendet *Chapters_menu* ein.

LEKTION 14
DVDs erstellen mit Adobe Encore DVD

7   Das *Scene01*-Schnittfenster ist noch aktiv; falls notwendig, klicken Sie im Projektfenster auf *Scene01*.

8   Wählen Sie im Fenster »Properties« (Eigenschaften) im Einblendmenü »End Action« (Ende der Aktion) die Eintragsfolge »Main_menu: Default« (Hauptmenü: Standard).

Sobald das *Scene01*-Schnittfenster mit dem Abspielen fertig ist, blendet *Main_menu* mit hervorgehobener Schaltfläche »Chapters« (Kapitel) ein.

9   Wählen Sie im Fenster »Properties« (Eigenschaften) im Einblendmenü »Menu Remote« (Remote-Menü) die Eintragsfolge »Main_menu: Default« (Hauptmenü: Standard).

Hinweis: *Wenn Sie die Menu-Schaltfläche während des Abspielens des* Scene01-*Schnittfensters aktivieren, blendet* Main_menu *ein.*

10 Klicken Sie im Menu-Fenster auf den Reiter »Chapters_menu« (Kapitelmenü), um dieses Menü zu aktivieren.

11 Wählen Sie mit dem »Selection Tool« (Auswahl-Werkzeug) die Schaltfläche »Back« (Zurück) im Menu-Fenster.

12 Wählen Sie im Fenster »Properties« (Eigenschaften) im Einblendmenü »Link« die Eintragsfolge »Main_menu: Default« (Hauptmenü: Standard).

13 Speichern Sie mit **File: Save** (Datei: Speichern).

Das Projekt in der Vorschau ansehen

1 Klicken Sie im Fenster »Project« mit der rechten Maustaste auf *Main_menu* und wählen Sie »Set as First Play« (Zuerst abspielen).

Beim Abspielen der DVD wird *Main_menu* als erstes Element angezeigt.

2 Wählen Sie **File: Preview** (Datei: Vorschau).

Encore DVD öffnet das Fenster »Project Preview« (Projektvorschau) und zeigt *Main_menu* als Erstes.

3 Klicken Sie auf die Schaltflächen oder verwenden Sie die Fernbedienung-Symbole unten im Fenster »Project Preview« (Projektvorschau), um durch das Projekt zu navigieren.

4 Wenn Sie alle Verknüpfungen und Verhalten überprüft haben, schließen Sie das Fenster »Preview Project« (Projektvorschau).

5 Speichern Sie das Projekt.

Die DVD brennen

An diesem Punkt ist Ihr Projekt nun endlich fertig für die Veröffentlichung. Wenn Sie über ein DVD-RW-Laufwerk (DVD Read and Write Drive) auf Ihrem System verfügen, erstellen Sie mit dem vollständigen Funktionsumfang von Encore DVD eine DVD-ROM auf Ihrem eigenen System.

Wählen Sie in Encore DVD **File: Build DVD: Make DVD Disc** (Datei: DVD erstellen: DVD brennen) und folgen Sie den Anweisungen, die Ihre Systemvoraussetzungen und Ausgabewünsche betreffen.

Medien Denken Sie daran, dass manche Systeme DVD-RW-Medien (»-« = ein technisches Kennzeichen, kein Bindestrich) und andere DVD+RW-Medien (»+« = ein technisches Kennzeichen, kein Plus-Zeichen) verwenden. Encore DVD erkennt die Eigenschaften Ihres DVD-Brenners und fordert die korrekten Medien an.

Eine DVD enthält mehr als 4,5 Gigabyte an Informationen in Form von digitalem Bild und Ton. Mit Hilfe neuerer Kompressionsschemata wie zum Beispiel MPEG2 können Sie bis zu zwei Stunden High-Quality-Video und -Stereo oder sogar 5.1-Surround-Sound auf einer DVD unterbringen.

Für weitere Informationen lesen Sie die Gebrauchsanweisung Ihres DVD-Brenners, den *Adobe Encore DVD Users Guide* und sehen im FAQ-Bereich auf der Adobe Website unter *www.adobe.com* nach (in englischer Sprache).

Index

5.1-Datei 532
5.1-Panner 538
5.1-Surround-Audio
　erzeugen 533
　kompatible Dateien 532
　Mix zusammenstellen
　　534
　Systemvoraussetzungen
　　533
　Tonschwenk und Balance
　　537
　Überblick 532
5.1-Surround-Sound
　LFE-Lautstärke (Regler)
　　538
　Prozentwert für Mitte
　　(Regler) 538
　Subwoofer 538

A

Abdocken 131
Ablagen, arbeiten mit 107
Abspann (Titel) 483
Adobe
　After Effects, Effekte in
　　Premiere Pro 314
　After Effects, in Premiere
　　Pro verwenden 315–327
　Encore DVD, mit
　　Premiere Pro ver-
　　wenden 314
　Illustrator, Effekte in Pre-
　　miere Pro 314
　Illustrator, mit Premiere
　　Pro verwenden 315
　Photoshop, Effekte in
　　Premiere Pro 314
　Photoshop, mit Premiere
　　Pro verwenden 315
　　Dateien mit Ebenen
　　　importieren 314
Adobe After Effects 15, 58,
　59, 276
Adobe Classroom in a Book
　14
Adobe Encore DVD 563
Adobe Media Encoder 554,
　568, 569
Adobe Photoshop
　Alpha-Kanäle 58, 59, 252
Adobe Premiere
　in der Videoproduktion
　　24
Adobe Premiere Pro 67
　starten 16
Adobe-Trainings- und Zerti-
　fizierungsprogramm 21
Aktualisieren, Titel 490
Aktuelle Voreinstellungen
　speichern 20
Alpha-Kanal 58, 216, 252
Alpha-Kanal-Maske 58
Analoges Audio, Definition
　61
Angleichen 239
　Regler 239
Animation 251
Animation Codec 43
Arbeitsbereich
　anpassen 106
　Audio 503
　einrichten 102
　navigieren 70
　Überblick 103
Arbeitsbereichsleiste
　anpassen 356
Asymmetrische Komprimie-
　rung 43
Attribute einfügen (Befehl)
　286
Audio 92
　Arbeitsbereich 503
　ausblenden 502
　Bit-Tiefe 61
　Blenden 60
　Crossfade (Überblen-
　　dung zweier Audio-
　　Clips) 518
　digital und analog 61
　Effekte zuweisen 301
　einblenden 502
　exportieren 559
　Filter 60
　Hard Link 348
　integrierte Steuer-
　　elemente 543
　Lautstärke 502
　Lautstärke-Fader 504
　Lautstärkeregler 504
　Leitungsrauschen unter-
　　drücken 302
　Master/Fader 504
　mit Video synchro-
　　nisieren 517
　normalisieren 508
　schützen, Spur 358
　Soft Link 348
　synchronisieren mit
　　Video 61
　Teilung 356
　Tonschwenk 60
　Tonschwenk-/Balance-
　　Einstellungen 502
　Verbindung lösen 348
　Verstärkungswert 508
Audio aktivieren (Symbol)
　348
Audio aufnehmen (Symbol)
　51
Audio und Video 515

Audio und Video aktivieren/deaktivieren (Schalter) 169
Audio-Arbeitsbereich 503
Audiodateien angleichen 70
Audioeinheiten 520
Audiomixer
    Tonschwenkregler 513
Audiomixer (Fenster) 502
Auf Band ausgeben (Befehl) 549
Auf DVD ausgeben (Befehl) 557
Auflösung 32, 34
Aufnahme 169
Aufnahme Audio und Video aktivieren/deaktivieren (Schaltfläche) 346
Aus Bildschirm heraus (Titel) 483
Ausgabe 94, 548
Ausstanzen 231
Auswahl-Werkzeug 286
Automatisch in Sequenz umwandeln 144
Automatisch in Sequenz umwandeln (Befehl) 186
Automatisierung
    abmischen 508
    Aufzeichnung 508
    Aus 508
    Latch 509
    lesen 509
    schreiben 509
    Status 508
    Touch 509
Automatisierungsoptionen (Einblendmenü) 508

B

Balance 508
Balanceregelung 513
Bearbeiten
    ausfüllend einpassen 344
    Dreipunkt- 342, 370
    fortgeschrittene Methoden 339
    fortgeschrittene Techniken 367
    grundlegende Techniken 139
    in Programmansicht 342
    Rollen 394
    Ursprungsdatei trimmen 344
Bearbeitung
    Dreipunkt 342
    Vierpunkt 342, 344, 370
Bereich
    geschützter Aktionen 35
    geschützter Titel 35
Bereich geschützter Aktionen
    Definition 34, 35
    Titelfenster 448
Bereich geschützter Titel
    Definition 34
Bewegte Maske 263
Bewegung
    Anfasser 253
    Drehung 258
    Einstellungen 253
    Geschwindigkeit 255
    nichtlinearer Pfad für Standbild 256
    Position 254
    skalieren 259
    Transparenz 257
Bewegung (Effekt) 253
Bewegungskeys 86
Bewegungsmaske 263
    Transparenz zuweisen 263
Bewegungswerkzeug 321
Bibliothek 114
Bildkanäle 58
Bildlauf von Titeln 482
Bildsteuerung (Videofilter) 219

Bit-Tiefe
    Audio 61
    für Video 36
    NTSC 37
Blenden, Audio 60
Blendensteuerung
    Deckkraft 59
Blitz (Effekt) 329
Blue Screen (Key-Typ) 234

C

CGI
    Computer Generated Imagery (amerik. Grafikstandard) 314
Chroma 216
Chroma (Transparenz-Key) 237
Cinepak Codec 43
Clip
    Alpha-Kanal-Maske 58
    importieren 128
    Kopie 410
    nicht synchronisiert 353
    verbinden 349
    Verbindung aufheben 348
    virtueller 410, 411
Clip wiederfinden (Befehl) 371
Clip-Kopie 410
    Definition 410
Codec 40, 54
Computer Generated Imagery (amerik. Grafikstandard), CGI 314
CPU (Prozessor), Anforderungen für Videoaufnahme 54
Crossfade (Audioüberblendung) 518

D

D-1 Seitenverhältnis 32
Dateien
    fehlende 101
Datenbus, Video aufnehmen

55
Dauer, Video-Clips 378
Dauer-Timecode 164
Deckkraft
   Definition 59
   im Title-Designer-Fenster einstellen 458
Deinterlace (Video) 31
Digitales Audio, Definition 61
Digitales Video, Aufnahme 46
Digitalvideo
   Seitenverhältnis für 33
Drehen-Effekt 294
Dreipunktbearbeitung 342, 370
Drop-Frame-Timecode 29
DV
   Aufnahme 46
   Seitenverhältnis 33
DV AVI 551
DV-Aufnahme, digital 46
DVD+R 558
DVD+RW 584
DVD-Brenner 558
DVD-R 558
DVD-RW 584
DV-Gerätesteuerung 57

E
Echtzeitvorschau 143, 189
Effekt
   anpassen 282
   Audio 59
   Blitz 329
   Definition 275
   drehen 294
   Kanal-Weichzeichner 328
   Keyframe 294
   mit Überblendungen 292
   Reihenfolge 281
   skalieren 294
   Strudel 330
   Transparenz 458

   überblenden 328
   Verlauf 329
   Vorschau 285
   Wellen 294
   zuweisen 278
Effekte (Arbeitsbereich) 276
Effekte (Palette) 104, 181
Effekteinstellungen-Palette 129, 188
   andocken an Originalansicht 130
   Vorschau in 190
Eigenschaften-Abschnitt für Objektstile 459
Einblenden, Audio 502
Einfügen 159
   Effekt 285
   Einstellungen 285
   Grafikobjekte 472
Einfügen (Schaltfläche) 159
Einfügen-Bearbeitung 146
Einrichten, Projekt 102
Einstellungen kopieren 285
Ellipse-Werkzeug 472
Encore DVD
   MPEG2 importieren 569
Enthält (Feld) 194
Exporteinstellungen 551
Exportieren 554
   Audio 559
   Film-Datei 550
   Frame 560
   für World Wide Web 555
   MPEG2 568
   Video-CD 559
Extrahieren 370
Extrahieren (Schaltfläche) 371, 373

F
Farbabstimmung (Videofilter) 224
Farbfeld 206
Farbfeld Standard 226
Farbkorrektur 216
Farbkorrektur (Filter) 218

   Einstellungen 220
   Farbtonbereichsdefinition 220
   HSL 220
   HSL-Farbton einstellen 220
   Reihenfolge der Bearbeitung 221
   Schwarz/Weiß-Balance 220
Farbumfang-Warnung 456
Farbwähler 454
Fehlende Dateien 101
Feinschnitt 24
Fenster
   Monitor 104
   Projekt 103
   Schnittfenster 104
Festplatte, Anforderungen für Videoaufnahme 53
Film exportieren 360, 550
Filter, Anzeige in Spur 281
Frame
   ausgelassenen verhindern 38
   entfernen 371
   exportieren 560
   in Titel 483
Frame-Differenzierung 41
Frame-Größe 34
Frame-Rate
   ändern 396
   Definition 26
   Original-Clips 26
   Projekt 26
   Sample-Rate 61
   Zusammenhang mit Timebase 25
Füllung in Titel 475

G
Gerätesteuerung
   DV 57
   Videogerät 57
Geschützte Bereiche
   Definition 34

Geschützter Aktionenbereich
  Titelfenster 445
Geschützter Titelbereich
  Definition 34
  Titelfenster 445
Geteiltes Bild (Split Screen) 232
Glättung 199
Green Screen (Key-Typ) 234

H
Halbbilder 30
Hard Link 515
  übergehen 348, 356
Herausnehmen 370
Hot-Text-Steuerelement 453

I
Importieren, Clips 128
In Bildschirm herein (Titel) 483
Info-Palette 131
In-Point 342, 370
  setzen 79
Installation, Schriften 17
Installationsanleitung (Datei) 15
Instanz 410, 418

J
Jog-Steuerung 127
J-Schnitt 349

K
Kanäle 58
Kanal-Weichzeichner (Effekt) 328
Kantenglättung 199
Key
  siehe auch Alpha, Alpha-Kanal, Maske
Keyframe 85
  Animation 230
  Effekt 294
  erzeugen 290

Interpolation 230
Keyframing 230
Komprimierung und
  mehrere einstellen 260
Keyframe hinzufügen/entfernen (Schaltfläche) 421
Keying 231
  Definition 59
  Transparenz 59
Komprimierung
  anwenden 38
  asymmetrisch 43
  Frame-Differenzierung 41
  Hardware für 54
  Keyframes 42
  Lauflängen-Kodierung 41
  optimal einstellen 38
  räumliche 40
  symmetrisch 43
  verlustfrei 43
  verlustreich 43
  Wählen einer Methode 40
  zeitliche 41
Kopie 416
Kopieren
  Effekt 285
  Einstellungen 285
  Grafikobjekte 472
Kriechender Titel 479

L
Langsam ausschwenken (Titel) 483
Langsam einschwenken (Titel) 483
Lauflängen-Kodierung 41
Lautstärke-Fader 504
Lautstärkepegel, einstellen 506
Lautstärkeregler 504

Leitungsrauschen unterdrücken (Effekt) 302

Listenansicht
  Miniaturansicht 107
  Symboleansicht 107
Löschen, Lücke 358, 370
Löschen und Lücke schließen (Bearbeitung) 166
Löschen und Lücke schließen (Befehl) 358
Löschen und Lücke schließen (Ripple) 163
L-Schnitt erzeugen 349–353
Lücke 414
  löschen 358, 370
  schließen 376
Luminanz 216

M
Marke 517
Maske 231
  bewegte 263
  verschiebbare 263
Maskieren 231
Master/Fader 504
Matting 231
Microsoft RLE Codec 41
Monitorfenster 104
  arbeiten mit 114
  bearbeiten in 118
  Originalansicht 115
  Programmansicht 115
MPEG1 559
MPEG2 559
  exportieren 568
  in Encore DVD importieren 569

N
Neues Projekt
  starten 100
Non-Drop-Frame-Timecode 29
Normalisieren (Audio) 508
NTSC
  Bit-Tiefe 37
  Definition 25
  Frames und Halbbilder

für 30
Seitenverhältnis 32
Standard-Timebase für 29
Videoaufname 53
NTSC-sichere Farben in Titel 456

O
Objekt in Titel neu anordnen 466
Objektrahmen für Titeltext 455
Originalansicht 115
   bearbeiten in der 153
   Clips zusammenfügen 158
   trimmen in 151
Original-Clip 410
   Clip-Kopie 410
Original-In-Point 370
Original-Out-Point 370
Originalspur 348
Out-Point 50, 52, 342, 370
   setzen 79

P
PAL
   Definition 25
   Frames und Halbbilder für 30
   Frames und Felder für 26
   Seitenverhältnis 32
   Videoaufnahme 53
Paletten
   Effekte 104
   Protokoll 105
   Videoeffekte 104
Photoshop, in Premiere Pro verwenden 86, 335
Pipette 206, 226, 454
Pixel 32
Polygon-Werkzeug, geglättet 469
Position-Timecode 165
Post-Production 24, 45

Pre-Production 24
Produktion 24
Programmansicht 115
   bearbeiten in 342
Programm-In-Point 342, 370
Programm-Out-Point 342, 370
Progressiv herunterladbare Videos 555
Projekt
   einrichten 102
   neues starten 100
Projekteinstellungen
   prüfen 102
Projektfenster 103
   Ablagebereich 107
   arbeiten mit 106
   Informationen anzeigen 111
Protokoll-Palette 105, 132
PrPro_CIB (Buch-DVD) 17

Q
Quellen, zusätzliche 21
QuickTime 37, 552, 555
   Codec 41
   Digitalvideo 62
   Streaming 44
QuickTime-Animation Codec 41

R
Räumliche Komprimierung 40
Real Media 555
Referenz-Frame 451
Referenzmonitor 214
Renderleiste 190
Rendern 86, 142
Ripple-Bearbeitung 163
Rohschnitt, Definition 24
Rollen (Bearbeitung) 394
Rollende Titel 479

S
Sample-Rate

Definition 61
Frame-Rate 61
Timebase 61
Schatten 456, 494
Schnitt 180
   hart 178
Schnittfenster 104
   arbeiten mit 118
   bearbeiten in 118, 151
   Definition 119
   navigieren in 125
   Sequenzen verschachteln 118
Schritt vorwärts (Schaltfläche) 152
Schritt zurück (Schaltfläche) 152
Schützen (Spur) 358
Schwarz 220
Scrubben 149
Scrubbing 78
SECAM
   Definition 25
   Frames und Halbbilder für 30
   Videoaufnahme 53
Sechspunktbearbeitung 349
Seitenverhältnis 32
Sequenz
   in verschachtelte Sequenz einfügen 427
Shuttle-Regler 344
Shuttle-Steuerung 127
Skalieren-Effekt 294
SMPTE-Standard 29
Soft Link 348
Solo-Spur (Schaltfläche) 515
Sorenson Video Codec 43
Speichern eines Projekts
   automatisches Speichern 113
Speziell einfügen (Befehl) 285
Split Screen (geteiltes Bild) 232

Spur
    allgemein 120
    arbeiten mit 120
    Höhe ändern 122
    schützen 358
Spur Video 1 121
Spur zur Aufnahme aktivieren (Schaltfläche) 515
Spurauswahl-Werkzeug 156
Spuren anzeigen/ausblenden (Dialogfeld) 504
Spuren hinzufügen (Dialogfeld) 316
Spurformat 123
Spurkopfbereich 418, 420
Spurmaske verwenden 240
Spurmaske (Key-Typ) 263
Standard-Voreinstellungen wiederherstellen 19
Standard (Farbfeld) 226
Standardüberblendung 182
Streaming Video 555
Strudel (Effekt) 330
Stumm (Schaltfläche) 515
Submix 502
Summton 301
Surround-Sequenz 533
SVCD 559
Symbolansicht 113
Symmetrische Komprimierung 43
Synchronisieren Audio und Video mit Marken 517
Synchronisieren mit Audio und Video, Frame-Rate 61

T

Tabstopp in Titeln 481
Tabstopps (Dialogfeld) 481
Teilung 349, 356
    erzeugen 349–353
Text
    ausrichten 460
    Farbe 454
Textur-Füllung in Titel 475
Timebase 25, 61, 408

Timecode
    Definition 28, 87
    Drop-Frame 29
    Non-Drop-Frame 29
Titel
    abbilden (Mapping)
        Füllung 475
        Oberfläche 475
        Struktur-Füllung 475
    Abspann 483
    aktualisieren 490
    Alpha-Kanal 450
    aus Bildschirm heraus 483
    Ausrichtungstyp 460
    -bereich 446
    Bildlauf 482
    Clip
        hinzufügen 486
        platzieren 485
    Dauer 488
    Deckkraft ändern 458
    Deckkrafteinstellungen 458
    Definition 442
    Eigenschaften-Abschnitt für Objektstile 459
    Ellipse-Werkzeug 472
    erzeugen 442
    Farbaufnahme-Pipette (Schaltfläche) 454
    Farbe wählen 454
    Farbumfang-Warnung 456
    Frames 483
    Füllung 475
    geglättetes Polygon erzeugen 469
    geschützter Aktionsbereich 448
    geschützter Bildbereich 446
    geschützter Textbereich 446
    geschützter Titelbereich 446, 448

    Grafik importieren 450
    importieren 442, 450, 485
    in Bildschirm herein 483
    kriechend 479, 484
    langsam ausschwenken 483
    langsam einschwenken 483
    neuen Titel-Clip einfügen 486
    NTSC-sichere Farben 456
    Objekte neu anordnen 466
    Objektfarbfeld (Schaltfläche) 454
    Objektstile
        Farben, Objekt und Schatten 448
        Linienstärke 448
        Transparenzeinstellungen 448
        Verläufe 448
    Pipette 454
    Polygon-Werkzeug 469
    Position 461
    Referenz-Frame 451
    rollend 479
    rollend und kriechend 479
    Schatten
        hinzufügen 456
        Kontrollkästchen 457
        Winkel ändern 457
    Schnittfenster 487
    Tabstopps 481
    Text
        Attribute 452
        Ausrichtung 460
        Ausrichtungstyp 460
        Farbe 454
        Objektrahmen 455
    Textur-Füllung 475
    Titel-Menü
        Ausrichtungstyp 448
        Größe 448
        Laufrichtung 448

Rollen/Kriechen-Optionen 448
Schrift 448
Tabstops 448
Titeltyp (Einblendmenü) 446
Transformieren-Bereich
Drehung 448
Positionen 448
überlagern 485
Verlaufsfüllung 477
Vorlage-Frame 463
Vorlagen
Kriechen-Vorlagen 447
Rollen-Vorlagen 447
Standbild-Layouts 447
Stile speichern und verteilen 447
Vorspann 483
Werkzeuge 446
Winkel-Eingabefeld im Schatten-Bereich 471
Zeichenstift-Werkzeug 464
zum Schnittfenster hinzufügen 487
Titelbereich 446
Titelfenster 448
geschützter Aktionenbereich 445
geschützter Titelbereich 445
Titelframe 144
ändern 109
betrachten 109
Titelframe (Schaltfläche) 107
Title Designer (Fenster) 444–446, 448
Title Designer *siehe* Titel
Tonschwenk 508
Definition 60
Tonschwenkfunktion 513
Tonschwenkregler 513
Tour, Einführung 67

Transparenz 58, 231
Bewegung 257
Transparenzeinstellungen
Schwellenwert 236
Schwellenwertabgrenzung 236
Transparenz-Key-Typ 231
Trimmen
Clips 75
im Schnittfenster 151
in der Originalansicht 153

U

Überblenden (Effekt) 328
Überblendung 180
als Spezialeffekt 203
Anfangs-/Endframe-Schieberegler 189
Anfangsmaterial 181, 182
Audio-Clips 518
Ausrichtung 182
Dauer 182, 183, 193
Effekt 190
einfügen 186
einschwingen 198
Einstellungen 188
Endmaterial 181, 182
Glättungsqualität 206
Instanz 187
ändern 195
Kantenauswahl-Schaltfläche 199
mehrfache hinzufügen 200
mit Effekt 292
Mittelpunkt 196
Rahmenbreite 206
Rahmenfarbe 199, 206
Richtung 183
überlappende Clips 180
Würfel (Drehen) 200
Überlagern 159, 231
Beschreibung 485
Spur 485
Überlagern (Schaltfläche) 159
Unsynchronisiert 353
Unterschieben-Werkzeug 378
anwenden 378
Definition 378, 379
Ursprungs-In-Point 342
Ursprungs-Out-Point 342

V

VCD 559
Vectorscope 216
Verbindung 515
lösen 515
vorübergehend lösen 356
Verbindung zwischen Audio und Video aufheben (Menü Clip) 349
Verbindungsmodus 349
Verlauf (Effekt) 329
Verlaufsfüllung
in Titel 477
Verlustfreie Komprimierung 43
Verlustreiche Komprimierung 43
Verschachtelte Sequenz
bearbeiten 424
Effekt hinzufügen 420
erzeugen 412
in Clip kompilieren 406
Sequenz einfügen 427
Überblendung hinzufügen 428
zuschneiden 424
Verschiebbare Maske 263
Verschieben-Werkzeug 378
anwenden 378
Definition 378
Verstärkung (Audio) 507
Verstärkungswert
Audio 508
Video
Auflösung 32
Aufnahme 45
Datenbus, Anforderun-

gen 55
progressiv herunterladbares 555
Video aktivieren (Symbol) 348
Video aufnehmen (Symbol) 51
Videoaufnahme
　andere Programme während 55
　Anforderungen 45
　Datenbus, Anforderungen 55
　Hardware 53
Video-Aufnahmekarte 53, 62
Videofilter, Bildsteuerung 219
Videoüberblendung, Einstellungen 188
Vierpunktbearbeitung 342, 370
　ausfüllend einpassen 344
　Ursprungsdatei trimmen 344
Virtueller Clip 411
　Clip-Kopie 410
Voreinstellungen, Standard wiederherstellen 19
Vorgaben, Einstellungen 183
Vorlage 464
Vorlage-Frame 463
Vorschau
　Abspielen-Schaltfläche 74
　Echtzeit 143
　Effekt 285
　rendern 191
　scrubben 149
　Wiedergabe-Schaltfläche 150
Vorspann (Titel) 483

W

Weiche Blende (Überblendung) 183
Wellen-Effekt 294
Wellenform 216
Werkzeug »Rate ausdehnen« 417
Werkzeuge
　Löschen und Lücke schließen 81
　Rasierklinge 77
　Spurauswahl 76
Werkzeug-Palette 104, 129
Wiedergabe (Schaltfläche) 150
Wiederherstellen, gespeicherte Einstellungen 20
Windows Media 555
Winkel-Eingabefeld für Schatten im Titel 471

Y

YUV-Farbe 229

Z

Zeichenstift-Werkzeug 321
　gefüllt 464
　Rahmen 464
　zeichnen 464
Zeilensprungverfahren 30
Zeitleiste 125
Zeitliche Komprimierung 41
Zeitsteuerungen 119
Ziehen 78
Ziel (Bereich) 226
Zielspur 348, 373
Zoomsteuerung 119
Zum vorherigen Keyframe gehen (Schaltfläche) 422
Zur nächsten Marke gehen (Schaltfläche) 156
Zur vorherigen Marke gehen (Schaltfläche) 156
Zuschneidefenster
　Definition 391
　Rollen-Bearbeitung 394
　Schaltflächen 393